U0691095

普通高等教育机械类
应用型人才培养系列教材

JIXIE SHEJI JICHU

机械设计基础

李莉 佟安时 田苗 主编

化学工业出版社

·北京·

内容简介

本书是编写团队根据近年来相关课程教学改革的实践经验，并参照教育部高等学校机械基础课程教学指导分委员会制定的《高等学校机械基础系列课程调查分析报告暨机械基础系列课程教学基本要求》组织编写的。在内容编排上，注重理论与实际应用相结合，注重学生能力的培养与职业素质的养成，并融入思政要素，强化素质教育。

本书共 13 章，内容包括：绪论、平面机构的组成及分析、平面连杆机构、凸轮机构、其他常用机构、齿轮传动、蜗杆传动、轮系、带传动与链传动、连接、轴、轴承以及联轴器和离合器。每章均安排有企业应用案例内容，有助于学生将理论知识与实际工程问题相结合，提升实践能力。各章后附有适量习题以供选用，并附有必要的数据和资料以供查阅。

本书结构清晰、图例丰富、综合性强，可作为普通高等院校机械类专业以及近机类专业的基础课教材，也可供有关工程技术人员参考。

图书在版编目（CIP）数据

机械设计基础 / 李莉，佟安时，田苗主编. -- 北京 ：化学工业出版社，2025. 6. -- （普通高等教育机械类应用型人才培养系列教材）. -- ISBN 978-7-122-47722-4

Ⅰ. TH122

中国国家版本馆 CIP 数据核字第 2025XX9360 号

责任编辑：严春晖　张海丽　　　　文字编辑：王帅菲
责任校对：宋　玮　　　　　　　　装帧设计：韩　飞

出版发行：化学工业出版社
　　　　　（北京市东城区青年湖南街 13 号　邮政编码 100011）
印　　装：高教社（天津）印务有限公司
787mm×1092mm　1/16　印张 16¾　字数 405 千字
2025 年 7 月北京第 1 版第 1 次印刷

购书咨询：010-64518888　　　　售后服务：010-64518899
网　　址：http://www.cip.com.cn
凡购买本书，如有缺损质量问题，本社销售中心负责调换。

定　　价：56.00 元　　　　　　　　版权所有　违者必究

　　2.3.1　平面机构的自由度计算 ·················· 10

　　2.3.2　平面机构自由度计算的注意事项 ·················11

2.4　平面机构运动分析的速度瞬心法 ·················14

　　2.4.1　速度瞬心 ·················· 14

　　2.4.2　瞬心的求法 ·················· 14

2.5　企业应用案例——牛头刨床的运动分析 ·················16

思考题与习题 ··················17

第 3 章　平面连杆机构　　　19

本章知识导图 ··················19

本章学习目标 ·················· 20

3.1　平面连杆机构及其传动特点 ·················· 20

3.2　平面连杆机构的基本形式及演化 ·················· 20

　　3.2.1　平面连杆机构的基本形式 ·················· 20

　　3.2.2　平面四杆机构的演化 ·················· 23

3.3　平面四杆机构的运动特性 ·················· 25

　　3.3.1　铰链四杆机构曲柄存在的条件 ·················· 25

　　3.3.2　急回特性和行程速比系数 ·················· 26

　　3.3.3　压力角与传动角 ·················· 27

　　3.3.4　死点位置 ·················· 28

3.4　平面四杆机构的运动设计 ·················· 29

　　3.4.1　按给定连杆位置设计平面四杆机构 ·················· 29

　　3.4.2　按给定行程速比系数 K 设计平面四杆机构 ······· 30

3.5　企业应用案例——热处理加热炉的炉门启闭机构
　　设计 ··················31

思考题与习题 ·················· 32

第 4 章　凸轮机构　　　34

本章知识导图 ·················· 34

本章学习目标 ·················· 35

4.1　凸轮机构的组成及分类 ·················· 35

　　4.1.1　凸轮机构的组成及应用 ·················· 35

目 录

第1章 绪论 `1`

本章知识导图···1

本章学习目标···2

1.1 本课程的研究对象·····························2

1.2 本课程中的基本概念和研究内容·················2

    1.2.1 基本概念·································2

    1.2.2 本课程研究的内容·························4

1.3 本课程在教学中的地位及学习方法·············4

    1.3.1 本课程在教学中的地位·····················4

    1.3.2 本课程的学习方法·························5

思考题与习题···5

第2章 平面机构的组成及分析 `6`

本章知识导图···6

本章学习目标···7

2.1 机构的组成·································7

    2.1.1 运动副的概念·····························7

    2.1.2 运动副的分类·····························7

2.2 平面机构的运动简图·························8

    2.2.1 机构运动简图的概念·······················8

    2.2.2 平面机构运动简图的绘制···················9

2.3 平面机构的自由度·························10

限公司田苗（第 1、3、4、5 章）、沈阳大学张涛（第 7、8 章）、沈阳大学毕春晓（第 9 章）、沈阳大学丛文瑞及沈阳大学关怀（第 11、13 章）、沈阳大学潘苏蓉及华晨宝马汽车有限公司邢宏亮（第 12 章）。全书由李莉负责统稿，并由沈阳大学吴洁教授主审。

为了更好地体现校企双元合作育人理念，本书特邀请企业专家参与编写，他们是沈阳机床股份有限公司工程师、技术支持部部长田苗，华晨宝马汽车有限公司工程师、生产经理邢宏亮。他们从内容贴近实际工程的需求出发，对本书提出了很多宝贵的意见和建议，在此对他们表示衷心的感谢！

本书配套课件、习题参考答案、拓展阅读等电子资源，读者可扫描书中二维码获取。由于编者水平有限，书中难免存在疏漏之处，恳请广大读者批评指正。

编　者

本书配套资源

前　言

制造业是立国之本、兴国之器、强国之基。党的二十大报告提出"推动制造业高端化、智能化、绿色化发展"，并将其作为建设现代化产业体系的一个重要着力点。习近平总书记指出："深入实施制造业重大技术改造升级和大规模设备更新工程，推动制造业高端化、智能化、绿色化发展，让传统产业焕发新的生机活力。"在科技日新月异、国际竞争白热化的当下，机械设计作为国家工业发展的中流砥柱，其关键作用愈发凸显。它不仅是技术层面的创新实践，更承载着厚重的社会责任与家国情怀。本教材的编写旨在为机械类及相关专业的学生提供一本系统、全面且深入浅出的学习资料，帮助他们构建扎实的机械设计知识体系，掌握机械设计的基本理论、方法和技能，培养创新思维和工程实践能力，以适应现代机械设计领域的发展需求。

本书采用新工科创新系列教材的编写理念和模式，注重学科交叉与融合，强调工程实践与创新能力的培养。通过引入企业案例，调动学生积极性，强化理论与实践结合，提升学生解决实际工程问题的能力。本书从培养学生实践能力出发，对体系和内容进行了适当的重新组合，主要有以下特点。

① 以培养应用型人才为出发点，遵循基础理论知识"必需、够用"的原则，力求简单、实用，删除了纯理论的公式推导，对机械原理部分的内容进行了适度的删减，对机械零件部分的内容进行了合理的整合，对设计类问题也进行了尽可能的简化，而更多地论述生产实际中的应用问题，使学生易学、易懂。

② 应用性、实用性强。为加强应用型人才培养，本书通篇贯彻应用及实用原则，在典型机械传动和通用零部件部分适当编入了使用与维护方面的知识，在例题与习题的安排上注重培养学生分析问题和解决问题的能力。

③ 每章最后一节均为企业应用案例，通过工程案例综合本章的知识点，利于学生深化对所学理论知识的理解和掌握，使学生能够运用理论知识解决实际问题。

参加本书编写工作的有：沈阳大学李莉（第2、6、10章）、沈阳大学佟安时及沈阳机床股份有

    4.1.2　凸轮机构的分类 ……………………………………… 36

4.2　从动件常用的运动规律 ……………………………………… 38

    4.2.1　凸轮机构中的基本名词术语 ……………………… 38

    4.2.2　等速运动规律 ……………………………………… 39

    4.2.3　等加速等减速运动规律 …………………………… 39

4.3　图解法设计盘形凸轮轮廓 …………………………………… 40

    4.3.1　反转法原理 ………………………………………… 40

    4.3.2　直动从动件盘形凸轮轮廓设计 …………………… 41

    4.3.3　摆动从动件盘形凸轮轮廓设计 …………………… 43

4.4　凸轮机构设计中应注意的几个问题 ………………………… 44

    4.4.1　压力角 ……………………………………………… 44

    4.4.2　基圆半径的确定 …………………………………… 45

    4.4.3　滚子半径的确定 …………………………………… 45

4.5　企业应用案例——凸轮分割器 ……………………………… 46

思考题与习题 ……………………………………………………… 47

第5章　其他常用机构　　49

本章知识导图 ……………………………………………………… 49

本章学习目标 ……………………………………………………… 50

5.1　棘轮机构 ……………………………………………………… 50

    5.1.1　棘轮机构的组成及其工作特点 …………………… 50

    5.1.2　棘轮机构的类型与应用 …………………………… 50

    5.1.3　棘轮机构设计中的主要问题 ……………………… 53

5.2　槽轮机构 ……………………………………………………… 54

    5.2.1　槽轮机构的组成及工作原理 ……………………… 54

    5.2.2　槽轮机构的类型、特点及应用 …………………… 54

5.3　不完全齿轮机构 ……………………………………………… 55

    5.3.1　不完全齿轮机构的工作原理 ……………………… 55

    5.3.2　不完全齿轮机构的类型、特点及应用 …………… 56

5.4　企业应用案例——棘轮扳手 ………………………………… 57

思考题与习题 ……………………………………………………… 57

本章知识导图 ………………………………………… 58

本章学习目标 ………………………………………… 59

6.1 齿轮传动的特点和类型 ……………………… 59

6.1.1 齿轮传动的特点 ……………………… 59

6.1.2 齿轮传动的类型 ……………………… 59

6.2 渐开线齿廓及其啮合特性 …………………… 60

6.2.1 渐开线的形成及其特性 ……………… 60

6.2.2 渐开线齿廓的啮合特性 ……………… 61

6.3 渐开线标准直齿圆柱齿轮的基本参数 ……… 62

6.3.1 齿轮各部分的名称和符号 …………… 62

6.3.2 标准齿轮的基本参数 ………………… 63

6.3.3 渐开线标准直齿圆柱齿轮的几何尺寸 … 64

6.4 渐开线直齿圆柱齿轮的啮合传动 …………… 64

6.4.1 渐开线齿轮正确啮合条件 …………… 64

6.4.2 渐开线齿轮连续传动条件 …………… 65

6.4.3 轮齿的相对滑动及齿轮传动的标准中心距 … 66

6.5 渐开线齿轮轮齿的切削加工与变位齿轮的概念 … 67

6.5.1 轮齿的切削加工原理 ………………… 67

6.5.2 渐开线齿廓的根切现象和最小齿数 … 68

6.5.3 变位齿轮的概念 ……………………… 69

6.6 齿轮传动的失效形式、设计准则与材料选择 … 69

6.6.1 齿轮传动的失效形式 ………………… 69

6.6.2 齿轮传动设计准则 …………………… 71

6.6.3 齿轮的常用材料 ……………………… 72

6.7 渐开线标准直齿圆柱齿轮强度计算 ………… 73

6.7.1 轮齿的受力分析和计算载荷 ………… 73

6.7.2 齿轮的强度计算 ……………………… 74

6.7.3 齿轮传动设计参数的选择 …………… 78

6.8 斜齿圆柱齿轮传动 …………………………… 79

6.8.1 斜齿圆柱齿轮齿廓的形成及其啮合 … 79

6.8.2 斜齿圆柱齿轮的基本参数和几何尺寸 … 79

6.8.3 斜齿圆柱齿轮正确啮合条件 ………… 81

　　　6.8.4　斜齿圆柱齿轮传动的强度计算 ···················· 81

　6.9　直齿锥齿轮传动 ·························· 83

　　　6.9.1　锥齿轮传动的特点和应用 ····················· 83

　　　6.9.2　直齿锥齿轮的基本参数和几何尺寸 ·········· 83

　　　6.9.3　背锥和当量齿数 ················· 84

　　　6.9.4　直齿锥齿轮传动的强度计算 ················ 85

　6.10　齿轮的结构 ······················ 86

　6.11　企业应用案例——带式运输机减速器齿轮传动
　　　　设计 ························· 89

　思考题与习题 ······················ 91

第7章　蜗杆传动 ▮93▮

本章知识导图 ······················· 93

本章学习目标 ······················· 94

　7.1　蜗杆传动的特点与类型 ·················· 94

　7.2　普通圆柱蜗杆传动的主要参数及几何尺寸计算 ··· 96

　　　7.2.1　蜗杆传动的主要参数及其选择 ············· 96

　　　7.2.2　蜗杆传动的几何尺寸计算 ················ 99

　7.3　蜗杆传动的工作情况分析及结构设计 ········· 99

　　　7.3.1　蜗杆传动的失效形式、设计准则及常用材料 ···· 99

　　　7.3.2　蜗杆传动的转向判定及受力分析 ············ 100

　　　7.3.3　蜗杆传动的自锁 ··················· 101

　　　7.3.4　圆柱蜗杆和蜗轮的结构设计 ············ 102

　7.4　普通圆柱蜗杆传动的强度计算 ············· 103

　　　7.4.1　蜗轮齿面接触疲劳强度计算 ············· 103

　　　7.4.2　蜗轮齿根弯曲疲劳强度计算 ············· 104

　7.5　普通圆柱蜗杆传动的效率、润滑及热平衡计算 ··· 104

　　　7.5.1　蜗杆传动的效率 ··················· 104

　　　7.5.2　蜗杆传动的润滑 ··················· 106

　　　7.5.3　蜗杆传动的热平衡计算 ··············· 106

　7.6　企业应用案例——混料机用蜗杆传动设计 ······ 107

　思考题与习题 ······················ 109

第8章 轮系 111

本章知识导图…………………………………………… 111

本章学习目标…………………………………………… 112

8.1 轮系的类型………………………………………… 112

8.2 定轴轮系传动比计算……………………………… 113

8.3 周转轮系传动比计算……………………………… 115

8.4 复合轮系传动比计算……………………………… 118

8.5 轮系的功用………………………………………… 119

8.6 企业应用案例——精密传动领域的 RV 减速器…… 122

思考题与习题………………………………………… 123

第9章 带传动与链传动 125

本章知识导图………………………………………… 125

本章学习目标………………………………………… 126

9.1 带传动的特点、类型及几何参数………………… 126

    9.1.1 带传动的特点………………………………… 126

    9.1.2 带传动的类型………………………………… 126

    9.1.3 带传动的主要几何参数……………………… 128

9.2 V带及带轮……………………………………… 128

    9.2.1 V带的类型与结构…………………………… 128

    9.2.2 V带轮………………………………………… 130

9.3 带传动的工作情况分析………………………… 130

    9.3.1 带传动的受力分析…………………………… 130

    9.3.2 带传动的最大有效拉力及其主要影响因素…… 132

    9.3.3 带传动的应力分析…………………………… 133

    9.3.4 带传动的弹性滑动和打滑…………………… 134

9.4 V带传动的设计计算…………………………… 135

    9.4.1 失效形式和设计准则………………………… 135

    9.4.2 单根V带所能传递的功率…………………… 135

    9.4.3 设计计算和参数选择………………………… 139

    9.4.4 V带传动的张紧设计、使用与维护………… 143

9.5　链传动概述 ……………………………………… 145

9.6　链传动的运动特性分析 ………………………… 147

9.7　滚子链传动的设计计算 ………………………… 148

9.7.1　链运动的主要失效形式 …………………… 148

9.7.2　链传动的承载能力 ………………………… 149

9.7.3　链传动主要参数的选择 …………………… 150

9.7.4　链传动的布置 ……………………………… 152

9.8　企业应用案例——带式输送机 ………………… 153

思考题与习题 ………………………………………… 155

第 10 章　连接　　156

本章知识导图 ………………………………………… 156

本章学习目标 ………………………………………… 157

10.1　螺纹连接的基本知识 …………………………… 157

10.1.1　螺纹的类型、应用及主要参数 …………… 157

10.1.2　螺纹连接的类型 …………………………… 159

10.1.3　标准螺纹连接件 …………………………… 161

10.2　螺纹连接的预紧和防松 ………………………… 162

10.2.1　螺纹连接的预紧 …………………………… 162

10.2.2　螺纹连接的防松 …………………………… 163

10.3　螺纹连接的强度计算 …………………………… 164

10.3.1　螺栓的失效形式及计算准则 ……………… 164

10.3.2　单个螺栓连接的强度计算 ………………… 165

10.3.3　螺纹连接件的材料及许用应力 …………… 171

10.4　螺栓组连接的设计 ……………………………… 172

10.4.1　螺栓组连接的结构设计 …………………… 172

10.4.2　螺栓组连接的受力分析 …………………… 173

10.4.3　提高螺栓连接强度的措施 ………………… 176

10.5　螺旋传动 ………………………………………… 180

10.5.1　螺旋传动的类型和应用 …………………… 180

10.5.2　滑动螺旋传动螺杆及螺母的材料 ………… 180

10.5.3　滑动螺旋传动的失效形式和设计准则 …… 180

10.6　键连接和花键连接 ……………………………… 182

10.6.1　键连接类型和结构特点 ················ 182

10.6.2　平键连接的尺寸选择强度校核 ·········· 184

10.6.3　花键连接 ·············· 184

10.7　销连接 ················ 186

10.8　企业应用案例——卷扬机 ··············· 187

思考题与习题 ·············· 188

第11章　轴 190

本章知识导图 ················· 190

本章学习目标 ················ 191

11.1　轴的分类及材料 ·············· 191

11.1.1　轴的分类 ·············· 191

11.1.2　轴的材料 ··············· 193

11.2　轴的结构设计 ··············· 194

11.2.1　轴上零件的装配方案 ·········· 194

11.2.2　轴上零件的固定 ············· 195

11.2.3　轴结构的工艺要求 ·········· 197

11.2.4　提高轴的强度的常用措施 ··············· 198

11.3　轴的性能分析与计算要点 ··············· 200

11.3.1　轴的失效形式及设计准则 ············ 200

11.3.2　轴的强度计算 ·············· 200

11.3.3　轴的刚度计算 ··············· 204

11.3.4　轴的振动计算 ·············· 204

11.4　轴的使用与维护 ·············· 205

11.4.1　轴的使用 ·············· 205

11.4.2　轴的维护 ·············· 205

11.5　企业应用案例——化工设备输送装置 ··············· 205

思考题与习题 ················ 210

第12章　轴承 212

本章知识导图 ·················· 212

本章学习目标 ················ 213

12.1 轴承的分类与应用 ·· 213

12.2 滑动轴承的类型、结构和材料 ······························ 213

　12.2.1 滑动轴承的类型 ···213

　12.2.2 滑动轴承的结构 ···213

　12.2.3 滑动轴承的材料 ···217

12.3 滚动轴承的类型、代号及选用 ······························ 218

　12.3.1 滚动轴承的基本构造·································· 218

　12.3.2 滚动轴承的材料 ·· 219

　12.3.3 滚动轴承的重要结构特性 ························· 219

　12.3.4 滚动轴承的主要类型 ································ 219

　12.3.5 滚动轴承的代号 ·· 221

　12.3.6 滚动轴承类型的选择 ································ 223

12.4 滚动轴承的工作能力计算 ································ 224

　12.4.1 滚动轴承的失效形式和计算准则 ················· 224

　12.4.2 基本额定寿命和基本额定动载荷 ··············· 225

　12.4.3 滚动轴承的寿命计算公式 ······················· 226

　12.4.4 滚动轴承的当量动载荷·························· 227

　12.4.5 角接触球轴承和圆锥滚子轴承的径向载荷
　　　　 F_r 与轴向载荷 F_a ··································· 229

　12.4.6 滚动轴承的静强度计算······················· 230

12.5 滚动轴承装置设计································· 233

　12.5.1 轴承的配置 ·· 233

　12.5.2 滚动轴承的轴向紧固 ······························ 235

　12.5.3 滚动轴承的配合 ·· 236

　12.5.4 滚动轴承的润滑 ·· 236

　12.5.5 滚动轴承的密封装置 ································ 237

12.6 企业应用案例——带式输送机减速器高速轴
　　 轴承选型·· 239

思考题与习题··· 240

第13章 联轴器和离合器 242

本章知识导图·· 242

本章学习目标·· 243

13.1 联轴器 ·· 243

13.1.1　联轴器的分类和特性 ……………………………… 243

13.1.2　联轴器的选择 …………………………………… 247

13.2　离合器 …………………………………………… 248

13.2.1　离合器的分类 …………………………………… 248

13.2.2　常用离合器的结构和特点 ………………… 249

13.3　企业应用案例——起重机 ……………………… 252

思考题与习题 …………………………………………… 252

参考文献 　253

第1章

绪 论

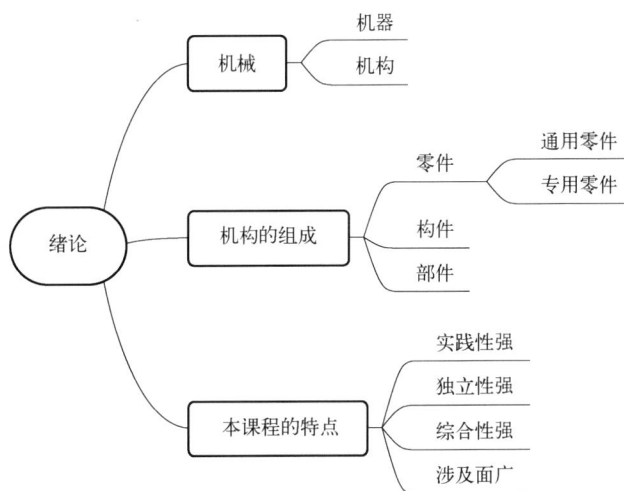

本书配套资源

📚 **本章学习目标**

> 1. 了解机器、机构等机械相关概念;
> 2. 了解机械、机器、机构、零件、构件、部件之间的联系与区别;
> 3. 了解本课程在教学中的地位及学习方法。

1.1　本课程的研究对象

　　本课程研究的对象是机械。机械是机器与机构的总称,机械零件是组成机器的基本单元。

　　人们之所以要广泛使用机器,是由于机器既能承担人力所不能或不便进行的工作,又能较人工生产改进产品的质量,大大提高劳动生产率和改善劳动条件。同时,不论是集中进行的大量生产还是多品种、小批量生产,都只有使用机器才便于实现产品的标准化、系列化和通用化,实现产品生产的高度机械化、电气化和自动化。

　　机械工业承担着为国民经济各部门提供关键技术装备的重任。机械工业的生产水平是一个国家现代化建设水平的主要标志之一。国家的工业、农业、国防以及科学技术的现代化进程,均与机械工业的发展水平息息相关。

1.2　本课程中的基本概念和研究内容

　　在进行本课程学习以前,首先需要了解一些基本概念及术语,如零件、构件、机构、机器和机械等,然后才能具体地讨论本课程所研究的对象和内容,从而进一步明确学习本课程的目的及学习中应注意的事项。

1.2.1　基本概念

(1)零件

　　任何机器均由许多零件构成。若将一部机器进行拆卸,拆到不可再拆的最小单元就是零件。从制造工艺的角度来看,零件是加工过程中的最小单位。

(2)构件

　　一个构件通常是由若干零件组成的,如内燃机中的连杆,其结构如图 1-1 所示,它由连杆体 1、连杆头 2、轴套 3、轴瓦 4、螺栓 5 和螺母 6 等零件组成。这些零件刚性地连接在一起组成一个刚性系统,机器运动时作为一个整体来运动。所以,构件是由若干零件组成的一个刚性系统,是运动的最小单元。当然,也有些构件仅由一个零件组成。

（3）机构

机构是由若干构件组成的一个组合体。机构的功用在于传递运动或改变运动的形式。如图 1-2 所示的连杆机构，就是将曲柄 1 的回转运动转变为摇杆 3 的往复摆动；如图 1-3 所示的凸轮机构，能将凸轮 1 的连续回转运动转变为推杆（锤头）2 的往复直线运动；如图 1-4 所示的齿轮机构，则是通过一对相互啮合的齿轮，将轴 1 的回转运动传递给轴 2。组成机构的各构件之间的相对运动是有规律的（是一个变量或多个变量的函数）。

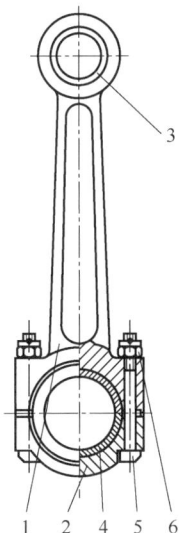

图 1-1 连杆

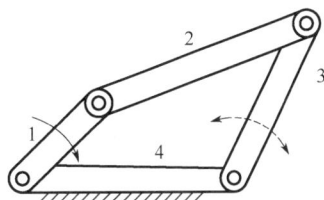

图 1-2 连杆机构

1—连杆体；2—连杆头；3—轴套；4—轴瓦；5—螺栓；6—螺母

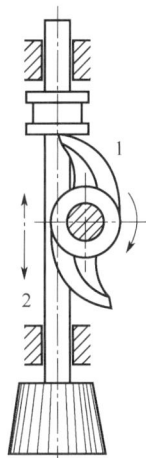

图 1-3 凸轮机构

图 1-4 齿轮机构

（4）机器

机器是由若干机构组成的。机器的类型虽然很多，但组成机器的常用机构的类型并不多，如常见的机床、起重机、缝纫机、内燃机等机器，都是由连杆机构、齿轮机构、凸轮机构、带传动等常用机构组合而成的。机器可用来变换或传递能量、物料和信息。如电动机或发电机用来变换能量，加工机械用来变换物料的状态，起重运输机械用来传递物料。随着技术发展，现代机器还可能由集成控制系统来实现信息处理功能。

（5）机械

一般常将机器和机构总称为机械。

1.2.2　本课程研究的内容

机械设计基础是一门研究机械传动及其设计中一些基础知识的课程。其研究的内容主要有以下几个方面。

（1）常用传动机构设计

① 机构的组成原理　研究构件组成机构的原理以及各构件间具有确定运动的条件。
② 常用机构的分析和设计　对常用机构的运动和工作特点进行分析，并根据一定的运动要求和工作条件来设计机构。

（2）通用零件设计

根据使用范围的不同，机械零件可分为两类：一类为广泛用于各种机械的通用零件，如螺钉、键、销、轴、轴承、齿轮等；另一类则是只用在某些机械中的专用零件，如风扇的叶片、洗衣机的波轮等。本书只研究通用零件的设计和选用问题，包括零件的工作能力设计和结构设计，以及标准零部件的选用等问题。

1.3　本课程在教学中的地位及学习方法

1.3.1　本课程在教学中的地位

随着机械化生产规模的日益扩大，不仅机械制造部门，动力、采矿、冶金、石油、化工、轻纺、食品等多个生产部门的工程技术人员都会经常接触各种类型的通用机械和专用机械，这就要求他们必须具备一定的机械基础知识。因此，"机械设计基础"同"机械制图""电工学""计算机应用技术"一样，是高等学校工科专业的重要的技术基础课。

"机械设计基础"将使从事工艺、运行、管理的技术人员，在了解机械的传动原理、选购设备、正确使用和维护设备、进行设备故障分析等方面获得必要的基本知识。

通过本课程的学习和课程设计实践，学生可以初步具备运用手册设计简单机械传动装置的能力，为日后从事技术革新创造条件。

机械设计是多学科理论和实际知识的综合运用。机械设计基础的主要先修课程有"机械制图""工程材料""机械制造基础""金工实习"和"工程力学"等。除此之外，考虑到许多近代机械设备中包含复杂的动力系统和控制系统，因此，各专业的工程技术人员还应当了解液压传动、气压传动、电子技术、计算机应用等有关知识。

在各个生产部门实现机械化，对于发展国民经济具有十分重要的意义。为了加速社会主义建设的步伐，应当对原有的机械设备进行全面的技术改造，以充分发挥企业潜力；应当设计各种高质量的、先进的成套设备来装备新兴的生产部门；还应当研究、设计完善且高度智能化的机械手和机器人，以从事空间探测、海底开发，并推动生产过程的自动化。可以预见，"机械设计基础"这门课程必将发挥越来越大的作用，它自身也将得到更大的发展。

1.3.2 本课程的学习方法

"机械设计基础"作为一门技术基础课，不仅需要综合"应用数学""机械制图""工程材料""机械制造基础"和"工程力学"等多门先修课程的知识，而且需要在教学中强调理论与实际的紧密结合，以培养学生的工程意识和实践能力。学习本课程的一般方法为：

① 重视理论联系实际，对日常所遇到的机器要结合所学理论进行观察分析；

② 对于设计计算的公式与数据，应着重了解其中各量的物理意义、取值范围、应用条件以及它们之间的相互关系；

③ 了解组成机器的各零件之间相互联系、相互制约的关系，从机器整体出发，体会本课程内容的系统性和规律性，避免把各章节内容分割开来孤立地学习；

④ 充分重视结构方面的设计，要多观察现有零部件的实物或图样，进行分析比较，提高和丰富结构设计方面的知识，为从事生产第一线的技术工作打下坚实的基础。

思考题与习题

1-1 机器与机构有什么异同？其相互关系如何？

1-2 机械的基本含义是什么？

1-3 构件和零件有什么区别与联系？

1-4 以自行车为例，列举几个构件，说明其主要由哪几个零件组装而成？

第2章

平面机构的组成及分析

本章知识导图

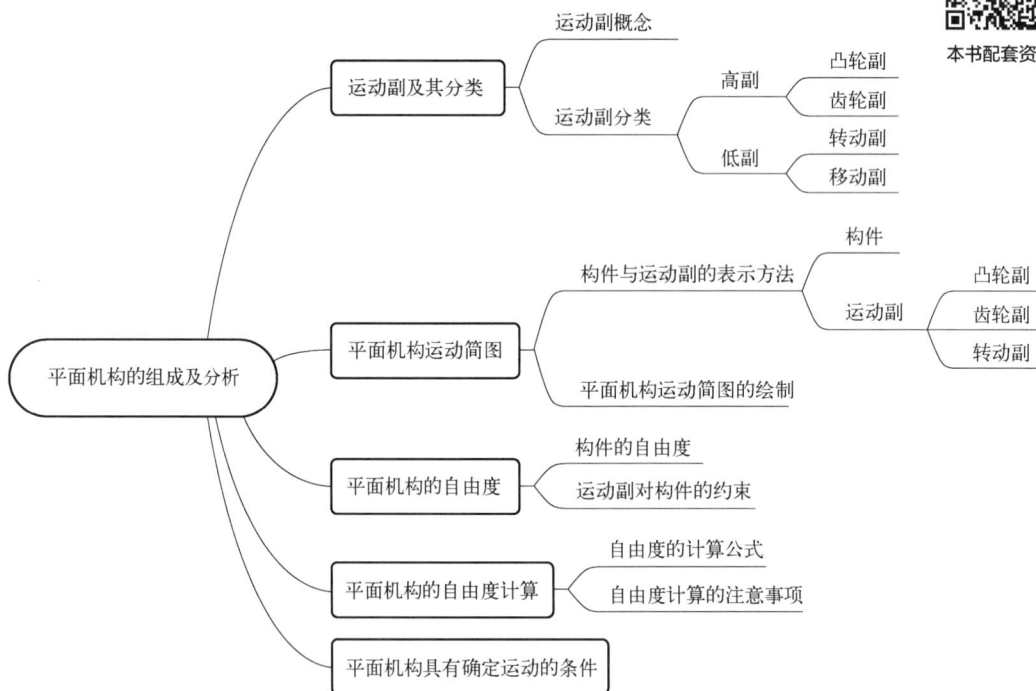

平面机构的组成及分析
- 运动副及其分类
  - 运动副概念
  - 运动副分类
    - 高副
      - 凸轮副
      - 齿轮副
    - 低副
      - 转动副
      - 移动副
- 平面机构运动简图
  - 构件与运动副的表示方法
    - 构件
    - 运动副
      - 凸轮副
      - 齿轮副
      - 转动副
  - 平面机构运动简图的绘制
- 平面机构的自由度
  - 构件的自由度
  - 运动副对构件的约束
- 平面机构的自由度计算
  - 自由度的计算公式
  - 自由度计算的注意事项
- 平面机构具有确定运动的条件

本章学习目标

1. 熟悉平面运动副的分类及其表示方法；
2. 掌握平面机构运动简图绘制的目的、方法和步骤；
3. 熟悉平面机构、自由度、运动副、复合铰链、局部自由度与虚约束的概念；
4. 熟练掌握平面机构自由度的计算方法及平面机构具有确定运动的条件判定；
5. 了解平面机构的组成原理。

2.1　机构的组成

2.1.1　运动副的概念

　　机构中使两个构件直接接触并允许两构件有相对运动的连接称为运动副。而将组成运动副的两接触表面称为运动副元素。例如，轴 1 与轴承 2 的配合（图 2-1），滑块 1 与导轨 2 的接触（图 2-2），两齿轮轮齿的啮合（图 2-3）等，就构成了运动副。

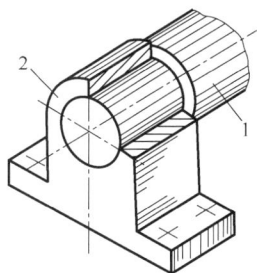

图 2-1　转动副

1—轴；2—轴承

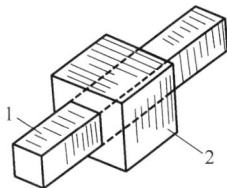

图 2-2　移动副

1—滑块；2—导轨

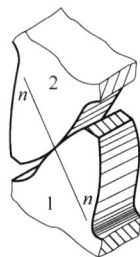

图 2-3　齿轮副

1、2—齿轮

2.1.2　运动副的分类

　　运动副常根据构成运动副的两构件的接触情况分类。当两构件通过点或线接触形成运动副时，称为高副（图 2-3）；当两构件通过面接触形成运动副时，则称为低副（图 2-1 和图 2-2）。

　　运动副还常根据构成运动副的两构件之间的相对运动的不同来分类。当两构件间相对运动为转动时，称为转动副或回转副，亦称铰链（图 2-1）；当两构件间相对运动为移动时，则称为移动副（图 2-2）。

　　若机构中所有构件都在同一平面内或相互平行的平面内运动，这种机构称为平面机构。本章只讨论工程中常见的平面机构。

　　常用运动副的表示方法如表 2-1 所示。

表 2-1　常用运动副的表示方法

运动副名称		运动副符号	
		两个运动构件构成的运动副	两构件之一为固定构件的运动副
平面运动副	转动副	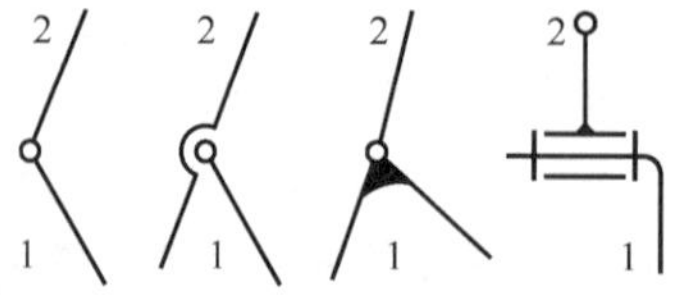	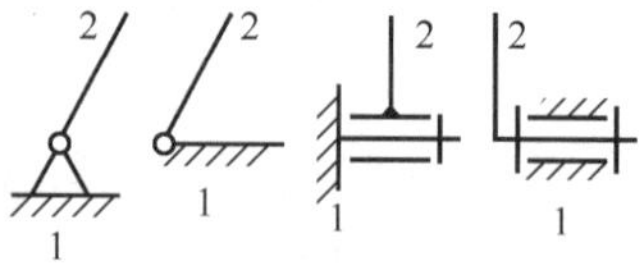
	移动副	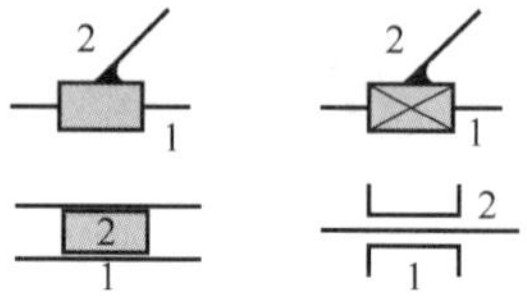	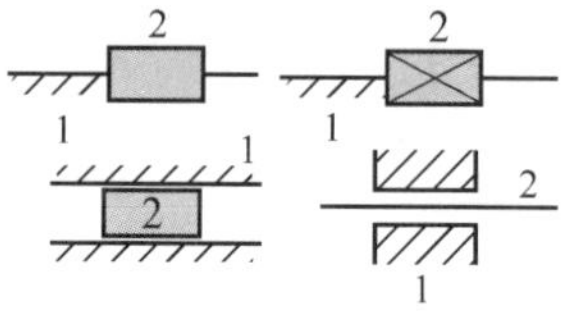
	平面高副		

2.2　平面机构的运动简图

2.2.1　机构运动简图的概念

不考虑构件和运动副的实际结构，只考虑与运动有关的构件尺寸、运动副种类及数目，用规定的线条（表 2-2）和符号（表 2-3），按一定的比例画出机构所在位置的简单图形，称为机构运动简图。

表 2-2　一般构件的表达方法

构件名称	表达方法
固定构件	
同一构件	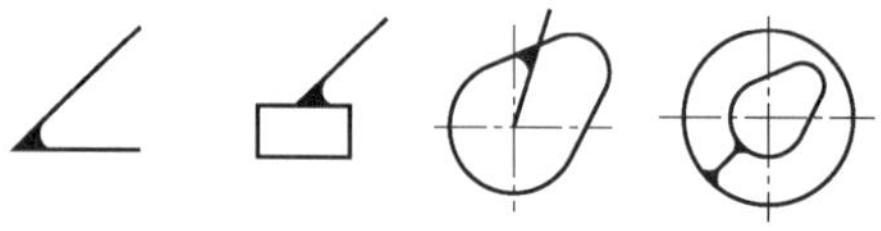
两副构件	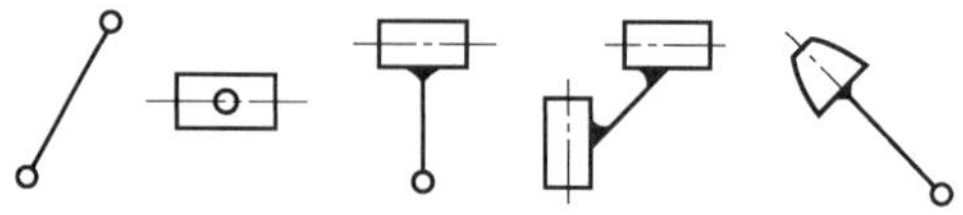
三副构件	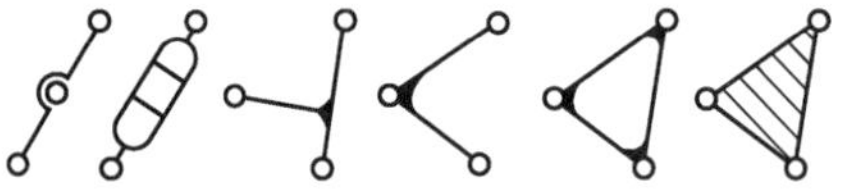

表2-3 常用机构运动简图的图形符号

名称	符号	名称	符号
直动从动件盘形凸轮机构	尖顶从动件 滚子从动件	棘轮机构（外啮合）	
槽轮机构（外啮合）		带传动（V 带）	
装在支架上的电动机		链传动	
圆柱齿轮传动（外啮合）		圆柱蜗杆传动	
圆柱齿轮传动（内啮合）		锥齿轮传动	
螺杆传动		齿轮齿条传动	

2.2.2 平面机构运动简图的绘制

绘制机构运动简图，首先要深入分析机构的运动情况，明确区分三类关键构件：固定件（机架），即支承活动构件的基础，每个机构中唯一且必需的构件；原动件，是带有驱动力或已知运动规律的构件，通常与机架相连；从动件，即机构中除原动件外的所有活动构件。其次，还需弄清该机构由多少个构件组成，各构件间组成何种运动副，然后按规定的符号和一定的比例尺绘制。

具体可按下述步骤进行。

① 分析机构的组成，确定固定件、原动件和从动件。

② 由原动件开始，依次分析构件间的相对运动形式，确定运动副的类型和数目。

③ 选择适当的视图平面和原动件位置，以便清楚地表达各构件间的运动关系。平面机构通常选择与构件运动平行的平面作为投影面。

④ 选择适当的比例，按照各运动副间的距离和相对位置，用规定的符号画出各运动副，然后用简单线条将同一构件上的运动副连接起来。

【例 2-1】试绘制如图 2-4（a）所示颚式破碎机的机构运动简图。

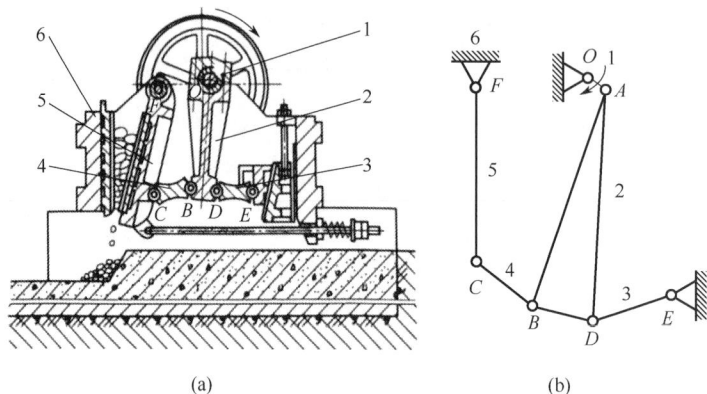

图 2-4 颚式破碎机

解：颚式破碎机的原动件为曲柄 1，执行构件为动颚板 5，由运动传递的路线可以看出，此破碎机由曲柄 1，构件 2、3、4，动颚板 5 和机架 6 组成。其中，曲柄 1 和机架 6 在 O 点构成转动副，曲轴 1 和构件 2 也构成转动副，其轴心在 A 点。构件 2 还分别与构件 3、4 在 D、B 两点构成转动副。构件 3 还与机架 6 在 E 点构成转动副。动颚板 5 分别与构件 4 和机架 6 在 C 点和 F 点构成转动副。当曲柄 1 绕轴心 O 连续回转时，动颚板 5 绕轴心 F 反复摆动，从而将矿石轧碎。

选定视图平面和比例，根据机构的运动尺寸定出转动副 O、A、B、C、D、E、F 的位置，画出各转动副，用表示各构件的线段连接相应运动副，在原动件上标出表示运动方向的箭头，即可得到该颚式破碎机的机构运动简图，如图 2-4（b）所示。

2.3 平面机构的自由度

2.3.1 平面机构的自由度计算

（1）自由度

在平面运动中，一个自由构件具有 3 个独立的运动，如图 2-5 所示，即沿 x 轴、y 轴的移动及在 xOy 平面内的转动。在机械系统中，构件相对于指定参考系所具有的独立运动的数目称为自由度。对于该平面运动的自由构件，其自由度为 3。

（2）约束

约束是对独立运动施加的一种限制条件，每增加一个约束，构件就会相应地减少一个自由度。当一构件与另一构件组成平面转动副时，该两构件间便只具有一个独立的相对转动；当一构件与另一构件组成平面移动副时，该两构件间便只具有沿一个方向独立的相对移动。因此，平面低副会引入两个约束。

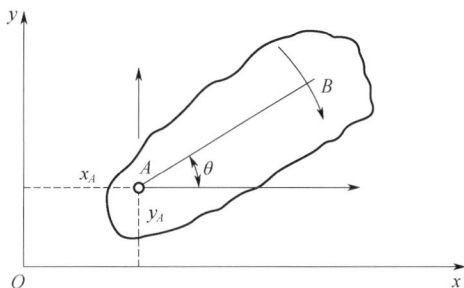

图 2-5　平面运动刚体的自由度

当两个构件组成高副时，如图 2-3 所示，构件 2 在公法线 n—n 方向上的移动会受到限制，但它可以相对于构件 1 沿接触点的切线方向移动，并且还可以转动。因此，构件 2 相对于构件 1 具有两个自由度，即两构件组成平面高副时会引入一个约束。

（3）平面机构的自由度计算公式

机构的自由度为机构具有独立运动的数目。假定某平面机构共有 K 个构件，除去固定构件，则活动构件数为 $n=K-1$；未用运动副连接之前，n 个活动构件具有 $3n$ 个自由度；如果机构具有 P_L 个低副，P_H 个高副，则将引入（$2P_L+P_H$）个约束。若以 F 表示机构的自由度，则平面机构自由度计算公式为：

$$F = 3n - 2P_L - P_H \tag{2-1}$$

（4）机构具有确定运动的条件

为了按照一定的要求进行运动的传递及变换，当机构的原动件按给定的规律运动时，该机构中的其余构件的运动也都应是完全确定的。因此，机构具有确定运动的条件为：机构的原动件数目 W 等于机构的自由度数 F。即：

$$W=F\neq0 \tag{2-2}$$

当机构不满足这一条件时，如果机构的原动件数目小于机构的自由度，机构的运动将不确定；如果原动件数目大于机构的自由度，则将导致机构中最薄弱环节损坏。

2.3.2　平面机构自由度计算的注意事项

在应用式（2-1）计算平面机构的自由度时，必须注意下面几种特殊情况。

（1）局部自由度

与机构运动无关的构件的独立运动称为局部自由度。在计算机构自由度时，局部自由度应略去不计。

图 2-6（a）所示的凸轮机构，滚子 2 绕其自身轴线转动的自由度，并不影响其他构件的运

动，因而该处是局部自由度。对于局部自由度的处理方法是，假想将滚子 2 和构件 3 刚性固接在一起，如图 2-6（b）所示，此时，该机构自由度按式（2-1）计算为：

$$F=3n-2P_L-P_H=3\times2-2\times2-1=1$$

局部自由度虽然不影响整个机构的运动，但可以使接触处的滑动摩擦变为滚动摩擦，减少摩擦阻力和磨损。因此，实际机械中常有局部自由度存在，如滚子、滚轮等。

（2）复合铰链

两个以上的构件在同一处以转动副连接，则构成复合铰链。图 2-7（a）所示就是 3 个构件在 A 处以转动副连接而构成的复合铰链。而由图 2-7（b）可以清楚地看出，此 3 个构件共构成 2 个转动副，而非 1 个。同理，若由 m 个构件在同一处构成转动副，则该处的实际转动副数目为（$m-1$）个。在计算机构的自由度时，应注意观察机构运动简图中是否存在复合铰链，以免把转动副数目搞错。

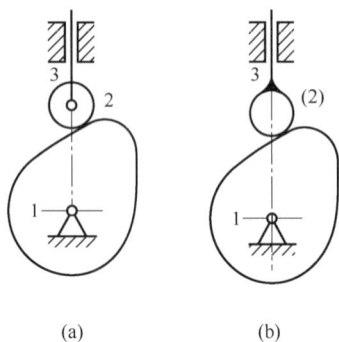

图 2-6 局部自由度　　　图 2-7 复合铰链

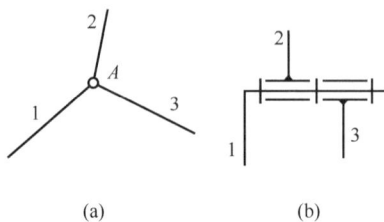

（3）虚约束

在特殊的几何条件下，有些约束所起的限制作用是重复的，这种对机构运动实际上不起限制作用的约束称为虚约束。如图 2-8（a）实线所示的平行四边形机构，其自由度 $F=1$。如果在构件 3 和机架 1 之间，平行于 AB 或 CD 铰接一个构件 5 [图 2-8（b）]，那么可以很容易地看出，构件 5 并没有对机构运动产生实际的限制作用，这显然是虚约束。

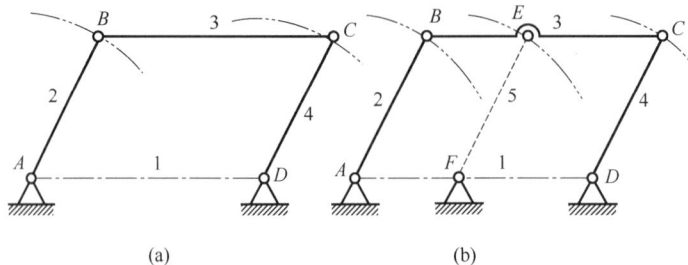

图 2-8 平行四边形机构

在计算机构自由度时，虚约束应当除去不计。机构中引入虚约束，主要是为了改善机构的受力情况或增加机构的刚度。常见的虚约束常出现在下列场合。

① 两构件在同一轴线的几处组成转动副，则有效约束只有一处，其他处均为虚约束，如

图 2-9（a）所示。

② 两构件在多处接触而组成移动副，且移动方向彼此平行，则有效约束只有一处，如图 2-9（b）所示，计算自由度时应只视作一个移动副。

③ 若两构件在多个接触点处公法线重合，形成高副，如图 2-9（c）所示，则只需考虑其中一个高副，其余均视为虚约束。

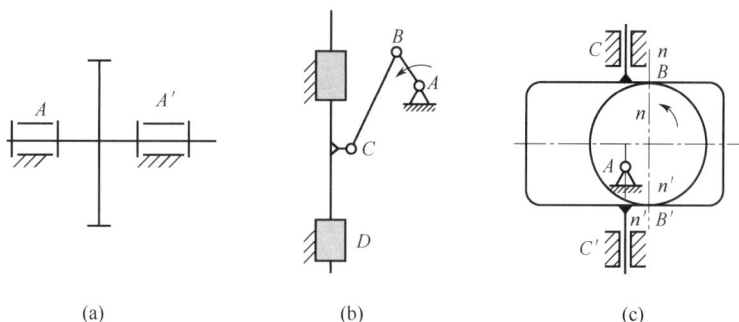

(a)　　　　　　　(b)　　　　　　　(c)

图 2-9　两构件组成多个运动副

④ 某些不影响机构运动的对称部分或重复部分所代入的约束为虚约束。如图 2-10 所示周转轮系中，太阳轮 1 经过三个关于中心对称布置的小齿轮 2、2′和 2″驱动内齿轮 3，其中有两个小齿轮对传递运动不起独立作用。这两个齿轮所带入的约束为虚约束，但这两个齿轮可以起到提高承载能力并使机构受力均匀的作用。

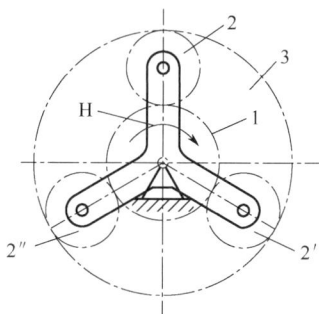

图 2-10　周转轮系

1—太阳轮；2、2′、2″—小齿轮；3—内齿轮；H—支撑构件

【例 2-2】图 2-11 为某冲压机构运动简图，计算该机构的自由度，并判断该机构是否具有确定的相对运动。

解：机构中，E 处 3 个杆件组成复合铰链，该处有 2 个转动副。构件 9 与机架 10 构成导路，平行的两个移动副 L 和 L′于导路重合，其中一个为虚约束。构件 7 的右端 B 处安装了滚子，滚子与构件 2 间存在的独立运动被视为局部自由度，在计算机构的自由度时，滚子及其转动副不计入内，因此，滚子与构件 7 被视为固定连接。因此，该机构有 9 个活动构件、10 个转动副、2 个移动副、2 个高副，$n=9$，$P_L=12$，$P_H=2$，代入式（2-1），机构的自由度为：

$$F=3n-2P_L-P_H=3\times9-2\times12-2=1$$

构件 1 为原动件，则输入的已知独立运动数目等于机构的自由度，所以该机构的从动件具有确定的相对运动。

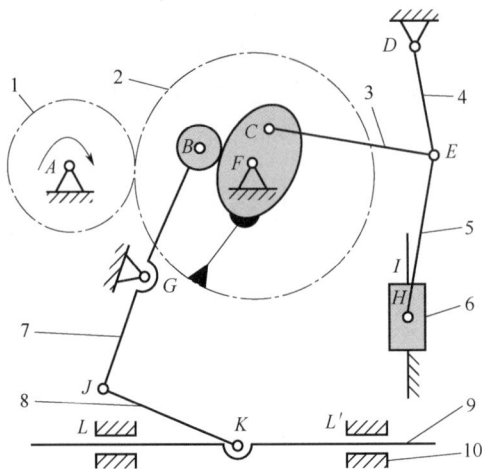

图 2-11　冲压机构运动简图

2.4　平面机构运动分析的速度瞬心法

2.4.1　速度瞬心

两个互作平面平行运动的刚体（构件）上绝对速度相等的瞬时重合点称为这两个刚体的速度瞬心，简称瞬心，用 P 表示。瞬心有两类：绝对瞬心和相对瞬心。

若瞬心的绝对速度为零，该瞬心称为绝对瞬心，如图 2-12 中，P_{12} 为绝对瞬心；若瞬心的绝对速度不为零，该瞬心称为相对瞬心，如图 2-13 中，P_{12} 为相对瞬心。

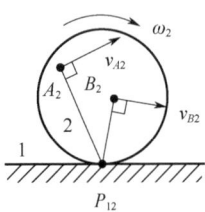

图 2-12　绝对瞬心　　　　图 2-13　相对瞬心

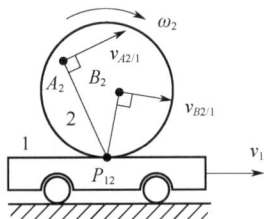

2.4.2　瞬心的求法

（1）机构中瞬心的数目

对于平面机构，任意两个互做平面平行运动的构件之间都有一个瞬心，因此，若机构有 K 个构件，则该机构的瞬心总数 N 为：

$$N = \frac{K(K-1)}{2} \tag{2-3}$$

（2）机构瞬心的求法

① 通过运动副直接相连的两构件间的瞬心根据定义确定。

两构件组成转动副时 [图 2-14（a）]，转动副的中心就是绝对速度相等的重合点，即瞬心 P_{12}；当两构件组成移动副时 [图 2-14（b）]，由于它们的各重合点的相对速度方向都是平行于导路方向的，所以其瞬心 P_{12} 位于垂直导路方向的无穷远处；当两构件组成高副时 [图 2-14（c）]，如果两构件做纯滚动，则瞬心就在接触点处，如果两构件之间存在滑动，则瞬心在过接触点的公法线 n—n 上。

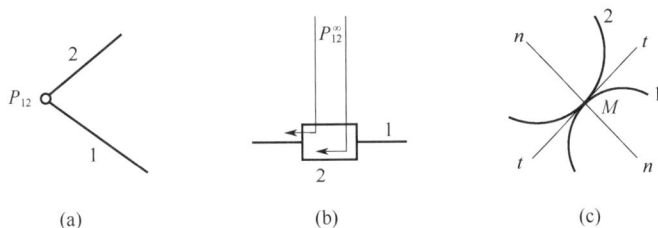

图 2-14 瞬心位置确定

② 没有通过运动副直接相连的两构件间的瞬心可利用三心定理法确定。

三心定理法为：互做平面平行运动的三个构件共有三个瞬心，这三个瞬心必位于同一直线上。其证明如下。

如图 2-15 所示，三个互做平面平行运动的构件 1、2、3 共有三个瞬心，即 P_{12}、P_{13} 和 P_{23}。为研究方便，设构件 3 固定，P_{13} 和 P_{23} 为构件 1、3 和构件 2、3 的绝对瞬心。假定 P_{12} 不在 P_{13} 和 P_{23} 的连线上，而在图示的 C 点上，则重合点 C_1 和 C_2 的绝对速度 v_{C1}、v_{C2} 垂直于各自的旋转半径 CA 和 CB。显然，这时 v_{C1}、v_{C2} 的方向不同，故 C 点不可能是瞬心。只有位于 P_{13}、P_{23} 直线上的重合点速度方向才一致，因此 P_{12} 瞬心一定在 P_{13} 和 P_{23} 的连线上。

值得注意的是，这三个瞬心的下标之间的关系。去掉两个瞬心下标中相同的数字，如 P_{13}、P_{23} 中的"3"，则该瞬心下标中余下的数字"1"和"2"恰是第 3 个瞬心 P_{12} 的下标。

【例 2-3】 如图 2-16 所示铰链四杆机构各瞬心的位置。

解： 机构的瞬心数为

$$N = \frac{K(K-1)}{2} = \frac{4 \times (4-1)}{2} = 6$$

瞬心 P_{12}、P_{23}、P_{34}、P_{14} 分别位于四个转动副的中心上，如图 2-16 所示。瞬心 P_{13}、P_{24} 可用三心定理求得。

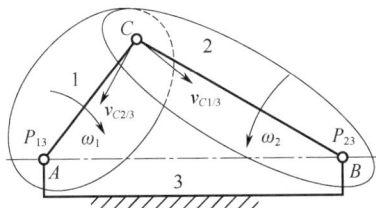

图 2-15 三心定理

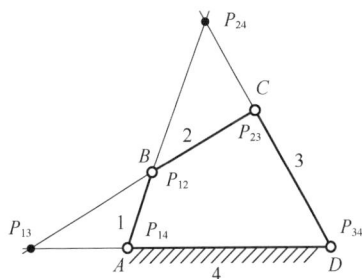

图 2-16 铰链四杆机构

由下标关系知，P_{13} 既在 P_{12} 和 P_{23} 的连线上，又在 P_{14} 和 P_{34} 的连线上，故该两线的交点就

是瞬心 P_{13}。同理，P_{24} 应在 $P_{12}P_{14}$ 和 $P_{23}P_{34}$ 连线的交点上。在这 6 个瞬心中，凡下标中带机架标号"4"的都是绝对瞬心，其余为相对瞬心。

2.5　企业应用案例——牛头刨床的运动分析

如图 2-17（a）所示为牛头刨床，主要用于单件小批量生产中刨削中小型工件上的平面、成形面和沟槽。请根据图 2-17（b）所示的牛头刨床的结构示意图，绘制其机构运动简图，并计算自由度，判断其有无确定运动。

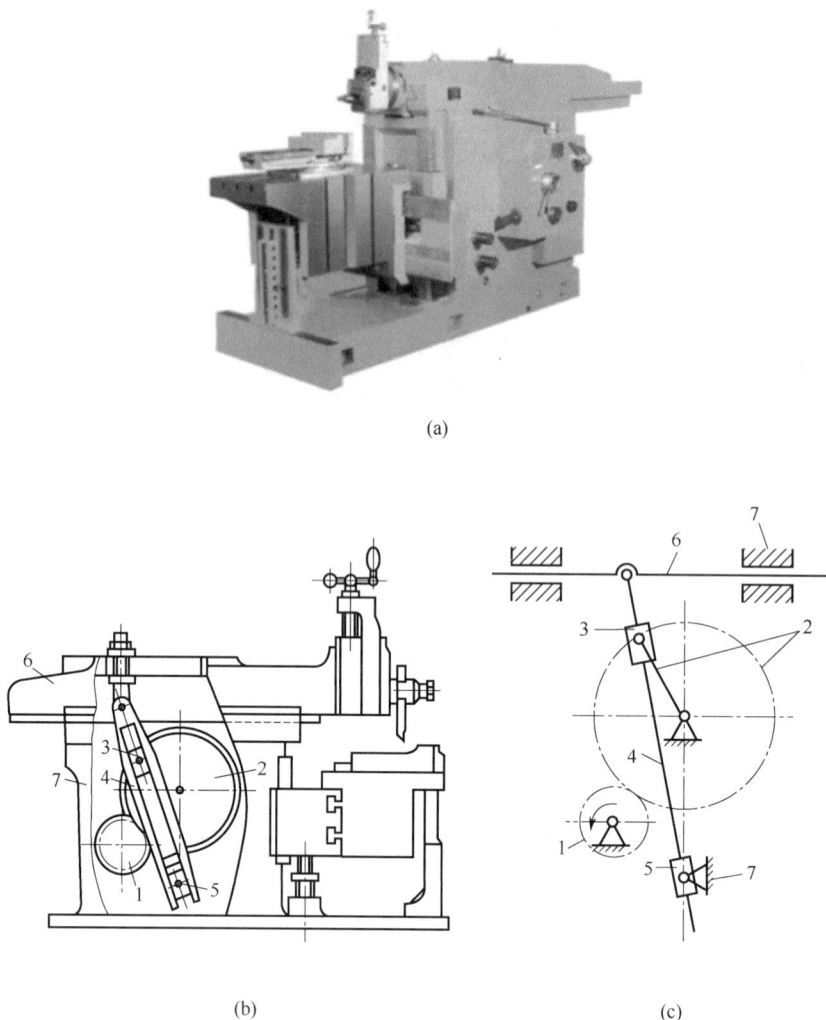

(a)

(b)　　　　　　　　　　　　　　　　　　(c)

图 2-17　牛头刨床

1—小齿轮；2—大齿轮；3—滑块；4—导杆；5—摇块；6—刨头；7—机架

1）绘制机构运动简图

① 图 2-17 所示牛头刨床，其主体运动机构由齿轮 1、2，滑块 3，导杆 4，摇块 5，刨头 6 以及机架 7 组成。齿轮 1 为原动件，机架 7 为固定件，其余活动构件为从动件。

② 齿轮 1、2 组成齿轮副，小齿轮 1 与机架 7 组成转动副，大齿轮 2 与机架 7、滑块 3 分别组成转动副；导杆 4 与滑块 3、摇块 5 分别组成移动副，而与刨头 6 组成转动副，摇块 5 与机架 7 组成转动副；刨头 6 与机架 7 组成移动副。即本机构共有 1 个齿轮副、5 个转动副和 3 个移动副。

③ 选择恰当的瞬时运动位置，如图 2-17（c）所示，按规定符号画出齿轮副、转动副、移动副及机架，并标注构件号以及表示原动件运动方向的箭头。

2）计算自由度

活动构件数为 6 个，构件 6 与构件 7 形成导路重合的两个移动副，其一为虚约束，计算自由度时只算 1 个移动副，因此低副为 8 个，高副为 1 个，即 $n=6$，$P_L=8$，$P_H=1$，代入式（2-1），机构的自由度为：

$$F=3n-2P_L-P_H=3 \times 6-2 \times 8-1=1$$

构件 1 为原动件，则输入的已知独立运动数目等于机构的自由度，所以该机构的从动件具有确定的相对运动。

思考题与习题

2-1 什么是运动副？平面低副有哪两种类型？

2-2 机构自由度的定义是什么？一个平面自由构件的自由度是多少？

2-3 平面运动副中，低副和高副各引入了几个约束？

2-4 什么是原动件？什么是从动件？什么是固定件？

2-5 简述机构运动简图的主要作用，它能表示出原机构哪些方面的特征？

2-6 机构具有确定运动的条件是什么？当构件的原动件数少于或多于机构的自由度时，机构会如何运动？

2-7 什么是复合铰链？什么是局部自由度？什么是虚约束？在计算机构自由度时应如何处理这些问题？计算机构的自由度时，应注意哪些事项？

2-8 绘出图 2-18 所示机构的运动简图并计算自由度。

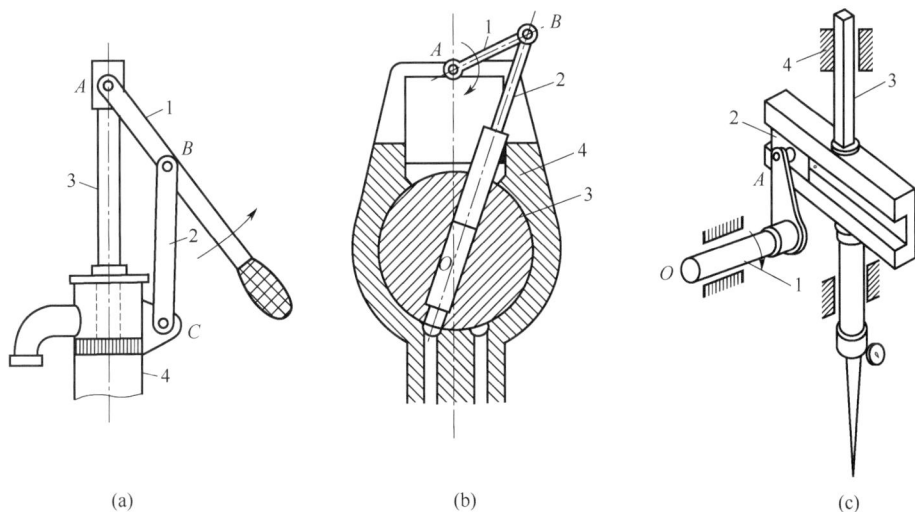

图 2-18 题 2-8 图

2-9 计算图 2-19 所示各个机构的自由度，并判断是否具有确定的相对运动。

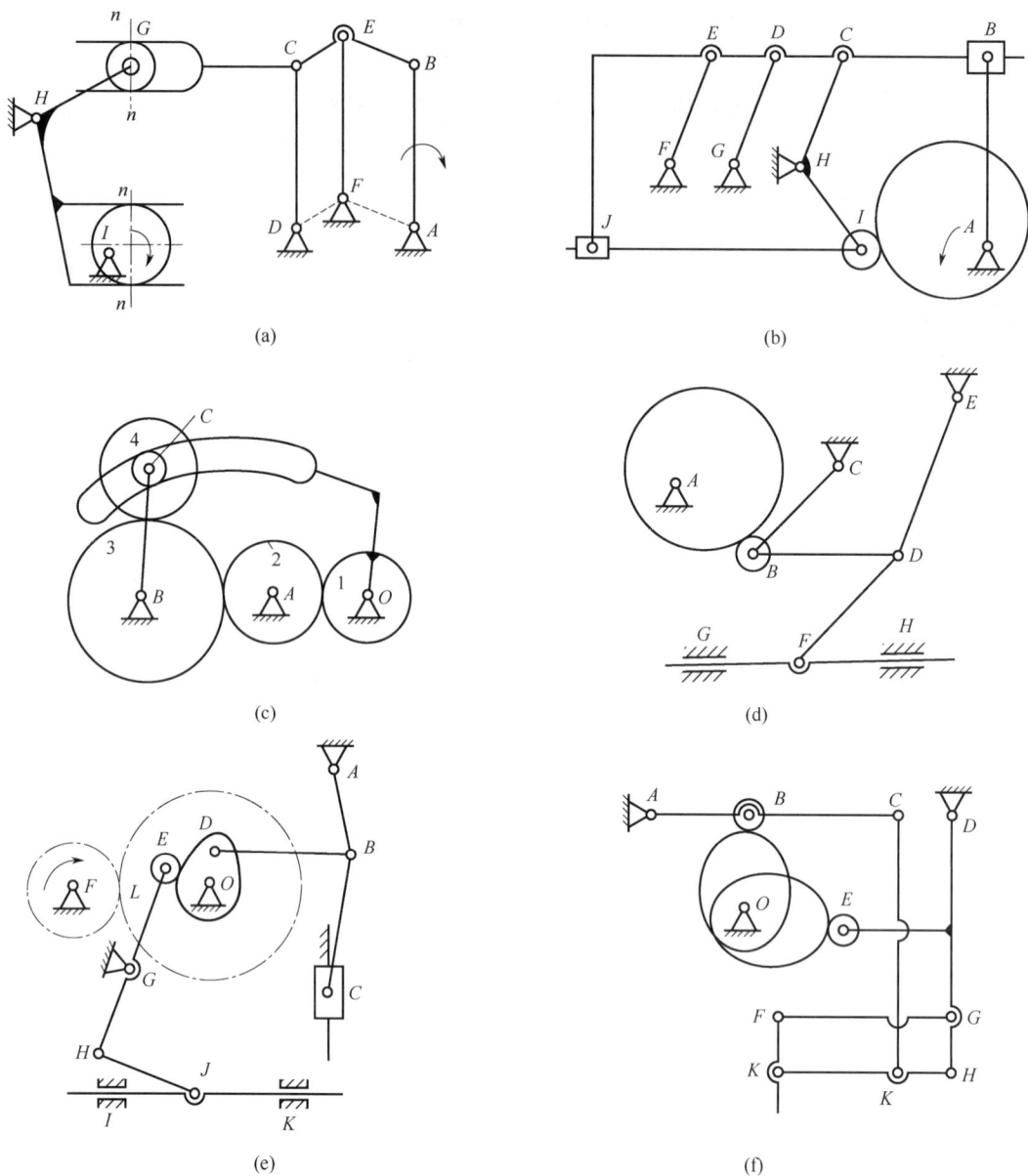

(a)

(b)

(c)

(d)

(e)

(f)

图 2-19　题 2-9 图

2-10　如图 2-20 凸轮机构中，已知凸轮 1 的角速度 ω_1，求从动件 2 的速度 v_2。

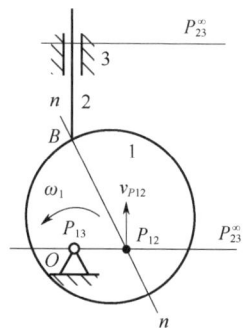

图 2-20　题 2-10 图

1—凸轮；2—从动件；3—机架

第3章

平面连杆机构

📥 **本章知识导图**

本书配套资源

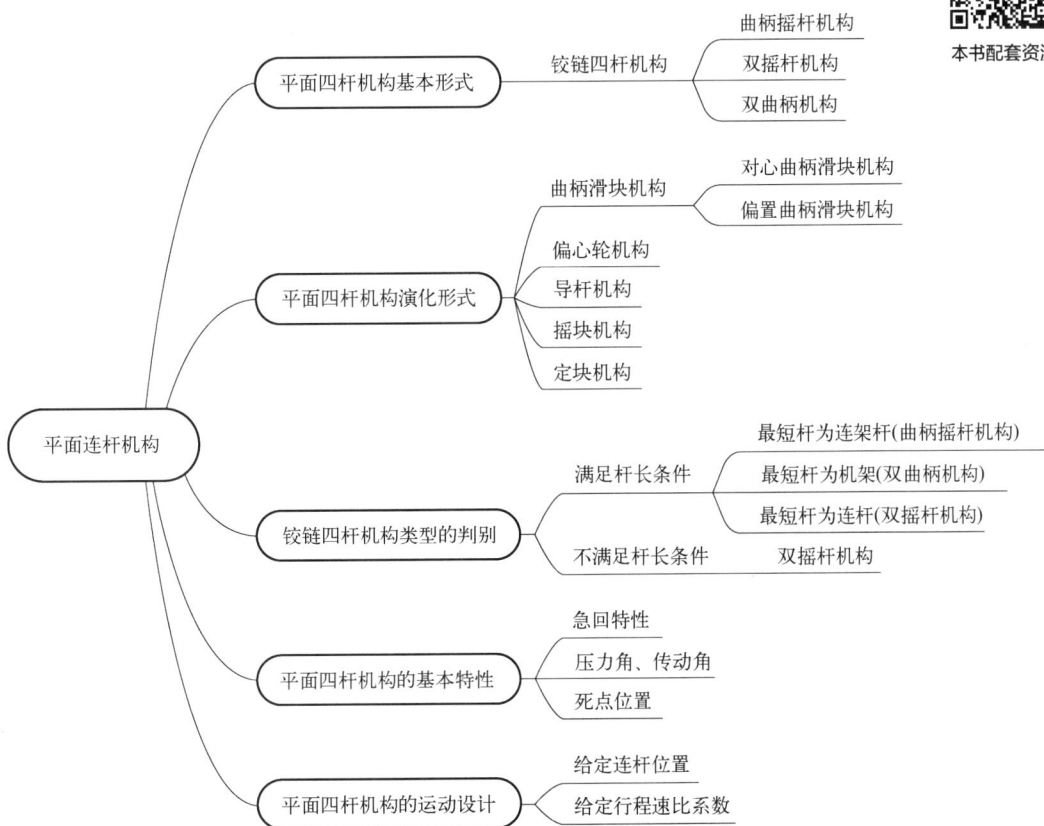

平面连杆机构

- 平面四杆机构基本形式
  - 铰链四杆机构
    - 曲柄摇杆机构
    - 双摇杆机构
    - 双曲柄机构

- 平面四杆机构演化形式
  - 曲柄滑块机构
    - 对心曲柄滑块机构
    - 偏置曲柄滑块机构
  - 偏心轮机构
  - 导杆机构
  - 摇块机构
  - 定块机构

- 铰链四杆机构类型的判别
  - 满足杆长条件
    - 最短杆为连架杆(曲柄摇杆机构)
    - 最短杆为机架(双曲柄机构)
    - 最短杆为连杆(双摇杆机构)
  - 不满足杆长条件
    - 双摇杆机构

- 平面四杆机构的基本特性
  - 急回特性
  - 压力角、传动角
  - 死点位置

- 平面四杆机构的运动设计
  - 给定连杆位置
  - 给定行程速比系数

本章学习目标

1. 熟练掌握铰链四杆机构的基本形式和特性；
2. 了解平面四杆机构演化的形式与应用；
3. 理解并掌握铰链四杆机构存在曲柄的条件；
4. 掌握平面四杆机构的运动特性；
5. 掌握按照给定条件图解法设计平面四杆机构的过程和方法。

3.1 平面连杆机构及其传动特点

平面连杆机构是指通过低副（移动副或转动副）将多个刚性构件连接在一起，且所有构件在同一平面内运动的机构，亦称作平面低副机构。

平面连杆机构具有以下传动特点。

① 连杆机构中的所有运动副均为低副，因此运动副元素为面接触，具有压力小、承载能力强、润滑效果好、磨损小等优点，且易于加工制造。此外，连杆机构中的低副通常具有几何封闭性，有利于确保工作的可靠性。

② 在保持原动件运动规律不变的前提下，通过调整各构件的相对长度，从动件可以获得不同的运动规律。

③ 连杆上各点的轨迹是各种不同形状的曲线，其形状随着各构件相对长度的改变而改变，故连杆曲线的形式多样，可用来满足一些特定工作的需要。

平面连杆机构也存在如下缺点。

① 由于连杆机构的运动必须经过中间构件进行传递，其传动路线较长，易产生较大的误差累积，同时也使机械效率降低。

② 连杆机构在运动时，连杆和滑块会产生较大的惯性力，这些力难以通过常规平衡手段消除，因此，连杆机构不宜用于高速运动。

3.2 平面连杆机构的基本形式及演化

3.2.1 平面连杆机构的基本形式

满足运动转换要求的闭链形式的平面连杆机构至少应出 4 个构件组成，常称为平面四杆机构，它是平面连杆机构的基本形式。工程上最常用的平面四杆机构是铰链四杆机构，即 4 个构件均由转动副连接而成的机构。

如图 3-1 所示的铰链四杆机构中，构件 1 为机架，与机架相连的构件 2、4 称为连架杆，连架杆中能相对机架做整圈运动的称为曲柄，只能做往复摆动的称为摇杆，除机架外，连接两个连架杆的构件 3 称为连杆。

根据连架杆的不同运动形式，铰链四杆机构可分为曲柄摇杆机构、双曲柄机构和双摇杆机构 3 种基本形式。

（1）曲柄摇杆机构

如图 3-2 所示的曲柄摇杆机构，构件 2 为曲柄，可绕固定铰链中心 A 做整圈运动，构件 4 为摇杆，只能绕固定铰链中心 D 做往复摆动，故称此机构为曲柄摇杆机构。

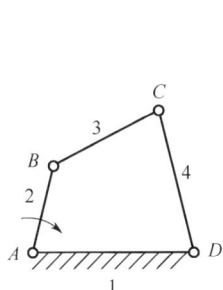

图 3-1　铰链四杆机构

1—机架；2、4—连架杆；3—连杆

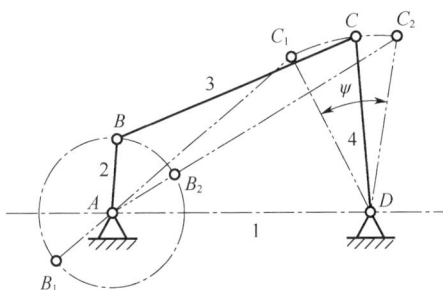

图 3-2　曲柄摇杆机构

1—机架；2—曲柄；3—连杆；4—摇杆

如图 3-3 所示的雷达天线俯仰角调整机构，曲柄 1 匀速转动时，通过连杆 2 带动摇杆 3 在一定角度范围内摆动，从而调整雷达天线的俯仰角大小。如图 3-4 所示的脚踏砂轮机构，当摇杆 3（踏板）为原动件时，可将摇杆 3 的往复摆动转变为曲柄 1（砂轮）的连续转动。

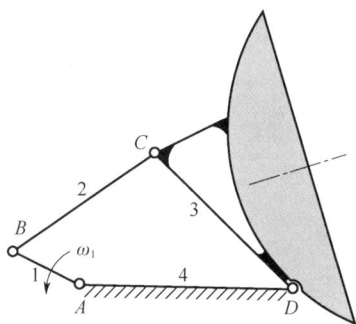

图 3-3　雷达天线俯仰角调整机构

1—曲柄；2—连杆；3—摇杆；4—机架

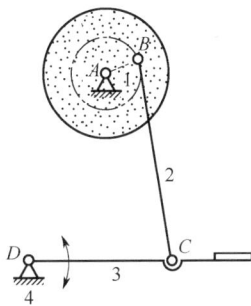

图 3-4　脚踏砂轮机构

1—曲柄（砂轮）；2—连杆；3—摇杆（踏板）；4—机架

（2）双曲柄机构

如图 3-5 所示的双曲柄机构，因两连架杆可分别绕固定铰链中心 A、D 做整圈转动而均为曲柄，故称此机构为双曲柄机构。在图 3-6 所示的惯性筛机构中，由构件 1、2、3、6 构成的铰链四杆机构为双曲柄机构，原动曲柄 1 匀速转动，从动件 3 则做周期性变速回转运动，通过连杆 4 使筛子在往复运动中具有所需的加速度，从而达到筛分物料的目的。

在铰链四杆机构中，当不相邻的两组构件分别平行并且相等时，该机构称为平行四边形机构，如图 3-7 所示，不论以哪个构件为机架，平行四边形机构都是双曲柄机构，因此将平行四边形机构视为双曲柄机构的特例。如图 3-8 所示的摄影平台升降机构是平行四边形机构的应用实例。

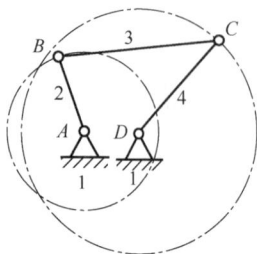

图 3-5　双曲柄机构

1—机架；2、4—曲柄；3—连杆

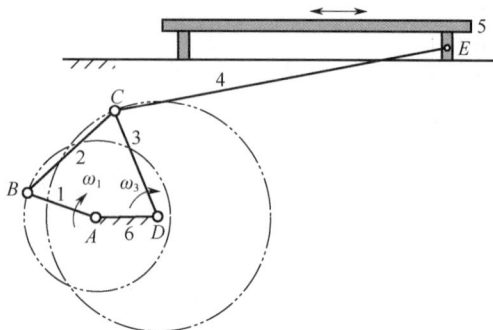

图 3-6　惯性筛机构

1、3—曲柄；2、4—连杆；5—滑块；6—机架

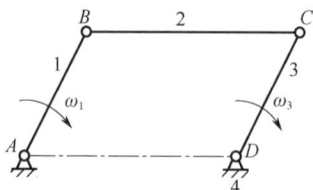

图 3-7　平行四边形机构

1、3—曲柄；2—连杆；4—机架

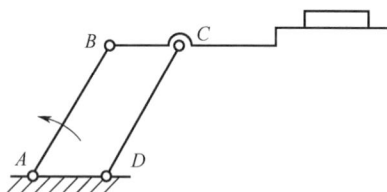

图 3-8　摄影平台升降机构

双曲柄机构的另一个特例是反平行四边形机构。如图 3-9 所示，反平行四边形机构中，相对两构件的长度相等，但彼此不平行。其特点是两个曲柄的转动方向相反，且角速度不等。如图 3-10 所示的门窗启闭机构，当 AB 杆摆动，左侧车门打开的同时，可通过 BC 杆带动 CD 杆摆动，从而使右侧车门同时打开。

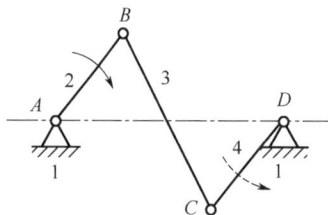

图 3-9　反平行四边形机构

1—机架；2、4—曲柄；3—连杆

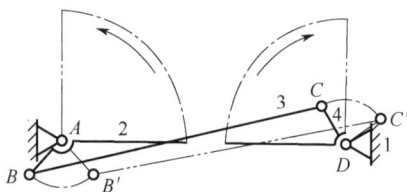

图 3-10　门窗启闭机构

（3）双摇杆机构

如图 3-11 所示的双摇杆机构，两连架杆只能分别在 φ 和 ψ 的角度范围内往复摆动，因而均为摇杆，故称此机构为双摇杆机构。如图 3-12 所示的轮式车辆前轮转向机构，当车辆直行时，两前轮平行，ABCD 即一等腰梯形（图中细实线位置）。当车辆转弯时，根据弯道半径的不同，要求左右两轮轴线（或摇杆 AB 和 CD）转过不同的角度 β 和 δ，这样就能使前轮轴线延长线始终落在后轮轴线延长线的交点上，从而使 4 个车轮都能绕 O 点在地面上做纯滚动，避免轮胎因滑动而加剧磨损。

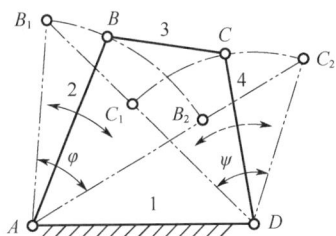

图 3-11　双摇杆机构
1—机架；2、4—摇杆；3—连杆

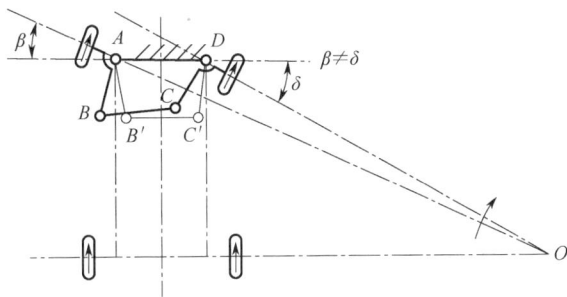

图 3-12　轮式车辆的前轮转向机构

3.2.2　平面四杆机构的演化

在工程实际中，除了铰链四杆机构外，还常用到其他形式的平面四杆机构。可将它们看成，由铰链四杆机构通过改变构件的长度和形状、扩大转动副的半径或选取不同的构件为机架等方法演化而来的机构。

（1）改变构件的形状和运动尺寸

如图 3-13（a）所示的曲柄摇杆机构中，当曲柄 2 绕轴 A 回转时，铰链 C 将沿圆弧线 m—m 往复运动。如图 3-13（b）所示，设将摇杆 4 做成滑块形式，并使其沿圆弧导轨 m—m 往复运动，显然其运动性质并未发生改变，但此时铰链四杆机构已演化为具有曲线导轨的曲柄滑块机构。

将图 3-13（b）中摇杆 4 的长度增至无穷大，则铰链 C 运动的圆弧轨迹 m—m 将变为直线，而与之相应的 图 3-13（b）中的曲线导轨将变为直线导轨，曲柄摇杆机构将演化成常见的曲柄滑块机构。根据滑块往复移动的导路中心线 m—m 是否通过曲柄转动中心 A，又分别称之为对心曲柄滑块机构［图 3-13（c）］和偏距为 e 的偏置曲柄滑块机构［图 3-13（d）］。

曲柄滑块机构广泛应用于冲床、内燃机、空气压缩机等各种机械中。

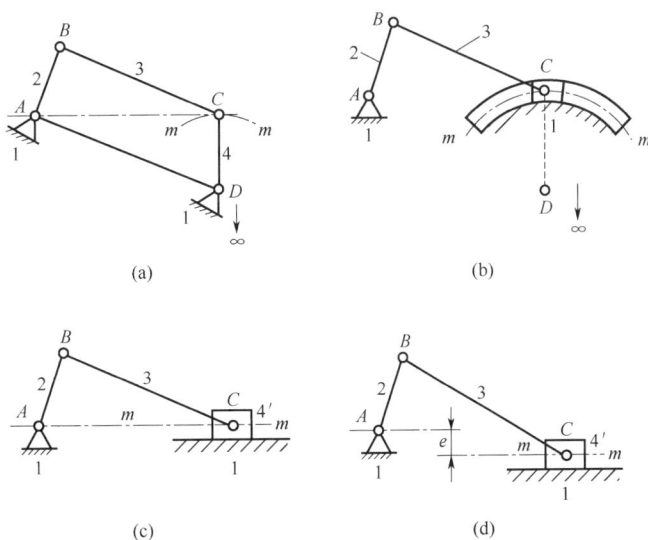

（a）

（b）

（c）

（d）

图 3-13　曲柄滑块机构的演化
1—机架；2—曲柄；3—连杆；4—摇杆；4′—滑块

（2）改变转动副的尺寸

如图 3-14（a）所示的曲柄滑块机构，曲柄尺寸较小时，常因工艺和强度要求，将其改为图 3-14（b）所示的偏心轮，其几何中心与回转中心不重合，两者间距为偏心距（等于原曲柄长），形成偏心轮机构。

偏心轮机构是将图 3-14（a）所示的曲柄滑块机构中的转动副 B 的半径扩大，使之超过曲柄的长度而演化成的。此演化不影响机构运动性质，且能避免小尺寸曲柄 AB 两端设置双转动副带来的设计难题，盘状构件相比杆状构件在强度上更具优势。因此，在一些传递动力较大而从动件行程很小的场合广泛应用偏心轮机构，如剪床、压力机、颚式破碎机等。

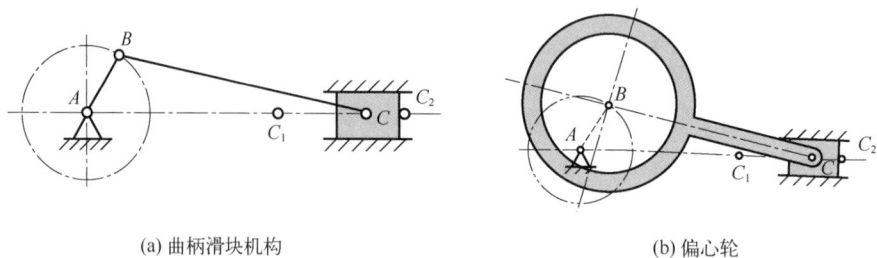

(a) 曲柄滑块机构   (b) 偏心轮

图 3-14　偏心轮机构

（3）选用不同的构件为机架

如图 3-15 所示为选用不同构件为机架演化的铰链四杆机构。选构件 4 为机架，得到曲柄摇杆机构，如图 3-15（a）所示；选构件 1 为机架，得到双曲柄机构，如图 3-15（b）所示；选构件 2 为机架，得到曲柄摇杆机构，如图 3-15（c）所示；选构件 3 作为机架，得到双摇杆机构，如图 3-15（d）所示。

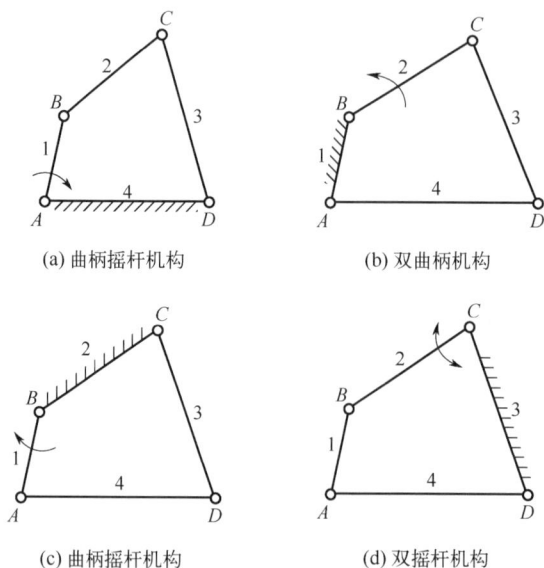

(a) 曲柄摇杆机构   (b) 双曲柄机构

(c) 曲柄摇杆机构   (d) 双摇杆机构

图 3-15　选用不同构件为机架演化的铰链四杆机构

如图 3-16 所示为含有移动副的四杆机构。当选用构件 4 作为机架时，会演化出曲柄滑块机构,如图 3-16 (a) 所示。若选择构件 1 作为机架,则构件 3 会沿着构件 4 (作为导轨) 进行相对移动,而构件 4 则围绕固定铰链旋转,因此,将构件 4 命名为导杆。含有导杆的四杆机构称为导杆机构,如图 3-16 (b) 所示,当 $l_2 \geqslant l_1$ 时,构件 2 和构件 4 相对于机架能做整周回转,称为转动导杆机构;当 $l_2 < l_1$ 时,构件 2 相对于机架做整周转动,但是构件 4 只能做往复摆动,则称为摆动导杆机构。选用构件 2 为机架,则得到摇块机构,滑块 3 绕固定铰链摇摆,如图 3-16 (c) 所示。选用滑块 3 作为机架,得到定块机构,如图 3-16 (d) 所示。

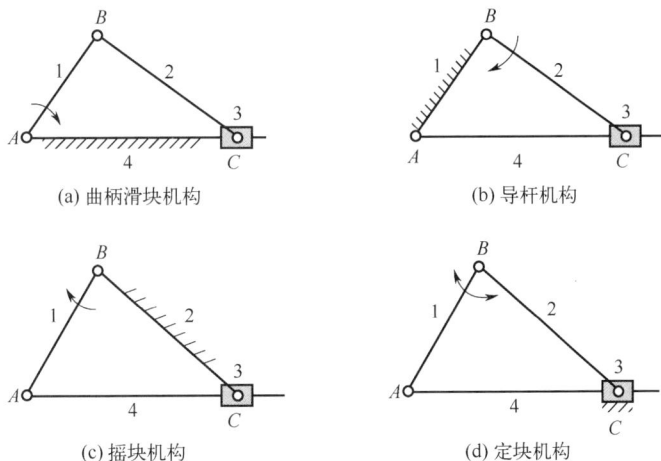

(a) 曲柄滑块机构　　　　　　　　　(b) 导杆机构

(c) 摇块机构　　　　　　　　　(d) 定块机构

图 3-16　选用不同构件为机架演化的含有移动副的四杆机构

3.3　平面四杆机构的运动特性

3.3.1　铰链四杆机构曲柄存在的条件

铰链四杆机构的连架杆能否做整周回转而成为曲柄,取决于机构各杆的相对长度和选用哪个构件为机架。

如图 3-17 所示铰链四杆机构各杆的长度,分别以 l_1、l_2、l_3、l_4 表示,现在先来研究相邻两杆,如 AB 杆和 AD 杆,能互做整周回转(即转动副 A 为周转副)的条件。

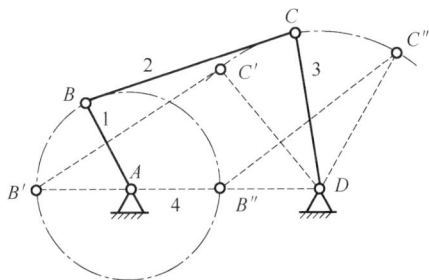

图 3-17　铰链四杆机构存在曲柄的条件

设 $l_1 < l_4$,则当 AB 杆能绕轴 A 相对于 AD 杆做整周回转时,AB 杆应能占据与 AD 杆共线的两个位置 AB′ 和 AB″。由图可见,为了使 AB 杆能转至位置 AB′,显然各杆的长度应满足:

$$l_1 + l_4 \leqslant l_2 + l_3 \tag{3-1}$$

为了使 AB 杆能转至位置 AB''，各杆的长度应满足：

$$l_2 \leqslant (l_4 - l_1) + l_3 \qquad 即 \ l_1 + l_2 \leqslant l_4 + l_3 \tag{3-2}$$

或

$$l_3 \leqslant (l_4 - l_1) + l_2 \qquad 即 \ l_1 + l_3 \leqslant l_2 + l_4 \tag{3-3}$$

将式（3-1）、式（3-2）、式（3-3）分别两两相加，则得：

$$l_1 \leqslant l_2, \ l_1 \leqslant l_3, \ l_1 \leqslant l_4 \tag{3-4}$$

即 AB 杆为最短杆。分析以上公式，可得出 AB 杆相对于 AD 杆做整周回转（即转动副 A 为周转副）的条件如下。

① 最短杆与最长杆的长度和应小于或等于其他两杆的长度和。此条件通常称为杆长条件。

② 最短杆为连架杆或机架。

上述条件表明：当四杆机构各杆的长度满足杆长条件时，其最短杆参与构成的转动副都是周转副。由此可知，上述四杆机构中的转动副 B 亦为周转副，而转动副 C 及 D 则只能是摆转副。

若铰链四杆机构的各杆长度不满足杆长条件，则该机构中将无周转副存在（即所有四个转动副均为摆转副），因此，曲柄亦无法存在。在此情况下，无论选择哪一杆作为机架，该四杆机构均将转变为双摇杆机构。

3.3.2　急回特性和行程速比系数

如图 3-18 所示为一曲柄摇杆机构，设曲柄 AB 为原动件，在其转动一周过程中，有两次与连杆共线，这时摇杆 CD 分别位于两极限位置 C_1D 和 C_2D。曲柄摇杆机构所处的这两个位置，称为极位。机构在两个极位时，原动件 AB 所处两个位置之间所夹的锐角 θ 称为极位夹角。两极位对应的摇杆位置 C_1D 和 C_2D 之间的夹角 ψ 称为摆角。

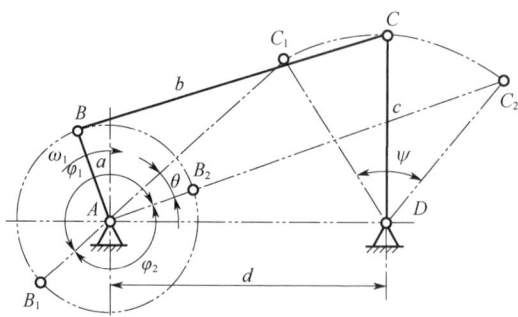

图 3-18　曲柄摇杆机构急回特性

曲柄从位置 AB_1 顺时针转到位置 AB_2 时，其转角为 $\varphi_1 = 180° + \theta$；摇杆相应从位置 C_1D 转到 C_2D，其转过的角度刚好为摆角 ψ，设所需时间为 t_1，C 点的平均速度为 v_1。当曲柄继续从位置 AB_2 顺时针转到位置 AB_1 时，其转角 $\varphi_2 = 180° - \theta$，摇杆又从位置 C_2D 回到 C_1D，摆角仍然是 ψ，所需时间为 t_2，C 点的平均速度为 v_2。

由于曲柄等角速度转动，有 $\varphi_1 > \varphi_2$ 成立，即 $t_1 > t_2$，$v_2 > v_1$，说明摇杆往复摆动的平均速度不等，将摇杆的这种运动性质称为急回运动特性。为了量化急回运动特性的相对程度，通常用

行程速比系数 K（也称行程速度变化系数）来表示，即：

$$K = \frac{v_2}{v_1} = \frac{C_1 C_2 / t_2}{C_1 C_2 / t_1} = \frac{t_1}{t_2} = \frac{\varphi_1 / \omega}{\varphi_2 / \omega} = \frac{180° + \theta}{180° - \theta} \tag{3-5}$$

由式（3-5）可见，θ 越大，K 值也越大，机构的急回程度越显著；当 $\theta = 0°$ 时，$K = 1$，它表示机构无急回特性。

在设计具有极回特性的机构时，通常应先给定 K，然后求出极位夹角 θ，再设计各杆的尺寸。为方便计算，将式（3-5）改写为：

$$\theta = 180° \frac{K - 1}{K + 1} \tag{3-6}$$

如图 3-19 所示为无急回特性的对心曲柄滑块机构，这时 $\theta = 0°$，$K = 1$。如图 3-20 所示为有急回特性的偏置曲柄滑块机构，这时 $\theta \neq 0°$，$K > 1$。

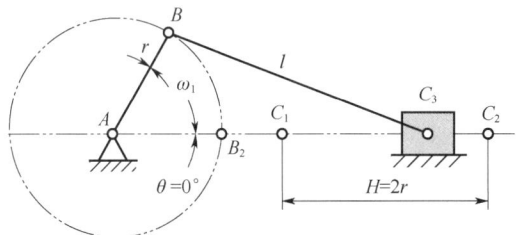

图 3-19　对心曲柄滑块机构

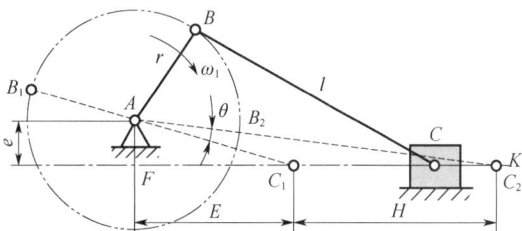

图 3-20　偏置曲柄滑块机构

3.3.3　压力角与传动角

如图 3-21 所示的曲柄摇杆机构，若不考虑各运动副中的摩擦力及构件重力和惯性力的影响，曲柄 AB 经过连杆 BC，传递到摇杆 CD 上点 C 的力 F，将沿 BC 方向。力 F 可分解为沿点 C 速度方向的分力 F_t 及沿 CD 方向的分力 F_n。其中，F_n 只能使铰链 C、D 产生径向压力，F_t 才是推动摇杆 CD 运动的有效分力，由图 3-21 可见：

$$F_t = F \cos\alpha = F \sin\gamma$$

式中，α 是作用于点 C 的力 F 与点 C 速度方向之间所夹的锐角，为机构在此位置时的压力角；$\gamma = 90° - \alpha$，是压力角的余角（即连杆 BC 与从动件 CD 所夹的锐角），称为机构在此位置时的传动角。

由上式可见，γ 角越大，则有效分力 F_t 越大，F_n 越小，对机构的传动越有利。为了度量方便，常用传动角 γ 来判断机构的传力性能。

在机构的运动过程中，传动角 γ 的大小是变化的。为了保证机构传动性能良好，设计时通常应使 $\gamma_{min} \geqslant 40°$；在传递力矩较大时，则应使 $\gamma_{min} \geqslant 50°$；对于一些受力很小或不常使用的操纵机构，则可允许传动角小些，只要不发生自锁即可。

曲柄摇杆机构的最小传动角 γ_{min} 出现在曲柄与机架共线的位置，所对应的传动角为 γ' 和 γ''，如图 3-21 所示，两个角中的较小值即为该曲柄摇杆机构的最小传动角 γ_{min}。

偏置曲柄滑块机构的滑块在 C 点受驱动力 F 的作用，沿速度 v_C 方向运动，压力角 α 如图 3-22（a）所示。当曲柄 AB 垂直于导路时 [图 3-22（b）]，两个位置的压力角为 α'、α''，其中较大者为压力角最大值 α_{max}。

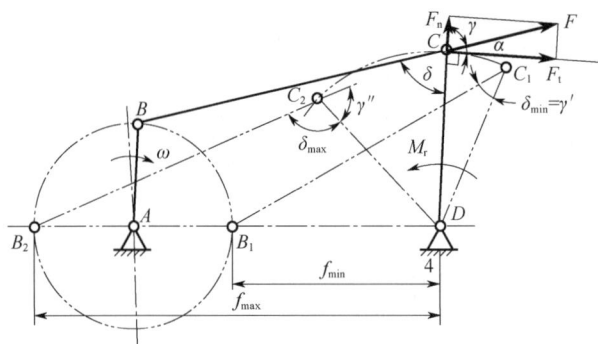

图 3-21　曲柄摇杆机构的压力角

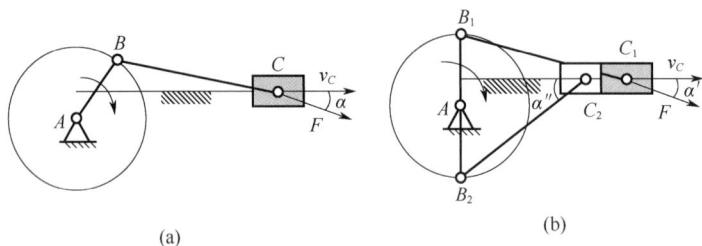

(a)　　　　　　　(b)

图 3-22　曲柄滑块机构

3.3.4　死点位置

如图 3-23 所示的曲柄摇杆机构中，取摇杆 CD 为主动件，曲柄 AB 为从动件，当摇杆摆到极限位置 C_1D 或 C_2D 时，出现了传动角 $\gamma=0°$ 的情况。这时主动件 CD，通过连杆作用于从动件 AB 上的力恰好通过其回转中心，所以机构不能转动而出现"顶死"现象，这一位置称为死点位置。

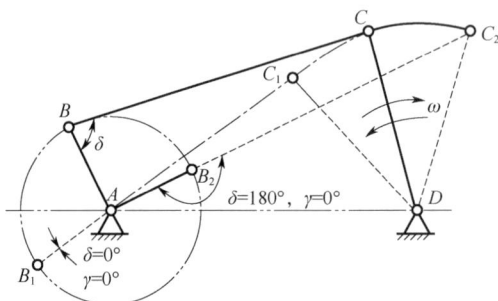

图 3-23　曲柄摇杆机构的死点位置

对于传动机构来说，机构有死点位置往往是不利的，为了使机构能顺利地通过死点而正常工作，需要采取合适的措施，比如可以采取同时用两组及以上的相同机构，使各组机构死点相互错开的安装方法（例如机车车轮联动机构），或者安装飞轮加大惯性，利用惯性作用来渡过死点（例如脚踏缝纫机上的大带轮）。

在工程实际中也常利用死点的特性来实现一定的工作要求。如图 3-24 所示的飞机起落架机构，在机轮放下时，杆 BC 与杆 CD 成一直线，此时虽然机轮上可能受到很大的力，但由于处于死点，经杆 BC 传给杆 CD 的力通过杆中心，所以起落架不会反转（折回），这样可使降落更加可靠。

如图 3-25 所示的工件夹紧机构，也是利用机构的死点进行工作的。当工件夹紧后，BCD 呈一直线，即机构在工件反力的作用下处于死点。所以即使此反力很大，也可保证在加工时，工件不会松脱。

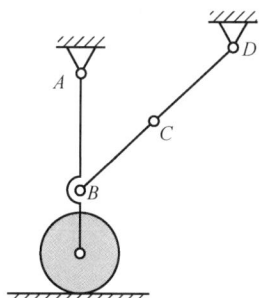

图 3-24　飞机起落架机构

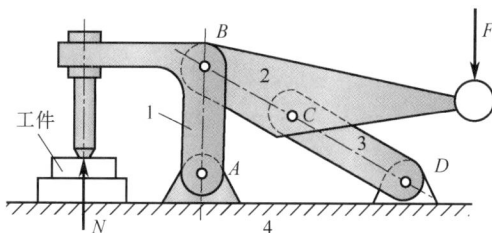

图 3-25　连杆式夹紧机构

3.4　平面四杆机构的运动设计

平面四杆机构的运动设计主要是根据给定的运动条件，选定机构的形式，确定机构运动简图的尺寸参数，为了使设计的机构可靠合理，还应考虑几何条件和动力条件等。生产实际中的要求是多种多样的，给定的条件也是各不相同，归纳起来主要有以下两方面的问题：

① 按照给定从动件的位置或运动规律设计平面四杆机构，称为位置设计；
② 按照给定点的运动轨迹设计平面四杆机构，称为轨迹设计。

连杆机构的设计方法有：图解法、实验法和解析法。图解法简单直观，几何关系清晰，但精确程度稍差；实验法简单易行，可免去大量的作图工作量，但精度差；解析法精度高，但比较抽象，而且求解过程比较复杂。本节仅介绍图解法。

3.4.1　按给定连杆位置设计平面四杆机构

（1）按连杆的两个预定位置设计平面四杆机构

如图 3-26 所示，设已知连杆 BC 的长度和预定要占据的两个位置 B_1C_1、B_2C_2，试设计此四杆机构。

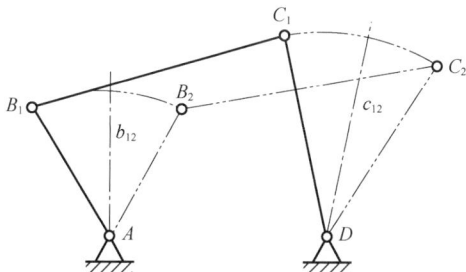

图 3-26　连杆两个预定位置设计平面四杆机构

由于已知 B、C 点为连杆上的两活动铰链的中心，当连杆依次占据预定两位置的过程中，B、C 两点的轨迹应都是圆弧。两固定铰链的中心必分别位于 B_1B_2 和 C_1C_2 的垂直平分线 b_{12} 和 c_{12} 上。也就是说，两固定铰链 A、D 可分别在 b_{12}、c_{12} 上适当选取，故此种四杆机构的设计问题可有无数个解。实际设计时，一般考虑辅助条件，如机架位置、结构紧凑等，则可得唯一解。

（2）按连杆的 3 个预定位置设计平面四杆机构

如图 3-27 所示，若要求连杆占据预定的 3 个位置 B_1C_1、B_2C_2、B_3C_3，则可用上述方法分别作出 B_1B_2 和 B_2B_3 的垂直平分线 b_{12} 和 b_{23}，其交点即为转动副 A 的位置；同理，分别作 C_1C_2 和 C_2C_3 的垂直平分线 c_{12} 和 c_{23}，其交点即为转动副 D 的位置。连接 AB_1 及 C_1D，即得所求的四杆机构在位置 1 的简图。

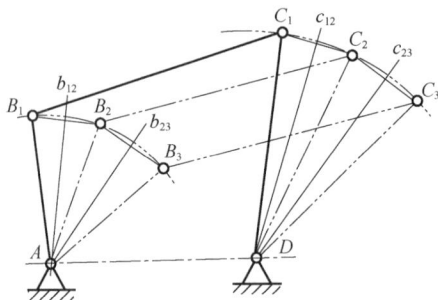

图 3-27　连杆 3 个预定位置设计平面四杆机构

3.4.2　按给定行程速比系数 K 设计平面四杆机构

按照给定的行程速比系数设计平面四杆机构，实际上就是按照极位夹角设计具有急回特性的平面四杆机构。

已知摇杆的长度 l_{CD}、摇杆摆角 ψ 和行程速比系数 K，试设计此曲柄摇杆机构。

设计的关键是确定曲柄轴心 A 的位置，而后定出其他三杆的尺寸 l_{AB}、l_{BC} 和 l_{AD}。其作图设计步骤如下。

① 由给定的行程速比系数 K，按式（3-6）求出极位夹角 θ，即：

$$\theta = 180° \frac{K-1}{K+1}$$

② 如图 3-28 所示，取适当的长度比例尺 μ_l（m/mm），按已知的摇杆长 l_{CD} 和摆角 ψ，作出摇杆两个极限位置 C_1D 和 C_2D。

③ 连接 C_1 和 C_2，并作 C_2M 垂直于 C_1C_2。

④ 作 $\angle C_2C_1N=90°-\theta$，使 C_1N 与 C_2M 相交于 P 点。由图可见，$\angle C_1PC_2=\theta$。

⑤ 作 $\triangle PC_1C_2$ 的外接圆，则圆弧 C_1PC_2 上任一点 A 至 C_1 和 C_2 的连线的夹角 $\angle C_1AC_2$ 均等于极位夹角 θ，所以曲柄的轴心 A 应在此圆弧上。

⑥ 极限位置时曲柄与连杆共线，故 $AC_1=BC-AB$，$AC_2=BC+AB$，即：

$$l_{AB} = \frac{1}{2}\mu_l(AC_2-AC_1)$$

$$l_{BC} = \frac{1}{2}\mu_l(AC_2+AC_1)$$

由于 A 点可在 $\triangle C_1PC_2$ 的外接圆周的弧 C_1PC_2 上任意选取，所以若仅按行程速比系数 K 设计，可得无穷个解。为使机构具有良好的传动性能，可按最小传动角或其他辅助条件（如机架的长度或方位、曲柄的长度等）来确定 A 点的位置。

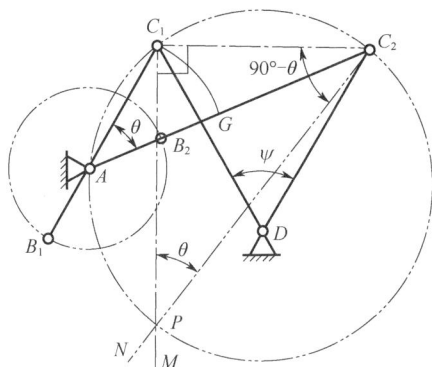

图 3-28　按行程速比系数设计平面四杆机构

3.5　企业应用案例——热处理加热炉的炉门启闭机构设计

如图 3-29 所示是热处理加热炉的炉门启闭结构图，图 3-30 所示是炉门处于关闭位置 Ⅰ 和开启位置 Ⅱ 的情况。设炉门 2 的尺寸及其上的转动副中心 B 和 C 的位置已选定，要求炉门上 BC 位于图示两位置。试设计此平面四杆机构。

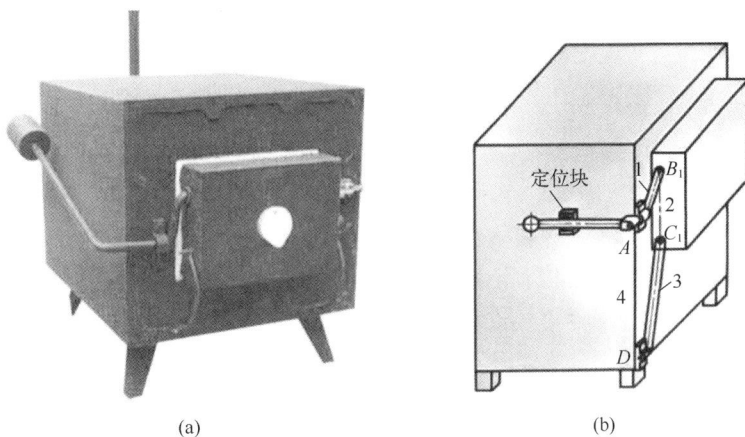

(a)　　　　　　　　　　　(b)

图 3-29　炉门启闭机构结构图

1—手柄；2—炉门；3—支撑杆；4—炉体

此设计属于已知连杆两个位置设计平面四杆机构的问题，其设计步骤如下。

① 取长度比例尺 μ_l 计算出连杆的图示长度 BC，按炉门处于关闭和开启两个位置 Ⅰ 和 Ⅱ，绘出连杆的两个给定位置 B_1C_1 和 B_2C_2，如图 3-30 所示。

② 分别作 B_1、B_2 和 C_1、C_2 连线的中垂线 b_{12} 和 c_{12}，则机架上两个转动副中心 A 和 D 应分别在中垂线 b_{12} 和 c_{12} 上选取，故有无穷多个解。

③ 在选择转动副中心 A 和 D 时，要考虑以下附加条件。

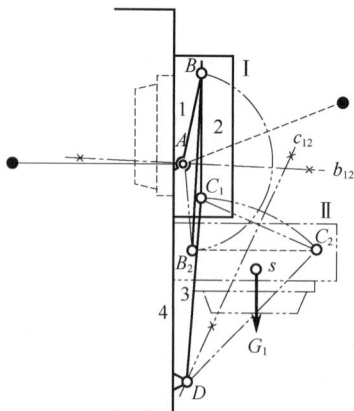

图 3-30　炉门启闭机构设计图

1—手柄；2—炉门；3—支撑杆；4—炉体

首先，应使所选的固定转轴 A 和 D 便于安装在炉体上，且具有较紧凑的机构尺寸，如选在图 3-30 所示的位置，检查最小传动角 γ_{min}。构件 1 与手柄连成一体，所以为原动件。机构在关闭位置 I 时的传动角 γ_1 是炉门开闭范围内的最小值 γ_{min}。如果 γ_1 过小，则炉门打不开。这时应重新选点 A 和 D，甚至重选点 B 和 C，再进行设计，直到满足要求为止。

其次，还需检查炉门在自重作用下能否可靠地停留在指定的位置上。炉门位于开启位置 II 时的情形，炉门重心 s 上作用的重力 G_1 产生顺时针方向的重力距，当手柄放松后，炉门在此重力距作用下，不能紧靠在炉体上，而使炉门背面倾斜，不便于利用炉门背面放置热处理零件。同理，炉门位于关闭位置 I 时，炉门也不能紧靠在炉体上，即不能关紧炉门。因此在设计时，应在炉壁上安装固定手柄的定位块，以便炉能可靠地停留在图示的两个位置上。

由此可见，仅满足实现连杆两个给定的位置，设计平面四杆机构并不困难，但为使所设计的机构较好地工作，就要考虑许多实际的附加条件。

思考题与习题

3-1　铰链四杆机构有哪几种基本形式？

3-2　偏心轮机构是如何演化而来的？它主要用于什么场合？

3-3　何谓连杆机构的压力角、传动角，它们对连杆机构的工作有何影响？

3-4　连杆机构中的急回特性是什么含义？什么条件下机构才具有急回特性？

3-5　铰链四杆机构中曲柄存在的条件是什么？曲柄是否一定是最短杆？

3-6　何谓连杆机构的死点？曲柄滑块机构以曲柄为原动件会出现死点吗？

3-7　如图 3-31 所示的铰链四杆机构中，已知 $l_{BC}=500mm$，$l_{CD}=350mm$，$l_{AD}=300mm$，AD 为机架。试问：若此机构为曲柄摇杆机构，且 AB 为曲柄，l_{AB} 的最大值为多少？若此机构为双曲柄机构，l_{AB} 的最小值为多少？若此机构为双摇杆机构，l_{AB} 的取值范围为多少？

3-8　有如图 3-32 所示的铰链四杆机构各构件的长度。试问：此机构是铰链四杆机构基本形式中的哪种机构？若以 AB 为原动件，此机构有无急回特性，为什么？当以 AB 为原动件时，此机构的最小传动角出现在什么位置？（在图上标出）

3-9　如图 3-33 所示的曲柄摇杆机构，曲柄 AB 为原动件，摇杆 CD 为从动件，已知杆长为 $l_{AB}=0.5m$，$l_{BC}=2m$，$l_{CD}=3m$，$l_{AD}=4m$，用长度比例尺 μ_l 绘出机构运动简图。绘制两个极位的位置图，量出极位夹角 θ 值，计算行程速比系数 K，并绘出最大压力角的机构位置图。

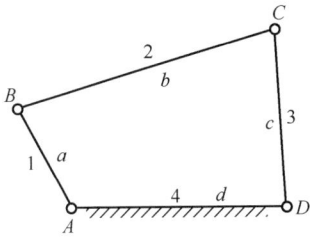

图 3-31　题 3-7 图

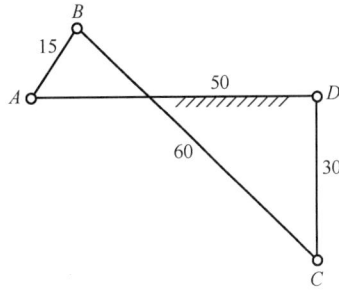

图 3-32　题 3-8 图

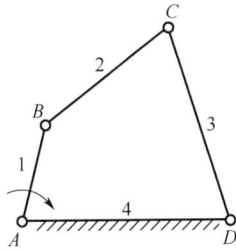

图 3-33　题 3-9 图

3-10　用图解法设计一曲柄摇杆机构，已知摇杆长 $l_{CD}=100$mm，最大摆角 $\psi=45°$，行程速比系数 $K=1.25$，机架长 $l_{AD}=115$mm。

第4章

凸轮机构

→ 本章知识导图

本书配套资源

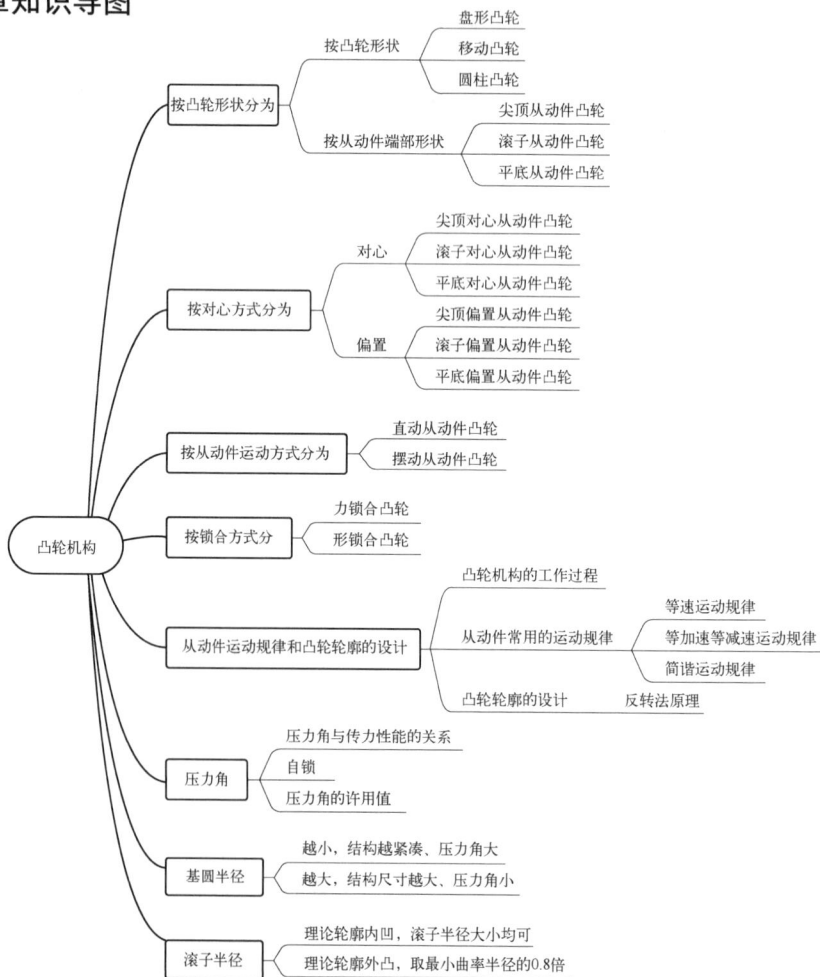

凸轮机构
- 按凸轮形状分为
  - 按凸轮形状
    - 盘形凸轮
    - 移动凸轮
    - 圆柱凸轮
  - 按从动件端部形状
    - 尖顶从动件凸轮
    - 滚子从动件凸轮
    - 平底从动件凸轮
- 按对心方式分为
  - 对心
    - 尖顶对心从动件凸轮
    - 滚子对心从动件凸轮
    - 平底对心从动件凸轮
  - 偏置
    - 尖顶偏置从动件凸轮
    - 滚子偏置从动件凸轮
    - 平底偏置从动件凸轮
- 按从动件运动方式分为
  - 直动从动件凸轮
  - 摆动从动件凸轮
- 按锁合方式分
  - 力锁合凸轮
  - 形锁合凸轮
- 从动件运动规律和凸轮轮廓的设计
  - 凸轮机构的工作过程
  - 从动件常用的运动规律
    - 等速运动规律
    - 等加速等减速运动规律
    - 简谐运动规律
  - 凸轮轮廓的设计
    - 反转法原理
- 压力角
  - 压力角与传力性能的关系
  - 自锁
  - 压力角的许用值
- 基圆半径
  - 越小，结构越紧凑、压力角大
  - 越大，结构尺寸越大、压力角小
- 滚子半径
  - 理论轮廓内凹，滚子半径大小均可
  - 理论轮廓外凸，取最小曲率半径的0.8倍

34

1. 了解凸轮机构的组成、应用、特点和分类；
2. 掌握凸轮机构从动件的运动规律及选择原则；
3. 熟练掌握盘形凸轮轮廓曲线的设计过程；
4. 掌握凸轮机构主要工作参数——压力角、基圆半径、滚子半径的选择。

4.1 凸轮机构的组成及分类

4.1.1 凸轮机构的组成及应用

凸轮机构是高副机构，通常由凸轮、从动件和机架构成，如图 4-1 所示。其中，凸轮作为主动件，具有曲线轮廓（或凹槽），通常进行连续等速运动（或进行往复移动），而从动件则在凸轮轮廓的驱动下，按照预定的运动规律进行往复直线运动或摆动。

图 4-2 所示为内燃机配气机构。当凸轮 1 等速转动时，由于其轮廓向径不同，迫使从动件 2（阀杆）上下往复移动，从而控制气阀的开启或闭合。气阀开启或闭合时间长短及其运动速度和加速度的变化规律，则取决于凸轮轮廓曲线的形状。

图 4-3 所示为食品包装输送凸轮机构，当带有凹槽的圆柱凸轮 1 连续等速转动时，通过嵌于其槽内的滚子驱动从动件 2 往复移动，圆柱凸轮 1 每转动一周，从动件 2 即从喂料器中推出一块食品，并将其送至待包装位置。

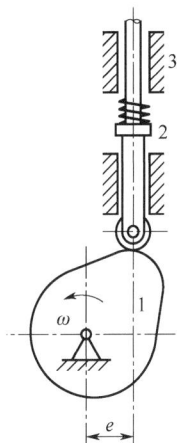

图 4-1 凸轮机构

1—凸轮；2—从动件；3—机架

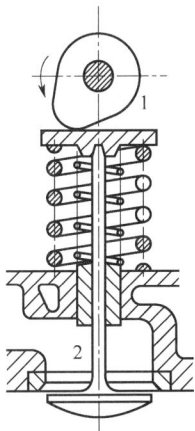

图 4-2 内燃机配气机构

1—凸轮；2—从动件（阀杆）

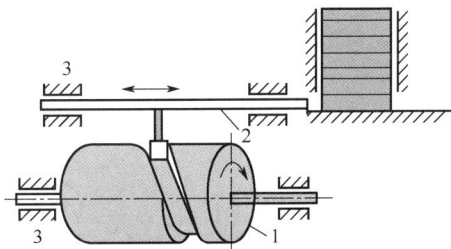

图 4-3 食品外包装输送机构

1—圆柱凸轮；2—从动件；3—机架

4.1.2 凸轮机构的分类

凸轮机构的类型较多，主要类型及运动简图如表 4-1 所示。通常按下述三种方法分类。

（1）按凸轮形状分类

① 盘形凸轮　如图 4-1 所示，盘形凸轮是一种外缘或凹槽具有变化的向径，并绕固定轴线转动的盘形构件。盘形凸轮是凸轮的基本形式。

② 圆柱凸轮　如图 4-3 所示，圆柱凸轮是一种在圆柱面上开有曲线凹槽或在圆柱端面上制有曲线轮廓的构件。

③ 移动凸轮　移动凸轮可视为回转中心在无穷远处的盘形凸轮，相对机架做往复直线运动。

表 4-1　凸轮机构的主要类型及运动简图

类型		直动从动件		摆动从动件
	从动件	对心	偏置	
盘形凸轮机构	尖顶			
盘形凸轮机构	滚子			
盘形凸轮机构	平底			
移动凸轮机构				

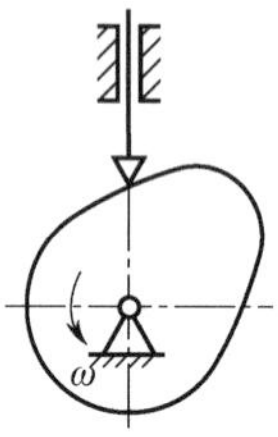

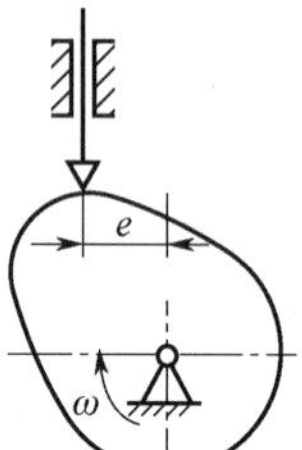

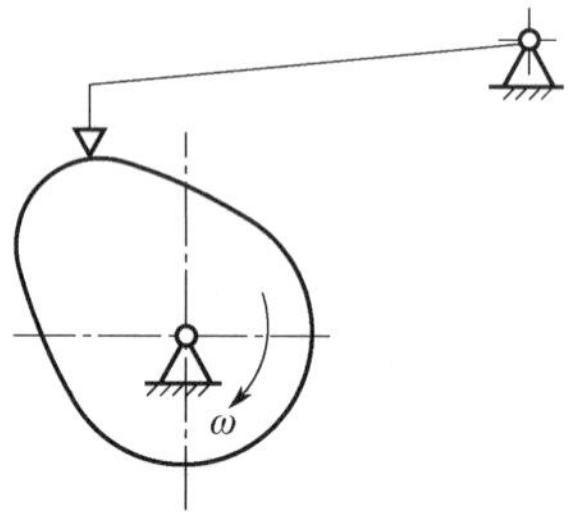

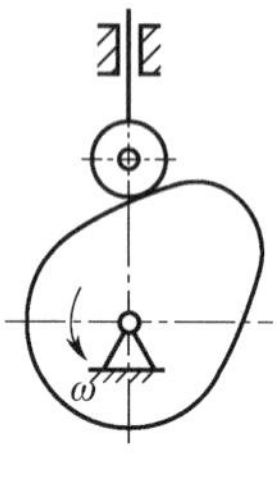

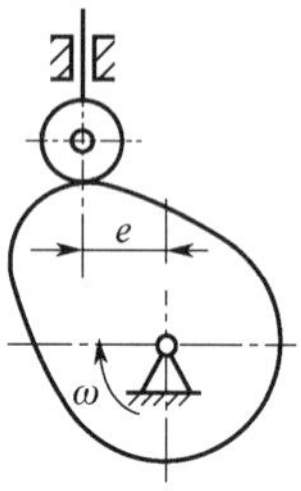

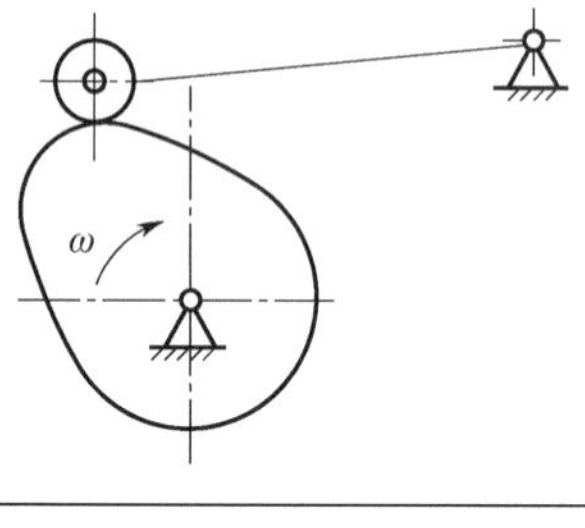

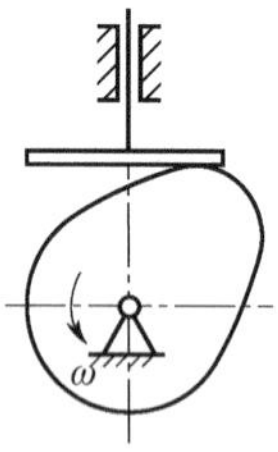

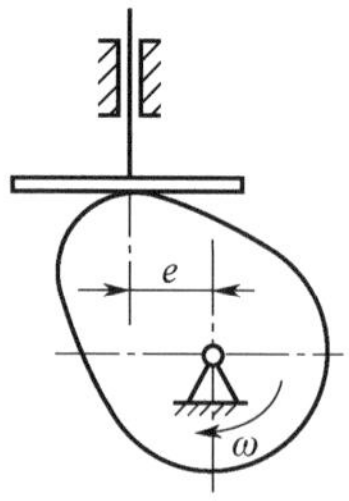

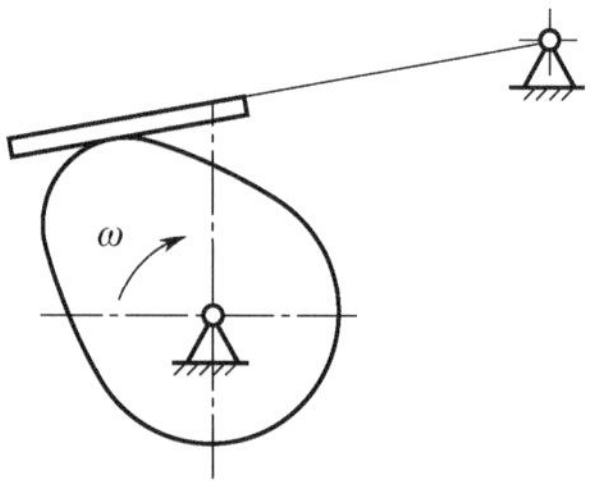

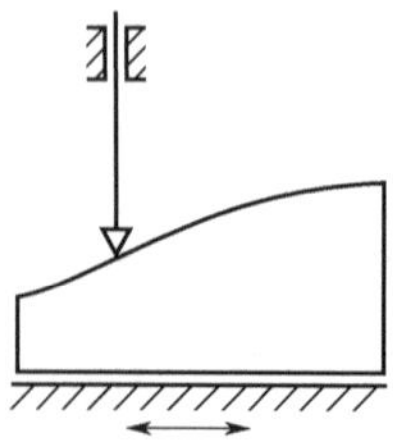

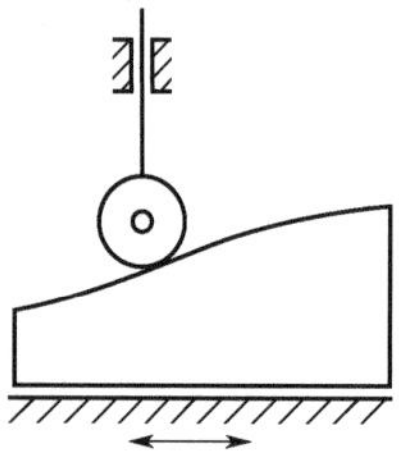

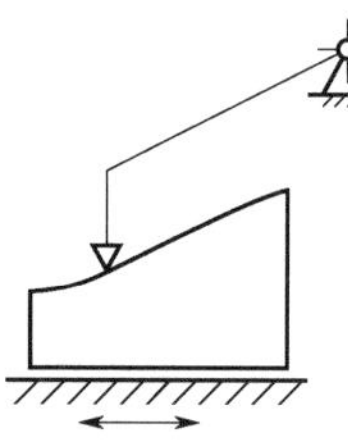

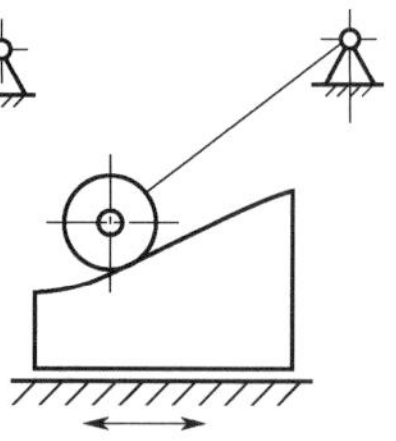

续表

类型	直动从动件	摆动从动件
圆柱凸轮机构		

（2）按从动件的端部形式分类

① 尖顶从动件　如图 4-4（a）所示，这种推杆的构造最简单，但易磨损，所以只适用于作用力不大和速度较低的场合，如用于仪表等机构中。

② 滚子从动件　如图 4-4（b）所示，由于滚子与凸轮轮廓之间为滚动摩擦，这种推杆的磨损较小，故可用来传递较大的动力，因而应用较广。

③ 平底从动件　如图 4-4（c）所示，这种推杆的优点是凸轮对推杆的作用力始终垂直于它的底边，故受力比较平稳。而且凸轮与平底的接触面间容易形成油膜，润滑较好，所以常用于高速传动中。

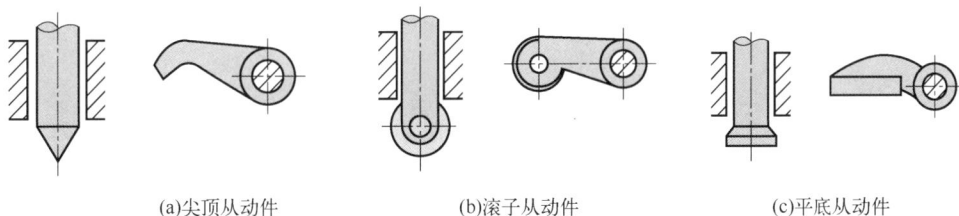

(a)尖顶从动件　　　(b)滚子从动件　　　(c)平底从动件

图 4-4　常用从动件的类型

（3）按凸轮与从动件的锁合方式分类

所谓锁合是指保持从动件与凸轮之间的高副接触。常用的锁合方式如下。

① 力锁合　依靠重力、弹簧力或其他外力来保证锁合，如图 4-2 所示。

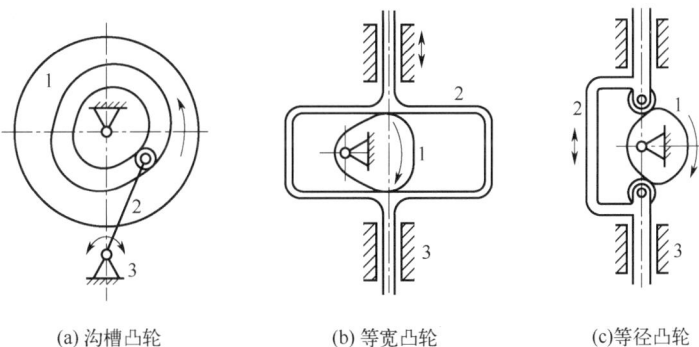

(a) 沟槽凸轮　　　　(b) 等宽凸轮　　　　(c)等径凸轮

图 4-5　常见的几种形锁合凸轮机构

② 形锁合　依靠凸轮和从动件的几何形状来保证锁合。图 4-5 所示为常见的几种形锁合凸轮机构。

4.2　从动件常用的运动规律

4.2.1　凸轮机构中的基本名词术语

在凸轮机构的运动分析中，常用以下基本术语来描述从动件的运动状态和凸轮的几何特征，如图 4-6 所示。

① 基圆　盘形凸轮中，以凸轮轴心为圆心，以理论廓线的最小向径为半径所作的圆称为基圆，其半径用 r_b 表示。

② 行程　从动件的最大位移称为行程。对于移动从动件，其行程用 h 表示，对于摆动从动件，其行程用 ψ_{max} 表示。

③ 压力角　从动件与凸轮在接触点的受力方向与其在该点绝对速度方向之间所夹锐角 α。压力角过大会导致机构自锁，影响机构的工作稳定性，设计时需控制在允许范围内。

④ 推程　从动件远离凸轮轴心的行程称为推程，又称升程。与推程相对应的凸轮回转角度 φ_t 称为推程运动角。

⑤ 回程　从动件靠近凸轮轴心的行程称为回程，与回程相对应的凸轮回转角度 φ_h 称为回程运动角。

⑥ 远休止　从动件在距凸轮轴心最远处停留不动的位置称为远休止，对应的凸轮转角 φ_s 称为远休止角。

⑦ 近休止　从动件在距凸轮轴心最近处停留不动的位置称为近休止，对应的凸轮转角 φ_s' 称为近休止角。

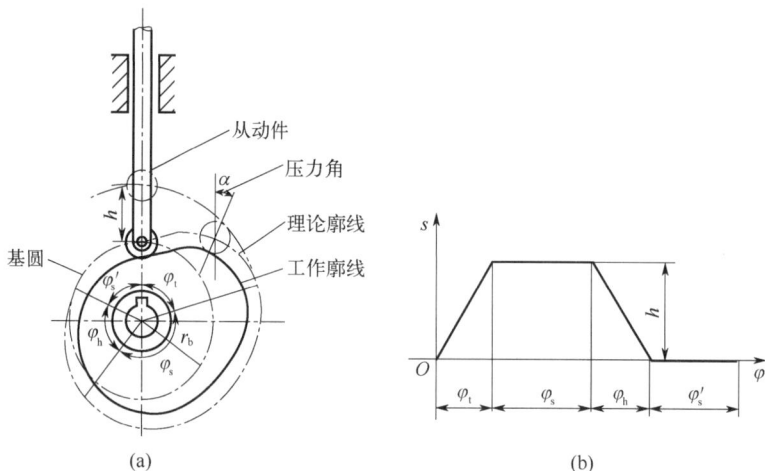

图 4-6　凸轮机构基本名词术语

⑧ 工作廓线　凸轮的实际轮廓曲线，即与从动件直接接触的轮廓。

⑨ 理论廓线　指从动件滚子中心在凸轮运动过程中形成的理论轨迹曲线。

⑩ 从动件运动规律　从动件的运动规律是指其位移 s、速度 v 和加速度 a 随时间 t 的变化

规律。因凸轮一般为等速运动，其转角 φ 与时间 t 成正比，所以从动件的运动规律经常表示为上述运动参数随凸轮转角 φ 变化的规律。

4.2.2　等速运动规律

等速运动规律是指从动件在运动过程中的速度为常数的规律，其推程运动方程为：

$$\begin{cases} s = h\varphi / \varphi_t \\ v = h\omega / \varphi_t \\ a = 0 \end{cases} \tag{4-1}$$

等速运动规律的从动件推程运动线图如图 4-7 所示。由图可见，从动件在推程的始末两点 A、B 处，速度有突变，瞬时加速度理论上为无穷大，因而产生理论上也为无穷大的惯性力。实际上，由于构件材料的弹性变形，加速度和惯性力尚不至于达到无穷大，但仍会对机构造成强烈的冲击，故这种冲击称为"刚性冲击"。因此，等速运动规律只适用于凸轮转速很低的场合。

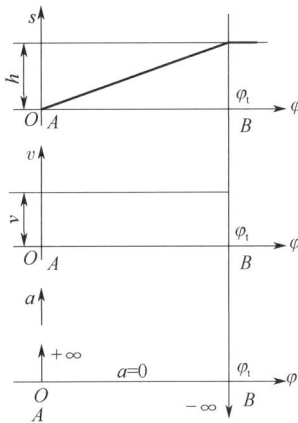

图 4-7　等速运动规律推程三线图

4.2.3　等加速等减速运动规律

等加速等减速运动规律是指从动件推程在前半个行程做等加速运动，在后半个行程做等减速运动，加速度和减速度的绝对值相等的规律，如图 4-8 所示，等加速等减速运动规律在等加速区间和等减速区间的运动方程分别为：

$$\begin{cases} s = 2h\varphi^2 / \varphi_t^2 \\ v = 4h\omega\varphi / \varphi_t^2 \\ a = 4h\omega^2 / \varphi_t^2 \end{cases} \tag{4-2}$$

和

$$\begin{cases} s = h - 2h(\varphi_t - \varphi)^2 / \varphi_t^2 \\ v = 4h\omega(\varphi_t - \varphi) / \varphi_t^2 \\ a = -4h\omega^2 / \varphi_t^2 \end{cases} \tag{4-3}$$

由图 4-8 可见，在推程的始末点和前后半程的交接处，加速度有突变，因而惯性力也产生突变，但突变量为有限值，从而对机构造成有限的冲击，这种冲击称为"柔性冲击"。在高速情况下，柔性冲击仍能引起相当严重的振动、噪声和磨损，因此这种运动规律只适用于中速的工作场合。

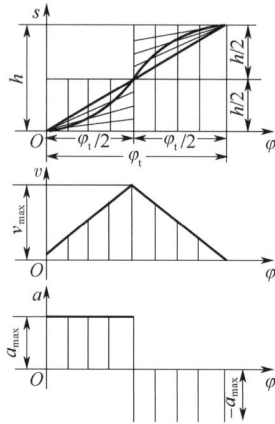

图 4-8　等加速等减速运动规律推程三线图

4.3　图解法设计盘形凸轮轮廓

4.3.1　反转法原理

图解法设计绘制凸轮轮廓线是利用相对运动不变的概念进行的。凸轮机构工作时，凸轮是运动的，而绘制凸轮轮廓线却需要凸轮相对于纸面静止。为此，设想给整个机构加上一个绕凸轮轴心 O，并与凸轮轴角速度 ω 等值反向的角速度 $-\omega$，如图 4-9 所示。根据相对运动原理，机构中各构件间的相对运动并不改变，但凸轮已视为静止，从动件则被看成既随导路以角速度 $-\omega$ 绕 O 点转动，又沿导路按预定运动规律做往复移动。以图 4-9 中尖顶从动件为例，由于其尖端始终与凸轮轮廓接触，故"反转"后从动件尖端的运动轨迹即为凸轮的轮廓线，这就是图解法绘制凸轮轮廓线的原理，称为"反转法"原理。

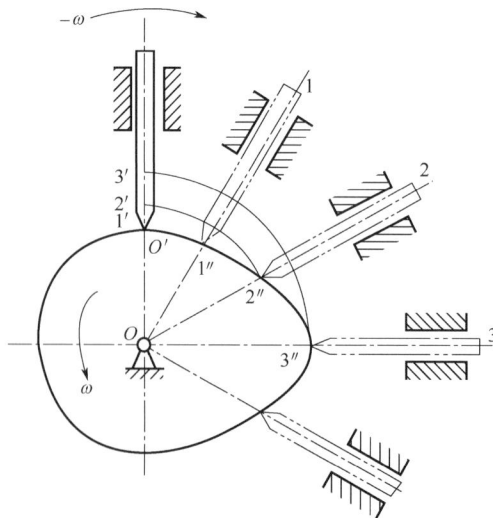

图 4-9　反转法原理示意图

4.3.2　直动从动件盘形凸轮轮廓设计

（1）对心尖顶直动从动件盘形凸轮

已知从动件位移线图［图 4-10（a）］，凸轮基圆半径 r_b。凸轮角速度 ω，凸轮沿逆时针方向匀速回转，则按反转法绘制凸轮的轮廓曲线步骤如下［参考图 4-10（b）］。

① 以 r_b 为半径做凸轮的基圆，该圆与从动件导路中心线的交点 A_0（B_0）即为从动件尖端点的起始位置。

② 自 OA_0 起，逆凸轮回转方向，依次量取角度 φ_t，φ_s、φ_h，并将 φ_t、φ_h 分成与图 4-10（a）中对应的若干等分，各等分线与基圆相交于 A_1, A_2, A_3…，则径向射线 OA_1, OA_2, OA_3…就是反转后从动线导路中心线相应的各个位置。

③ 在 OA_1, OA_2, OA_3…上，分别自基圆圆周向量取线段 A_1B_1，A_2B_2，A_3B_3…使其等于从动件位移线图中相应的位移量 11′, 22′, 33′…，则 B_1, B_2, B_3…就是反转后从动件尖端运动轨迹上的一系列点。

④ 连接 B_0, B_1, B_2…成一光滑曲线即为所求的凸轮轮廓线。

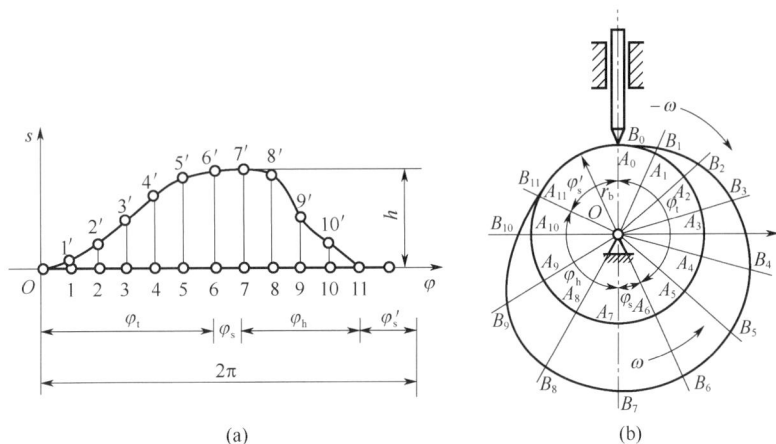

（a）　　　　　（b）

图 4-10　对心尖顶直动从动件盘形凸轮机构

（2）对心滚子直动从动件盘形凸轮

对于图 4-11 所示的对心滚子直动从动件盘形凸轮机构，其凸轮轮廓线可按下列步骤绘制。

① 将滚子中心 B 看作尖顶从动线的尖端，按上述绘制对心尖顶直动从动件盘形凸轮轮廓线的方法作出轮廓曲线 β_0，β_0 即为凸轮的理论廓线。

② 以理论廓线 β_0 上各点为圆心，以滚子半径为半径，作一系列滚子圆，这一圆簇的内包络线 β（图中粗实线所示）即为凸轮的实际廓线。

（3）对心平底直动从动件盘形凸轮

图 4-12 所示的对心平底从动件盘形凸轮机构，其凸轮轮廓线的绘制与对心滚子直动从动件盘形凸轮轮廓线的绘制方法相仿，步骤如下。

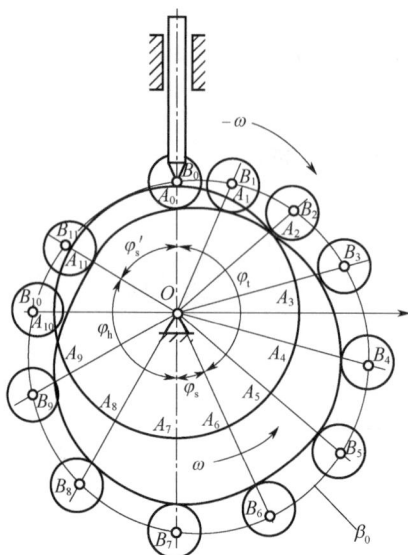

图 4-11　对心滚子直动从动件盘形凸轮机构

　　① 将从动件平底与导路中心线的交点 B 看作尖顶从动件的尖端，按前述方法作出凸轮理论廓线 β_0 上一系列点 B_1, B_2, B_3…。

　　② 过 B_1, B_2, B_3…作一系列代表从动件平底的直线段（与导路中心线垂直或呈某一角度），再作该直线段族的包络线，即得凸轮的实际廓线。

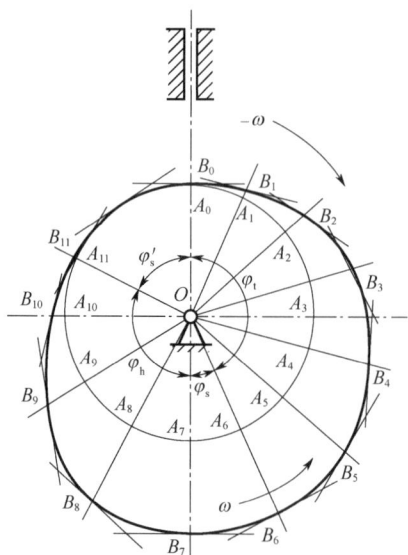

图 4-12　对心平底直动从动件盘形凸轮机构

　　平底从动件凸轮的基圆半径仍为理论廓线的最小向径，当基圆半径过小而理论廓线的曲率变化较大时，有可能得不到能与反转后从动件平底的所有位置均相切的实际轮廓，致使从动件一部分预期的运动规律无法实现而产生"失真"现象。解决的途径是适当加大基圆半径重新设计。

（4）偏置直动从动件盘形凸轮

　　将图 4-10 中从动件导路向右平移一距离 e（称为偏距），将形成偏置尖顶直动从动件盘形凸轮，如图 4-13 所示。其凸轮轮廓线的设计方法和步骤与对心直动从动件凸轮轮廓线基本一致，需注意以下几点不同之处。

① 从动件导路中心线不再通过凸轮轴心 O，而是与以 O 为圆心，以偏距 e 为半径的偏置圆相切，对应于从动件初始位置的切点为 K_0。

② 运动角应在偏置圆上，从 OK_0 起，沿 $-\omega$ 方向依次量取并等分。

③ 反转后的从动件导路中心线是偏置圆的一系列切线 K_1A_1，K_2A_2，$K_3A_3\cdots$，从动件的位移 A_1B_1，A_2B_2，$A_3B_3\cdots$ 应在相应的切线上自基圆圆周向外截取。

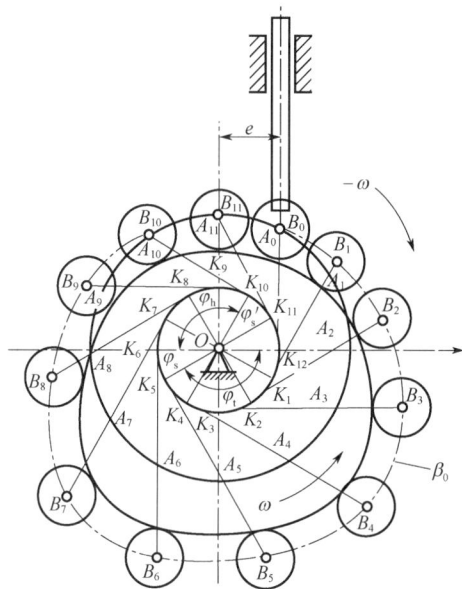

图 4-13 偏置直动从动件盘形凸轮机构

这样所作的轮廓曲线对滚子从动件或平底从动件的凸轮来说，依然是理论廓线，而其实际廓线仍可用前述方法求得。

4.3.3 摆动从动件盘形凸轮轮廓设计

已知从动件角位移线图 [图 4-14（a）]，凸轮转动中心与从动件摆动中心的距离 l_{oc}、摆杆长 l 及凸轮基圆半径 r_b，且凸轮以等角速度 ω 逆时针回转，则如图 4-14 所示的尖顶摆动从动件盘形凸轮的轮廓线绘制仍可采用"反转法"，其作图步骤如下。

① 以 O 为圆心，以 r_b 和 l_{oc} 为半径，分别做基圆和中心圆，该中心圆即为反转后从动件摆动中心 C 的轨迹。

② 在中心圆上选取 C_0 为起始点，自 OC_0 沿 $-\omega$ 方向依次取角 φ_t，φ_s，φ_h，并将 φ_t、φ_h 分成与角位移线图中对应的若干等份，各径向分角线与中心圆的交点 C_1，C_2，$C_3\cdots$ 即为反转后从动件摆动中心的一系列位置。

③ 以 C_0，C_1，$C_2\cdots$ 为圆心，以 l 为半径作弧与基圆相交，所得交点 A_0，A_1，$A_2\cdots$ 即为反转后从动件尖端依次占据的起始位置（$\varphi=0$）。

④ 以 C_1A_1，C_2A_2，$C_3A_3\cdots$ 为始边作摆角，分别等于图 4-14（b）中相应的角位移 ψ_1，ψ_2，$\psi_3\cdots$，并在各摆角终边上截取摆杆长 l，所得各点 B_1，B_2，$B_3\cdots$ 即为从动件在反转兼摆动中，

其尖端依次占据的位置。

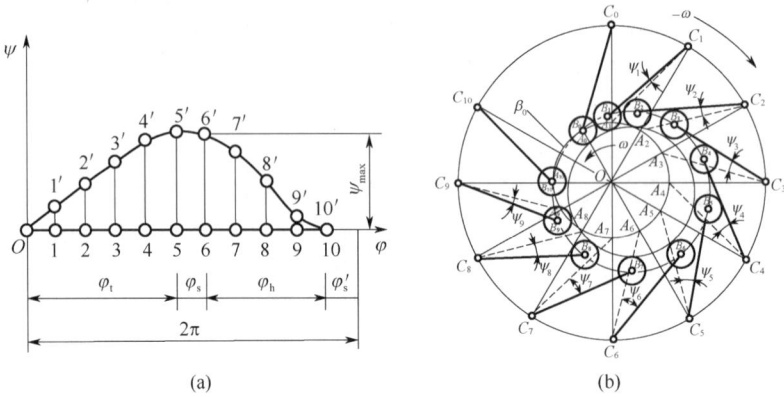

图 4-14　尖顶摆动从动件盘形凸轮机构

⑤ 连接 A_0（B_0），B_1，B_2…成一光滑曲线 β_0，β_0 即为所求的凸轮轮廓线。

对于滚子从动件或平底从动件的凸轮，β_0 仍为理论廓线，其实际廓线也用前述方法求得。

4.4　凸轮机构设计中应注意的几个问题

设计凸轮机构时，除了考虑合理选用机构类型及从动件运动规律，还需保证凸轮机构受力状况良好及结构紧凑。因此，在设计凸轮机构时还应注意以下问题。

4.4.1　压力角

凸轮机构中，从动件运动方向与从动件所受凸轮作用力（不计摩擦）方向之间所夹的锐角称为压力角 α。

如图 4-15 所示凸轮机构中，推杆与凸轮在 B 点接触，F 为凸轮作用在推杆上的推动力，当不计摩擦时，力 F 必须沿接触点处凸轮廓线的法线 $n-n$ 方向。将该力分别沿推杆运动方向和垂直运动方向分解，得到有效分力 $F\cos\alpha$ 和有害分力 $F\sin\alpha$。

可见，压力角 α 是影响凸轮机构受力状况的一个重要参数。α 愈大，则有效分力愈小，有害分力愈大，摩擦阻力就愈大，效率就愈低，当 α 增大到某一数值时，机构将出现自锁现象。为了保证凸轮机构正常工作且具有一定的传动效率，必须对压力角 α 的最大值给予限制，使其不超过某一许用值 $[\alpha]$，在一般设计中，推荐许用压力角 $[\alpha]$ 的数值为：对于直动从动件，推程时，取许用压力角 $[\alpha]=30°\sim40°$；对于摆

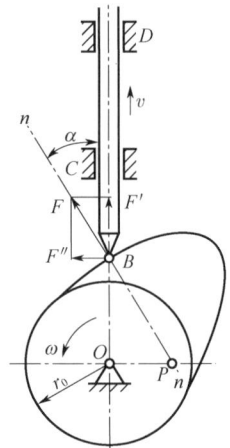

图 4-15　凸轮机构的压力角

动从动件，推程时，取许用压力角 $[\alpha]=40°\sim45°$；若从动件是靠重力或弹簧力的作用下在回程时返回，则回程许用压力角 $[\alpha]=70°\sim80°$。由以上分析可知，从减小机构受力方面考虑，压力角愈小愈好。

4.4.2　基圆半径的确定

凸轮基圆半径的大小不仅与凸轮机构外廓尺寸的大小直接相关，而且影响着机构传力性能的好坏，甚至关系到滚子从动件运动是否"失真"。因此，在设计凸轮轮廓时，应首先选取凸轮的基圆半径 r_b。工程上常利用如图 4-16 所示的诺模图，根据许用压力角确定基圆半径，或校核已知凸轮机构的最大压力角。

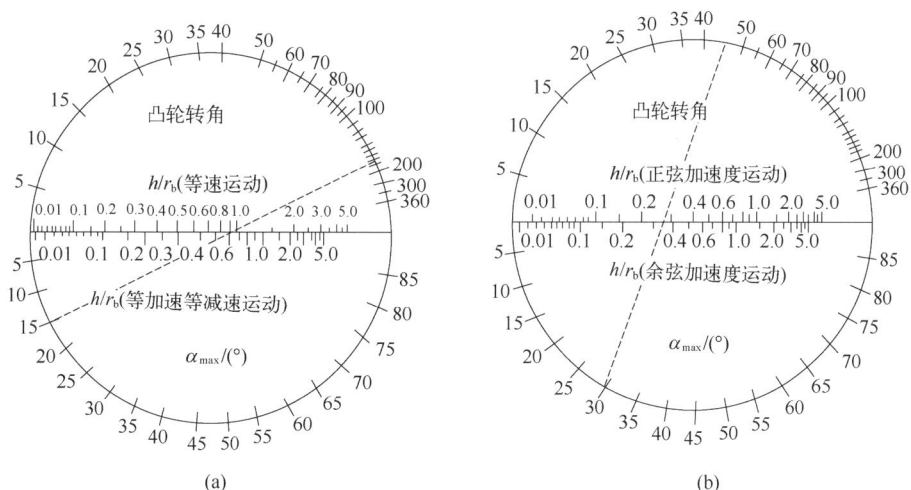

图 4-16　诺模图

在实际设计工作中，凸轮基圆半径 r_b 的确定，除了要满足 $\alpha_{max} \leqslant [\alpha]$ 外，还要考虑凸轮的结构及强度要求。为此，通常使用经验公式 $r_b = (1.6 \sim 2) R$ 来大致确定基圆半径的大小，式中 R 为安装凸轮的轴半径。

4.4.3　滚子半径的确定

对于滚子从动件凸轮机构，设计时要选择合适的滚子半径，否则会出现运动失真的情况。

如图 4-17 所示，ρ' 为凸轮实际轮廓曲线的曲率半径，ρ_{min} 为凸轮理论轮廓曲线的最小曲率半径，r_T 为滚子半径，三者之间的关系为：

$$\begin{cases} \rho' = \rho_{min} + r_T & \text{内凹凸轮} \\ \rho' = \rho_{min} - r_T & \text{外凸凸轮} \end{cases} \tag{4-4}$$

如图 4-17（a）所示，内凹的凸轮轮廓曲线，其实际廓线的曲率半径等于理论曲线的曲率半径与滚子半径之和，无论滚子半径如何，凸轮实际廓线都是光滑的曲线。外凸的凸轮轮廓曲线，当 $\rho_{min} > r_T$ 时，$\rho' > 0$，凸轮实际轮廓曲线为一光滑曲线，如图 4-17（b）所示，从动件的运动不会失真；当 $\rho_{min} = r_T$ 时，$\rho' = 0$，凸轮实际轮廓曲线出现尖点，如图 4-17（c）所示，尖点极易磨损，磨损后会使从动件的运动失真；当 $\rho_{min} < r_T$ 时，$\rho' < 0$，凸轮实际轮廓曲线出现相交的情况，如图 4-17（d）所示，图中交点以上的部分在实际加工过程中会被切除掉，从而使从动件的运动严重失真，这在实际生产中是不允许的。

综上所述，对于外凸的凸轮轮廓曲线，应使 $r_T < \rho_{min}$，通常取 $r_T \leqslant 0.8\rho_{min}$。凸轮实际廓线的

最小曲率半径 ρ_{min}，一般应不小于 1～5mm。如不能满足，应适当减小滚子半径或加大基圆半径后重新设计。另一方面，滚子的尺寸还受其强度、结构的限制，因而不能太小，通常取 $r_T=$ （0.1～0.5）r_b，其中 r_b 为基圆半径。

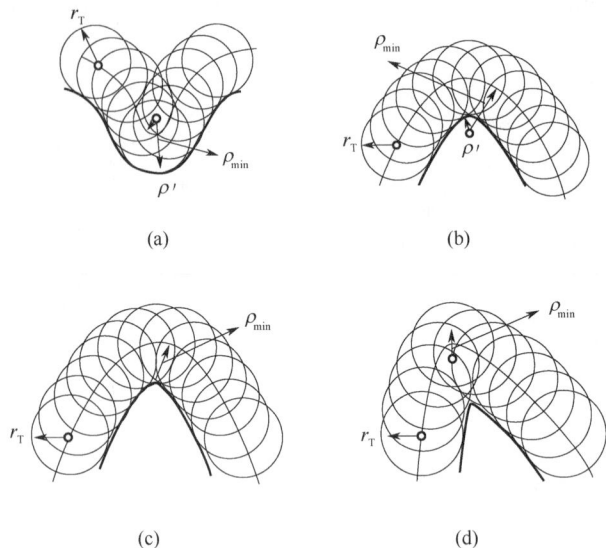

(a)

(b)

(c)

(d)

图 4-17　滚子半径的选取对凸轮轮廓的影响

4.5　企业应用案例——凸轮分割器

如图 4-18 所示为凸轮分割器，在工程上又称凸轮分度器、间歇分割器，它是一种高精度的回转装置。凸轮分割器广泛应用于制药机械、食品包装机械、玻璃机械、陶瓷机械、烟草机械、灌装机械、印刷机械、电子机械、压力机自动送料机构、加工中心自动换刀装置等需要把连续运转转化为步进动作的各种自动化机械上。

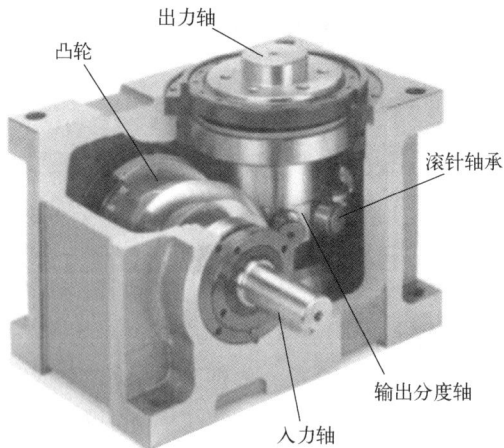

图 4-18　凸轮分割器

凸轮分割器在结构上属于一种空间凸轮转位机构，在各类自动机械中主要实现了以下功能：

① 圆周方向上的间歇输送；

② 直线方向上的间歇输送；

③ 摆动驱动机械手。

其工作原理是：通过入力轴上的共轭凸轮与出力轴上带有均匀分布滚针轴承的分度盘无间隙垂直啮合，凸轮轮廓面的曲线段驱使分度盘上的滚针轴承带动分度盘转位，直线段使分度盘静止，并定位自锁。

凸轮分割器主要类型如下。

① 弧面凸轮　弧面凸轮分度器是输入轴上的弧面共轭凸轮与输出轴上的分度轮无间隙垂直啮合的传动装置。弧面凸轮轮廓面的曲线段驱使分度轮转位，直线段使分度轮静止，并定位自锁。

② 平面凸轮　平面凸轮分度器是输入轴上的平面共轭凸轮与输出轴上的分度轮无间隙平行啮合的传动装置。平面凸轮轮廓面的曲线段驱使分度轮转位，直线段使分度轮静止，并定位自锁。

③ 圆柱（筒形）凸轮分割器　重负载专用平台面式圆柱凸轮分割器，电光源设备专用框架式凸轮分度机构。

④ 各种特形、端面凸轮。

● 心轴型分割器（DS），输出轴为心轴，适用于间歇传送输送带、齿轮啮合等机构动力来源；

● 法兰型分割器（DF），输出轴外形为一凸缘法兰，适用于重负荷的回转盘固定及各圆盘加工机械；

● 平行凸轮分度机构（MRP），能实现小分度（1 分度至 8 分度）大步距输出，特别适用于要求在一个周期内停歇次数较少的场合，如各种纸盒模切机、果奶果冻灌装成型机等；

● 重负载专用型凸轮分度机构（MRY），能实现多分度（4 分度至 200 分度）输出，特别适用于要求重负载的场合，如各类玻璃机械、电光源设备等。

思考题与习题

4-1　什么是凸轮机构传动中的刚性冲击和柔性冲击？常用的四种从动件运动规律中，哪种运动规律有刚性冲击？哪种运动规律有柔性冲击？哪种运动规律没有冲击？

4-2　凸轮机构从动件的形式有哪些？

4-3　凸轮机构主要由哪三个基本构件组成？

4-4　什么是凸轮机构的基圆？

4-5　在设计滚子直动从动件盘形凸轮机构的理论廓线时，发现压力角超过了许用值，且廓线出现变尖现象，此时应采取什么措施？

4-6　滚子直动从动件盘形凸轮的理论廓线与实际廓线是否相似？是否为等距曲线？

4-7　如图 4-19 所示为一对心尖顶直动从动件盘形凸轮机构，已知凸轮为以 C 为圆心的圆盘，试完成：

① 画出凸轮的基圆和行程 h；

② 图中标出推程运动角 φ_t、远休止角 φ_s、回程运动角 φ_h 和近休止角 φ_s'；

③ 每 30° 取一分点，画出从动件的位移线图；

④ 在图中画出从动件 D 点处的压力角。

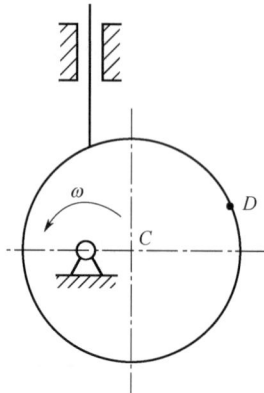

图 4-19　题 4-7 图

4-8　画出图 4-20 所示凸轮机构，在凸轮沿逆时针方向转过 35°角后的从动件相对于凸轮的位置和压力角。

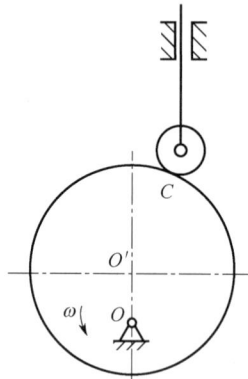

图 4-20　题 4-8 图

4-9　设计一对心滚子直动从动件盘形凸轮。已知凸轮以等角速度顺时针方向转动，基圆半径 r_b=32mm，滚子半径 r_T=8mm，从动件的运动规律见表 4-2。

表 4-2　从动件运动规律

凸轮转角	0°～120°	120°～150°	150°～330°	330°～360°
从动件运动	等加速等减速上升 20mm	停止不动	等速下降到原位	停止不动

第5章

其他常用机构

本章知识导图

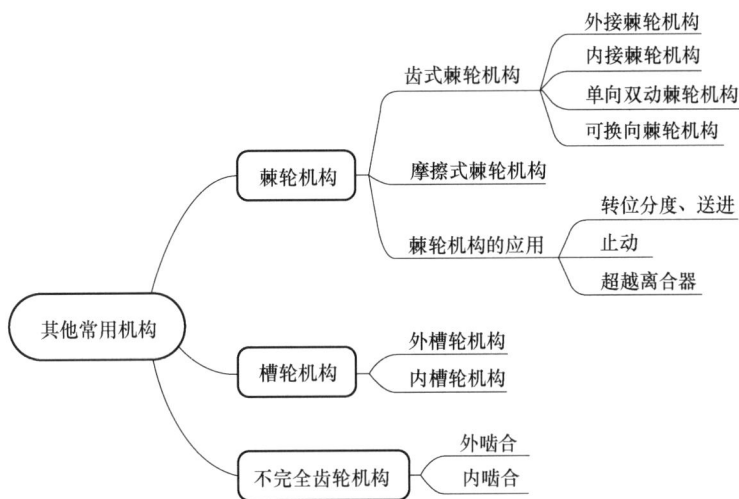

本书配套资源

```
                                          ┌─ 外接棘轮机构
                              ┌─ 齿式棘轮机构 ┼─ 内接棘轮机构
                              │              ├─ 单向双动棘轮机构
                              │              └─ 可换向棘轮机构
                    ┌─ 棘轮机构 ┼─ 摩擦式棘轮机构
                    │          │              ┌─ 转位分度、送进
                    │          └─ 棘轮机构的应用 ┼─ 止动
      其他常用机构 ──┤                          └─ 超越离合器
                    │
                    ├─ 槽轮机构 ┬─ 外槽轮机构
                    │          └─ 内槽轮机构
                    │
                    └─ 不完全齿轮机构 ┬─ 外啮合
                                     └─ 内啮合
```

本章学习目标

1. 了解棘轮机构的工作原理、类型和应用；
2. 了解槽轮机构的工作原理、类型和应用；
3. 了解不完全齿轮机构的工作原理、类型和应用。

5.1 棘轮机构

5.1.1 棘轮机构的组成及其工作特点

棘轮机构的典型结构形式如图 5-1 所示。该机构由摇杆 1、棘爪 2、棘轮 3、止动爪 4 和机架组成。弹簧 5 用来使止动爪 4 和棘轮 3 保持接触。同样可在摇杆 1 与棘爪 2 之间设置弹簧，以保证棘爪 2 与棘轮 3 的接触。棘轮 3 固装在机构的传动轴上，而摇杆 1 空套在传动轴上。当摇杆 1 逆时针摆动时，棘爪 2 便插入棘轮 3 的齿间，推动棘轮 3 转过某一角度。当摇杆 1 顺时针摆动时，止动爪 4 阻止棘轮 3 顺时针转动，同时棘爪 2 在棘轮 3 的齿背上滑过，故棘轮 3 静止不动。这样，当摇杆 1 连续往复摆动时，棘轮 3 便得到单向的间歇运动。

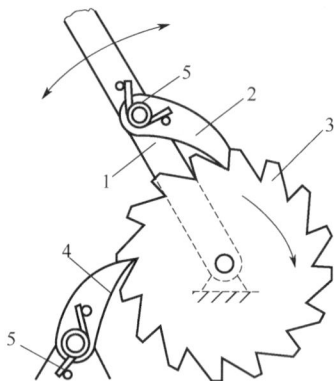

图 5-1 外接棘轮机构

1—摇杆；2—棘爪；3—棘轮；4—止动爪；5—弹簧

棘轮机构结构简单、制造方便、运动可靠，此外，棘轮轴的动程（即每次转过的角度）可以在较大的范围内调节，这些都是它的优点。棘轮机构的缺点是工作时有较大的冲击和噪声，而且运动精度较差。因此，棘轮机构通常应用于速度较低、载荷不大的场合。

5.1.2 棘轮机构的类型与应用

（1）齿式棘轮机构

棘轮上的齿大多是做在棘轮的外缘上，构成外接棘轮机构（图 5-1），也有做在内缘上，构成内接棘轮机构（图 5-2）。

上述两种棘轮机构为单向棘轮机构，主动摇杆往复摆动一次，棘轮转动一次。图 5-3 所示为另一种单向棘轮机构。在这种棘轮机构中设置有两个棘爪，棘爪可制成钩头拉杆式 [图 5-3（a）] 或推杆式 [图 5-3（b）]。从图中可以看出，主动摇杆往复摆动一次，棘轮沿同一方向间歇转动两次，故称为单向双动棘轮机构。

根据工作要求，如果需使棘轮做可换向的间歇运动，则可如图 5-4（a）所示，把棘轮的齿制成矩形，而棘爪制成可翻转的。如此，当棘爪处在图示位置 B 时，棘轮可获得逆时针方向单向间歇运动；而当把棘爪绕其销轴 A 翻转到双点画线线所示位置 B′时，棘轮即可获得顺时针单向间歇运动。

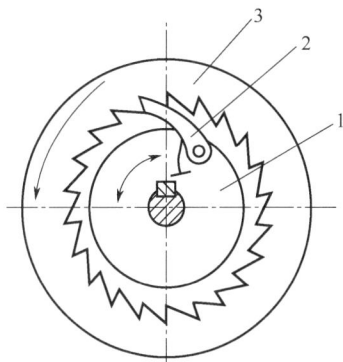

图 5-2　内接棘轮机构

1—摇杆；2—棘爪；3—棘轮

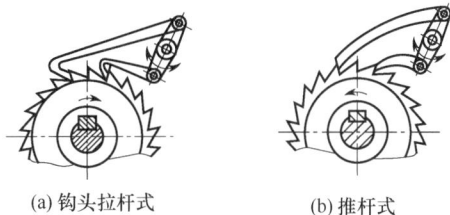

图 5-3　单向双动棘轮机构

(a) 钩头拉杆式　　(b) 推杆式

如图 5-4（b）所示为另一种可换向棘轮机构，其棘轮齿为矩形，棘爪头部为楔形，这样当棘爪处于图示位置时，棘轮做逆时针方向的间歇运动。提起棘爪并绕其轴线旋转 180°后放下，棘轮便会按顺时针方向进行间歇转动。

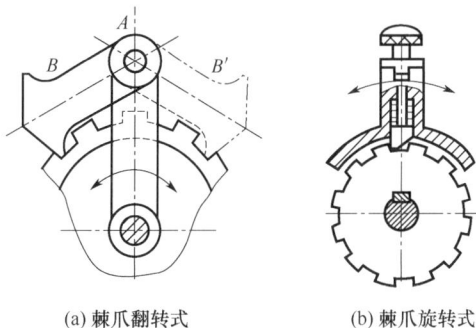

(a) 棘爪翻转式　　(b) 棘爪旋转式

图 5-4　可换向棘轮机构

齿式棘轮机构结构简单，制造方便，工作可靠，而且棘轮每次转过的角度大小可在较大的范围内调节。齿式棘轮机构的不足之处在于工作时会引发刚性冲击，棘爪划过棘轮齿时会产生噪音，且棘爪与棘轮齿容易磨损。此外，棘轮每次转动的角度只能以相邻两齿间的圆心角为最小调整单位。

（2）摩擦式棘轮机构

图 5-5 所示为摩擦式棘轮机构，主要由主动件 1（摇杆）、棘爪 2（偏心凸楔块）及从动件 3（从动轮）组成。其中，图 5-5（a）为外接式，图 5-5（b）为内接式。当摇杆 1 逆时针转动时，棘爪 2 与从动轮 3 楔紧，棘爪 2 利用摩擦力带动从动轮 3 逆时针方向转动。当摇杆 1 顺时针方向转动时，棘爪 2 与从动轮松开，并在从动轮 3 上滑过，从动轮 3 不转动，处于停歇状态。如此，当摇杆 1 往复摆动时，从动轮 3 做逆时针间歇转动。

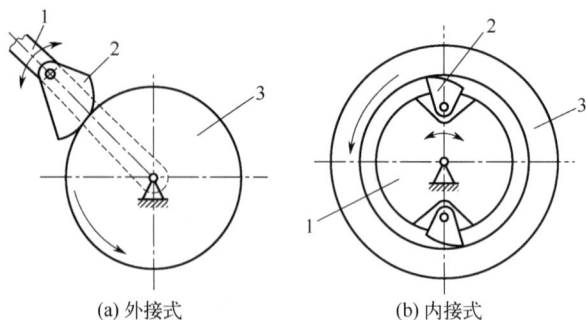

(a) 外接式　　　　　(b) 内接式

图 5-5　摩擦式棘轮机构

1—主动件（摇杆）；2—棘爪（偏心凸楔块）；3—从动件（从动轮）

摩擦式棘轮机构工作较为平稳，无噪声，从动轮每次转过的角度可无级调整，缺点是从动轮转角精度和工作可靠性较差。

（3）棘轮机构的应用

棘轮机构常用在低速、轻载或对运动精度要求不是很严格的场合。在工程实际中，以下场合常采用棘轮机构。

① 转位分度、送进。例如，牛头刨床工作台的横向送进动作，就是利用如图 5-4（b）所示的棘轮机构，带动送进螺杆间歇转动来完成的。

② 止动。在起重、牵引等机械中为防止机构倒转而作为止动器来使用，如图 5-6 所示。

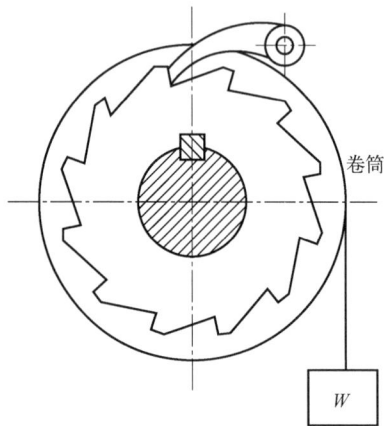

卷筒

W

图 5-6　棘轮止动器

③ 超越离合器。如图 5-7 所示的内接式棘轮机构，当主动棘轮 1 顺时针转动时，通过棘爪 2 带动从动轮 3 一起顺时针转动。如果从动轮 3 以大于主动件棘轮 1 的角速度同时顺时针方向转动，则主动棘轮 1 与从动轮 3 分离，两者转动互不干涉，即从动轮能以高于主动轮的转速转动，这就是所谓的超越运动。能够实现超越运动的离合器称为超越离合器。自行车后轴的"飞轮"就是如图 5-7 所示的一种齿式超越离合器，图 5-8 所示为由内接摩擦式棘轮机构演化而来的摩擦式超越离合器。

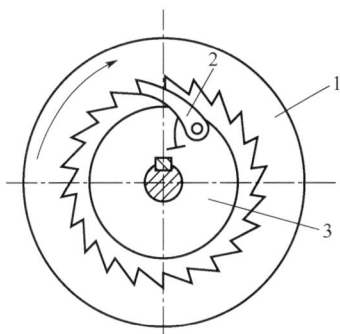

图 5-7 齿式超越离合器

1—棘轮；2—棘爪；3—从动轮

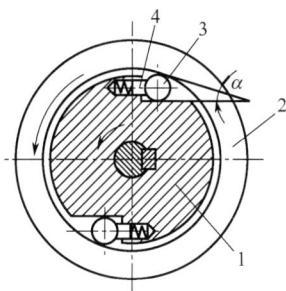

图 5-8 摩擦式超越离合器

1—星轮；2—套筒；3—滚柱；4—弹簧顶杆

5.1.3 棘轮机构设计中的主要问题

（1）棘轮转角大小的调整

① 采用棘轮罩。如图 5-9 所示，改变棘轮罩位置，使部分行程内棘爪沿棘轮罩表面滑过，从而实现棘轮机构转角大小的调整。

② 改变摆杆摆角。如图 5-10 所示的棘轮机构中，通过改变曲柄摇杆机构中曲柄 OA 长度的方法来改变摇杆摆角的大小，从而实现棘轮机构转角大小的调整。

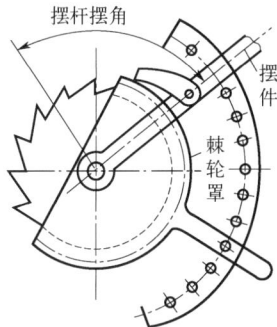

图 5-9 棘轮罩结构

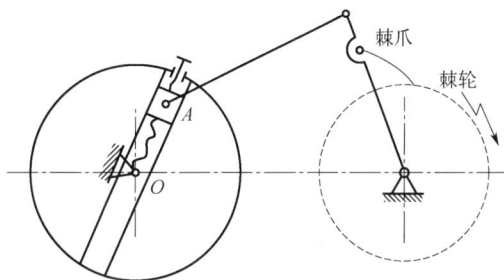

图 5-10 摆杆摆角调整机构

（2）棘轮机构的可靠工作条件

如图 5-11 所示，θ 为棘轮齿工作齿面与径向线间的夹角，称为齿面角，L 为棘爪长，O_1 为棘爪轴心，O 为棘轮轴心，啮合力作用点为 P（为简便起见，设 P 点在棘轮齿顶），当传递相同力矩时，O_1 位于的 OP 垂线上，棘爪轴受力最小。为使棘爪能顺利地滑入棘轮齿根，要求齿面角 θ 大于摩擦角 φ，即棘爪受的总反作用力 F_R 的作用线必须在棘爪轴心 O_1 和棘轮轴心 O 之间穿过。

（3）棘轮齿形的选择

常见的棘轮齿形为不对称梯形，当棘轮机构承受载荷不大时，可采用三角形棘轮轮齿，三角形轮齿的非工作齿面可做成直线形或圆弧形，以便于加工。双向式棘轮机构因需双向驱动，常采用矩形或对称梯形作为棘轮齿形。

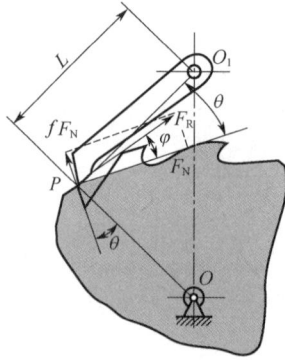

图 5-11 棘爪可靠啮合条件

5.2 槽轮机构

5.2.1 槽轮机构的组成及工作原理

槽轮机构又称马耳他机构或日内瓦机构，是一种常用的间歇运动机构。典型的槽轮机构如图 5-12 所示，主要由带有拨销 A 的主动拨盘 1、具有若干径向开口槽的从动槽轮 2 等组成。拨盘 1 以等角速度 ω_1 连续转动，当拨盘 1 上的拨销 A 不在槽轮 2 的径向槽中时，槽轮 2 上的内凹锁止弧 S_2 被拨盘 1 上的外凸锁止弧 S_1 卡住，槽轮 2 不能转动。图示为拨销 A 开始进入径向槽时，此时槽轮 2 上的锁止弧 S_2 刚被松开，此后，槽轮 2 在拨销 A 的推动下顺时针转动。当拨销 A 在另一边完全退出径向槽时，槽轮 2 上的锁止弧 S_2 重新被拨盘 1 上的锁止弧 S_1 卡住，槽轮 2 又静止不动。直至拨销 A 再次进入槽轮 2 的另一个径向槽时，槽轮 2 又重复上述运动。如此，槽轮机构可将拨盘的连续转动转化为槽轮的间歇转动。

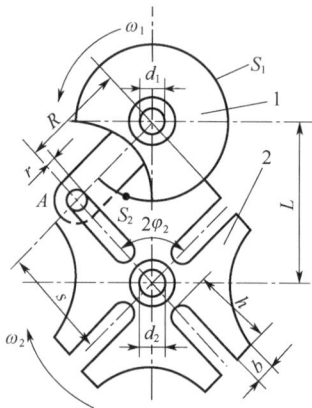

图 5-12 外槽轮机构

1—拨盘；2—槽轮

5.2.2 槽轮机构的类型、特点及应用

普通槽轮结构有两种形式：一种为外槽轮机构，如图 5-12 所示，其槽轮和拨盘转向相反；

另一种为内槽轮机构，如图 5-13 所示，其槽轮和拨盘转向相同。其中，外槽轮机构应用比较广泛。图 5-14 所示为外槽轮机构在胶片式电影放映机构中的应用。图 5-15 所示为两相交轴间夹角为 90°的球面槽轮机构，其从动槽轮 2 为半球形，主动拨轮 1 及其拨销 3 的轴线均通过球心。球面槽轮机构的工作过程与平面槽轮机构相似。

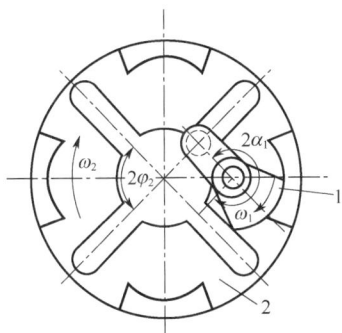

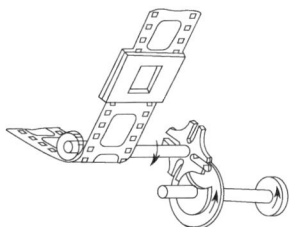

图 5-13　内槽轮机构　　图 5-14　电影放映机中的外槽轮机构　　图 5-15　球面槽轮机构

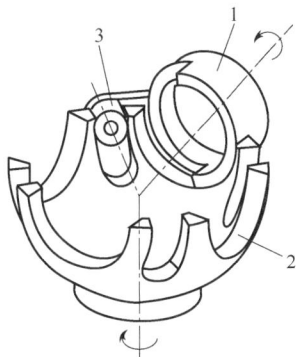

1—拨轮；2—槽轮；3—拨销

　　槽轮机构结构简单，工作可靠，机械效率高，工作较为平稳，但在工作中仍然存在着柔性冲击，会产生较大的动载荷，且槽轮槽数越少，动载荷越大，故常用于转速不高的场合。此外，由于槽轮每次转动所转过的角度与槽轮的槽数有关，若要改变槽轮每次转动所转过的角度，就要改变槽轮的槽数，也即需重新设计制造槽轮机构，故槽轮机构多用于不要求经常调整槽轮转角的场合。另外，由于制造工艺、结构尺寸等条件的限制，槽轮的槽数不宜过多，故槽轮每次转动所转过的角度较大。

5.3　不完全齿轮机构

5.3.1　不完全齿轮机构的工作原理

　　不完全齿轮机构是由普通齿轮机构演化而来的一种间歇运动机构，它与普通齿轮机构的区别为齿轮上的轮齿不是满布在整个圆周上，它的主动轮上只有一个或几个轮齿，从动轮上则根据对运动时间与停歇时间长短的要求，有与主动轮相应数量的轮齿。因此，当主动轮连续转动时，从动轮做单向间歇转动。在从动轮停歇期间，主动轮上的凸锁止弧与从动轮上的凹锁止弧密合，保证从动轮停歇在确定位置上而不发生游动。

　　在图 5-16（a）所示的不完全齿轮机构中，主动轮 1 上只有 1 个齿，从动轮 2 上有 8 个齿，故主动轮转一周，从动轮只转 1/8 周，从动轮每转一周有 8 次停歇。在图 5-16（b）所示的不完全齿轮机构中，主

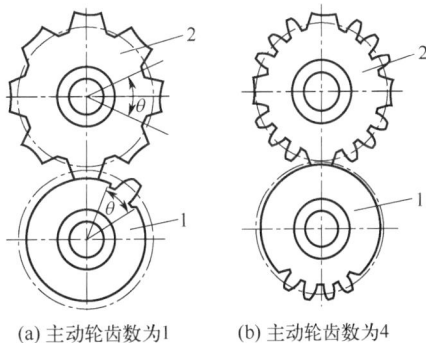

(a) 主动轮齿数为1　　(b) 主动轮齿数为4

图 5-16　外啮合不完全齿轮机构

1—主动轮；2—从动轮

动轮 1 上有 4 个齿，从动轮 2 的圆周上有 4 个运动段和 4 个停歇段，每个运动段有 4 个齿，主动轮转一周，从动轮转 1/4 周，从动轮每转一周有 4 次停歇。

5.3.2 不完全齿轮机构的类型、特点及应用

不完全齿轮机构有外啮合和内啮合两种形式，分别如图 5-16 和图 5-17 所示。不完全齿轮机构与其他间歇运动机构相比，结构简单，制造容易。此外，主动轮转一周，从动轮停歇的次数和每次停歇的时间，以及从动轮每次转动所转过的角度等，其允许选择的范围比棘轮机构和槽轮机构大，因而设计灵活。但是，不完全齿轮机构在工作过程中，从动轮在开始转动和终止转动的瞬间，角速度有突变，会产生刚性冲击，故一般只应用于低速、轻载的工作条件下。

为了改善不完全齿轮机构的动力学性能，减小冲击，以适应转速较高的间歇运动场合，可在主从动轮上加装瞬心线附加杆，如图 5-18 所示，附加杆的作用是：在主、从动轮的轮齿进入啮合之前，两附加杆先行接触，主动轮通过附加杆推动从动轮，使其从一个尽可能小的角速度开始转动，并按某种预定的运动规律逐渐加速到正常运动的角速度 $\omega_1 z_1/z_2$；而在终止运动阶段，在主、从动轮的轮齿脱离啮合以后，借助另一对附加杆，使从动轮从正常转动的角速度按某种预定的运动规律逐渐减速到静止。由于不完全齿轮机构在从动轮开始运动阶段的冲击，一般都比终止运动阶段的冲击严重，故通常仅在开始运动处加装一对附加杆，如图 5-18 所示的不完全齿轮机构。

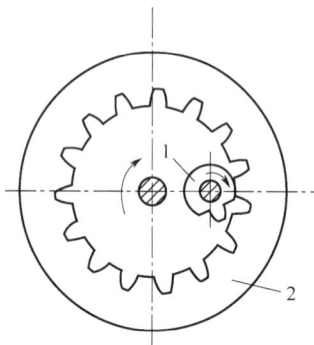

图 5-17　内啮合不完全齿轮机构

1—主动轮；2—从动轮

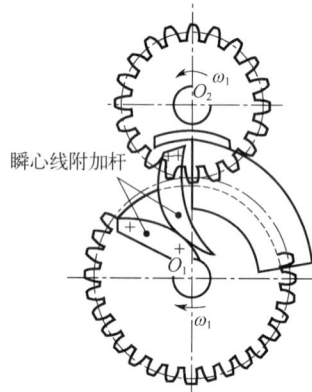

图 5-18　带瞬心线附加杆的不完全齿轮机构

瞬心线附加杆

另外，在不完全齿轮机构中，为了保证主动轮的首齿能顺利进入啮合，而不与从动轮的齿顶相干涉，需适当减小主动轮首齿的齿顶高度。同时，为了保证从动轮能够准确地停歇在预定位置，主动轮末齿的齿顶高也需进行适当的修正。

不完全齿轮机构常用于多工位自动机和半自动机工作台的间歇转位装置、计数机构和要求间歇运动的进给机构中。

随着技术的发展，在有些情况下，间歇运动也可采用伺服和步进驱动技术来实现。伺服和步进驱动技术中的原动机分别是伺服电机和步进电机。伺服电机和步进电机在控制程序的控制下工作，因此，可以通过改变控制程序很方便地实现间歇运动中的停歇和运动时间间隔，另外，还可根据工况的改变、通过执行控制程序中不同的分支，自动地实现在不同停歇和运动时间间

隔之间的切换。伺服和步进技术是机械自动化和智能化的重要内容。

5.4　企业应用案例——棘轮扳手

棘轮扳手是一种手动螺丝松紧工具，是由不同规格尺寸的主梅花套和从梅花套通过铰接键的阴键和阳键咬合的方式连接的，如图 5-19 所示。由于一个梅花套具有两个规格的梅花形通孔，使它可以用于两种规格螺丝的松紧，从而扩大了使用范围，节省了原材料和工时费用。活动扳柄可以方便地调整扳手使用角度。这种扳手用于螺丝的松紧操作，具有适用性强、使用方便和造价低的特点。

图 5-19　棘轮扳手

图 5-20 所示为可换向棘轮扳手。切换头左右移动，选择不同的棘爪与棘轮接触，两个小弹簧施加一定的压力给棘爪，控制其收放，从而实现方向的转换。而棘爪卡住棘轮，只允许它往一个方向转动，但棘轮会在棘爪反方向上滑过，发出"哒哒"声。

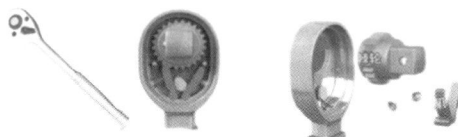

图 5-20　可换向棘轮扳手

图 5-21 所示为扭矩扳手，也叫扭力扳手或力矩扳手。在紧固螺栓螺母等螺纹紧固件时需要控制施加的力矩大小，可应用此扳手，以保证螺纹紧固且不至于因力矩过大破坏螺纹。首先设定好一个需要的扭矩值上限，当施加的扭矩达到设定值时，扳手会发出"咔嗒"声响或者在扳手连接处折弯一点角度，这就代表已经紧固，不要再加力了。

图 5-21　扭矩扳手

思考题与习题

5-1　棘轮机构主要由哪些构件组成？常应用于哪些场合？

5-2　棘轮机构中如何调整棘轮转角？

5-3　槽轮机构工作中是否存在冲击？

5-4　棘轮机构与槽轮机构都是间歇运动机构，它们各有什么特点？

5-5　不完全齿轮机构有哪些类型？与其他间歇机构相比有哪些特点？

第6章

齿轮传动

本章知识导图

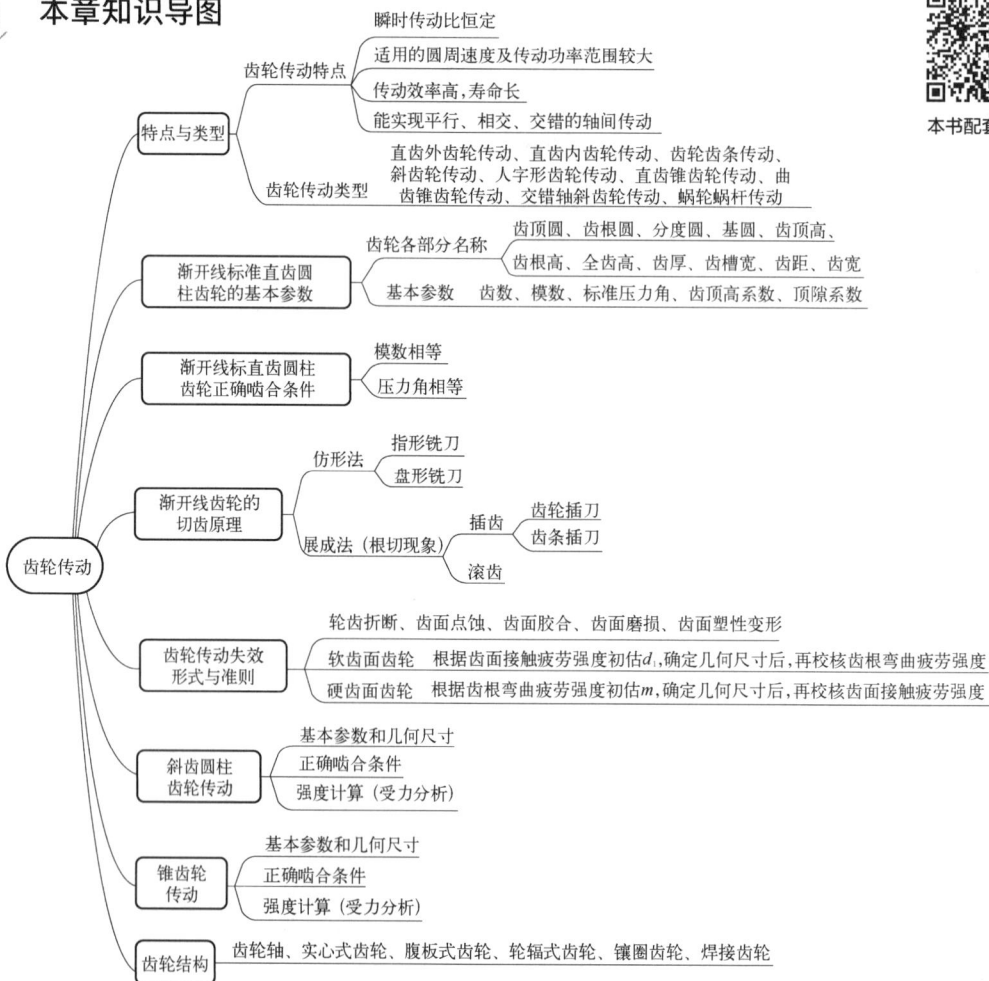

```
特点与类型 ─┬─ 齿轮传动特点 ─┬─ 瞬时传动比恒定
            │                ├─ 适用的圆周速度及传动功率范围较大
            │                ├─ 传动效率高，寿命长
            │                └─ 能实现平行、相交、交错的轴间传动
            │
            └─ 齿轮传动类型 ─── 直齿外齿轮传动、直齿内齿轮传动、齿轮齿条传动、
                               斜齿轮传动、人字形齿轮传动、直齿锥齿轮传动、曲
                               齿锥齿轮传动、交错轴斜齿轮传动、蜗轮蜗杆传动

渐开线标准直齿圆 ─┬─ 齿轮各部分名称 ── 齿顶圆、齿根圆、分度圆、基圆、齿顶高、
柱齿轮的基本参数   │                    齿根高、全齿高、齿厚、齿槽宽、齿距、齿宽
                  └─ 基本参数 ──────── 齿数、模数、标准压力角、齿顶高系数、顶隙系数

渐开线标直齿圆柱 ─┬─ 模数相等
齿轮正确啮合条件   └─ 压力角相等

渐开线齿轮的 ─┬─ 仿形法 ─┬─ 指形铣刀
切齿原理      │          └─ 盘形铣刀
             └─ 展成法（根切现象）─┬─ 插齿 ─┬─ 齿轮插刀
                                  │        └─ 齿条插刀
                                  └─ 滚齿

齿轮传动失效 ─┬─ 轮齿折断、齿面点蚀、齿面胶合、齿面磨损、齿面塑性变形
形式与准则    ├─ 软齿面齿轮　根据齿面接触疲劳强度初估d₁，确定几何尺寸后，再校核齿根弯曲疲劳强度
             └─ 硬齿面齿轮　根据齿根弯曲疲劳强度初估m，确定几何尺寸后，再校核齿面接触疲劳强度

斜齿圆柱 ─┬─ 基本参数和几何尺寸
齿轮传动   ├─ 正确啮合条件
          └─ 强度计算（受力分析）

锥齿轮 ─┬─ 基本参数和几何尺寸
传动     ├─ 正确啮合条件
        └─ 强度计算（受力分析）

齿轮结构 ── 齿轮轴、实心式齿轮、腹板式齿轮、轮辐式齿轮、镶圈齿轮、焊接齿轮
```

（齿轮传动）

本章学习目标

1. 了解齿轮传动的类型、特点、应用场合及结构；
2. 熟练掌握渐开线圆柱齿轮的基本参数及其几何尺寸计算；
3. 掌握渐开线齿轮啮合特性、正确啮合条件、切齿原理及根切现象；
4. 了解变位齿轮的基本概念；
5. 掌握齿轮的失效形式以及针对不同失效形式的设计计算准则；
6. 掌握直齿圆柱齿轮传动的强度计算方法；
7. 了解斜齿圆柱齿轮传动和轴交角 $\Sigma=90°$ 的直齿锥齿轮传动的基本参数、正确啮合条件及几何尺寸计算。

6.1　齿轮传动的特点和类型

6.1.1　齿轮传动的特点

齿轮机构是由两个或多个齿轮与机架组成的一种高副机构。当其主要用于传递动力时，可称为齿轮传动。齿轮传动的主要优点是：

① 两轮瞬时传动比（角速度之比）恒定；
② 适用的圆周速度和传动功率范围广；
③ 传动效率高，工作可靠，寿命长；
④ 可实现平行、相交、交错的轴间传动。

与其他传动形式相比，齿轮传动有下列缺点：

① 制造和安装的精度要求较高，成本也高；
② 不适用于较远距离的运动和动力传动。

齿轮传动是一种十分重要的机械传动形式，广泛应用于仪器、仪表、冶金、矿山等领域的各类机器中。早在汉代，我国就已运用铜制人字齿轮。而目前世界上规模最大、技术难度最高的升船机则采用了大模数齿轮齿条传动，以实现对承船厢的驱动。

6.1.2　齿轮传动的类型

齿轮传动的类型很多，分类方法也不同，常见的分类方法如下：

① 按轮齿齿向分为直齿轮传动、斜齿轮传动、人字齿轮传动；
② 按工作条件分为闭式齿轮传动、开式齿轮传动；
③ 按齿廓曲线分渐开线齿轮传动、圆弧齿轮传动、摆线齿轮传动等；
④ 根据齿面的硬度分为软齿面（其硬度小于或等于 350HBS）和硬齿面（其硬度大于 350HBS）两种类型；

⑤ 按轴的布置分为平行轴齿轮传动、相交轴齿轮传动、交错轴齿轮传动，详细见表 6-1。

表 6-1 齿轮传动的类型

	外啮合齿轮传动			内啮合齿轮传动	齿轮齿条传动
平行轴齿轮传动	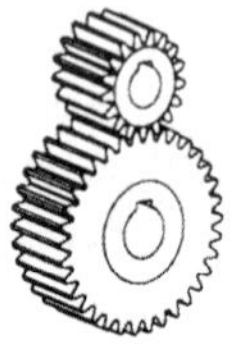 直齿圆柱齿轮传动	 斜齿圆柱齿轮传动	 人字齿轮传动		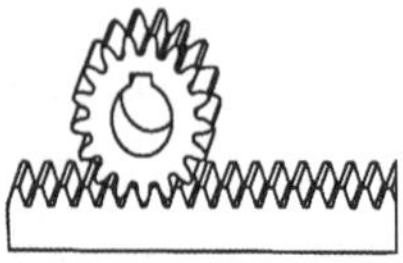
相交轴齿轮传动	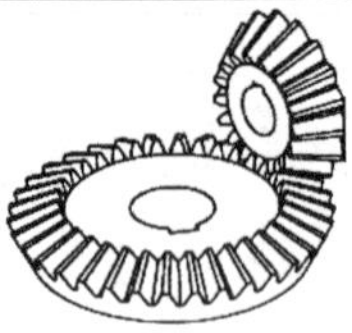 直齿锥齿轮传动	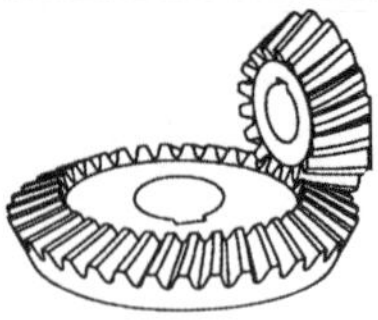 斜齿锥齿轮传动	 曲齿锥齿轮传动		
交错轴齿轮传动	 交错轴斜齿轮传动			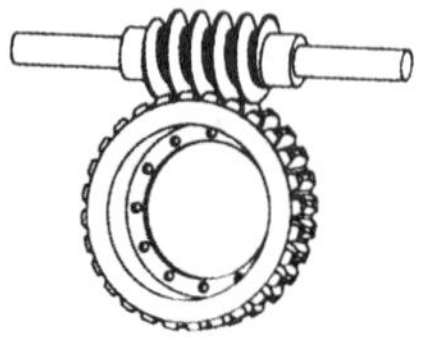 蜗杆传动	

6.2 渐开线齿廓及其啮合特性

6.2.1 渐开线的形成及其特性

如图 6-1 所示，当一直线 L 沿一圆周做纯滚动时，直线上某一点 K 的轨迹称为该圆的渐开线。这个圆称为渐开线的基圆，其半径用 r_b 表示。直线 L 称为渐开线的发生线。发生线上某点 K 所展开的角度 $\theta_K = \angle AOK$ 称为渐开线上 K 点的展角。渐开线齿轮的齿廓就是由两段对称的渐开线构成的。

渐开线具有如下几个特性。

① 因发生线在基圆做纯滚动，故发生线沿基圆滚过的长度等于该基圆上被滚过圆弧的长度，即 $NK = \overset{\frown}{NA}$ 。

② 发生线上的 K 点在图示瞬时位置是绕 N 点转动的，所以 N 点是瞬时转动中心。K 点的瞬时速度方向必与发生线垂直，而 K 点的瞬时速度方向又必是渐开线在该点的切线方向，所以发生线是渐开线的法线。此外，发生线总是与基圆相切，故可推得：渐开线上任意点的法线与基圆相切。

③ 渐开线齿廓上某一点 K 的法线（即压力方向线），与齿廓上该点速度方向线所夹的锐角 α_K 称为该点的压力角。由图 6-1 可知：

$$\cos \alpha_K = \frac{ON}{OK} = \frac{r_b}{r_K} \qquad (6-1)$$

式（6-1）表示渐开线齿廓上各点压力角不等，向径 r_K 越小，其压力角越小，渐开线在基圆上压力角为零。

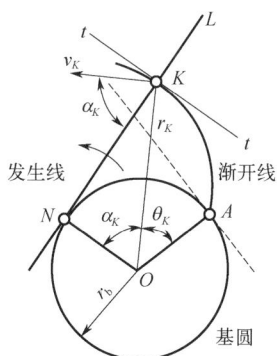

图 6-1　渐开线的形成及其性质

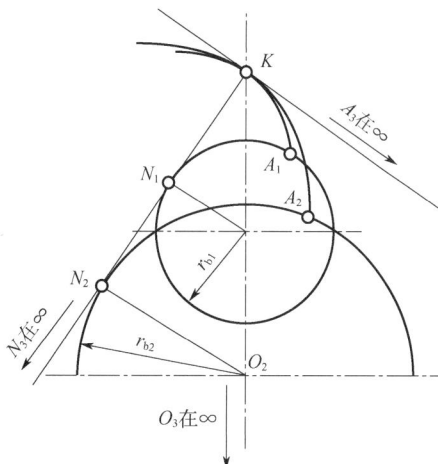

图 6-2　基圆大小对渐开线的影响

④ 发生线与基圆切点 N 为渐开线在 K 点的曲率中心，KN 是渐开线上 K 点的曲率半径。因此，渐开线离基圆越远的部分，其曲率越小、曲率半径越大；反之，渐开线越靠近基圆的部分，其曲率越大、曲率半径越小。

⑤ 渐开线的形状取决于基圆的大小，如图 6-2 所示，在展角相同的情况下，基圆半径越大，其渐开线的曲率半径也越大。当基圆半径为无穷大时，其渐开线就变成一条直线。

⑥ 基圆以内无渐开线。

6.2.2　渐开线齿廓的啮合特性

（1）渐开线齿廓可保证传动比恒定不变

如图 6-3 所示，两渐开线齿轮的基圆半径分别为 r_{b1}、r_{b2}，当两轮的渐开线齿廓在某一点 K 啮合时，过 K 点作两齿廓的公法线。根据渐开线的性质，该公法线必与两基圆相切（切点分别为 N_1、N_2），即 N_1N_2 为两基圆的内公切线。因为两轮的基圆为定圆，在同一方向的内公切线只有一条，所以无论两齿廓在何处接触，过接触点所作的两齿廓的公法线必为一固定直线，它与连心线的交点必是一定点。因此，两个以渐开线作为齿廓的齿轮，其传动比为：

$$i_{12} = \frac{\omega_1}{\omega_2} = \frac{O_2 P}{O_1 P} = \frac{r_{b2}}{r_{b1}} = 常数 \qquad (6-2)$$

（2）渐开线齿轮传动中心距具有可分性

一对齿轮加工完毕后，其基圆半径是不会改变的，即使两齿轮的实际中心距与原设计的中心距有偏差，由式（6-2）可知其传动比仍将保持不变，这种性质称为渐开线齿轮的可分性。渐开线齿轮的这一特性给齿轮的制造、安装带来了很大方便，也是渐开线齿轮得到广泛应用的原因之一。

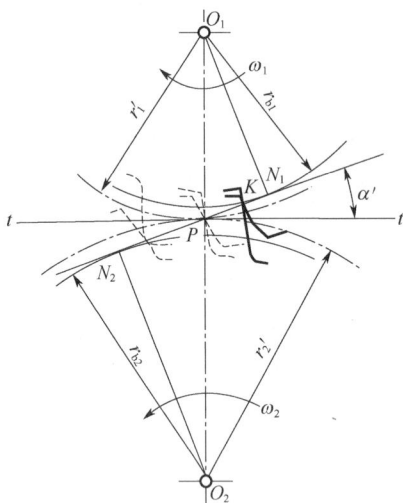

图 6-3 渐开线齿轮啮合

（3）啮合线和啮合角在啮合过程中保持不变

两轮齿啮合时的接触点称为啮合点。渐开线齿轮在啮合过程中，啮合点沿着两轮基圆的公切线 N_1N_2 移动，N_1N_2 为啮合点的轨迹线，常称之为啮合线。啮合线与两基圆公切线 $t—t$ 所夹的锐角 α' 称为啮合角。啮合角 α' 在数值上等于齿廓在节圆上的压力角。

在渐开线齿廓的啮合过程中，由于啮合线和啮合角保持不变，所以两轮齿廓间的正压力方向始终不变，这对齿轮传动的平稳性是十分有利的。

6.3 渐开线标准直齿圆柱齿轮的基本参数

6.3.1 齿轮各部分的名称和符号

如图 6-4 所示为标准外啮合直齿圆柱齿轮的一部分，其各部分的名称及代号如下。

① 齿顶圆 过所有齿顶端所作的圆称为齿顶圆，其半径用 r_a 来表示，直径用 d_a 来表示。

② 齿根圆 过所有齿槽底部所作的圆称为齿根圆，其半径用 r_f 来表示，直径用 d_f 来表示。

③ 基圆 产生渐开线的圆称为基圆，其半径用 r_b 来表示，直径用 d_b 来表示。

④ 齿厚 在任意半径 r_k 的圆周上，轮齿两侧齿廓间的弧长称为该圆周上的齿厚，用 s_k 来表示。

⑤ 齿槽宽 在任意半径 r_k 的圆周上，相邻两齿间齿槽的弧长称为该圆周上的齿槽宽或齿间宽，用 e_k 来表示。

⑥ 齿距 在任意半径 r_k 的圆周上，相邻两齿同侧齿廓间的弧长称为该圆周上的齿距，用

p_k 表示。在同一圆周上，齿距等于齿厚与齿槽宽之和，即 $p_k=e_k+s_k$。

⑦ 分度圆 在齿顶圆和齿根圆之间，在齿轮上选择一个圆作为轮齿尺寸计算的基准。其直径用 d，半径用 r 表示。对标准齿轮而言，其圆周上齿厚 s 与齿槽宽 e 相等的圆即为分度圆。

⑧ 齿宽 齿轮的有齿部分沿分度圆柱面的轴线方向所量得的宽度称为齿宽，用 b 表示。

⑨ 齿顶高 齿顶圆与分度圆之间的径向距离称为齿顶高，用 h_a 表示。

⑩ 齿根高 齿根圆与分度圆之间的径向距离称为齿根高，用 h_f 表示。

⑪ 齿高 齿顶圆与齿根圆之间的径向距离称为全齿高（或齿高），用 h 表示，$h=h_a+h_f$。

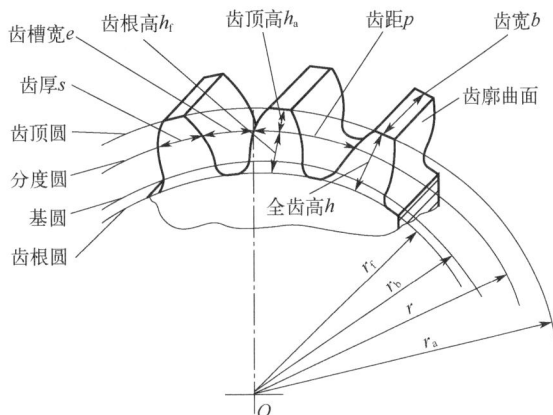

图6-4 齿轮各部分名称

6.3.2 标准齿轮的基本参数

① 齿数 齿轮沿圆周均匀分布的轮齿总数，用 z 表示。

② 模数 为方便计算和测量，令 $p/\pi=m$，称为模数。分度圆的直径可写为：

$$d = mz \tag{6-3}$$

模数是齿轮的重要参数，单位为 mm。齿数相同的齿轮，模数越大，齿轮的尺寸越大，其承载能力越高。齿轮的模数已标准化，表 6-2 为国家标准中的标准模数系列。

表6-2 标准模数系列（GB/T 1357—2008） 单位：mm

第一系列	1, 1.25, 1.5, 2, 2.5, 3, 4, 5, 6, 8, 10, 12, 16, 20, 25, 32, 40, 50
第二系列	1.125, 1.375, 1.75, 2.25, 2.75, 3.5, 4.5, 5.5, (6.5), 7, 9, (11), 14, 18, 22, 28, 36, 45

注：1. 选取时，优先采用第一系列，括号中的模数尽可能不用。

2. 对斜齿轮而言，表中数据指的是法向模数。

③ 压力角 通常所说的压力角是指分度圆上的压力角，并用 α 表示。分度圆压力角已标准化，我国规定的标准压力角 $\alpha=20°$，由式（6-1）可知：

$$\cos\alpha = \frac{r_b}{r} \tag{6-4}$$

综上所述，可对分度圆作出如下定义：分度圆是齿轮上具有标准模数和标准压力角的圆。

④ 齿顶高系数和顶隙系数 用 h_a^* 和 c^* 分别表示渐开线齿轮的齿顶高系数和顶隙系数，则齿顶高与齿根高可表示为：

$$\begin{cases} h_{a} = h_{a}^{*}m \\ h_{f} = \left(h_{a}^{*} + c^{*}\right)m \end{cases} \tag{6-5}$$

对于正常齿制，取 $h_{a}^{*}=1$，$c^{*}=0.25$ 为标准值。对于短齿制，取 $h_{a}^{*}=0.8$，$c^{*}=0.3$。顶隙 $c=c^{*}m$，在齿轮啮合过程中能储油润滑和避免碰撞。

6.3.3 渐开线标准直齿圆柱齿轮的几何尺寸

标准齿轮是指 m、α、h_{a}^{*}、c^{*} 均取标准值，具有标准的齿顶高和齿根高，而且分度圆齿厚等于齿槽宽的齿轮。标准直齿圆柱齿轮几何尺寸的计算公式列于表6-3中。

表6-3 标准直齿圆柱齿轮传动的几何尺寸计算公式

名称	符号	计算公式	
		外齿轮	内齿轮
模数	m	根据齿轮强度条件和结构需要确定，按表6-2选取标准值	
压力角	α	选取标准值，$\alpha=20°$	
分度圆直径	d	$d=mz$	
齿顶高	h_{a}	$h_{a}=h_{a}^{*}m$	
齿根高	h_{f}	$h_{f}=(h_{a}^{*}+c^{*})m$	
齿全高	h	$h=h_{a}+h_{f}$	
齿顶圆直径	d_{a}	$d_{a}=d+2h=m(z+2h_{a}^{*})$	$d_{a}=d-2h=m(z-2h_{a}^{*})$
齿根圆直径	d_{f}	$d_{f}=d-2h_{f}=m(z-2h_{a}^{*}-2c^{*})$	$d_{f}=d+2h_{f}=m(z+2h_{a}^{*}+2c^{*})$
基圆直径	d_{b}	$d_{b}=d\cos\alpha$	
分度圆齿距	p	$p=\pi m$	
顶隙	c	$c=c^{*}m$	
分度圆齿厚	s	$s=p/2=\pi m/2$	
分度圆齿槽宽	e	$e=p/2=\pi m/2$	
基圆齿距	p_{b}	$p_{b}=p\cos\alpha=m\pi\cos\alpha$	
标准中心距	a	$a=\dfrac{d_{1}+d_{2}}{2}=\dfrac{m(z_{1}+z_{2})}{2}$ （外啮合）	$a=\dfrac{d_{2}-d_{1}}{2}=\dfrac{m(z_{2}-z_{1})}{2}$ （内啮合）

6.4 渐开线直齿圆柱齿轮的啮合传动

6.4.1 渐开线齿轮正确啮合条件

图6-5中，齿轮1为主动轮，齿轮2为从动轮。轮齿啮合是由主动轮的齿根推动从动轮的齿顶开始，即一对轮齿在啮合线上接触的起始点为从动轮的齿顶圆与啮合线 $N_{1}N_{2}$ 的交点 B_{2}，该点称为入啮点。随着啮合的进行，两齿廓的啮合点由 B_{2} 沿着啮合线向 N_{2} 方向移动，当移动到主动轮的齿顶圆与啮合线 $N_{1}N_{2}$ 的交点 B_{1} 时，这对齿廓终止啮合，B_{1} 点为脱啮点。线段 $B_{1}B_{2}$

为啮合点的实际轨迹，故称为实际啮合线。由于基圆内没有渐开线，所以两轮齿顶圆与啮合线的交点不可能超过 N_1 和 N_2，线段 N_1N_2 是理论上最长的啮合线段，称为理论啮合线。

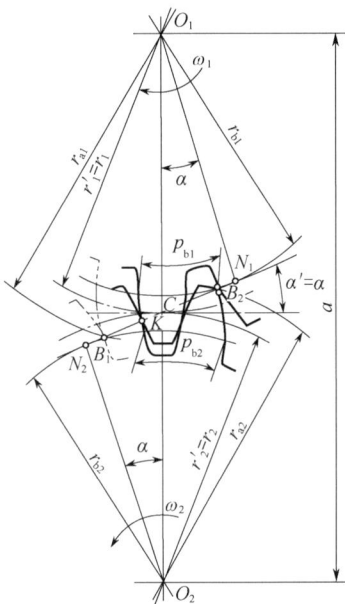

图 6-5　渐开线齿轮正确啮合

为了实现定传动比传动，啮合轮齿的工作侧齿廓的啮合点应在啮合线上。因此，若有一对以上的轮齿同时参加啮合，则各对齿的工作侧齿廓的啮合点也必须同时都在啮合线上。如图 6-5 所示的啮合点 B_2 及 K，线段 B_2K 同时是两轮相邻同侧齿廓沿公法线上的距离，称为法向齿距。显然，实现定传动比的正确啮合条件为两轮的法向齿距相等。由渐开线的性质可知，齿轮的法向齿距与基圆齿距相等。因此若两轮正确啮合，应有：

$$p_{b1} = p_{b2}$$

由于 $p_{b1} = p_1 \cos \alpha_1 = \pi m_1 \cos \alpha_1$，$p_{b2} = p_2 \cos \alpha_2 = \pi m_2 \cos \alpha_2$，代入上式中有：

$$m_1 \cos \alpha_1 = m_2 \cos \alpha_2$$

式中，m_1、α_1 及 m_2、α_2 分别为两齿轮的模数和压力角。因为模数和压力角都已标准化，所以要满足上式，应使：

$$\begin{cases} m_1 = m_2 = m \\ \alpha_1 = \alpha_2 = \alpha \end{cases} \tag{6-6}$$

因此，渐开线齿轮的正确啮合条件为：两齿轮的模数和压力角必须分别相等。这样，两齿轮的传动比又可以表示为：

$$i_{12} = \frac{\omega_1}{\omega_2} = \frac{d_2}{d_1} = \frac{mz_2}{mz_1} = \frac{z_2}{z_1} \tag{6-7}$$

6.4.2　渐开线齿轮连续传动条件

一对齿轮啮合除了要满足正确啮合条件外，还应保证能实现连续传动。如图 6-6 所示，当前一对齿廓到达脱啮点时，后一对齿廓已从入啮点 B_2 啮合至 C 点，这显然是能够实现连续传动的，此时实际啮合线 B_1B_2 的长度大于 B_1C，而 B_1C 就是两轮的基圆齿距。因此，一对齿轮的连续传动条件可写为：

$$B_1B_2 \geqslant p_b$$

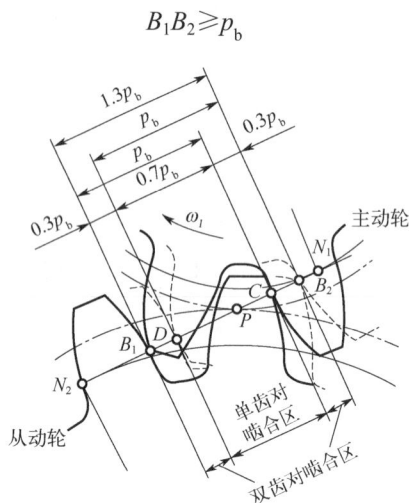

图6-6 齿轮传动的重合度

实际啮合线长度与基圆齿距的比值称为重合度，一般用 ε 表示。上述连续条件可用重合度表示为：

$$\varepsilon = \frac{B_1B_2}{p_b} \geqslant 1 \tag{6-8}$$

从理论上讲，重合度 $\varepsilon=1$ 就能保证齿轮连续传动，但由于齿轮从制造到安装都存在一定的误差，在实际应用中，ε 值应大于1。在一般的机械制造中，$\varepsilon \geqslant 1.1 \sim 1.4$。$\varepsilon$ 值越大，表示同时参加啮合轮齿的对数越多，则轮齿的承载能力越大，传动越平稳。对于标准齿轮传动，其重合度都大于1，故可不必验算。

6.4.3 轮齿的相对滑动及齿轮传动的标准中心距

如图 6-7 所示，一对渐开线齿廓在啮合传动时，只有在节点处啮合时，两齿廓的接触点才具有相同的速度，而在啮合线其他位置啮合时，两齿廓上啮合点的速度是不相同的，因此齿廓间存在相对滑动。相对滑动速度在节点前后方向相反，并且大小也随啮合位置不同而变化，越靠近齿根或齿顶部分，相对滑动速度越大。在齿轮传动设计中，应设法使实际啮合线远离极限啮合点 N_1、N_2，并对齿轮进行良好的润滑。

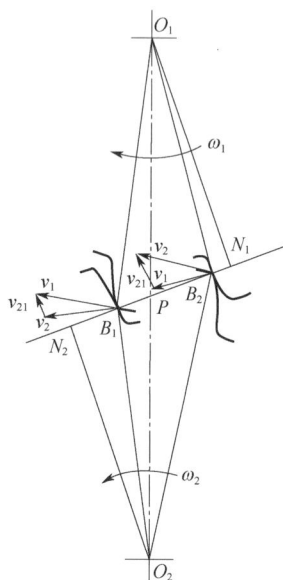

图6-7 轮齿间的相对滑动

齿轮传动的标准中心距为：

$$a = r_1 + r_2 = \frac{m(z_1 + z_2)}{2} \tag{6-9}$$

即两轮的标准中心距 a 等于两轮分度圆的半径之和。

一对轮齿啮合时，两轮的节圆总是相切的，即两轮的中心距总是等于两轮节圆的半径之和。因此，当一对标准齿轮按标准中心距安装时，两轮的分度圆也相切，即两轮的节圆与各自的分度圆相重合。

6.5　渐开线齿轮轮齿的切削加工与变位齿轮的概念

6.5.1　轮齿的切削加工原理

齿轮轮齿的加工方法很多，如铸造、热轧、冷冲和切削等，生产中常用的是切削法，切削法按加工原理可分为仿形法和展成法两类。

（1）仿形法

仿形法是用具有渐开线齿轮齿槽形状的成形刀具直接在轮坯上切出齿形的方法。常用的刀具有盘状齿轮铣刀和指形齿轮铣刀，如图 6-8 所示，加工时刀具绕本身轴线旋转，齿轮沿自身轴线做直线移动，当铣完一个齿槽后，轮坯便退回原位，并用分度头将轮坯转过 $360°/z$ 的角度以便铣第二个齿槽，这样依次铣削，直到铣完所有的齿槽为止。

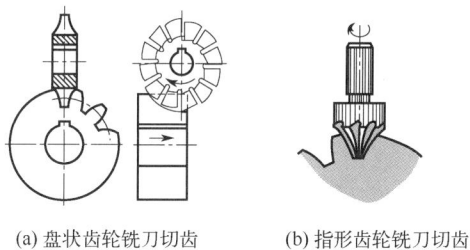

(a) 盘状齿轮铣刀切齿　　(b) 指形齿轮铣刀切齿

图6-8　仿形法加工轮齿

渐开线齿轮的齿廓形状是由模数、齿数、压力角三个参数决定的，因此要铣出准确的渐开线齿形，则在同一种模数的情况下，对于每一种齿数都要有一把铣刀，这实际上是不可能的。为了减少铣刀的数量，对于每一种模数、压力角设计 8 把或 15 把成形铣刀，在允许的齿形误差范围内，用一把铣刀可以铣几个齿数相近的齿轮。

仿形法加工不需要专用机床，但生产率低，加工精度低，故只适用于修配或小批量生产及精度要求不高的齿轮加工。

（2）展成法

展成法又称为范成法，是齿轮加工中最常用的一种方法，是利用一对齿轮互相啮合时，其共轭齿廓互为包络线的原理来加工齿轮的。展成法加工齿轮时常用的刀具有齿轮插刀、齿条插刀和齿轮滚刀。

① 齿轮插刀　图 6-9 所示为用齿轮插刀加工齿轮的情形。加工过程包括展成运动、切削运动、进给运动及让刀运动。展成运动是齿轮插刀与轮坯相当于一对齿轮相互啮合的运动；切削运动是刀具沿轮坯轴向运动以切出齿槽的运动；进给运动是将刀具逐步向轮坯径向推进，以便

切出整个轮齿高度的运动；让刀运动是当刀具完成切削运动退刀时，为避免刀刃擦伤工件而让轮坯沿径向稍稍让开的运动，当刀具再次切削时，轮坯又恢复原位。

② 齿条插刀　当齿轮插刀的齿数增加到无穷多时，其基圆半径变为无穷大，则齿轮插刀演变成为齿条插刀，如图 6-10 所示。齿条插刀切制齿廓时，刀具与齿坯的展成运动相当于齿条与齿轮的啮合运动，其切齿原理与齿轮插刀加工齿轮的原理相同。

③ 齿轮滚刀　滚齿加工是利用滚刀与齿坯的展成运动加工齿轮的，如图 6-11 所示。在垂直于齿坯轴线并通过滚刀轴线的主剖面内，滚刀与齿坯的运动相当于齿条与齿轮的啮合。利用滚刀加工齿轮能实现连续切削，有利于提高生产效率。

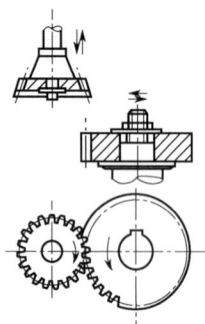

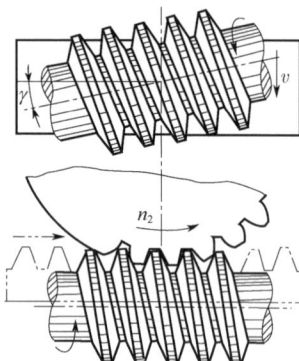

图 6-9　齿轮插刀加工轮齿　　图 6-10　齿条插刀加工轮齿　　图 6-11　齿轮滚刀加工轮齿

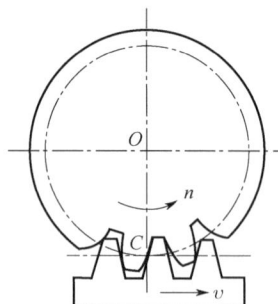

6.5.2　渐开线齿廓的根切现象和最小齿数

用展成法加工齿轮时，如果工件的齿数太少，则刀具的齿顶会将齿坯根部的渐开线齿廓切去一部分，如图 6-12（a）所示，这种现象称为根切。轮齿发生根切后，齿根抗弯强度降低，还会使一对轮齿的啮合过程缩短，降低重合度，从而影响传动的平稳性。

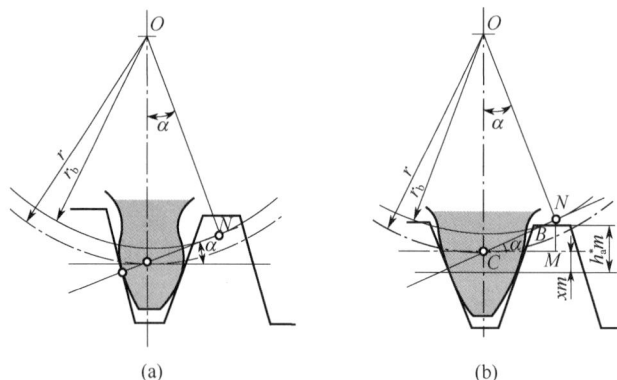

(a)　　　　　　(b)

图 6-12　根切现象

为了避免根切现象，刀具的齿顶线不得超过啮合的极限点 N，如图 6-12（b）所示，即：

$$h_a^* m \leqslant NM \tag{6-10}$$

整理得：

$$z \geqslant \frac{2h_a^*}{\sin^2 \alpha} \tag{6-11}$$

用标准齿条刀具切制标准齿轮时，$\alpha = 20°$，$h_a^* = 1$，则最小齿数 $z_{min} = 17$。

6.5.3 变位齿轮的概念

对于渐开线标准齿轮，为防止根切，齿轮齿数不得少于 z_{min}。但在许多场合要求齿轮齿数 $z < z_{min}$，这时为避免根切就不能采用标准齿轮而必须改用变位齿轮。所谓变位齿轮，就是以切削标准齿轮时刀具的位置为基准，将刀具沿齿轮径向移动一段距离 xm 后切削出来的齿轮。

刀具所移动的距离 xm 称为移距或变位，而 x 称为移距系数或变位系数。当刀具远离轮坯时，变位系数 x 为正值，否则 x 为负值，对应的变位分别称为正变位和负变位。

采用刀具变位来加工齿轮，不仅可以避免根切现象，还能用来满足非标准中心距的一对齿轮啮合，改善小齿轮的弯曲强度和一对齿轮的啮合性能。由于变位齿轮具有很多优点，而切削变位齿轮时，所用的刀具及展成运动的传动比均与切削标准齿轮时一样，无须更换刀具和设备，因此变位齿轮在生产中得到了广泛的应用。有关变位齿轮的理论、计算和应用，可参阅有关书籍和资料。

6.6 齿轮传动的失效形式、设计准则与材料选择

6.6.1 齿轮传动的失效形式

齿轮传动的失效主要是轮齿的失效，与其工作条件和使用条件有关。就工作条件而言，齿轮传动有闭式传动和开式传动两类。闭式传动的齿轮封闭在箱体内，能保证良好的润滑，重要的齿轮传动一般采用闭式传动；开式传动的齿轮暴露在空气中，灰尘、沙粒等杂质容易落入，导致润滑不良，因此通常用于手动、低速等不重要的齿轮传动中。就使用条件而言，有高速、低速、重载、轻载之分，齿轮的材料也有不同，因此齿轮的失效也有多种形式。本节仅介绍常见的轮齿折断、齿面点蚀、齿面胶合、齿面磨损和齿面塑性变形。

（1）轮齿折断

轮齿折断是指齿轮一个或多个齿的整体或局部断裂。折断一般发生在轮齿的根部，有疲劳折断和过载折断之分。

① 疲劳折断 这是弯曲应力作用的结果。齿轮工作时，作用在轮齿上的载荷使轮齿根部产生循环变化的弯曲应力，而且在齿根过渡曲线处存在应力集中。在载荷的多次重复作用下，当应力达到一定数值时，齿根受拉一侧出现疲劳裂纹，如图 6-13 所示。随着载荷作用次数的增加，裂纹不断扩展，齿根剩余截面积不断减小，剩余截面上的应力逐渐增大。当齿根剩余截面上的应力超过齿轮材料的极限应力时，轮齿发生折断。

② 过载折断 用铸铁、整体淬火钢等脆性材料制造的齿轮，若工作时受到很大的冲击或严重过载，其轮齿可能发生突然折断。这种折断称为过载折断。

宽度较小的直齿圆柱齿轮易发生全齿折断，斜齿轮和齿宽较大的直齿轮易发生轮齿的局部

折断。

避免轮齿折断和提高轮齿抗折断能力的措施有：增大齿根过渡圆角半径及降低表面粗糙度的值以减少应力集中；采用喷丸、滚压等工艺对齿根处做强化处理等。

（2）齿面点蚀

点蚀是齿面由于小片金属剥落而产生麻点状损伤，从而使齿轮传动失效的一种现象。

轮齿工作时，齿面接触处产生近似脉动变化的接触应力，当接触应力超过轮齿材料的接触疲劳极限时，齿面就会出现疲劳点蚀。齿面点蚀一般出现在节线附近靠近齿根部分的表面上，如图 6-14 所示。

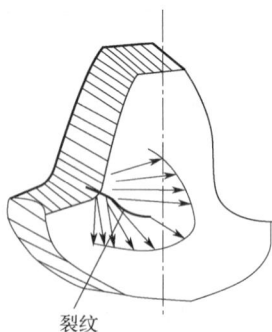

图 6-13　齿根疲劳裂纹　　图 6-14　齿面点蚀

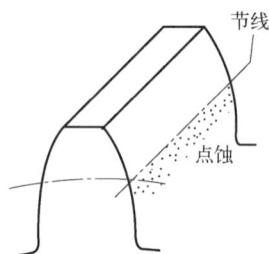

齿面点蚀是闭式软齿面齿轮传动的主要失效形式。在开式齿轮传动中，由于齿面磨损较快，在没有形成齿面点蚀之前，部分齿面已被磨掉，因而一般看不到点蚀现象。避免或减缓点蚀产生的措施有：限制齿面接触应力、提高齿面硬度和增加润滑油的黏度等。

（3）齿面胶合

在高速、重载传动中，常因啮合区温度升高或因齿面的压力很大而形成润滑油膜破裂，使齿面金属直接接触而熔粘在一起。两齿面间存在相对滑动，导致较软齿面上的金属被撕下，从而在齿面上形成与滑动方向一致的沟槽状伤痕，如图 6-15 所示，这种现象称为齿面胶合。在低速、重载传动中，因齿面的压力很大，润滑油膜不易形成，也可能产生胶合破坏。

为了防止产生胶合，除适当提高齿面硬度和降低表面粗糙度的值之外，对于低速齿轮传动，应采用黏度大的润滑油，高速齿轮传动应采用含抗胶合添加剂的润滑油。

（4）齿面磨损

齿轮啮合传动时，两渐开线齿廓之间存在相对滑动，在载荷作用下，齿面间的灰尘、硬屑粒会引起齿面磨损，如图 6-16 所示。严重的磨损将使齿面渐开线齿形失真，齿侧间隙增大，从而产生冲击和噪声，甚至发生轮齿折断。在开式齿轮传动中，特别是在多灰尘场合，齿面磨损是轮齿失效的一种主要形式。

减轻或防止齿面磨损最有效的方法就是采用闭式齿轮传动，另外还可通过提高齿面硬度、降低表面粗糙度的值、保持良好润滑来减轻齿面磨损。

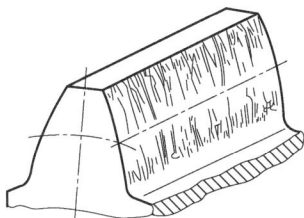

图 6-15　齿面胶合

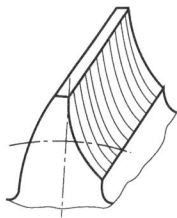

图 6-16　齿面磨损

（5）齿面塑性变形

对重载、低速的齿轮传动，如果轮齿表面硬度较低，则齿面材料在很大的摩擦力作用下，可能出现沿摩擦力方向的滑移，形成主动轮齿面在节线附近凹下，从动轮齿面在节线附近凸起的现象，这种现象称为齿面塑性变形，如图 6-17 所示。

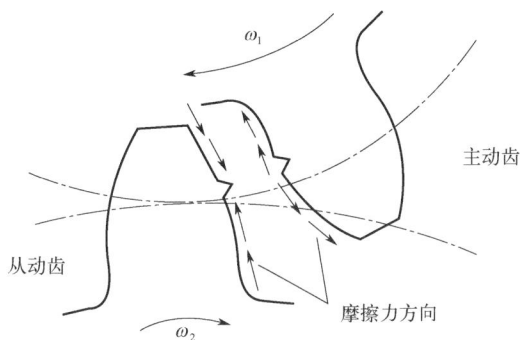

图 6-17　齿面塑性变形

提高齿面硬度、选用黏度较大的润滑油，可以减轻或防止齿面的塑性变形。

6.6.2　齿轮传动设计准则

齿轮传动设计计算准则由失效形式确定。从理论上讲，对每种失效形式都应该有相应的设计计算准则，但由于对失效机理认识研究的局限性，对一些失效形式，如齿面磨损、齿面塑性变形等，迄今尚无法建立相应的设计计算准则。目前在工程实际中广为应用的，是轮齿弯曲疲劳强度设计计算准则和齿面接触疲劳强度设计计算准则。

对于软齿面（硬度≤350HBS）的闭式齿轮传动，由于齿面抗点蚀能力差，润滑条件良好，齿面点蚀是主要的失效形式，在设计计算时，通常按齿面接触疲劳强度设计，再做齿根弯曲疲劳强度校核。

对于硬齿面（硬度＞350HBS）的闭式齿轮传动，齿面抗点蚀能力强，但易发生齿根折断，齿根疲劳折断是主要失效形式，在设计计算时，通常按齿根弯曲疲劳强度设计，再做齿面接触疲劳强度校核。

对于开式齿轮传动，其主要失效形式是齿面磨损，但由于磨损的机理比较复杂，还没有成熟的设计计算方法。通常按齿根弯曲疲劳强度设计，再考虑齿面磨损，将所求得的模数增大

10%～20%。

6.6.3　齿轮的常用材料

齿轮材料需满足的基本要求包括：齿面硬度高、齿芯韧性好，同时具备良好的加工性能和经济性。适用于制造齿轮的材料很多，其中最常用的是锻钢，其次是铸钢和铸铁，轻载并要求低噪声时，也可采用非金属材料。

（1）锻钢

锻钢是齿轮传动中应用最广的材料，为了提高齿面抗点蚀、抗胶合、抗磨损的能力，一般要进行热处理来提高齿面硬度。按热处理后齿面的硬度不同，可分为软齿面和硬齿面两大类。

软齿面齿轮的材料通常为45钢、40Cr、40MnB、42SiMn等中碳钢或中碳合金钢，热处理方式为正火或调质。其工艺过程是先对齿轮毛坯进行热处理，然后进行切齿（滚齿、插齿、铣齿）。由于在啮合过程中，小齿轮轮齿的啮合次数比大齿轮多，所以为防止胶合，并使大、小齿轮寿命相近，应使小齿轮齿面硬度比大齿轮齿面硬度高出25～50HBS。

硬齿面齿轮常用的材料有中碳钢、中碳合金钢及低碳合金钢。热处理方法主要有表面淬火、表面渗碳、表面渗氮等。这类齿轮的工艺过程是先切齿（粗切，留有磨削余量），然后进行表面热处理使齿面达到高硬度，最后用磨齿、研齿等方法精加工轮齿。加工精度一般在6级以上。

硬齿面齿轮的接触强度比软齿面齿轮大为提高，因此可以减小齿轮传动的尺寸。随着齿轮加工设备及工艺的发展，目前大都采用硬齿面齿轮。

（2）铸钢

直径较大（齿顶圆直径 $d_a \geqslant 500mm$）、不易锻造的齿轮毛坯，常用铸钢制造。常用的牌号有ZG270-500、ZG310-570、ZG340-640等。铸钢齿轮毛坯应进行正火处理以消除残余应力和硬度不均匀现象。

（3）铸铁

铸铁易铸成形状复杂的齿轮毛坯，容易加工、成本低，但抗弯强度及抗冲击能力较差，常用于制造受力较小、无冲击载荷和大尺寸的低速（圆周速度＜6m/s）齿轮。常用的牌号有灰铸铁HT200、HT350，球墨铸铁QT500-7、QT600-3等。球墨铸铁的力学性能和抗冲击性能优于灰铸铁。

（4）非金属材料

非金属材料（如夹布胶木、尼龙）常用于高速、小功率、精度不高或要求噪声低的齿轮传动中。其优点是重量轻、韧性好、噪声小、不生锈，便于维护。缺点是强度低、导热性差、不适于高温环境下工作。由于非金属材料的导热性差，与其配合的齿轮应采用金属材料，以利于散热。

齿轮常用材料及其热处理后的力学性能见表6-4。

表 6-4　齿轮常用材料及其力学性能

材料牌号	热处理方法	强度极限 σ_b/MPa	屈服极限 σ_s/MPa	硬度	
				HBS	HRC（表面淬火）
45 钢	正火	588	294	169～217	40～50
	调质	647	373	229～286	
35SiMn、42SiMn	调质	785	510	229～286	45～55
40MnB	调质	735	490	241～286	45～55
38SiMnMo	调质	735	588	229～286	45～55
40Cr	调质	735	539	241～286	48～55
20Cr	渗碳淬火	637	392	—	56～62
20CrMnTi	渗碳淬火	1079	834	—	56～62
ZG310-570	正火	570	310	163～197	—
ZG340-640	正火	640	340	197～207	—
HT300	—	290	—	182～273	
HT350	—	340	—	197～298	
QT500-7	正火	500	320	170～230	
QT600-3	正火	600	370	190～270	
夹布胶木	—	100	—	24～35	

6.7　渐开线标准直齿圆柱齿轮强度计算

6.7.1　轮齿的受力分析和计算载荷

齿轮传动强度计算时，首先要对齿轮传动做受力分析。将沿齿宽接触线方向均匀分布的法向载荷 F_n 简化为作用在齿宽中点的集中力，如图 6-18（a）所示。啮合轮齿间的摩擦力通常很小，计算轮齿受力时，可不予考虑。

沿啮合线作用在齿面上的法向载荷 F_n 垂直于齿面，为了计算方便，将法向载荷 F_n 在节点 P 处分解为两个相互垂直的分力，即圆周力 F_t 与径向力 F_r [图 6-18（b）]，由此得：

$$\begin{cases} F_t = 2T_1 / d_1 \\ F_r = F_t \tan\alpha \\ F_n = F_t / \cos\alpha \end{cases} \tag{6-12}$$

式中　T_1——小齿轮传递的转矩，N·mm，$T_1 = 9.55\times10^6 P_1/n_1$；

　　　P_1——小齿轮传递的名义功率，kW；

　　　n_1——小齿轮传递的转速，r/min；

　　　d_1——小齿轮的分度圆直径，mm；

　　　α——压力角，(°)，标准齿轮 α=20°。

作用在主动轮和从动轮上的各对作用力与反作用力大小相等，方向相反。主动轮上的圆周力 F_{t1} 与圆周速度方向相反，从动轮上的圆周力 F_{t2} 与圆周速度方向相同。径向力 F_{r1}、F_{r2} 的方向由作用点指向各自轮心。

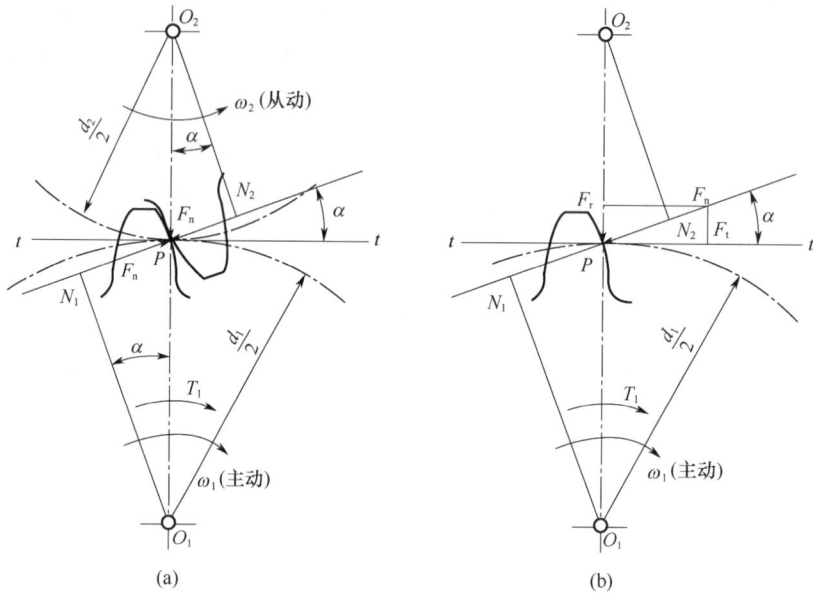

图6-18　直齿圆柱齿轮传动的受力分析

由式（6-12）计算的法向载荷 F_n 是齿轮传动理想状态下的载荷，称为名义载荷，实际上由于制造误差、安装误差，轮齿、轴和轴承受载后的变形，以及传动中工作载荷和速度的变化等，使轮齿上所受的实际作用力大于名义载荷，所以在齿轮的强度计算中，载荷应按修正后的计算载荷 F_{nc} 进行计算，即：

$$F_{nc} = KF_n \tag{6-13}$$

式中　K——载荷系数。

对于一般齿轮传动，设计时可参考表 6-5 中载荷系数 K 的值，对于重要的齿轮传动设计，需查阅相关的机械设计手册。

表6-5　载荷系数 K

原动机	工作机械的载荷特性		
	均匀、轻微冲击	中等冲击	较大冲击
电动机	1～1.2	1.2～1.6	1.6～1.8
多缸内燃机	1.2～1.6	1.6～1.8	1.9～2.1
单缸内燃机	1.6～1.8	1.8～2.0	2.2～2.4

注：圆周速度低、传动精度高、齿宽系数小时取小值；圆周速度高、传动精度低、齿宽系数大时取大值。当齿轮在两轴承之间近于对称布置时取小值；非对称布置或悬臂布置时取大值。增速运动时 K 值应增大 1.1 倍。

6.7.2　齿轮的强度计算

（1）齿面接触疲劳强度计算

两齿轮啮合时，可视为两圆柱体的接触。在载荷作用下，接触区产生的最大接触应力

σ_H，可以根据弹性力学中的赫兹（Hertz）公式计算，经推导得出齿面接触疲劳强度校核公式为：

$$\sigma_H = Z_E Z_H Z_\varepsilon \sqrt{\frac{2KT_1}{bd_1^2} \times \frac{u \pm 1}{u}} \leqslant [\sigma_H] \tag{6-14}$$

式中　Z_E——弹性系数，$\sqrt{\text{MPa}}$，$Z_E = \sqrt{\dfrac{1}{\pi\left[\left(\dfrac{1-\mu_1^2}{E_1}\right)+\left(\dfrac{1-\mu_2^2}{E_2}\right)\right]}}$，用来修正材料弹性模量 E 和泊松比

　　　　μ 对接触应力的影响，两轮齿的材料均为钢时，$Z_E = 189.8\sqrt{\text{MPa}}$，不同材料组成的齿轮副，其弹性系数可查阅机械设计手册相关表格；

　　　　Z_H——节点区域系数，$Z_H = \sqrt{\dfrac{2}{\sin\alpha\cos\alpha}}$，对于标准直齿圆柱齿轮 Z_H=2.5；

　　　　Z_ε——重合度系数，$Z_\varepsilon = \sqrt{\dfrac{4-\varepsilon}{3}}$；

　　　　b——齿宽，mm；

　　　　u——齿数比，$u = d_2/d_1 = z_2/z_1$；

　　　　$[\sigma_H]$——许用接触疲劳应力，MPa，计算时取两齿轮中的较小值，$[\sigma_H] = \sigma_{H\lim} Z_N / S_{H\min}$。其中，$\sigma_{H\lim}$ 为齿轮的接触疲劳极限，与齿轮材料、齿面硬度、热处理方法有关，其值可查图 6-19；$S_{H\min}$ 为接触疲劳强度的最小安全系数（见表 6-6）；Z_N 为寿命系数，按照工作应力循环次数 $N=60n\gamma L_h$，其值可查图 6-20，γ 是齿轮每转一圈时，同一齿面啮合的次数，L_h 为齿轮工作寿命的小时数。

按齿面接触疲劳强度设计齿轮时，需确定小齿轮分度圆直径。将齿宽系数 $\phi_d = b/d_1$ 代入式（6-14）整理得，齿面接触疲劳强度设计公式为：

$$d_1 \geqslant \sqrt[3]{\frac{2KT_1}{\phi_d} \times \frac{u \pm 1}{u} \times \left(\frac{Z_E Z_H Z_\varepsilon}{[\sigma_H]}\right)^2} \tag{6-15}$$

式中，"+"用于外啮合，"–"用于内啮合。

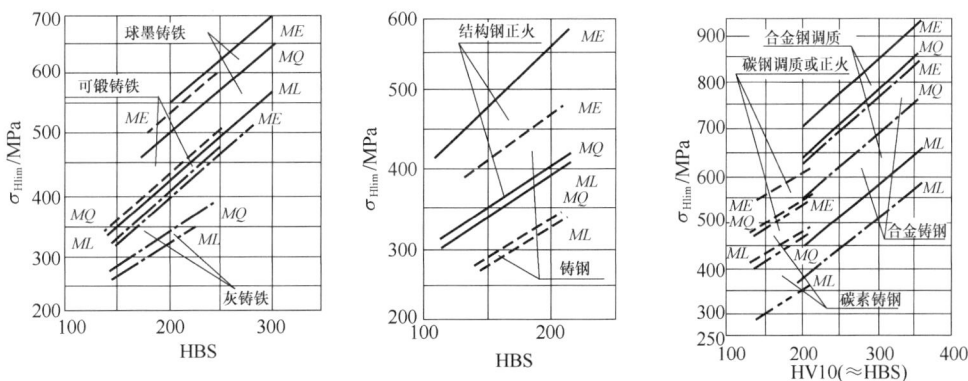

图6-19

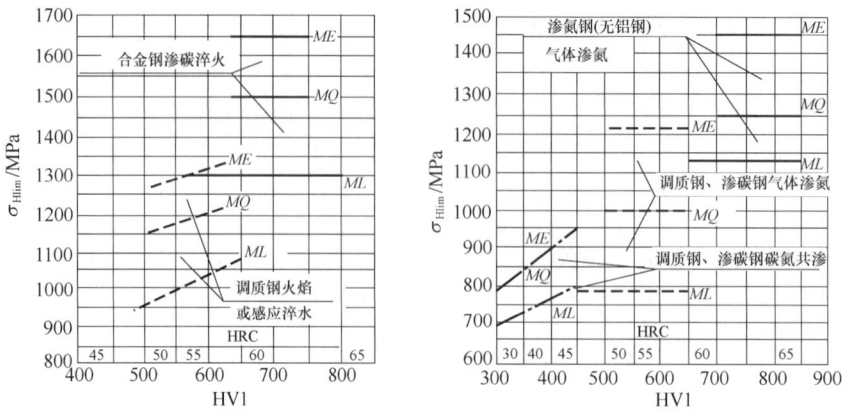

图6-19 试验齿轮的接触疲劳极限 σ_{Hlim}

表6-6 最小安全系数 S_{Hmin}、S_{Fmin}

使用要求	失效概率	S_{Hmin}	S_{Fmin}	说明
高可靠度	≤1/10000	1.5~1.6	2	①一般齿轮传动不推荐采用低可靠度设计;
较高可靠度	≤1/1000	1.25~1.3	1.6	
一般可靠度	≤1/100	1.0~1.1	1.25	② 当 S_{Hmin}=0.85 时，齿面可能在出现点蚀前产生齿面塑性变形
低可靠度	≤1/10	0.85	1	

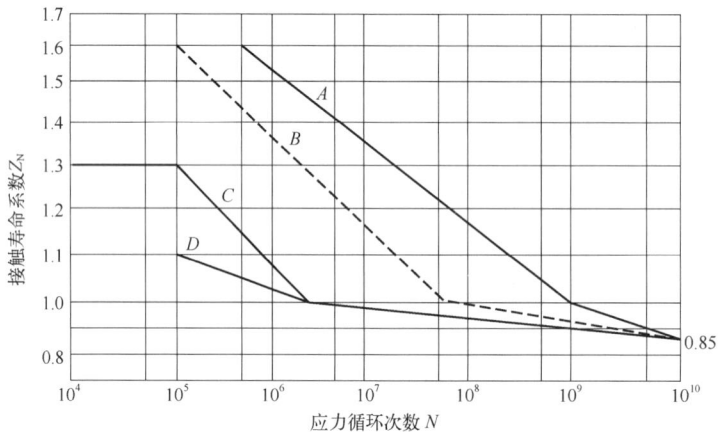

图6-20 接触寿命系数 Z_N

（2）齿根弯曲疲劳强度计算

计算齿根弯曲疲劳强度时，将轮齿看作一宽度等于齿宽的悬臂梁。假设全部载荷 F_n 由一对轮齿承担且作用于轮齿的齿顶，如图6-21所示。受载后齿根产生最大弯曲应力，而齿根圆角部分又有应力集中，所以齿根部分是弯曲疲劳的危险区，其危险截面可用 30°切线法确定，即作与轮齿对称中心线呈 30°夹角并与齿根圆角相切的斜线，两切点之间连线的位置即为危险截面的位置，危险截面处的齿厚为 s_F。

经推导整理可得齿根弯曲疲劳强度校核公式为：

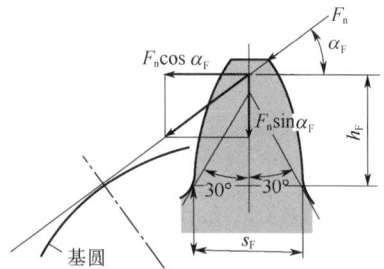

图6-21 齿根弯曲应力分析

$$\sigma_{\mathrm{F}} = \frac{2KT_1}{bd_1m} Y_{\mathrm{Fa}} Y_{\mathrm{Sa}} Y_{\varepsilon} \leqslant \left[\sigma_{\mathrm{F}}\right] \tag{6-16}$$

式中　Y_{Fa}——齿形系数，它只取决于齿形（与齿数和变位系数有关），而与模数无关，对符合基本齿廓的渐开线圆柱齿轮，其齿形系数可查表 6-7，未列齿形系数可查阅机械设计手册相关表格；

　　　Y_{Sa}——应力修正系数，用来修正齿根圆角应力集中效应以及弯曲应力以外的其他应力对齿根应力的影响，对于标准齿轮，其值可查表 6-7，未列应力修正系数可查阅机械设计手册相关表格；

　　　Y_{ε}——重合度系数，$Y_{\varepsilon} = 0.25 + \dfrac{0.75}{\varepsilon}$，用来修正齿轮重合度 ε 对轮齿弯曲应力的影响；

　　　$\left[\sigma_{\mathrm{F}}\right]$——许用弯曲疲劳应力，MPa，计算时取两齿轮中的较小值，$\left[\sigma_{\mathrm{F}}\right] = \sigma_{\mathrm{Flim}} Y_{\mathrm{ST}} Y_{\mathrm{N}} / S_{\mathrm{Fmin}}$。

其中，σ_{Flim} 为齿轮的弯曲疲劳极限，其值可查图 6-22，该图是用各种材料的齿轮在单侧工作时测得的，对于长期双侧工作的齿轮传动，如惰轮或行星轮，其齿根弯曲应力为对称循环变应力，则应将图中数据乘以 0.7；Y_{ST} 为试验齿轮的应力修正系数，$Y_{\mathrm{ST}} = 2$；Y_{N} 为弯曲疲劳强度的寿命系数，其值可查图 6-23；S_{Fmin} 为接触疲劳强度的最小安全系数（见表 6-6）。

表 6-7　齿形系数 Y_{Fa} 及应力修正系数 Y_{Sa}

$z(z_v)$	17	18	19	20	21	22	23	24	25	26	27	28	29	30
Y_{Fa}	2.97	2.91	2.85	2.80	2.76	2.72	2.69	2.65	2.62	2.60	2.57	2.55	2.53	2.52
Y_{Sa}	1.52	1.53	1.54	1.55	1.56	1.57	1.575	1.58	1.59	1.595	1.60	1.61	1.62	1.625

$z(z_v)$	35	40	45	50	60	70	80	90	100	150	200	∞	内齿轮	
Y_{Fa}	2.45	2.40	2.35	2.32	2.28	2.24	2.22	2.20	2.18	2.14	2.12	2.06	2.06	
Y_{Sa}	1.65	1.67	1.68	1.70	1.73	1.75	1.77	1.78	1.79	1.83	1.865	1.97	2.46	

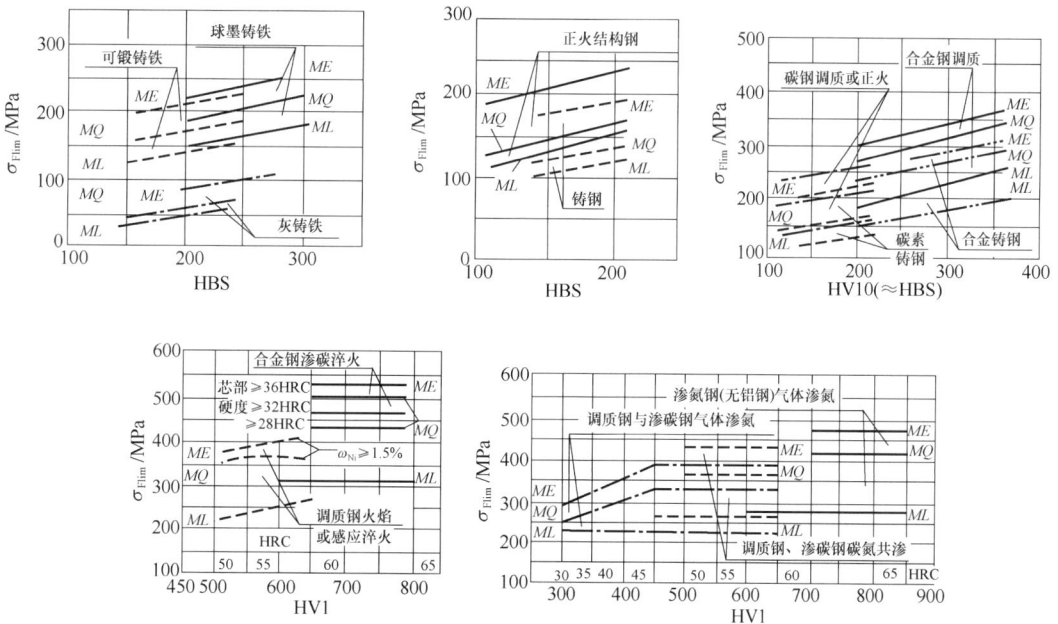

图 6-22　试验齿轮的弯曲疲劳极限 σ_{Flim}

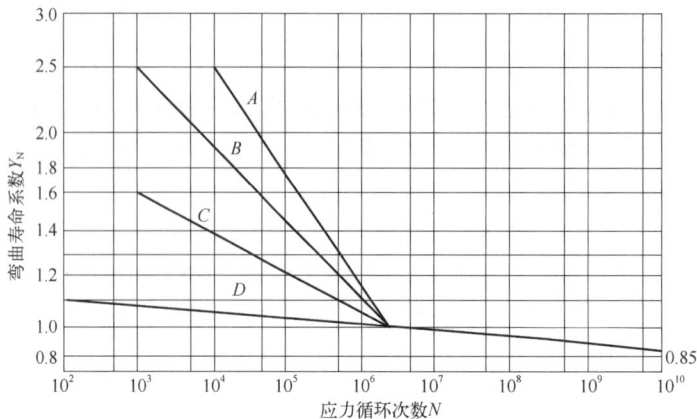

图 6-23　弯曲寿命系数 Y_N

将齿宽系数 $\phi_d = b/d_1$，$d_1 = mz_1$ 代入式（6-16）整理得，齿面弯曲疲劳强度设计公式为：

$$m \geqslant \sqrt[3]{\frac{2KT_1Y_\varepsilon}{\phi_d z_1^2}\left(\frac{Y_{Fa}Y_{Sa}}{[\sigma_F]}\right)} \tag{6-17}$$

式中，$\dfrac{Y_{Fa}Y_{Sa}}{[\sigma_F]}$ 应将两齿轮中值的较大者代入。

6.7.3　齿轮传动设计参数的选择

（1）齿数的选择

在分度圆直径一定的条件下，增加齿数则模数减小。齿数多则重合度大，提高了传动的平稳性；模数减小，可减小齿高，从而减少齿轮加工时的金属切削量，并能降低齿面间的相对滑动速度，进而减少磨损，提高抗胶合能力。所以对于软齿面闭式齿轮传动，在满足轮齿弯曲疲劳强度的条件下，可适当增加齿数，通常取 $z_1=20\sim40$。对于硬齿面闭式齿轮传动和开式齿轮传动，为保证齿根有足够的弯曲疲劳强度，应适当减少齿数，使齿轮有较大的模数，一般取 $z_1=17\sim20$。此外，小齿轮齿数应大于避免根切的最少齿数。

（2）齿宽系数的选择

如果齿宽系数取得较大，承载能力可以提高，但是齿宽大会增大载荷沿齿宽分布的不均匀性，对轮齿强度不利。如果齿宽系数取得小，则会有相反的利弊。设计时应根据齿轮传动的具体工作条件及要求，参照表 6-8 选取齿宽系数。为了便于安装和补偿轴向尺寸的误差，小齿轮宽度通常比大齿轮宽度大 5～10mm。

表 6-8　齿宽系数

齿轮相对于轴承的位置	软齿面 （大齿轮或大、小齿轮硬度≤350HBS）	硬齿面 （大、小齿轮硬度>350HBS）
对称布置	0.8～1.4	0.4～0.9
非对称布置	0.6～1.2	0.3～0.6
悬臂布置	0.3～0.4	0.2～0.5

（3）齿数比的选择

一对齿轮的齿数比不宜过大，否则传动装置的结构尺寸过大，且两齿轮的工作负担差别也过大。对于一般直齿圆柱齿轮传动，可取 $u \leqslant 5 \sim 8$。齿数比超过 8 时，宜采用二级或多级传动。

6.8　斜齿圆柱齿轮传动

6.8.1　斜齿圆柱齿轮齿廓的形成及其啮合

直齿圆柱齿轮具有一定宽度，因此其齿廓曲面是发生面 S 在基圆柱上做纯滚动时，平面 S 上与基圆柱母线 NN 平行的某一条直线 KK 所展成的渐开线曲面，如图 6-24 所示。当一对直齿圆柱齿轮啮合时，啮合面为两基圆柱的内公切面，内公切面又是相啮合两齿廓的公法面，齿廓曲面的接触线是与轴线平行的直线。因此直齿圆柱齿轮在传动中是沿着整个齿宽同时进入和脱离啮合的，轮齿会受突然加载和卸载的影响而产生冲击和噪声，使传动的平稳性较差。

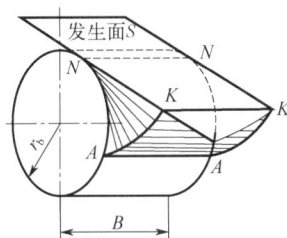

图 6-24　渐开线曲面的形成　　图 6-25　渐开线螺旋面的形成

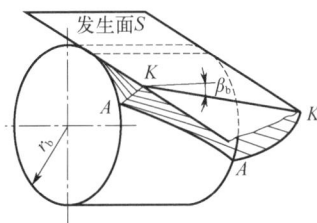

斜齿圆柱齿轮齿廓曲面的形成原理与直齿圆柱齿轮相同，只是发生面上的直线 KK 不平行于齿轮的轴线，而是与其呈一个角度 β_b，如图 6-25 所示。当发生面 S 沿基圆柱做纯滚动时，斜直线 KK 在空间形成的轨迹为一渐开线螺旋面，这就是斜齿轮的齿廓曲面。大于基圆柱的各个圆柱面与渐开线螺旋面的交线是一条螺旋线，螺旋线的切线与基圆柱轴线所夹的锐角称为螺旋角，圆柱半径越大，螺旋线的螺旋角也越大。斜齿轮基圆柱上的螺旋角为 β_b，而分度圆柱上的螺旋角称为斜齿轮的螺旋角，用 β 表示，由于轮齿的螺旋方向（旋向）有左、右之分，故螺旋角 β 也有正负之别。

斜齿圆柱齿轮啮合时，齿廓接触线与齿轮轴线呈一倾斜角 β_b，而且接触线的长度由零逐渐增长，到某一位置后又逐渐缩短，最后在主动轮的齿顶一点脱离啮合。因此，斜齿圆柱齿轮传动较平稳，冲击、噪声也较小，适用于高速、重载的场合。

6.8.2　斜齿圆柱齿轮的基本参数和几何尺寸

斜齿圆柱齿轮的几何参数有端面（垂直于齿轮轴线方向）和法面（垂直于轮齿方向）之分。因而斜齿轮参数有法向参数（下角标 n）与端面参数（下角标 t）之分。斜齿圆柱齿轮是用铣刀和滚刀加工的，刀具沿分度圆柱螺旋线方向运动，故刀具的齿形与齿轮法面的齿形相同，因此规定斜齿轮的法面参数为标准值。

通过分析可以得到斜齿轮的模数、压力角、齿顶高系数、顶隙系数的法向与端面的关系分别为：

$$\begin{cases} m_{t} = \dfrac{m_{n}}{\cos \beta} \\ h_{at}^{*} = h_{an}^{*} \cos \beta \,(\text{正常齿制，} h_{an}^{*} = 1) \\ c_{t}^{*} = c_{n}^{*} \cos \beta \,(\text{正常齿制，} c_{n}^{*} = 0.25) \\ \tan \alpha_{t} = \dfrac{\tan \alpha_{n}}{\cos \beta} \end{cases} \tag{6-18}$$

标准斜齿圆柱齿轮的几何尺寸计算公式见表6-9。

表6-9　标准斜齿圆柱齿轮的几何尺寸计算公式

名称	符号	计算公式	名称	符号	计算公式
螺旋角	β	一般取 $8° \sim 20°$	分度圆直径	d	$d = m_{t} z = m_{n} z / \cos \beta$
法向模数	m_{n}	由轮齿的承载能力确定，按表6-2 选取标准值	基圆直径	d_{b}	$d_{b} = d \cos \alpha_{t}$
端面模数	m_{t}	$m_{t} = m_{n} / \cos \beta$	齿顶高	h_{a}	$h_{a} = h_{a}^{*} m_{n}$
法向压力角	α_{n}	取标准值，$\alpha_{n} = 20°$	齿根高	h_{f}	$h_{f} = \left(h_{a}^{*} + c^{*} \right) m_{n}$
端面压力角	α_{t}	$\tan \alpha_{t} = \tan \alpha_{n} / \cos \beta$	齿全高	h	$h = h_{a} + h_{f}$
法向齿距	p_{n}	$p_{n} = \pi m_{n}$	齿顶圆直径	d_{a}	$d_{a} = d + 2 h_{a}$
标准中心距	a	$a = \dfrac{1}{2}(d_{1} + d_{2}) = \dfrac{m_{n}(z_{1} + z_{2})}{2 \cos \beta}$	齿根圆直径	d_{f}	$d_{f} = d - 2 h_{f}$

用仿形法切制斜齿轮时，刀刃位于轮齿的法面内，并沿分度圆柱螺旋线方向切齿，故斜齿轮法面上的模数、压力角和法面齿形应与刀具参数和齿形分别相同。因此，选择齿轮铣刀时，刀具的模数和压力角应等于斜齿轮法面模数和压力角。但铣刀的刀号需由齿数来确定，因此应找出一个与斜齿轮法面齿形相当的直齿轮，该虚拟的直齿轮称为斜齿轮的当量齿轮，当量齿轮的齿数称为当量齿数，用 z_{v} 表示。铣刀刀号应按照 z_{v} 选取。如图6-26所示，通过斜齿轮分度圆上 P 点，作斜齿轮法面剖面，得到一椭圆。该剖面上 P 点附近的齿形可以视为斜齿轮的法面齿形。以椭圆上点 P 的曲率半径 ρ 作为虚拟直齿轮的分度圆半径，并设该虚拟直齿轮的模数和压力角分别等于斜齿轮的法面模数和压力角，该虚拟直齿轮即为当量齿轮，其齿数即为当量齿数。

根据几何学，由图6-26可知：椭圆长半轴为 $a = r / \cos \beta$，短半轴为 $b = r$，曲率半径为 $\rho = \dfrac{a^{2}}{b} = \dfrac{r}{\cos^{2} \beta}$。

则当量齿数的计算公式为：

$$z_{v} = \frac{2 \rho}{m_{n}} = \frac{2 r}{m_{n} \cos^{2} \beta} = \frac{z}{\cos^{3} \beta} \tag{6-19}$$

当量齿数的作用有：

① 用来选取齿轮铣刀的刀号；

② 用来计算斜齿轮的强度；

③ 用来确定斜齿轮不根切的最少齿数 $z_{\min} = z_{v\min} \cos^3 \beta$，令 $z_{\min} = 17$，显然，斜齿圆柱齿轮不产生根切的最少齿数要小于 17。这是斜齿轮传动的优点之一。

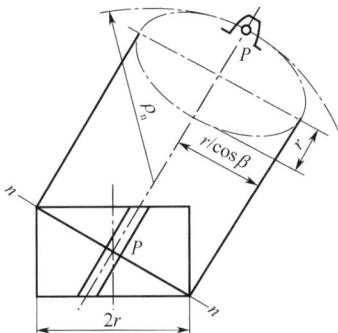

图 6-26　斜齿圆柱齿轮的当量齿轮

6.8.3　斜齿圆柱齿轮正确啮合条件

要使一对斜齿轮能够正确啮合，除了像直齿轮那样必须保证模数和压力角分别相等外，还必须保证两斜齿轮的螺旋角相匹配。因此，一对斜齿圆柱齿轮的正确啮合条件为：

$$\begin{cases} \beta_1 = \pm \beta_2 \\ m_{n1} = m_{n2} = m_n \\ \alpha_{n1} = \alpha_{n2} = \alpha_n \end{cases} \tag{6-20}$$

式中，"+"用于内啮合传动，"–"用于外啮合传动。

6.8.4　斜齿圆柱齿轮传动的强度计算

（1）轮齿的受力分析

将作用于斜齿圆柱齿轮轮齿上的法向载荷 F_n 沿齿轮的轴向、径向和轴向分解为三个分力，即圆周力 F_t、径向力 F_r 和轴向力 F_a，如图 6-27 所示。

$$\begin{cases} F_t = 2T_1 / d_1 \\ F_r = F_t \tan \alpha_n / \cos \beta \\ F_a = F_t \tan \beta \\ F_n = F_t / (\cos \alpha_n \cos \beta) \end{cases} \tag{6-21}$$

式中　β——分度圆螺旋角，（°），对非标准齿轮传动用节圆螺旋角代替；

α_n——法面压力角，（°），对标准斜齿轮，$\alpha_n=20°$，对非标准齿轮传动用法向啮合角代替。

从动轮轮齿上的各力分别与主动轮上的各力大小相等、方向相反。圆周力 F_t 的方向在主动轮上与其回转方向相反，在从动轮上与其回转方向相同；径向力 F_r 的方向分别由作用点指向各自的轮心；轴向力 F_a 的方向可以利用"主动轮左、右手法则"来判别，即当主动轮为右旋时用右手，左旋时用左手，握紧的四指表示主动轮的回转方向，则大拇指的指向即为主动轮所受轴向力的方向。

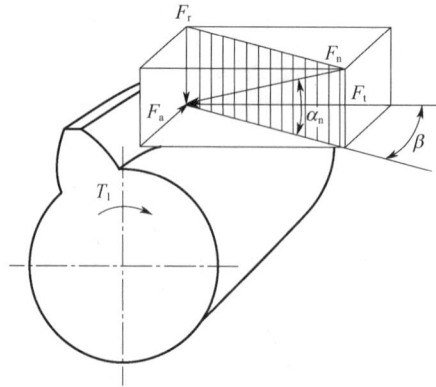

图6-27　斜齿圆柱齿轮的受力

由式（6-21）可知，轴向力 F_a 与 $\tan\beta$ 成正比。为了避免轴承承受过大的轴向力，斜齿圆柱齿轮传动的螺旋角 β 不宜选得过大，常在 8°～20°之间选择。在人字齿轮传动中，同一个人字齿上按力学分析所得的两个轴向分力大小相等、方向相反，轴向分力的合力为零。因而人字齿轮的螺旋角 β 可取较大的数值（15°～40°），传递的功率也较大。人字齿轮传动的受力分析及强度计算都可沿用斜齿轮传动的公式，人字齿轮制造比较困难。

（2）斜齿圆柱齿轮强度计算

斜齿圆柱齿轮传动的强度计算是按轮齿的法面进行的，其基本原理与直齿圆柱齿轮传动相似。但是斜齿圆柱齿轮传动的重合度较大，同时相啮合的轮齿较多，轮齿的接触线是倾斜的，而且在法面内斜齿轮的当量齿轮的分度圆半径也较大，使得斜齿接触应力和弯曲应力均比直齿轮有所降低。因此，斜齿圆柱齿轮的齿面接触疲劳强度计算，仍然可以采用直齿圆柱齿轮传动的计算公式［式（6-14）和式（6-15）］。式中的节点区域系数 Z_H 按表 6-10 查取。载荷系数 K 的取值参考表6-2，随着螺旋角的增大，应取较小值。

表6-10　节点区域系数 Z_H

$\beta/(°)$	8	9	10	11	12	13	14	15	16	17	18	19	20
Z_H	2.47	2.47	2.46	2.46	2.45	2.44	2.43	2.42	2.42	2.41	2.39	2.38	2.37

斜齿圆柱齿轮传动的齿根弯曲疲劳强度校核公式仍采用式（6-16），仅需将式中的模数 m 改为法向模数 m_n，即：

$$\sigma_F = \frac{2KT_1}{bd_1 m_n} Y_{Fa} Y_{Sa} Y_\varepsilon \leqslant [\sigma_F] \tag{6-22}$$

齿根弯曲疲劳强度设计公式为：

$$m_n \geqslant \sqrt[3]{\frac{2KT_1 \cos^2\beta Y_\varepsilon}{\phi_d z_1^2}\left(\frac{Y_{Fa} Y_{Sa}}{[\sigma_F]}\right)} \tag{6-23}$$

式中，Y_{Fa} 为齿形系数，Y_{Sa} 为齿根应力修正系数，均按当量齿数 $z_v = \dfrac{z}{\cos^3\beta}$ 由表 6-7 查取。

6.9　直齿锥齿轮传动

6.9.1　锥齿轮传动的特点和应用

锥齿轮用于传递两相交轴的运动和动力，其传动可看成两个锥顶共点的圆锥体相互做纯滚动。如图 6-28 所示，两轴交角由传动要求确定，可为任意值，常用轴交角 $\Sigma=90°$。锥齿轮的轮齿有直齿、斜齿及曲齿等多种形式。由于直齿锥齿轮的设计、制造和安装均较简便，因而应用最为广泛。曲齿锥齿轮的承载能力较高，传动平稳，故常用于高速、重载的传动中，如作为汽车、拖拉机中的差速器齿轮等。

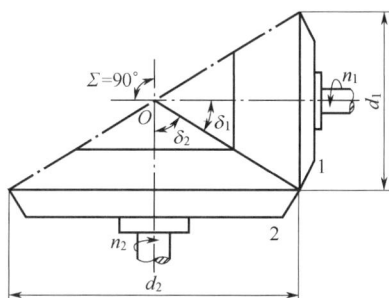

图 6-28　直齿锥齿轮传动

6.9.2　直齿锥齿轮的基本参数和几何尺寸

锥齿轮的轮齿分布在截锥体上，故圆柱齿轮中的各个圆柱在锥齿轮中相应地称为分度圆锥、齿顶圆锥、齿根圆锥等。为了减小计算和测量的相对误差，以及便于确定锥齿轮传动的最大尺寸，通常取锥齿轮大端的参数为标准值，即 $\alpha=20°$，$h_a^*=1$，$c^*=0.2$，模数按表 6-11 选取。

表 6-11　锥齿轮模数 m

...	1	1.125	1.25	1.375	1.5	1.75	2	2.25	2.5	2.75	3	3.25
3.5	3.75	4	4.5	5	5.5	6	6.5	7	8	9	10	...

图 6-29 给出了一对标准直齿锥齿轮啮合时各部分的几何尺寸，其相应的计算公式见表 6-12。

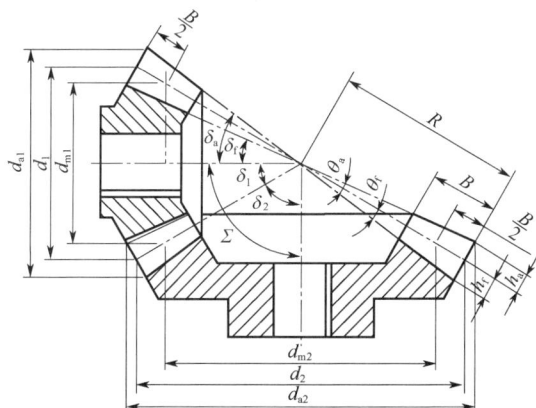

图 6-29　直齿锥齿轮的几何尺寸

表 6-12　直齿圆锥齿轮的参数及计算公式（$\Sigma=90°$）

名称	符号	计算公式及参数的选择
模数	m	以大端面模数为标准
传动比	i	$i=\dfrac{z_2}{z_1}=\tan\delta_2=\cot\delta_1$
分度圆锥角	δ_1，δ_2	$\delta_2=\arctan\dfrac{z_2}{z_1}$，$\delta_1=90°-\delta_2$
分度圆直径	d	$d_1=mz_1$，$d_2=mz_2$
齿顶高	h_a	$h_a=h_a^*m$
齿根高	h_f	$h_f=(h_a^*+c^*)m$
顶隙	c	$c=c^*m$（一般取 $c^*=0.2$）
齿顶圆直径	d_{a1}，d_{a2}	$d_{a1}=d_1+2h_a\cos\delta_1$，$d_{a2}=d_2+2h_a\cos\delta_2$
齿根基圆直径	d_{f1}，d_{f2}	$d_{f1}=d_1-2h_f\cos\delta_1$，$d_{f2}=d_2-2h_f\cos\delta_2$
齿顶角	θ_a	$\theta_a=\arctan\dfrac{h_a}{R}$
齿根角	θ_f	$\theta_f=\arctan\dfrac{h_f}{R}$
锥距	R	$R=\dfrac{m}{2}\sqrt{z_1^2+z_2^2}$
齿宽系数	ϕ_R	$\phi_R=B/R$
当量齿数	z_v	$z_{v1}=\dfrac{z_1}{\cos\delta_1}$，$z_{v2}=\dfrac{z_2}{\cos\delta_2}$
顶锥角	δ_{a1}，δ_{a2}	$\delta_{a1}=\delta_1+\theta_{a1}$，$\delta_{a2}=\delta_2+\theta_{a2}$
根锥角	δ_{f1}，δ_{f2}	$\delta_{f1}=\delta_1-\theta_{f1}$，$\delta_{f2}=\delta_2-\theta_{f2}$

6.9.3　背锥和当量齿数

在图 6-30 中，以锥顶 O 为圆心、锥距 R 为半径作一球面，该球面与锥齿轮齿廓曲面（球面渐开线曲面）的交线为球面渐开线。由于球面渐开线无法展开到平面上，致使锥齿轮的设计和制造存在很多困难。为此，常用下述方法将球面渐开线近似地展开在平面上。

如图 6-30 所示，过锥齿轮大端分度圆上 A 点作 OA 的垂线，与两轮的轴线分别交于 O_1 和 O_2 点，分别以 OO_1、OO_2 为轴线，以 O_1A、O_2A 为母线作两个圆锥，该两圆锥称为背锥，背锥与球面（锥顶 O 为圆心，锥距 R 为半径）切于大端分度圆。自球心 O 做射线，将球面渐开线的齿廓投影于背锥上，则由图可见背锥上的齿形与球面渐开线的齿形极为相似，因此可用背锥上的齿形代替球面渐开线齿形。将背锥展开成平面，得到一对以背锥母线长度 r_{v1}、r_{v2} 为分度圆半径的扇形齿轮，再将它补足为完整的齿轮，这样的齿轮称为锥齿轮的当量齿轮，其齿数 z_v 称为锥齿轮的当量齿数。

由图 6-30 可见，两个锥齿轮的当量齿轮的分度圆半径分别为：

$$r_{v1}=r_1/\cos\delta_1=mz_1/(2\cos\delta_1)，\quad r_{v2}=r_2/\cos\delta_2=mz_2/(2\cos\delta_2)$$

可写成 $r_{v1} = mz_{v1}/2$，$r_{v2} = mz_{v2}/2$，即当量齿数分别为：
$$z_{v1} = z_1/\cos\delta_1, \quad z_{v2} = z_2/\cos\delta_2$$

由上述可知，锥齿轮大端的齿形可用齿数为 z_v 的当量齿轮的齿形来近似表示。同样，利用当量齿轮可把有关圆柱齿轮传动的一些结论直接应用于锥齿轮传动，如锥齿轮传动的正确啮合条件为两轮大端模数、压力角、锥距应分别相等。此外，锥齿轮传动的重合度、锥齿轮不发生根切的最小齿数都可按当量齿数进行计算。

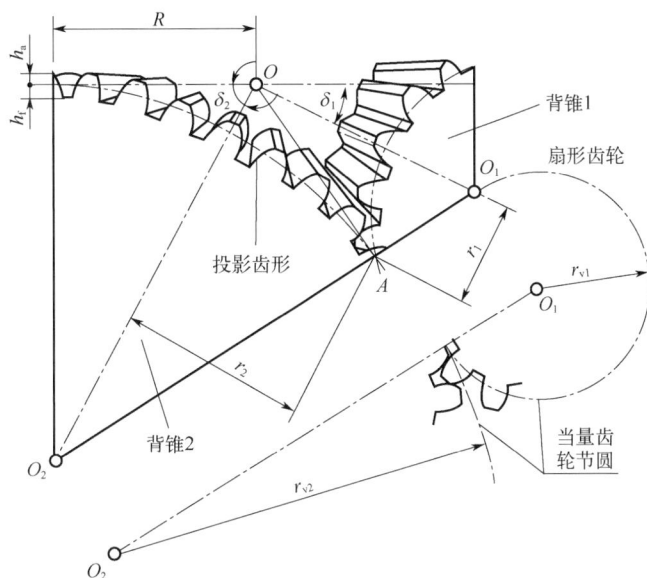

图6-30　直齿锥齿轮的背锥和当量齿数

6.9.4　直齿锥齿轮传动的强度计算

（1）轮齿的受力分析

锥齿轮载荷沿齿宽分布是不均匀的，在做受力分析和强度计算时，按齿宽中点的尺寸来计算。即将齿面上所受的法向载荷 F_n 视为集中作用在平均分度圆上。

如图 6-31 所示，将法向载荷 F_n 分解为圆周力 F_t、径向力 F_r 及轴向力 F_a。各力的大小分别为：

$$\begin{cases} F_t = \dfrac{2T_1}{d_{m1}} \\ F_{r1} = F_t \tan\alpha \cos\delta_1 = F_{a2} \\ F_{a1} = F_t \tan\alpha \sin\delta_1 = F_{r2} \\ F_n = \dfrac{F_t}{\cos\alpha} \end{cases} \quad (6\text{-}24)$$

式中，d_{m1} 为小齿轮齿宽中点处的分度圆直径，$d_{m1} = d_1(1-0.5\phi_R)$；$\phi_R$ 为齿宽系数，$\phi_R = B/R$；δ_1 为分度圆锥角。

应该注意的是，在锥齿轮传动中，由于两齿轮轴线相互垂直，因而 F_{t1} 与 F_{t2}、F_{r1} 与 F_{a2}、F_{r2} 与 F_{a1} 大小相等，方向相反。

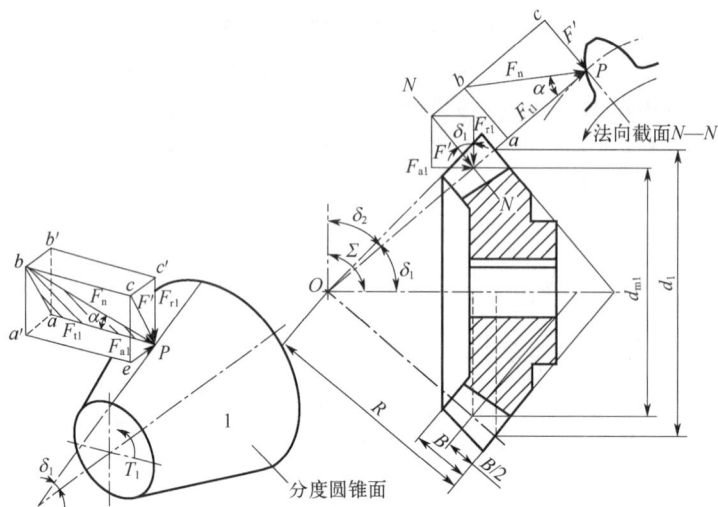

图6-31 直齿锥齿轮受力分析

（2）齿面接触疲劳强度计算

直齿锥齿轮齿面接触疲劳强度是按平均当量圆柱齿轮进行计算的，可直接沿用式（6-14）和式（6-15）得到直齿锥齿轮齿面接触疲劳强度的校核公式和设计公式，分别为：

$$\sigma_H = Z_E Z_H \sqrt{\frac{KF_{t1}}{bd_1(1-0.5\phi_R)} \times \frac{\sqrt{u^2+1}}{u}} \leqslant [\sigma_H] \tag{6-25}$$

$$d_1 \geqslant \sqrt[3]{\frac{4KT_1}{\phi_R u(1-0.5\phi_R)^2} \left(\frac{Z_E Z_H}{[\sigma_H]}\right)^2} \tag{6-26}$$

式中，一般取 $\phi_R=0.25\sim0.3$；$u=z_2/z_1$，对于一级直齿锥齿轮传动，取 $u \leqslant 5$。

（3）齿根弯曲疲劳强度计算

直齿锥齿轮轮齿弯曲疲劳强度是按平均当量圆柱齿轮进行计算的，其校核公式和设计公式分别为：

$$\sigma_F = \frac{KF_t Y_{Fa} Y_{Sa}}{bm(1-0.5)\phi_R} \leqslant [\sigma_F] \tag{6-27}$$

$$m \geqslant \sqrt[3]{\frac{4KT_1}{\phi_R (1-0.5\phi_R)^2 z_1^2 \sqrt{u^2+1}} \times \frac{Y_{Fa} Y_{Sa}}{[\sigma_F]}} \tag{6-28}$$

式中，m 为大端模数；Y_{Fa} 为齿形系数，Y_{Sa} 为齿根应力修正系数，均按当量齿数 $z_v = \dfrac{z}{\cos\delta}$ 由表6-7查取。

6.10 齿轮的结构

齿轮的结构设计与齿轮的几何尺寸、毛坯、材料、加工方法、使用要求及经济性等因素有关。在进行齿轮的结构设计时，需要综合考虑上述所有因素。通常是先按齿轮的直径大小选定合适的结构形式，然后再根据荐用的经验数据进行结构设计。常用的齿轮结构有以下几种。

（1）锻造齿轮

对于直径很小的钢制齿轮（图 6-32），当 $e<2.5m_t$ 或 $e<1.6m$（m_t、m 分别为圆柱齿轮的端面模数和锥齿轮的大端模数）时，应将齿轮和轴做成一体，叫作齿轮轴（图 6-33）。齿轮轴毛坯可以用自由锻或模锻加工。这种结构能提高轴的刚度，因而有利于载荷沿齿宽均匀分布，但齿轮和轴必须用同一种材料。如果 e 值超过上述尺寸，则无论从方便制造还是从节约贵重金属材料的角度来考虑，都应把齿轮和轴分开制造。

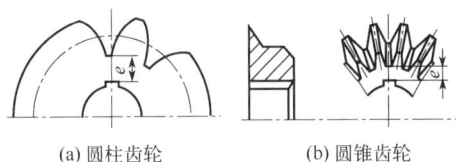

(a) 圆柱齿轮　　(b) 圆锥齿轮
图 6-32　齿轮结构尺寸

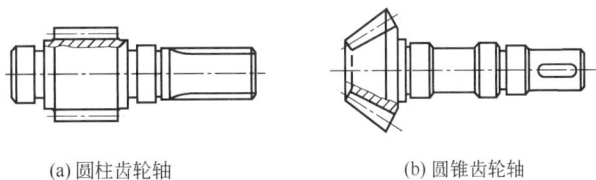

(a) 圆柱齿轮轴　　(b) 圆锥齿轮轴
图 6-33　齿轮轴

齿顶圆直径 $d_a\leq200mm$ 的齿轮，可做成如图 6-34 所示的实心式结构。当 $200mm<d_a\leq500mm$ 时，为减轻重量和节约材料，常采用辐板式结构，如图 6-35 所示，齿轮辐板上圆孔的主要作用是便于齿轮的搬运及加工时的装夹。

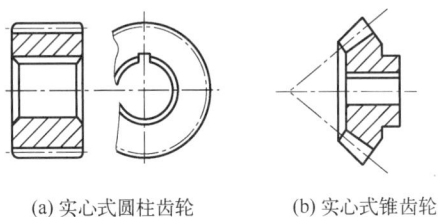

(a) 实心式圆柱齿轮　　(b) 实心式锥齿轮
图 6-34　实心式齿轮结构

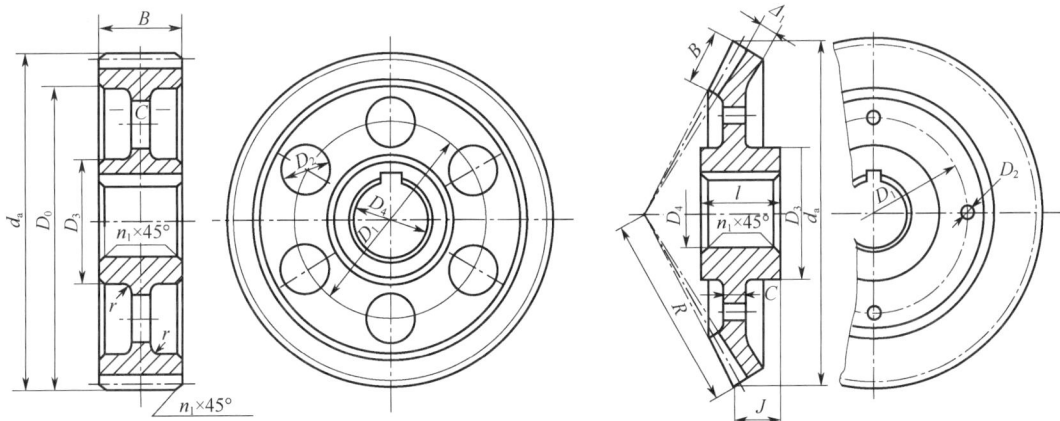

图 6-35　辐板式齿轮结构

（2）铸造齿轮

若齿轮直径较大（$d_a>500mm$），锻造比较困难，这时应采用铸造齿轮，一般铸成轮辐式

（图 6-36）或辐板式结构（图 6-37）。

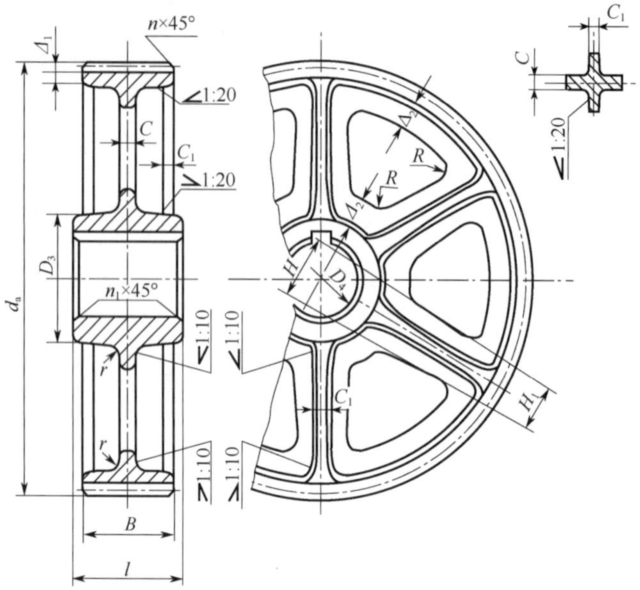

图 6-36　轮辐式铸造圆柱齿轮

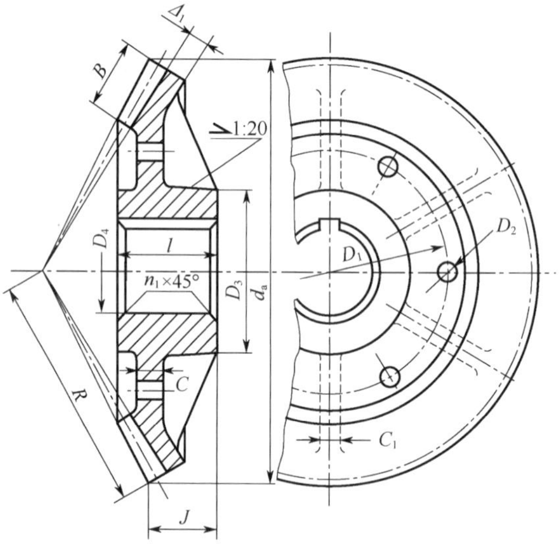

图 6-37　辐板式铸造锥齿轮

（3）镶圈齿轮

当齿轮直径很大时，为节约贵重金属，可将齿轮做成镶圈结构，如图 6-38 所示，将优质材料制成的齿圈（轮缘）用过盈配合的方法装在铸铁或铸钢的轮心上，并在配合面处加装 4～8 个紧定螺钉。

（4）焊接齿轮

当单件或小批量生产或尺寸过大不便于铸造时，可采用如图 6-39 所示的焊接齿轮结构。

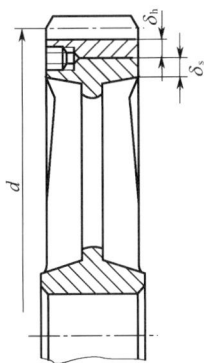

图 6-38　镶圈齿轮结构

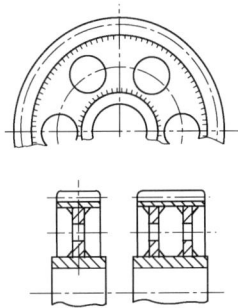

图 6-39　焊接齿轮结构

6.11　企业应用案例——带式运输机减速器齿轮传动设计

设计企业中某带式运输机减速器的直齿圆柱齿轮传动。已知小齿轮由电动机驱动，转速为 970r/min。大齿轮转速为 240r/min，工作时电动机的实际输出功率为 9kW，工作寿命为 5 年，每年工作 300 天，单班制工作，每班 8 小时。

1）选取齿轮材料

参考表 6-4，一般用途减速器，无特殊要求，因此大小齿轮材料均选 45 钢。

2）选择热处理方法及齿面硬度

考虑生产批量小，为便于加工，采用软齿面，热处理方法及硬度选取参考表 6-4，确定小齿轮采用调质热处理，$HBS_1=230\sim286$；大齿轮采用正火热处理，$HBS_2=170\sim217$。

3）选择精度等级

运输机为一般机械，速度不高，故选择 8 级精度。

4）小齿轮传递的转矩 T_1

小齿轮转矩 $T_1 = 9.55\times10^6 P_1/n_1 = 9.55\times10^6\times9/970 = 88608$（N·mm）。

齿数比 $u = z_2/z_1 = n_1/n_2 = 970/240 = 4.04$。

5）选取载荷系数 K

一般在 1.7～1.9 范围内选取，选取 $K=1.8$。

6）选取齿宽系数

参考表 6-8，齿轮相对于轴承对称布置，取 $\phi_d = 1$，$\phi_a = \phi_d \times \dfrac{2}{u+1} = 0.4$。

7）选取重合度系数 Z_ε

一般齿轮传动，ε 为 1.1～1.9，初取 $\varepsilon=1.8$，$Z_\varepsilon = \sqrt{\dfrac{4-\varepsilon}{3}} = 0.86$。

8）确定许用接触疲劳应力 $[\sigma_H]$

接触应力变化总次数（按每年 300 个工作日计）

$$N_1 = 60n\gamma L_h = 60\times970\times1\times5\times300\times8 = 6.98\times10^8$$

$$N_2 = 60n\gamma L_h = 60\times240\times1\times5\times300\times8 = 1.73\times10^8$$

寿命系数 $Z_{N1} = 0.95$，$Z_{N2} = 1$（图 6-20）。

弹性系数 $Z_E = 189.8\sqrt{MPa}$ 。

接触疲劳极限应力 $\sigma_{H\lim 1} = 560MPa$ ， $\sigma_{H\lim 2} = 500MPa$ （图6-19）。

最小安全系数 $S_{H\min} = 1.0$ （按表6-6）。

许用接触疲劳应力

$$[\sigma_{H1}] = \sigma_{H\lim 1} Z_{N1}/S_{H\min 1} = 560 \times 0.95/1 = 532 \text{（MPa）}$$

$$[\sigma_{H2}] = \sigma_{H\lim 2} Z_{N2}/S_{H\min 2} = 500 \times 1/1.0 = 500 \text{（MPa）}$$

9）按齿面接触疲劳应力初步计算中心距

标准直齿圆柱齿轮节点区域系数 $Z_H = 2.5$ 。

$$a \geqslant (u \pm 1)\sqrt[3]{\frac{KT_1}{2\phi_a u}\left(\frac{Z_E Z_H Z_\varepsilon}{[\sigma_H]}\right)^2} = (4.04 + 1) \times \sqrt[3]{\frac{0.5 \times 1.8 \times 88608}{0.4 \times 4.04}\left(\frac{189.8 \times 2.5 \times 0.86}{500}\right)^2} = 161.4 \text{（mm）}$$

取 $a = 162mm$ 。

10）初取齿宽 b

$$b = \phi_a a = 0.4 \times 162 = 64.8 \text{（mm）}$$

取齿宽 $b = 65mm$ 。

11）取标准模数

按表6-2，取 $m = 2mm$ 。

12）确定齿数

由 $a = \dfrac{m}{2}(z_1 + z_2)$ ，有

$$z_1 + z_2 = \frac{2a}{m} = \frac{2 \times 162}{2} = 162 , \quad u = \frac{z_2}{z_1} = 4.04$$

解上两式得 $z_1 = 32$ ， $z_2 = 130$ ，实际齿数比 $u = 4.06$ 。

传动比误差 $\dfrac{4.06 - 4.04}{4.04} < 0.5\%$ （在 $\pm 0.5\%$ 允许范围内）。

13）确定齿宽

取 $b_2 = 65mm$ ， $b_1 = b_2 + 5 = 70 \text{（mm）}$ 。

14）验算齿根弯曲疲劳强度

① 齿形系数

$$Y_{Fa1} = 2.52 , \quad Y_{Fa2} = 2.18$$

② 应力修正系数

$$Y_{Sa1} = 1.64 , \quad Y_{Sa2} = 1.83$$

③ 重合度系数

$$Y_\varepsilon = 0.25 + \frac{0.75}{\varepsilon} = 0.25 + \frac{0.75}{1.89} = 0.65$$

④ 弯曲疲劳极限应力 查图6-23（c）有

$$\sigma_{F\lim 1} = 240MPa , \quad \sigma_{F\lim 2} = 220MPa$$

⑤ 寿命系数

$$N_1 = 60n\gamma L_h = 60 \times 970 \times 1 \times 5 \times 300 \times 8 = 6.98 \times 10^8$$

$$N_2 = 60n\gamma L_h = 60 \times 240 \times 1 \times 5 \times 300 \times 8 = 1.73 \times 10^8$$

查图 6-23，$Y_{N1}=0.9$，$Y_{N2}=0.95$。

⑥ 最小安全系数 查表 6-6，失效概率低于 1/100，$S_{Fmin}=1.25$。

⑦ 许用弯曲应力

$$\left[\sigma_{F1}\right]=\frac{\sigma_{Flim1}Y_{ST}Y_{N1}}{S_{Fmin}}=\frac{240\times2\times0.9}{1.25}=346\text{（MPa）}$$

$$\left[\sigma_{F2}\right]=\frac{\sigma_{Flim2}Y_{ST}Y_{N2}}{S_{Fmin}}=\frac{220\times2\times0.95}{1.25}=334\text{（MPa）}$$

⑧ 齿根弯曲疲劳应力，按式（6-16）有

$$\sigma_{F1}=\frac{2KT_1}{b_1d_1m}Y_{Fa1}Y_{Sa1}Y_\varepsilon=\frac{2\times1.8\times88608}{70\times64\times2}\times2.52\times1.64\times0.65=95.6\text{（MPa）}<\left[\sigma_{F1}\right]$$

$$\sigma_{F2}=\frac{2KT_1}{b_2d_1m}Y_{Fa2}Y_{Sa2}Y_\varepsilon=\frac{2\times1.8\times88608}{65\times64\times2}\times2.18\times1.83\times0.65=99.4\text{（MPa）}<\left[\sigma_{F2}\right]$$

15）设计结果

中心距 $a=162$mm，模数 $m=2$mm。

齿数 $z_1=32$，$z_2=130$。

分度圆直径 $d_1=64$mm，$d_2=260$mm。

齿宽 $b_1=70$mm，$b_2=65$mm。

齿轮精度等级：8 级精度。

齿轮材料：小齿轮 45 钢，调质，HBS$_1$=230～286；

大齿轮 45 钢，正火，HBS$_2$=170～217。

思考题与习题

6-1 适用于相交轴的齿轮传动有哪些？

6-2 渐开线齿轮正确啮合的条件是什么？

6-3 渐开线齿轮连续传动的条件是什么？

6-4 什么是渐开线齿廓的根切现象？如何避免？

6-5 齿轮的失效形式有哪些？采取什么措施可以减缓失效发生？

6-6 闭式齿轮传动与开式齿轮传动的失效形式和设计准则有何不同？

6-7 在齿轮传动中齿面疲劳点蚀产生的原因是什么？点蚀通常出现在什么位置？

6-8 一对圆柱齿轮传动，大齿轮和小齿轮的接触应力是否相等？如大、小齿轮的材料及热处理情况相同，则其许用接触应力是否相同？

6-9 软齿轮为何应使小齿轮的硬度比大齿轮高 30～50HBS，硬齿面齿轮是否也需要有硬度差？

6-10 齿形系数 Y_{Fa} 是否与模数有关？同一齿数的直齿圆柱齿轮、斜齿圆柱齿轮和直齿锥齿轮的齿形系数是否相同？

6-11 已知一对渐开线标准外啮合直齿圆柱齿轮，正常齿制，$m=4$mm，$\alpha=20°$，中心距 $a=320$mm，传动比 $i_{12}=9/7$，试求两轮齿数、分度圆直径、节圆直径、基圆直径、分度圆齿厚和齿槽宽、齿顶高和齿根高。

6-12 分析图 6-40 中斜齿圆柱齿轮传动的小齿轮受力，忽略摩擦损失。已知：小齿轮齿数

$z_1=22$，大齿轮齿数 $z_2=90$，法向模数 $m_n=2$，中心距 $a=120$mm，传递功率 $P=2$kW，小齿轮转速 $n_1=320$r/min，小齿轮螺旋线方向右旋。求：

① 大齿轮螺旋角 β 大小和方向；

② 小齿轮转矩 T_1；

③ 小齿轮分度圆直径 d_1；

④ 小齿轮受力（用 3 个分力表示）的大小和方向，并在图上画出。

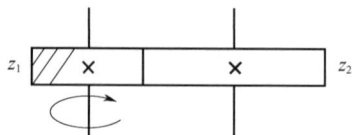

6-40 题 6-12 图

6-13 一对标准直齿圆柱齿轮传动，已知：$z_1=20$，$z_2=40$，小齿轮材料为 40Cr，大齿轮材料为 45 钢，齿形系数 $Y_{Fa1}=2.8$，$Y_{Fa2}=2.4$，应力修正系数 $Y_{Sa1}=1.55$，$Y_{Sa2}=1.67$，许用应力 $[\sigma_H]_1=600$MPa，$[\sigma_H]_2=500$MPa，$[\sigma_F]_1=179$MPa，$[\sigma_F]_2=144$MPa。求：

① 哪个齿轮的接触强度小？

② 哪个齿轮的弯曲强度小？为什么？

6-14 如图 6-41 所示为二级斜齿圆柱齿轮减速器和一对开式锥齿轮所组成的传动系统。已知：动力由轴 I 输入，转动方向如图所示，为使轴 II 和轴 III 的轴向力尽可能小，试确定减速器中各斜齿轮的轮齿旋向，并画出各对齿轮在啮合处的受力方向。

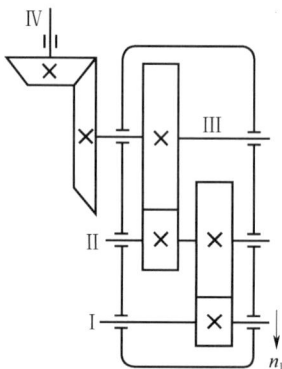

6-41 题 6-14 图

6-15 设计一对闭式齿轮传动，先按接触强度设计，在校核弯曲强度时发现强度不够。请至少说出两条改进措施，并说明理由。

6-16 某传动采用一对软齿面标准直齿圆柱齿轮，已知 $z_1=20$，$z_2=54$，$m=4$mm，现误将箱体孔距镗为 $a=150$mm，齿轮尚未加工，应如何补救？新方案的齿轮强度能满足要求吗？

第7章

蜗杆传动

本书配套资源

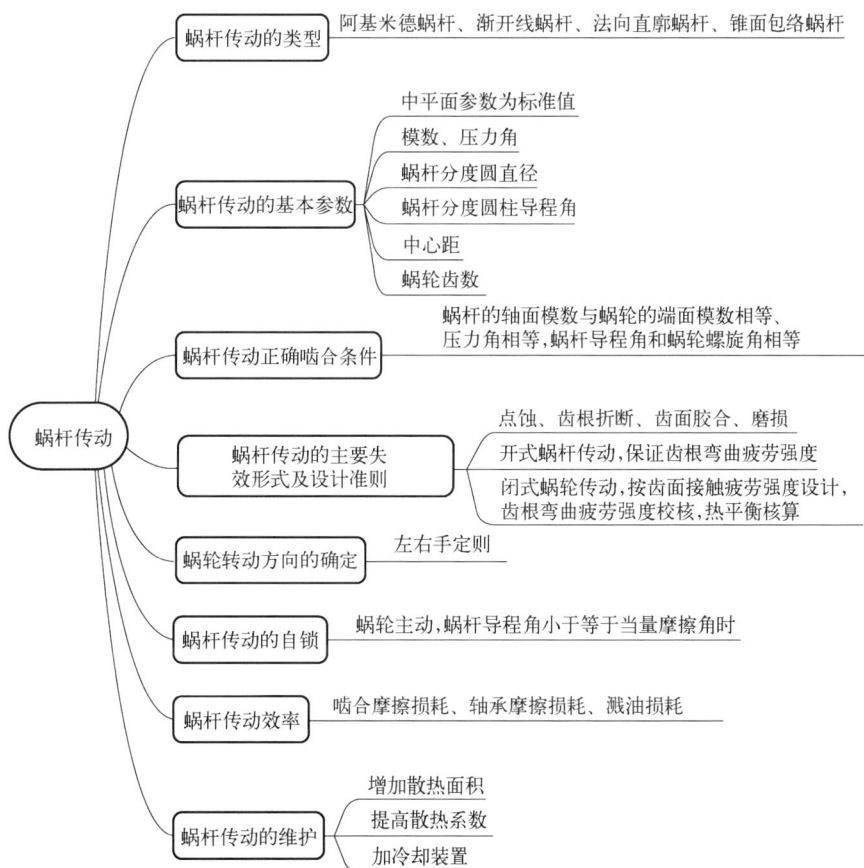

本章知识导图

蜗杆传动

- 蜗杆传动的类型 —— 阿基米德蜗杆、渐开线蜗杆、法向直廓蜗杆、锥面包络蜗杆

- 蜗杆传动的基本参数
  - 中平面参数为标准值
  - 模数、压力角
  - 蜗杆分度圆直径
  - 蜗杆分度圆柱导程角
  - 中心距
  - 蜗轮齿数

- 蜗杆传动正确啮合条件 —— 蜗杆的轴面模数与蜗轮的端面模数相等、压力角相等,蜗杆导程角和蜗轮螺旋角相等

- 蜗杆传动的主要失效形式及设计准则
  - 点蚀、齿根折断、齿面胶合、磨损
  - 开式蜗杆传动,保证齿根弯曲疲劳强度
  - 闭式蜗轮传动,按齿面接触疲劳强度设计,齿根弯曲疲劳强度校核,热平衡核算

- 蜗轮转动方向的确定 —— 左右手定则

- 蜗杆传动的自锁 —— 蜗轮主动,蜗杆导程角小于等于当量摩擦角时

- 蜗杆传动效率 —— 啮合摩擦损耗、轴承摩擦损耗、溅油损耗

- 蜗杆传动的维护
  - 增加散热面积
  - 提高散热系数
  - 加冷却装置

93

本章学习目标

1. 了解蜗杆传动的主要类型和传动特点；
2. 熟练掌握蜗杆传动的主要参数和正确啮合条件；
3. 掌握蜗杆传动的受力分析、强度、效率及热平衡计算；
4. 了解蜗杆与蜗轮的结构及选材原则、蜗杆传动的润滑。

7.1 蜗杆传动的特点与类型

蜗杆传动是在空间交错的两轴间传递运动和动力的一种传动机构，如图 7-1 所示，两轴线交错的夹角可为任意值，常用的为 90°。蜗杆传动广泛应用于各种机器和仪器中。

蜗杆传动的主要优点包括能够实现大传动比、结构紧凑、传动平稳和噪声低等。在动力传动中，一般传动比 $i=5\sim80$；在分度机构或手动机构的传动中，传动比可达 300；若只传递运动，传动比可达 1000。蜗杆传动的主要缺点是效率低，且为了减摩耐磨，蜗轮轮圈常需用青铜制造，成本较高。

蜗杆传动通常以蜗杆为主动件作为减速装置，用于两轴交错、传动比大且传动功率不太大的场合。此外，由于蜗杆传动可实现反行程自锁，也常用于起重机械中，起到一定的安全保护作用。

根据蜗杆的外廓形状，蜗杆传动可以分为圆柱蜗杆传动（图 7-2）、环面蜗杆传动（图 7-3）和锥蜗杆传动（图 7-4）。

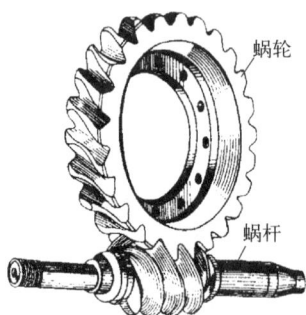

图 7-1 蜗杆传动

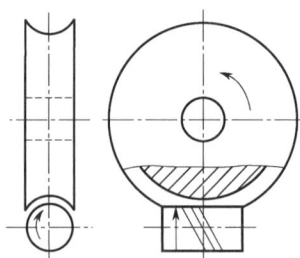

图 7-2 圆柱蜗杆传动

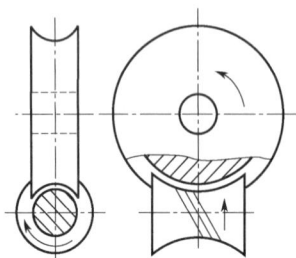

图 7-3 环面蜗杆传动

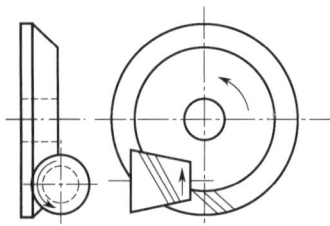

图 7-4 锥蜗杆传动

根据加工方法和齿廓曲线的不同，普通圆柱蜗杆可分为阿基米德蜗杆（ZA 蜗杆）、渐开线蜗杆（ZI 蜗杆）、法向直廓蜗杆（ZN 蜗杆）和锥面包络蜗杆（ZK 蜗杆）。根据国家标准 GB/T 10085—2018，推荐采用 ZI 蜗杆和 ZK 蜗杆。

阿基米德蜗杆的齿面为阿基米德螺旋面，通常采用梯形直刃车刀进行加工，这种加工方法简便且应用广泛。加工时刀具前刀面安装在过蜗杆轴线的水平位置上，刀具的左右两个直线刀刃同时切削蜗杆齿槽的两个侧面，如图 7-5 所示，这样加工出来的蜗杆在轴剖面内的齿廓为直线，在垂直于轴线的端面上齿廓为阿基米德螺旋线，故称为阿基米德蜗杆。此类蜗杆磨削困难，通常在不磨削的情况下使用，能达到的齿形精度较低，应用受到一定限制。阿基米德蜗杆易于加工，但是当导程角 γ 较大时加工不便。

渐开线蜗杆的齿面为渐开螺旋面，通常在车床上车削加工，在垂直于轴线的端面上，齿廓曲线为渐开线。在与基圆柱相切的截面（刀具切削刃所在的平面）内，齿廓一侧为直线，另一侧为曲线，如图 7-6 所示。这种蜗杆可以用平面砂轮磨削，有利于提高精度，一般用于转速较高和要求精度较高的传动中。

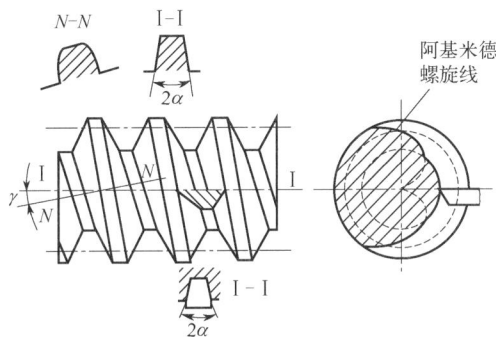

图 7-5　阿基米德蜗杆

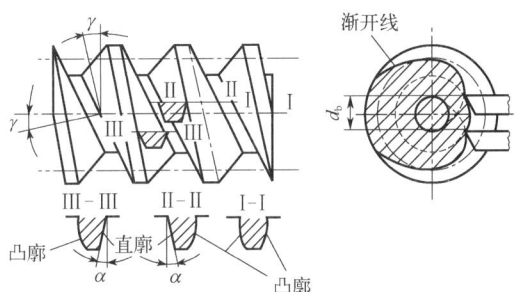

图 7-6　渐开线蜗杆

法向直廓蜗杆的齿面为延伸渐开线螺旋面，通常在车床上车削加工。在垂直于轴线的端面上，齿廓为延伸渐开线，法向齿廓为直线。切削时，切削刃平面在螺旋线的法面内，如图 7-7 所示。这种蜗杆磨削也比较困难。

锥面包络蜗杆的齿面为包络曲面而非轨迹曲面，比较复杂。锥面包络蜗杆只能在铣床上铣削加工。铣刀可以是圆锥面的盘型铣刀或圆锥面的指形铣刀。铣削加工时，刀具绕自身轴线高速回转，工件在绕自身轴线缓慢回转的同时，沿轴线缓慢移动。刀具回转曲面的包络面即为蜗杆螺旋齿面。在蜗杆的任意截面内齿廓均为曲线，如图 7-8 所示。这种蜗杆便于磨削，可实现较高的精度。

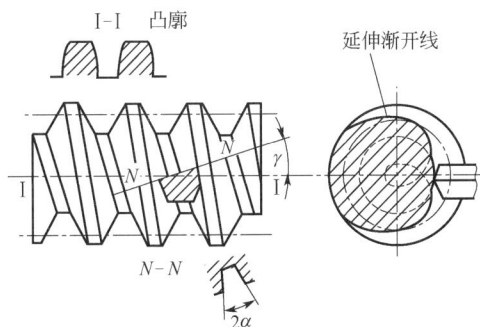

图 7-7　法向直廓蜗杆

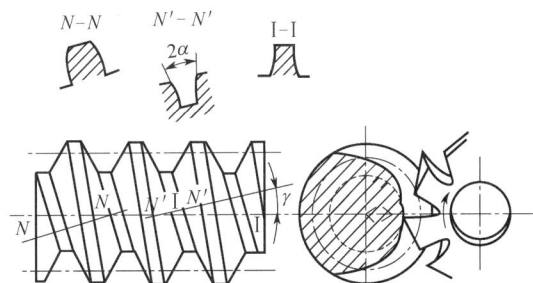

图 7-8　锥面包络蜗杆

圆弧圆柱蜗杆传动（ZC 蜗杆）是在普通圆柱蜗杆传动的基础上发展起来的一种新型蜗杆传动。圆弧圆柱蜗杆的齿面呈圆弧形凹状，相较于普通圆柱蜗杆传动，其传动承载能力显著提升，效率更高，且结构更加紧凑，因此日益受到广泛应用。然而，普通圆柱蜗杆传动是以上各种蜗杆传动的基础。本章主要介绍普通圆柱蜗杆传动。

7.2 普通圆柱蜗杆传动的主要参数及几何尺寸计算

7.2.1 蜗杆传动的主要参数及其选择

如图 7-9 所示的普通圆柱蜗杆传动中，通过蜗杆轴线并与蜗轮轴线垂直的平面称为中间平面。蜗杆传动的设计计算是在中间平面内进行的。在中间平面内，普通圆柱蜗杆传动就相当于齿条与齿轮的啮合传动（阿基米德蜗杆传动在中间平面相当于直齿条和渐开线齿轮的啮合传动）。故在设计蜗杆传动时，均取中间平面上的参数（如模数、压力角等）和尺寸（如齿顶圆、分度圆等）为基准，并沿用齿轮传动的计算关系。

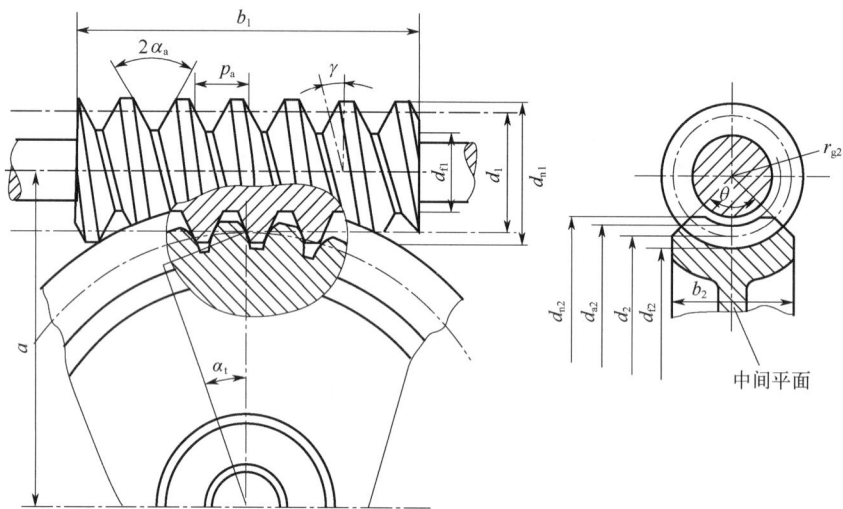

图 7-9 普通圆柱蜗杆传动

（1）模数 m 和压力角 α

和齿轮传动一样，蜗杆传动的几何尺寸也以模数为主要计算参数。蜗杆和蜗轮能够正确啮合，须在中间平面上，使蜗杆的轴面模数 m_{a1}、压力角 α_{a1} 与蜗轮的端面模数 m_{t2}、压力角 α_{t2} 相等，即：

$$m_{a1} = m_{t2} = m$$
$$\alpha_{a1} = \alpha_{t2}$$

此外，当交错角 $\Sigma = 90°$ 时，还应满足蜗杆导程角 γ 与蜗轮螺旋角 β_2 相等、蜗杆与蜗轮的旋向相同的条件。

ZA 蜗杆的轴向压力角 α_a 为标准值（20°），其余 3 种（ZN、ZI、ZK）蜗杆的法向压力角 α_n

为标准值（20°），蜗杆轴向压力角与法向压力角的关系为：

$$\tan \alpha_a = \frac{\tan \alpha_n}{\cos \gamma}$$

式中，γ 为蜗杆导程角。

（2）蜗杆头数 z_1、蜗轮齿数 z_2 和传动比 i

蜗杆头数 z_1 可根据要求的传动比和效率来选定。单头蜗杆传动可以实现较大的传动比，但效率较低。如要提高效率，应增加蜗杆的头数。但蜗杆头数过多，又会给加工带来困难。所以，通常蜗杆头数取为 1、2、4、6。

蜗杆头数 z_1 确定后，蜗轮齿数 z_2 主要根据传动比 i 来确定。应注意：为了避免用蜗轮滚刀切制蜗轮时产生根切与干涉，理论上应使 $z_{2min} \geq 17$。但当 $z_2 < 26$ 时，啮合区显著减小，将影响传动的平稳性，而在 $z_2 \geq 30$ 时，则可始终保持有两对以上的齿啮合。当蜗轮直径不变时，z_2 越大，模数就越小，将削弱轮齿的弯曲强度；当模数不变时，蜗轮尺寸将要增大，使想啮合的蜗杆支承间距加长，须降低蜗杆的弯曲刚度，容易产生挠曲而影响正常啮合。因此一般取 $z_2=32\sim80$。z_1、z_2 的推荐值见表 7-1（具体选择时可考虑表 7-2 中的匹配关系）。当设计非标准或分度传动时，z_2 的选择可不受限制。

表 7-1　蜗杆头数 z_1 与蜗轮齿数 z_2 的推荐值

$i = z_2 / z_1$	z_1	z_2
≈ 5	6	$29\sim31$
$7\sim15$	4	$29\sim61$
$14\sim30$	2	$29\sim61$
$29\sim82$	1	$29\sim82$

蜗杆传动比的计算公式为：

$$i = \frac{n_1}{n_2} = \frac{z_2}{z_1} = \frac{d_2}{d_1 \tan \gamma} \neq \frac{d_2}{d_1} \tag{7-1}$$

（3）蜗杆的分度圆直径 d_1 和蜗杆直径系数 q

如图 7-10 所示，蜗杆分度圆柱上相邻两圈螺旋齿同侧齿面沿轴向的距离 p_a 称为蜗杆轴向齿距，沿着蜗杆同一螺旋齿绕行一周所移过的轴向距离 p_z 称为导程。导程与轴向齿距的关系为：

$$p_z = z_1 p_a \tag{7-2}$$

由图 7-10 可得：

$$\tan \gamma = \frac{p_z}{\pi d_1} = \frac{z_1 p_a}{\pi d_1} = \frac{z_1 \pi m}{\pi d_1} = \frac{z_1 m}{d_1} \tag{7-3}$$

即

$$d_1 = m \frac{z_1}{\tan \gamma} \tag{7-4}$$

式（7-4）表明，同一模数的蜗杆，当蜗杆头数和导程角不同时，分度圆直径也不相同。

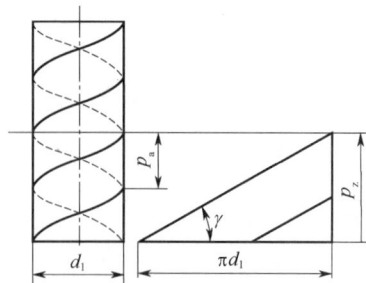

图 7-10 蜗杆导程

在蜗杆传动中，为了保证蜗杆与配对蜗轮的正确啮合，常用与蜗杆具有同样尺寸的蜗轮滚刀来加工与其配对的蜗轮。这样，只要有一种尺寸的蜗杆，就需有一种对应的蜗轮滚刀。对于同一模数，可以有很多不同直径的蜗杆，因而对每一模数就要配备很多蜗轮滚刀。显然，这样很不经济。为了限制蜗轮滚刀的数目及便于滚刀的标准化，对每一标准模数规定了一定数量的蜗杆分度圆直径 d_1，令蜗杆分度圆直径 d_1 与模数 m 的比值为 q，称为蜗杆的直径系数，即：

$$q = \frac{d_1}{m} \tag{7-5}$$

常用的标准模数 m、蜗杆分度圆直径 d_1 及直径系数 q 见表 7-2。如果采用非标准滚刀或飞刀切制蜗轮，d_1 与 q 值可不受标准的限制。

表 7-2　圆柱蜗杆的 m、d_1 及 $m^2 d_1$ 值（摘自 GB/T 10088—2018）

模数 m/mm	分度圆直径 d_1/mm	直径系数 q	蜗杆头数 z_1	$m^2 d_1$/mm³	模数 m/mm	分度圆直径 d_1/mm	直径系数 q	蜗杆头数 z_1	$m^2 d_1$/mm³
2	(18)	9	1,2,4	72	5	(40)	8	1,2,4	1000
	22.4	11.2	1,2,4,6	90		50	10	1,2,4,6	1250
	(28)	14	1,2,4	112		(63)	12.6	1,2,4	1575
	35.5	17.75	1	142		90	18	1	2250
2.5	(22.4)	8.96	1,2,4	140	6.3	(50)	7.936	1,2,4	1984
	28	11.2	1,2,4,6	175		63	10	1,2,4,6	2500
	(35.5)	14.2	1,2,4	222		(80)	12.698	1,2,4	3175
	45	18	1	281		112	17.778	1	4445
3.15	(28)	8.89	1,2,4	278	8	63	7.875	1,2,4	4032
	35.5	11.27	1,2,4,6	353		80	10	1,2,4,6	5120
	(45)	14.29	1,2,4	447		(100)	12.5	1,2,4	6400
	56	17.778	1	556		140	17.5	1	8960
4	(31.5)	7.875	1,2,4	504	10	(71)	7.1	1,2,4	7100
	40	10	1,2,4,6	640		90	9	1,2,4,6	9000
	(50)	12.5	1,2,4	800		(112)	11.2	1,2,4	11200
	71	17.75	1	116		160	16	1	16000

续表

模数 m/mm	分度圆直径 d_1/mm	直径系数 q	蜗杆头数 z_1	$m^2 d_1$ /mm³	模数 m/mm	分度圆直径 d_1/mm	直径系数 q	蜗杆头数 z_1	$m^2 d_1$ /mm³
12.5	(90)	7.2	1,2,4	14062	20	(140)	7	1,2,4	56000
	112	8.96	1,2,4,6	17500		160	8	1,2,4,6	64000
	(140)	11.2	1,2,4	21875		(224)	11.2	1,2,4	89000
	200	16	1	31250		315	15.75	1	12600
16	(112)	7	1,2,4	28672	25	(180)	7.2	1,2,4	112500
	140	8.75	1,2,4,6	35840		200	8	1,2,4,6	125000
	(180)	11.25	1,2,4	46080		(280)	11.2	1,2,4	175000
	250	15.625	1	64000		400	16	1	250000

注：表中括号内数值为第二系列，尽可能不采用。

7.2.2 蜗杆传动的几何尺寸计算

普通圆柱蜗杆传动的主要几何尺寸见图 7-9，有关尺寸计算公式见表 7-3。

表 7-3 圆柱蜗杆传动几何尺寸计算

名称及符号	计算公式	名称及符号	计算公式
蜗杆轴面或蜗轮端面模数 m	取标准值（表 7-1）	蜗杆分度圆直径 d_1	$d_1 = mq$
蜗杆轴面或蜗轮端面压力角 α	$\alpha=20°$（阿基米德蜗杆）	蜗杆齿顶圆直径 d_{a1}	$d_{a1} = d_1 + 2h_a^* m$
中心距 a	$a = \dfrac{1}{2}(d_1 + d_2) = \dfrac{1}{2}(q + z_2)m$	蜗杆齿根圆直径 d_{f1}	$d_{f1} = d_1 - 2m(h_a^* + c^*)$
蜗杆传动的传动比 i	$i = \dfrac{\omega_1}{\omega_2} = \dfrac{z_2}{z_1}$	蜗杆导程 p_z	$p_z = z_1 p_a$
蜗杆分度圆柱导程角 γ	$\gamma = \arctan \dfrac{z_1 m}{d_1}$	蜗杆分度圆直径系数 q	$q = d_1/m$
蜗轮分度圆直径 d_2	$d_2 = mz_2$	蜗轮咽喉圆直径 d_{a2}	$d_{a2} = d_2 + 2h_a^* m$
蜗轮齿根圆直径 d_{f2}	$d_{f2} = d_2 - 2m(h_a^* + c^*)$	蜗轮外径 d_{e2}	$d_{e2} \approx d_{a2} + m$

7.3 蜗杆传动的工作情况分析及结构设计

7.3.1 蜗杆传动的失效形式、设计准则及常用材料

和齿轮传动一样，蜗杆传动的失效形式也有点蚀（齿面接触疲劳破坏）、齿根折断、齿面胶合及过度磨损等。由于材料和结构上的原因，蜗杆螺旋齿部分的强度总是高于蜗轮轮齿的强度，所以失效经常发生在蜗轮轮齿上。因此，一般只对蜗轮轮齿进行承载能力计算。由于蜗杆与蜗轮齿面间有较大的相对滑动，发热量大，故闭式蜗杆传动的主要失效形式是胶合，其次是点蚀和磨损。因此，闭式蜗杆传动，通常是按齿面接触疲劳强度进行设计，而按齿根弯曲疲劳强度

进行校核。此外，闭式蜗杆传动，由于散热较为困难，还应进行热平衡核算。

在开式蜗杆传动中多发生齿面磨损和轮齿折断，因此应以保证齿根弯曲疲劳强度作为开式蜗杆传动的主要设计准则。

由上述蜗杆传动的失效形式可知，蜗杆、蜗轮的材料不仅要求具有足够的强度，更重要的是要具有良好的减摩性和摩擦相容性。所谓减摩性好，是指配对材料相对滑动时摩擦因数小，磨损少，易于形成润滑油膜等。因此，蜗杆蜗轮配对材料应该一硬一软，实践证明，钢制蜗杆与青铜蜗轮配合有最佳性能。

蜗杆一般是用碳钢或合金钢制成。高速重载蜗杆常用 15Cr 或 20Cr，并经渗碳淬火，也可用 40、45 钢或 40Cr 并经淬火。这样可以提高表面硬度，增加耐磨性。通常要求蜗杆淬火后的硬度为 40~55HRC，经氮化处理后的硬度为 55~62HRC。一般不太重要的低速重载的蜗杆，可采用 40 或 45 钢，并经调质处理，其硬度为 220~300HBS。

常用的蜗轮材料为铸造锡青铜（ZCuSn10P1、ZCuSn5Pb5Zn5）、铸造铝铁青铜（ZCuAl10Fe3）及灰铸铁（HT150、HT200）等。锡青铜耐磨性最好，但价格较高，用于滑动速度 $v_s \geqslant 3m/s$ 的重要传动；铝铁青铜的耐磨性较锡青铜差一些，但价格便宜，一般用于滑动速度 $v_s \leqslant 4m/s$ 的传动；如果滑动速度不高（$v_s < 2m/s$），对效率要求也不高时，可采用灰铸铁。为了防止变形，常对蜗轮进行时效处理。

7.3.2 蜗杆传动的转向判定及受力分析

（1）蜗杆传动的转向判定

根据图 7-11 所示的蜗杆传动中蜗杆和蜗轮旋向、蜗杆转向、蜗杆和蜗轮在啮合点处圆周速度的方向，可以归纳出蜗杆传动中蜗轮转向判定方法。

对于交错角 $\Sigma=90°$ 的蜗杆传动，蜗杆和蜗轮的转向可以用蜗杆的手握方法来判定。以图 7-11 为例，蜗杆为右旋时用右手（左旋用左手），四指顺着蜗杆的转向空握成拳，大拇指指向的相反方向即表示蜗轮在啮合点圆周速度 v_2 的方向，由此便可确定蜗轮的转向。

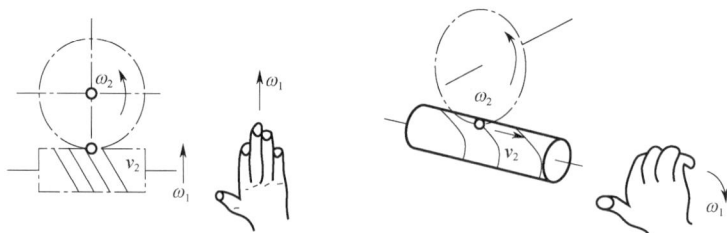

图 7-11 蜗杆蜗轮的转向判定

（2）蜗杆传动的受力分析

蜗杆传动的受力分析和斜齿圆柱齿轮传动相似。在进行蜗杆传动的受力分析时，通常不考虑摩擦力的影响。

图 7-12 所示是以右旋蜗杆为主动件，并沿图示的方向旋转时，蜗杆螺旋面上的受力情况。设 F_n 为集中作用于节点 P 处的法向载荷，F_n 可分解为三个互相垂直的分力，即圆周力

F_t、径向力 F_r 和轴向力 F_a。显然,在蜗杆与蜗轮间,相互作用着 F_{t1} 与 F_{a2}、F_{r1} 与 F_{r2} 和 F_{a1} 与 F_{t2} 这三对大小相等、方向相反的力(图 7-11)。蜗杆、蜗轮所受各力的大小可按下列各式计算:

$$F_{t1} = F_{a2} = F_n \cos\alpha_n \sin\gamma + fF_n \cos\gamma = \frac{2T_1}{d_1} \tag{7-6}$$

$$F_{a1} = F_{t2} = F_n \cos\alpha_n \cos\gamma - fF_n \sin\gamma = \frac{2T_2}{d_2} \tag{7-7}$$

$$F_{r1} = F_{r2} = F_n \sin\alpha_n = F_{a1} \tan\alpha \tag{7-8}$$

式中 T_1、T_2——分别为作用在蜗杆和蜗轮上的转矩,N·mm;

d_1、d_2——分别为蜗杆及蜗轮的分度圆直径,mm。

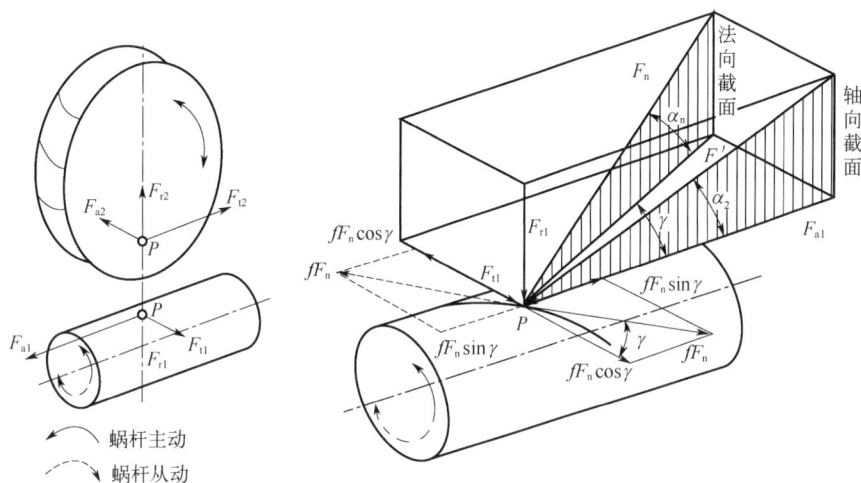

图 7-12   蜗杆传动的受力分析

上述各力的方向与蜗杆和蜗轮的转向及是否为主动件有关。

① 主动轮所受圆周力方向一定与转向相反。从动轮所受圆周力方向一定与转向相同。例如,若蜗杆为主动件,则蜗杆所受圆周力 F_{t1} 的方向与蜗杆的转向相反。蜗轮所受圆周力 F_{t2} 的方向与蜗轮的转向相同。

② F_{t1} 与 F_{a2}、F_{a1} 与 F_{t2} 互为作用力与反作用力,其大小相等,方向相反。

③ 蜗杆和蜗轮所受径向力 F_{r1}、F_{r2} 的方向分别指向各自的轴心。

据此就可以确定上述六个力的方向。

7.3.3 蜗杆传动的自锁

蜗杆传动以蜗轮为主动时,图 7-12 中虚线箭头表示的转向,蜗杆所受的法向力 F_n 及其各分量如图 7-12 所示,只是摩擦力方向相反(图中虚线所示)。此时蜗杆所受圆周力 F_{t1} 为:

$$F_{t1} = F_n \cos\alpha_n \sin\gamma - fF_n \cos\gamma$$

蜗轮所受圆周力 F_{t2} 为:

$$F_{t2} = F_n \cos\alpha_n \cos\gamma + fF_n \sin\gamma$$

$$\frac{F_{t1}}{F_{t2}} = \frac{\cos\alpha_{n}\sin\gamma - f\cos\gamma}{\cos\alpha_{n}\cos\gamma + f\sin\gamma} = \tan(\gamma - \phi_{v}) \qquad (7\text{-}9)$$

式中 ϕ_{v}——当量摩擦角，$\phi_{v} = \arctan f_{v}$。

由 7-9 式见，当（$\gamma - \phi_{v}$）值很小时，尽管加在蜗轮上的 F_{t2} 很大，但驱动蜗杆转动的 F_{t1} 仍然很小。当 $\gamma \leqslant \phi_{v}$ 时，不管蜗轮上施加的主动力 F_{t2} 有多大，F_{t1} 总是小于等于零，因而从动件蜗杆就不能转动，这就是蜗杆传动的"反行程自锁"。因此，蜗杆传动的自锁条件是蜗杆导程角 γ 小于等于当量摩擦角 ϕ_{v}，即：

$$\gamma \leqslant \phi_{v}$$

在简单的起重绞车中，利用蜗杆传动的反行程自锁特性，可起到安全保护作用，即当重物吊起后停车时，理论上它不会自行降下而无须刹车。但在振动、冲击严重的情况下，由于摩擦因数不稳定，故这种自锁不可靠。所以，通常在采用蜗杆传动中的起重机械中仍需有刹车装置。

7.3.4 圆柱蜗杆和蜗轮的结构设计

蜗杆螺旋部分的直径不大，所以常和轴做成一个整体，结构形式如图 7-13 所示，其中图 7-13（a）所示的结构无退刀槽，加工螺旋部分时只能用铣制的办法；图 7-13（b）所示的结构则有退刀槽，螺旋部分可以车制，也可以铣制，但这种结构的刚度比前一种差。当蜗杆齿根圆直径与轴直径之比大于等于 1.7 时，才将蜗杆齿圈和轴分别制造，然后套装在一起。

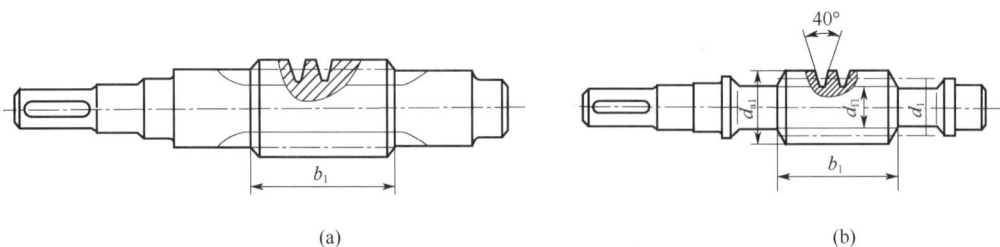

（a）　　　　　　　　　　　　　　　（b）

图 7-13　蜗杆的结构形式

常用的蜗轮结构形式有以下几种。

① 齿圈式［图 7-14（a）］　由青铜齿圈及铸铁轮芯所组成。齿圈与轮芯多用 H7/r6 配合，并加装 4～6 个紧定螺钉（或用螺钉拧紧后将头部锯掉），以增强连接的可靠性。螺钉直径取作 $(1.2～1.5)m$（m 为蜗轮的模数）。螺钉拧入深度为 $(0.3～0.4)B$，B 为蜗轮宽度。为了便于钻孔，应将螺孔中心线由配合缝向材料较硬的轮芯部分偏移 2～3mm。这种结构多用于尺寸不太大或工作温度变化较小的地方，以免热胀冷缩影响配合的质量。

② 螺栓连接式［图 7-14（b）］　可用普通螺栓连接，或以铰制孔用螺栓连接，螺栓的尺寸和数目可参考蜗轮的结构尺寸确定，然后做适当的校核。这种结构装拆比较方便，多用于尺寸较大或容易磨损的蜗轮。

③ 整体浇铸式［图 7-14（c）］　主要用于铸铁蜗轮或尺寸很小的青铜蜗轮。

④ 拼铸式［图 7-14（d）］　在铸铁轮芯上加铸青铜齿圈，然后切齿。适用于成批制造的蜗轮。

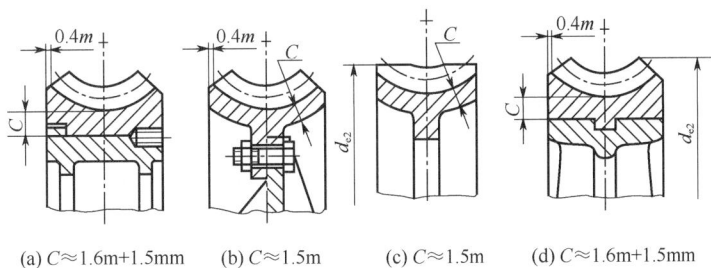

(a) $C \approx 1.6m+1.5mm$　(b) $C \approx 1.5m$　(c) $C \approx 1.5m$　(d) $C \approx 1.6m+1.5mm$

图 7-14　蜗轮的结构形式（m 为蜗轮模数）

7.4　普通圆柱蜗杆传动的强度计算

7.4.1　蜗轮齿面接触疲劳强度计算

蜗轮齿面接触疲劳强度计算的原始公式仍来源于赫兹公式，经推导，钢制蜗杆和青铜蜗轮配对的齿面接触疲劳强度校核简化公式为：

$$\sigma_H = 480\sqrt{KT_2 / m^2 d_1 z_2^2} \leqslant [\sigma_H] \tag{7-10}$$

其设计简化公式为：

$$m^2 d_1 \geqslant KT_2 \left(\frac{480}{z_2 [\sigma_H]} \right)^2 \tag{7-11}$$

式中　T_2——作用在蜗轮上的转矩，N·mm；

z_2——蜗轮的齿数；

d_1——蜗杆的分度圆直径，mm；

K——载荷系数，$K=1.1\sim1.4$，有冲击载荷、环境温度高（$t>35°C$）、速度较高时，取大值；

$[\sigma_H]$——蜗轮材料的许用接触应力，MPa，见表 7-4 和表 7-5。

表 7-4　锡青铜蜗轮的许用接触应力 $[\sigma_H]$　　　　　　　　　单位：MPa

蜗轮材料	铸造方法	适用的滑动速度 v_s/(m/s)	蜗杆齿面硬度	
			HBS≤350	HRC>45
铸锡青铜	砂模铸造	≤12	180	200
ZCuSn10P1	金属模铸造	≤25	200	220
铸锡锌铅青铜	砂模铸造	≤10	110	125
ZCuSn5Pb5Zn5	金属模铸造	≤12	135	150

表 7-5　铝青铜及灰铸铁蜗轮的许用接触应力 $[\sigma_H]$　　　　　　　单位：MPa

蜗轮材料	蜗轮材料	适用的滑动速度 v_s /(m/s)						
		0.5	1	2	3	4	6	8
ZcuAl10Fe3	淬火钢	250	230	210	180	160	120	90
HT150、HT200	渗碳钢[①]	130	115	90	-	-	-	-
HT150	调质钢	110	90	70	-	-	-	-

①蜗杆未经淬火时，需将表中 $[\sigma_H]$ 值降低 20%。

由式（7-11）计算出 $m^2 d_1$ 值并考虑蜗杆头数 z_1，由表 7-1 可确定模数 m 和分度圆直径 d_1。

7.4.2 蜗轮齿根弯曲疲劳强度计算

蜗轮轮齿因弯曲强度不足而失效的情况，多发生在蜗轮齿数较多（如 $z_2 > 90$ 时）或开式蜗杆传动中。由于蜗轮轮齿的齿形比较复杂，要精确计算齿根的弯曲应力是比较困难的，所以常用的齿根弯曲疲劳强度计算方法就带有很大的条件性。通常是把蜗轮近似地当作斜齿圆柱齿轮来考虑，则蜗轮弯曲疲劳强度的校核公式为：

$$\sigma_F = \frac{1.53 K T_2}{d_1 d_2 m \cos\gamma} Y_{Fa} \leqslant [\sigma_F] \tag{7-12}$$

其设计公式为：

$$m^2 d_1 \geqslant \frac{1.53 K T_2}{z_2 \cos\gamma [\sigma_F]} Y_{Fa} \tag{7-13}$$

式中　$[\sigma_F]$——蜗轮的许用弯曲应力，MPa，查表 7-6；

　　　Y_{Fa}——蜗轮齿形系数，可由蜗轮的当量齿数 $z_{v2} = z_2 / \cos^3\gamma$ 从表 7-7 查得。

表 7-6　蜗轮的许用弯曲应力 $[\sigma_F]$　　　　单位：MPa

蜗轮材料	ZCuSn10P1		ZCuSn5Pb5Zn5		ZcuAl10Fe3		HT150	HT200
铸造方法	砂模铸造	金属模铸造	砂模铸造	金属模铸造	砂模铸造	金属模铸造	砂模铸造	
单侧工作	50	70	32	40	80	90	40	47
双侧工作	30	40	24	28	63	80	25	30

表 7-7　蜗轮的齿形系数 Y_{Fa}

蜗轮当量齿数 z_v	20	24	26	28	30	32	35	37
齿形系数 Y_{Fa}	2.24	2.14	2.10	2.04	1.99	1.94	1.86	1.82
蜗轮当量齿数 z_v	40	45	50	60	80	100	150	300
齿形系数 Y_{Fa}	1.76	1.68	1.64	1.59	1.52	1.47	1.44	1.40

7.5　普通圆柱蜗杆传动的效率、润滑及热平衡计算

7.5.1 蜗杆传动的效率

闭式蜗杆传动的功率损耗一般包括三部分，即啮合摩擦损耗、轴承摩擦损耗及浸入油池中的零件搅油时的溅油损耗。因此总效率为：

$$\eta = \eta_1 \eta_2 \eta_3 \tag{7-14}$$

式中　η_1——考虑蜗杆传动啮合损耗的效率；

　　　η_2——考虑轴承中摩擦损耗的效率，对于滚动轴承，每对取 0.99～0.995，对于滑动轴承，每对取 0.97～0.99；

　　　η_3——考虑蜗杆或蜗轮搅油损耗时的效率，它与蜗杆或蜗轮的浸油深度、转速高低及油的黏度大小有关，一般取 0.98。

蜗杆传动的总效率，η_1 是对总效率影响最大的因素。当蜗杆主动时，可由式（7-14）求出，即：

$$\eta_1 = \frac{\tan\gamma}{\tan(\gamma + \phi_v)} \qquad (7\text{-}15)$$

式中　γ——蜗杆导程角，它是影响啮合效率的主要因素；

　　　ϕ_v——当量摩擦角，与蜗杆、蜗轮的材料及滑动速度有关。

良好的润滑条件下，滑动速度高有助于润滑油膜的形成，从而降低 f_v 值，提高效率。当量摩擦角的值由表 7-8 查取。

表 7-8　蜗杆传动的当量摩擦因数 f_v 和当量摩擦角 ϕ_v

蜗轮齿圈材料	锡青铜				无锡青铜		灰铸铁			
蜗杆齿面硬度	≥45HRC		其他		≥45HRC		≥45HRC		其他	
滑动速度/(m/s)	f_v	ϕ_v	f_v	ϕ_v	f_v	ϕ_v	f_v	ϕ_v	f_v	ϕ_v
0.01	0.110	6.28°	0.120	6.84°	0.180	10.2°	0.180	10.2°	0.190	10.75°
0.10	0.080	4.57°	0.090	5.14°	0.130	7.4°	0.130	7.4°	0.140	7.97°
0.50	0.055	3.15°	0.065	3.72°	0.090	5.14°	0.090	5.15°	0.100	5.72°
1.0	0.050	2.58°	0.055	3.15°	0.070	4°	0.070	4°	0.090	5.15°
2.0	0.035	2°	0.045	2.58°	0.055	3.15°	0.055	3.15°	0.070	4°
3.0	0.028	1.6°	0.035	2°	0.045	2.58°	—	—	—	—
4.0	0.024	1.37°	0.031	1.78°	0.040	2.29°	—	—	—	—
5.0	0.022	1.26°	0.029	1.66°	0.035	2°	—	—	—	—
8.0	0.018	1.03°	0.026	1.49°	0.030	1.72°	—	—	—	—
10.0	0.016	0.92°	0.024	1.37°	—	—	—	—	—	—
15.0	0.014	0.8°	0.020	1.15°	—	—	—	—	—	—
24.0	0.013	0.74°								

注：1. 如滑动速度与表中数值不一致时，可用插入法求得 f_v 和 ϕ_v 值。

　　2. 硬度大于等于45HRC的蜗杆，表中数值是指齿面经磨削或抛光并仔细磨合、正确安装，以及采用黏度合适的润滑油进行充分润滑的情况。

由图 7-15 可见，蜗杆与蜗轮的圆周速度之间呈 90° 的夹角，因而沿齿面有相对滑动，齿面间的相对滑动速度 v_s 为：

$$v_s = \frac{v_1}{\cos\gamma} = \frac{v_2}{\sin\gamma} \qquad (7\text{-}16)$$

式中　v_1——蜗杆分度圆的圆周速度，m/s；

　　　v_2——蜗轮分度圆的圆周速度，m/s。

由于轴承摩擦及溅油这两项功率损耗不大，一般取 $\eta_2\eta_3$=0.95～0.97，则总效率 η 为：

$$\eta = \eta_1\eta_2\eta_3 = (0.95 \sim 0.97)\frac{\tan\gamma}{\tan(\gamma + \phi_v)}$$

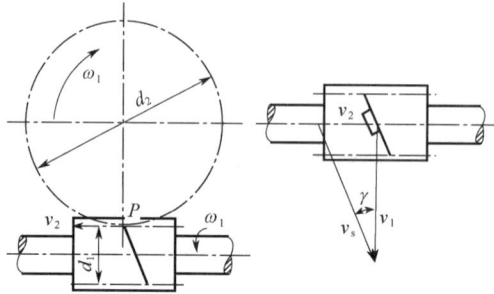

图 7-15 蜗杆传动的滑动速度

7.5.2 蜗杆传动的润滑

润滑对蜗杆传动来说，具有特别重要的意义。因为当润滑不良时，传动效率将显著降低，并且会引发剧烈的磨损和胶合破坏，所以往往采用黏度大的矿物油进行充分润滑，在润滑油中还常加入添加剂，使其提高抗胶合能力。

根据蜗杆、蜗轮配对材料和运转条件选用润滑油。一般蜗杆传动用的润滑油的牌号为L-CKE/P，其黏度选取如表 7-9 所示。

表 7-9 蜗杆传动润滑油的黏度和润滑方式

滑动速度 v_s/（m/s）	≤1.5	1.5～3.5	3.5～10	>10
黏度 v_{40}/（mm²/s）	>612	414～506	288～352	198～242
润滑方式	$v_s \leqslant 5$ 浸油润滑		$v_s > 5 \sim 10$ 浸油润滑或喷油润滑	$v_s > 10$ 喷油润滑

如果采用喷油润滑，喷油嘴要对准蜗杆啮入端；蜗杆正反转时，其两边都要装有喷油嘴，而且要控制一定的油压。

对闭式蜗杆传动采用油池润滑时，在搅油损耗不致过大的情况下，应有适当的油量。这样不仅有利于动压油膜的形成，而且有助于散热。对于蜗杆下置式或蜗杆侧置式的传动，浸油深度需设定为蜗杆的一个齿高；若蜗杆为上置式，则浸油深度应约为蜗轮外径的三分之一。

7.5.3 蜗杆传动的热平衡计算

蜗杆传动因效率较低，故在工作时会产生较大的发热量。在蜗杆闭式传动中，如果产生的热量不能及时散逸，将因油温不断升高而使润滑油稀释，从而增大摩擦损失，甚至发生胶合。所以必须进行热平衡计算，以保证油温在规定范围之内。

验算温升：

$$\Delta t = \frac{1000P(1-\eta)}{K_t A} \leqslant [\Delta t] \tag{7-17}$$

式中 Δt——温度改变量，℃，$\Delta t = t - t_0$，t 为蜗杆传动工作时油的温度，t_0 为周围空气的温度；

P——传递的功率，kW；

η——蜗杆传动的总效率；

A——蜗杆减速器的散热面积，m^2，指箱体外壁与空气接触，且内壁被油飞溅到的箱壳面积，对于箱体上的散热片，散热面积按散热片表面积的 50% 计算；

K_t——散热系数，根据箱体周围通风条件，一般取 $K_t=10\sim17W/（m^2\cdot℃）$；

$[\Delta t]$——温差许用值，℃，一般为 $60\sim70℃$，并应使油温 t（$=t_0+\Delta t$）小于 80℃。

一旦温差超过许用值，需采取以下冷却措施。

① 在箱壳外增设散热片，以增大散热面积。当自然冷却时，散热片应沿竖直方向设置，以利于空气流通；当用风扇冷却时，散热片应沿着风扇送风气流的方向设置，通常为水平方向。

② 在蜗杆轴上安装风扇，提高散热系数 [图 7-16（a）]。

③ 在箱体油池内装设蛇形冷却水管 [图 7-16（b）]，或将润滑油经冷却器冷却后喷淋到啮合处 [图 7-16（c）]。

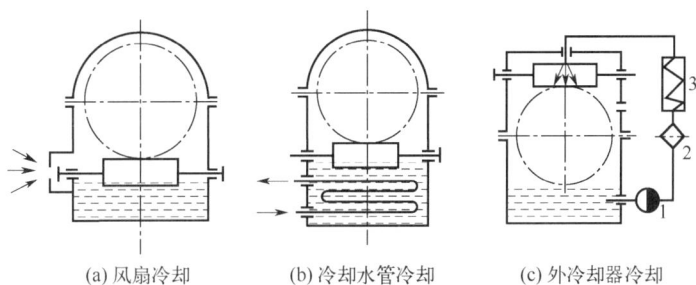

(a) 风扇冷却　　　　(b) 冷却水管冷却　　　　(c) 外冷却器冷却

图 7-16　蜗杆传动的冷却措施

1—油泵；2—过滤器；3—冷却器

7.6　企业应用案例——混料机用蜗杆传动设计

设计企业中某混料机上用的闭式蜗轮传动，已知工况如下：输入功率 P=8.5kW，蜗杆转速 n_1=1460r/min，传动比 i=20，载荷较平稳，每日工作两班，每班 8h，寿命 5 年，不逆转。

设计过程如下。

1）选择蜗杆、蜗轮材料，并确定蜗轮的许用接触应力

蜗杆选用 45 钢，淬火，齿面硬度≥45HRC；蜗轮齿圈选用铸锡磷青铜（ZCuSu10P1），砂模铸造。由表 7-4 查取 ZCuSu10P1 的 $[\sigma_H]$=200MPa。

2）确定蜗杆头数 z_1 及蜗轮齿数 z_2

按表 7-2，取 z_1=2，z_2=iz_1=20×2=40。

3）按齿面接触强度计算 m^2d_1，并确定 m、d_1、q

① 估取载荷系数 K　因载荷平稳，取 K=1.1。

② 确定蜗轮的转矩 T_2　估计蜗杆与蜗轮的啮合效率 η_1=0.87、轴承效率 η_2=0.99、搅油 η_3=0.98，则：

$$T_2 = 9.55\times10^6\frac{P\eta_1\eta_2\eta_3i}{n_1} = \frac{9550\times10^3\times8.5\times0.87\times0.99\times0.98\times20}{1460} = 938.6\times10^3（N\cdot mm）$$

③ 计算 $m^2 d_1$，并确定 m、d_1、q

$$m^2 d_1 \geqslant KT_2\left(\frac{480}{z_2[\sigma_H]}\right)^2 = 1.1 \times 938600 \times \left(\frac{480}{40 \times 200}\right)^2 = 3717$$

按表 7-1 取 $m=8$、$d_1=63$、$q=7.875$。

4）计算蜗杆传动各尺寸参数

$d_2 = mz_2 = 8 \times 40 = 320$ （mm）

$d_{a2} = m(z_2 + 2) = 8 \times (40 + 2) = 336$ （mm）

$d_{f2} = m(z_2 - 2.4) = 8 \times (40 - 2.4) = 300.8$ （mm）

$d_{a1} = m(q + 2) = 8 \times (7.875 + 2) = 79$ （mm）

$d_{f1} = m(q - 2.4) = 8 \times (7.875 - 2.4) = 43.8$ （mm）

$a = \frac{1}{2}(q + z_2)m = \frac{1}{2} \times (7.875 + 40) \times 8 = 191.5$ （mm）

5）校核蜗轮齿的弯曲强度

蜗杆导程角　$\gamma = \arctan(z_1/q_1) = \arctan(2/7.875) = 14.25°$

蜗轮当量齿数　$z_{v2} = z_2/\cos^3\gamma = 40/\cos^3 14.25 = 40$

蜗轮齿形系数 Y_{Fa2}　查表 7-7 得 $Y_{Fa2} = 1.76$

蜗轮弯曲疲劳强度　$\sigma_F = \frac{1.64 KT_2}{d_1 d_2 m}Y_{Fa} = \frac{1.64 \times 1.1 \times 938600}{63 \times 320 \times 8} \times 1.76 = 18.48$ （MPa）

蜗轮许用弯曲应力　$[\sigma_F]=50$ MPa

$\sigma_F \prec [\sigma_F]$，蜗轮齿弯曲强度满足要求。

6）蜗杆传动热平衡计算

① 估算蜗杆传动箱体的散热面积 A

如图 7-17 所示，箱体简化为长方体，箱体高 $h = 3a$，箱体宽 $b = 2a$，箱体厚 $c = a$，a 为蜗杆传动中心距。一般箱体底部与机座接触，计算箱体散热面积不包括底部面积。

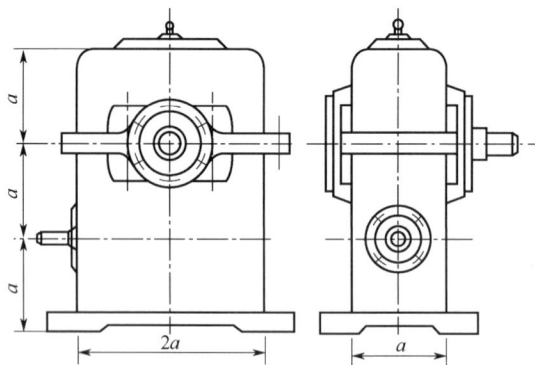

图 7-17　箱体散热面积

$$A = 2(hb + hc) + bc = 2 \times (3a \times 2a + 3a \times a) + 2a \times a = 20a^2 = 20 \times (0.19)^2 = 0.72 \text{ （m}^2\text{）}$$

② 计算蜗杆圆周速度、相对滑动速度、啮合效率、传动总效率及油温

$$v_1 = \frac{\pi d_1 n_1}{60 \times 10^3} = \frac{3.14 \times 63 \times 1460}{60 \times 10^3} = 4.81 \text{ （m/s）}$$

$$v_s = v_1/\cos\gamma = 4.81/0.97 = 4.96 \text{（m/s）}$$

$$\phi_v = 1.26°$$

$$\gamma + \phi_v = 14.25° + 1.26° = 15.51°$$

$$\eta_1 = \frac{\tan\gamma}{\tan(\gamma+\phi_v)} = \frac{\tan 14.25°}{\tan 15.51°} = 0.91$$

$\eta = \eta_1\eta_2\eta_3 = 0.91 \times 0.99 \times 0.98 = 0.883$，与初定效率接近，之前确定参数可用。

取 K_t=15，由式（7-17）有：

$$\Delta t = \frac{1000P(1-\eta)}{K_t A} = \frac{1000 \times 8.5 \times (1-0.883)}{15 \times 0.72} = 92.08 \text{（℃）} > 70℃$$

取室温 20°C，则油温：

$$t = t_0 + \Delta t = 20 + 92.08 = 112.08 \text{（℃）} > 80℃$$

油温不满足要求，应增加箱壳散热面积。

思考题与习题

7-1　按加工工艺方法不同，圆柱蜗杆有哪些主要类型？各用什么代号表示？

7-2　蜗杆分度圆直径规定为标准值的目的是什么？

7-3　阿基米德蜗杆与蜗轮正确啮合的条件是什么？

7-4　蜗杆头数及蜗轮齿数应如何选定？

7-5　闭式蜗杆传动的主要失效形式是什么？

7-6　蜗杆蜗轮机构中，可以用蜗轮做主动件吗？

7-7　闭式蜗杆传动中，功率的损耗主要包括哪几部分？

7-8　如图 7-18 所示，蜗杆主动，蜗杆的输入转矩 $T_1 = 20\text{N·m}$，模数 $m = 4\text{mm}$，蜗杆头数 $z_1 = 2$，蜗杆分度圆直径 $d_1 = 50\text{mm}$，蜗轮齿数 $z_2 = 50$，传动效率 $\eta = 0.75$。试确定：

① 蜗轮的转向；

② 蜗杆和蜗轮上作用力的大小和方向。

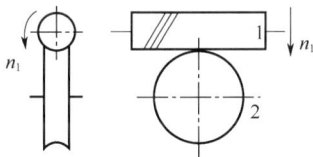

图 7-18　题 7-8 蜗杆传动

7-9　已知一蜗杆传动，蜗杆主动转速 $n_1 = 1440\text{r/min}$，蜗杆头数 $z_1 = 2$，模数 $m = 4\text{mm}$，蜗杆直径系数 $q = 10$，蜗杆材料为钢，齿面硬度大于 450HRC，采用磨削加工，蜗轮材料为铸锡青铜，求该传动的啮合效率。

7-10　如图 7-19 所示传动中，蜗杆传动为标准传动，$m = 5\text{mm}$，$d_1 = 50\text{mm}$，$z_1 = 3$（右旋），$z_2 = 40$；齿轮 3、4 为标准斜齿轮传动，$m_n = 5\text{mm}$，$z_3 = 20$，$z_4 = 50$，要求使轴 Ⅱ 的轴向力相互抵消，不计摩擦，蜗杆主动，试求：

① 斜齿轮 3、4 的螺旋线方向；

② 螺旋角 β 的大小。

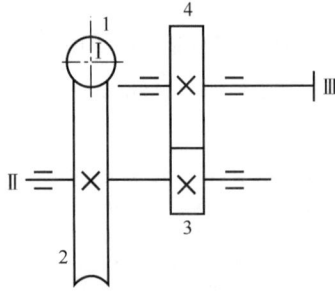

图 7-19　题 7-10 图

1—蜗杆；2—蜗轮；3,4—斜齿轮

第8章

轮系

本章知识导图

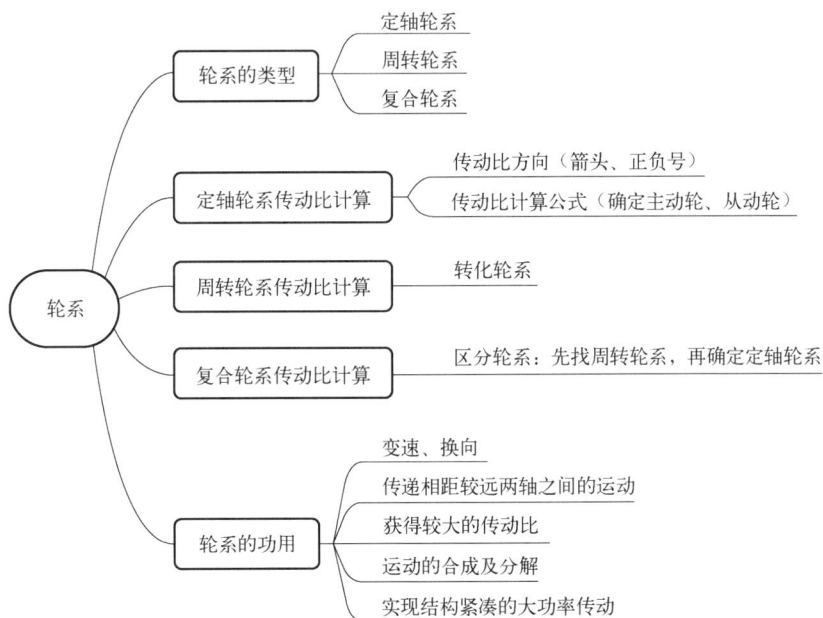

本书配套资源

111

📖 **本章学习目标**

1. 了解轮系的分类与功用；
2. 熟练掌握定轴轮系和周转轮系传动比的计算方法；
3. 掌握复合轮系的区分及传动比计算；
4. 了解轮系的应用。

8.1 轮系的类型

在实际的机械工程中，为了满足各种不同的工作需要，仅仅使用一对齿轮是不够的。例如，在各种机床中，将电动机的一种转速变为主轴的多级转速；在机械式钟表中，使时针、分针、秒针之间的转速具有确定的比例关系；在汽车的差速器中等等，都是依靠一系列的彼此相互啮合的齿轮（包括圆柱齿轮、锥齿轮、蜗杆、蜗轮等）所组成的齿轮机构来实现的。这种由一系列的齿轮组成的传动系统称为齿轮系，简称轮系。

（1）定轴轮系

轮系运转时，如果各个齿轮的几何轴线相对于机架的位置都是固定的，则这种轮系称为定轴轮系或普通轮系。如图 8-1 所示的轮系就是定轴轮系。

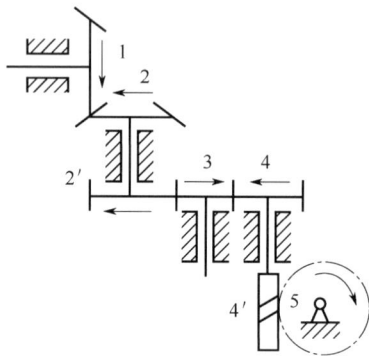

图 8-1 定轴轮系

（2）周转轮系

轮系运转时，如果轮系中至少有一个或若干个齿轮的轴线相对于机架的位置不是固定不变的，而是绕着另一定轴齿轮的轴线作周转，则这种做周转运动的齿轮，连同它绕之转动的齿轮所组成的轮系，称为周转轮系。例如在图 8-2 中，齿轮 2 的转轴装在杆件 H 的端部，由杆件 H 带动，使它绕定轴齿轮 1 和 3 的轴线作周转，则齿轮 1、2 和 3 连同杆件 H 组成一个周转轮系。其中，齿轮 2 绕杆件 H 的端部作自转，又绕定轴齿轮 1 和 3 的固定轴线 OO 做公转，做一种复杂的运动，犹如行星绕太阳的运动，因此称为行星齿轮，行星齿轮绕之公转的定轴齿轮 1 和 3 则称为中心轮（或太阳轮），而带动行星齿轮做公转的杆件 H 则称为行星架（或系杆）。

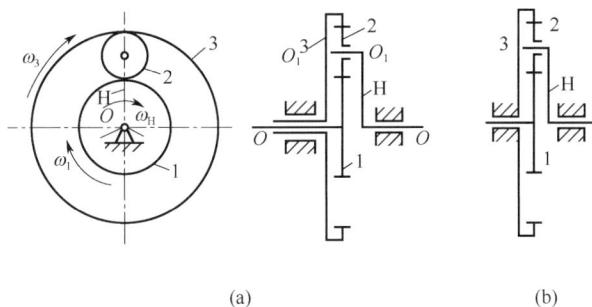

图 8-2 周转轮系

如果中心轮 3 不被固定，如图 8-2（a）所示，则活动构件数 $n=4$，$P_L=4$，$P_H=2$，因此自由度为：

$$F=3n-2P_L-P_H=3×4-2×4-2=2$$

自由度为 2 的周转轮系称为差动轮系。

当轮系中某一中心轮（例如中心轮 3）为固定件时，如图 8-2（b）所示，$n=3$，$P_L=3$，$P_H=2$，则轮系的自由度为：

$$F=3n-2P_L-P_H=3×3-2×3-2=1$$

自由度为 1 的周转轮系称为行星轮系。

（3）复合轮系

在轮系中，兼有定轴轮系和周转轮系或由几个周转轮系组合而成，这样的轮系称为复合轮系。如图 8-3 所示中，齿轮 1、2 组成定轴轮系，而齿轮 2′、3、4 和 H 组成周转轮系，故整个轮系称为复合轮系。

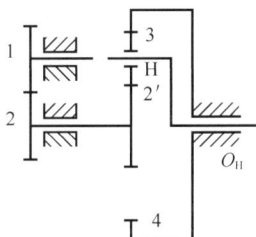

图 8-3 复合轮系

8.2 定轴轮系传动比计算

轮系中首末两轮的转速之比称为轮系的传动比。在计算轮系传动比时，既要确定传动比的大小，也要确定首末两轮的转向关系。转向关系可通过对齿轮标注直线箭头来表示，有时也可用正负号来表示。

如图 8-4 所示，主动轮齿数为 z_1，角速度为 ω_1（或转速为 n_1），从动轮齿数为 z_2，角速度为 ω_2（或转速为 n_2），其传动比为 i_{12}。

$$i_{12} = \frac{\omega_1}{\omega_2} = \frac{n_1}{n_2} = \pm\frac{z_2}{z_1} \tag{8-1}$$

外啮合传动，两轮轴线平行转向相反，传动比绝对值 z_2/z_1 前取 "−"；内啮合传动，两轮转向相同，传动比绝对值 z_2/z_1 前取 "+"。

轴线不平行的两个齿轮的转向没有相同或相反的意义，可在运动简图上画箭头，用箭头表示齿轮的转向，如图8-5所示。

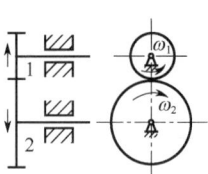

图8-4 平面齿轮传动　　　　　　　图8-5 空间齿轮传动

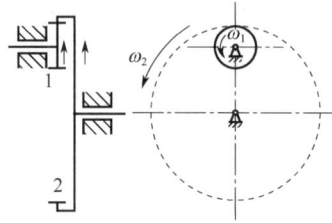

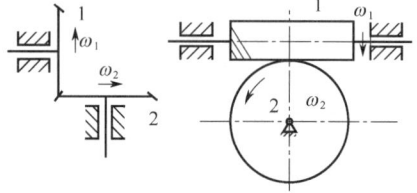

如图8-6所示的定轴轮系中，设轴 I 为输入轴，轴 V 为输出轴，各轮的齿数分别为 z_1、z_2、z_2'、z_3、z_3'、z_4、z_5；各轮的对应转速为 n_1、n_2、n_2'（$n_2'=n_2$）、n_3、n_3'（$n_3'=n_3$）、n_4、n_5。求该轮系的传动比 i_{15}。

轮系的传动比是通过计算各对齿轮的传动比来得出的，具体推导过程如下：

外啮合齿轮 1 和 2：

$$i_{12} = \frac{n_1}{n_2} = -\frac{z_2}{z_1}$$

内啮合齿轮 2′和 3：

$$i_{2'3} = \frac{n_2'}{n_3} = +\frac{z_3}{z_2'}$$

外啮合齿轮 3′和 4：

$$i_{3'4} = \frac{n_3'}{n_4} = -\frac{z_4}{z_3'}$$

外啮合齿轮 4 和 5：

$$i_{45} = \frac{n_4}{n_5} = -\frac{z_5}{z_4}$$

因为 $n_2 = n_2'$、$n_3 = n_3'$，将上面的式子连乘起来，于是可以得到：

$$i_{15} = \frac{n_1}{n_5} = \frac{n_1}{n_2}\times\frac{n_2}{n_3}\times\frac{n_3}{n_4}\times\frac{n_4}{n_5} = \left(-\frac{z_2}{z_1}\right)\left(+\frac{z_3}{z_2'}\right)\left(-\frac{z_4}{z_3'}\right)\left(-\frac{z_5}{z_4}\right)$$

$$= (-1)^3\frac{z_2 z_3 z_5}{z_1 z_2' z_3'}$$

上式表明，平面定轴轮系的传动比等于组成该轮系的各对齿轮传动比的连乘积。其绝对值等于从动轮齿数的连乘积与主动轮齿数的连乘积之比。绝对值前的符号即首末两轮的转向关系，可由$(-1)^m$决定（m 表示轮系中外啮合齿轮的对数）；也可在图中，即根据啮合关系，用箭头 "画"出来，最终在齿数比前加上 "+" 或 "−" 符号。如图8-6所示中，设主动轮 1 转向箭头向下，由啮合关系依次画出其余各轮的转向，从动轮 5 转向箭头向上，表明轮 1 与轮 5 转向相反，据此确定传动比 i_{15} 的绝对值即齿数比前取 "－"。

如上所述，推广到一般定轴轮系，设齿轮 1 为首轮，齿轮 K 为末轮，该轮系的传动比为：

$$i_{1K} = \frac{\omega_1}{\omega_K} = (-1)^m \frac{\text{所有从动轮齿数连乘积}}{\text{所有主动轮齿数连乘积}} \qquad (8\text{-}2)$$

图 8-6 中齿轮 4 称为介轮或惰轮，它同时与两个齿轮啮合，故其齿数不影响传动比的大小，只起改变转向的作用。

对于一般含有空间齿轮的定轴轮系，其传动比的数值仍可用式（8-2）计算，但其转向不能再由 $(-1)^m$ 决定，必须用在运动简图中画箭头的方法确定。

如图 8-7 所示为含有一对锥齿轮的空间定轴轮系，下面来讨论其传动比的计算。设已知各轮的齿数分别为 z_1、z_2、z_2'、z_3、z_3'、z_4、z_5；主动轮为齿轮 1，最后的从动轮为齿轮 5，则此轮系的主动轮 1 和从动轮 5 之间的总传动比为：

$$i_{15} = \frac{\omega_1}{\omega_5} = \frac{n_1}{n_5}$$

由图 8-7 中可以看出，齿轮 1 和齿轮 2 以及齿轮 3′ 和齿轮 4 是两对外啮合的齿轮，而齿轮 2 和内齿轮 3 组成一对内啮合的传动，齿轮 4′ 和齿轮 5 则是一对圆锥齿轮传动。此轮系轮 1 和 5 的总传动比大小为：

$$i_{15} = \frac{n_1}{n_5} = i_{12}i_{23}i_{3'4}i_{4'5} = \frac{n_1}{n_2} \times \frac{n_2}{n_3} \times \frac{n_3}{n_4} \times \frac{n_4}{n_5} = \frac{z_2}{z_1} \times \frac{z_3}{z_2} \times \frac{z_4}{z_3'} \times \frac{z_5}{z_4'}$$

$$= \frac{z_3 z_4 z_5}{z_1 z_3' z_4'}$$

由于圆锥齿轮的两轴线不平行，所以不能用正负号表示两轮的转向关系，不能用 $(-1)^m$ 来表示，需在轮系的运动简图上，用标注箭头法来确定从动轮的转向，如图 8-7 所示。

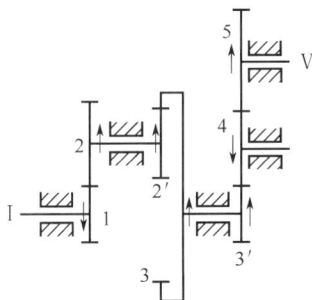

图 8-6 平面定轴轮系

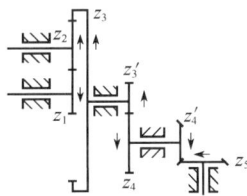

图 8-7 空间定轴轮系

8.3 周转轮系传动比计算

周转轮系中行星轮的运动是由公转和自转组成的复合运动，而不是简单的定轴转动，因此周转轮系的传动比不能直接用定轴轮系的公式来计算，要比定轴轮系更为复杂。

根据相对运动原理，假如我们给整个周转轮系[图 8-8（a）]加上一个公共的转速度 "$-n_H$"，则各齿轮、构件之间的相对运动关系仍将不变，但这时行星架的绝对运动转速度为 $n_H - n_H = 0$，即行星架相对变为"静止不动"，于是周转轮系转化为定轴轮系［图 8-8（b）］，称之为原周转轮系的转化轮系。

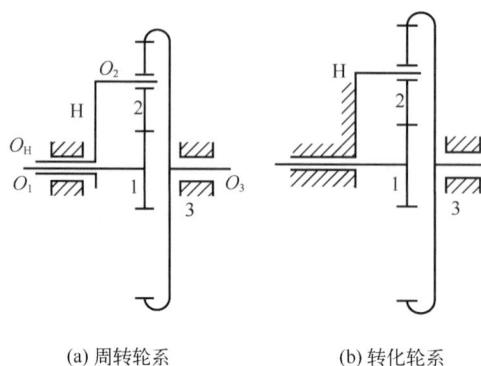

(a) 周转轮系　　　　　(b) 转化轮系

图 8-8　周转轮系及其转化轮系

在转化轮系中，各构件的转速度变化情况见表 8-1。

表 8-1　周转轮系中构件转化转速

构件	周转轮系中的转速	转化轮系中的转速
齿轮 1	n_1	$n_1^H = n_1 - n_H$
齿轮 2	n_2	$n_2^H = n_2 - n_H$
齿轮 3	n_3	$n_3^H = n_3 - n_H$
行星架 H	n_H	$n_H^H = n_H - n_H = 0$
机架 4	$n_4 = 0$	$n_4^H = -n_H$

既然转化轮系是定轴转系，就可以用定轴轮系传动比的计算方法，求出转化轮系的传动比，如图 8-8（a）所示的周转轮系，齿轮 1 与齿轮 3 在转化轮系中的传动比为：

$$i_{13}^H = \frac{n_1^H}{n_3^H} = \frac{n_1 - n_H}{n_3 - n_H} = -\frac{z_2 z_3}{z_1 z_2} = -\frac{z_3}{z_1}$$

式中，齿数比前的"-"号表示在转化机构中轮 1 与轮 3 的转向相反（即 n_1^H 与 n_3^H 转向相反）。

由此，得到周转轮系中任意两轴线平行的齿轮 G、K 在转化轮系中的传动比为：

$$i_{GK}^H = \frac{n_G^H}{n_K^H} = \pm \frac{\text{转化轮系中G到K各从动轮齿数连乘积}}{\text{转化轮系中G到K各主动轮齿数连乘积}} \tag{8-3}$$

应用式（8-3）应注意以下三点。

① 式（8-3）只适用于太阳轮 G、K 和行星架 H 三个构件的轴线互相平行的情况，因为只有两轴平行时，两轴转速才能代数相加。

② 正、负号问题。式（8-3）中齿数比前的正、负号表示在转化轮系中，轮 G 与轮 K 的转向关系，即 n_G^H、n_K^H 为同向或异向。当转化轮系为平面轮系时，可用 $(-1)^m$ 法确定，也可用画虚线箭头方法确定（并不表示其在周转轮系中的真实转向）；当转化轮系为空间轮系时，只能用画虚线箭头方法确定。

③ n_G、n_K、n_H 本身具有正负号，当将已知转速代入式中时，若其中任意一个用正号，则与之转向相同的也是正号，与之转向相反的用负号。求解得到的转速应根据正负号与已知转速

相比较来确定转向。n_G、n_K、n_H 三个未知量，只要给定任意两个量，即可求出第三个量的大小。

【例 8-1】图 8-9 所示的周转轮系，已知各轮齿数 $z_1=z_2'=100$，$z_2=99$，$z_3=101$，求传动比 i_{H1}。

解：齿轮 1、3 在转化轮系中的传动比为：

$$i_{13}^H = \frac{n_1-n_H}{n_3-n_H} = (-1)^2 \frac{z_2 z_3}{z_1 z_2'}$$

代入已知数据：$i_{13}^H = \frac{n_1-n_H}{n_3-n_H} = \frac{99\times101}{100\times100} = \frac{9999}{10000}$

故 $i_{H1} = \frac{n_H}{n_1} = 10000$。

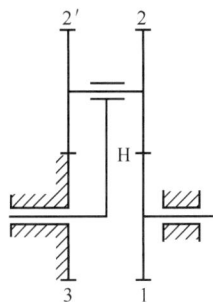

图 8-9 周转轮系

即当行星架 H 转 10000 转时，轮 1 才转 1 转，其转向与行星架 H 的转向相同，可见行星轮系可获得的传动比极大，因而结构紧凑。但这种轮系的效率很低，且当轮 1 主动时会发生自锁，因此，这种轮系只适用于轻载下的运动传递或作为微调机构。

如果将本例中的 z_2 由 99 改为 100，则：

$$i_{13}^H = \frac{n_1-n_H}{n_3-n_H} = (-1)^2 \frac{z_2 z_3}{z_1 z_2'} = \frac{100\times101}{100\times100} = \frac{101}{100}$$

$$i_{H1} = \frac{n_H}{n_1} = -100$$

即当行星架 H 转 100 转时，轮 1 反转 1 转，可见行星轮系中齿数的改变不仅会影响传动比的大小，而且还会改变从动轮的转向。这就是行星轮系与定轴轮系的不同之处。

【例 8-2】图 8-10 所示是由圆锥齿轮组成的空间周转轮系，已知 $z_1=48$，$z_2=48$，$z_2'=18$，$z_3=24$，$n_1=250$r/min，$n_3=100$r/min，其转向如图所示。试求行星架 H 的转速 n_H 的大小及方向。

解：这个周转轮系是空间轮系，由圆锥齿轮 1、2、2'、3 和行星架 H 组成。双联圆锥齿轮 2-2'的轴线是随行星架运动的，所以圆锥齿轮 2-2'是行星轮，与其啮合的两个活动太阳轮 1、3 的几何轴线重合，这是一个差动轮系，可以使用轮系基本公式进行计算：

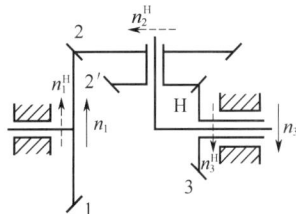

空间周转轮系

$$i_{13}^H = \frac{n_1-n_H}{n_3-n_H} = -\frac{z_2 z_3}{z_1 z_2'} = -\frac{48\times24}{48\times18} = -\frac{4}{3}$$

式中，齿数比之前的符号取"−"，表示在该转化轮系中，齿轮 1、3 的转向相反，它通过图中用虚线箭头表示的 n_1^H、n_2^H、n_3^H（转化轮系中各轮转向）确定。

将已知的 n_1 和 n_3 代入式中，由于 n_1 和 n_3 的实际转向相反，故一个取正值，另一个取负值。设 n_1 为正，则 n_3 为负，则：

$$\frac{n_1-n_H}{n_3-n_H} = \frac{250-n_H}{-100-n_H} = -\frac{4}{3}$$

解该式可得：

$$n_H = \frac{350}{7} = 50 \text{（r/min）}$$

计算结果 n_H 为正值，表明行星架 H 转向与齿轮 1 相同，与齿轮 3 相反。

8.4 复合轮系传动比计算

在实际机械中，常用到由几个基本周转轮系或定轴轮系和周转轮系组成的复合轮系。由于整个复合轮系不可能转化成一个定轴轮系，所以不能只用一个公式来求解。计算复合轮系时，首先将复合轮系中包含的定轴轮系和每个周转轮系一一划分出来，然后分别列出方程式，最后联立解出所要求的传动比。

正确划分各个轮系的关键在于找出各个基本周转轮系。找基本周转轮系的一般方法是：首先需要找出既有自转、又有公转的行星轮（有时行星轮有多个）；然后找出支持行星轮做公转的构件——行星架；最后找出与行星轮相啮合的两个太阳轮（有时只有一个太阳轮），这些构件便构成一个基本周转轮系，而且每一个基本周转轮系只含有一个行星架。划分出各个基本周转轮系以后，剩下的就是定轴轮系。

【例 8-3】 图 8-11 所示的轮系，已知各轮齿数 $z_1=20$，$z_1'=26$，$z_2=34$，$z_2'=18$，$z_3=36$，$z_3'=78$，$z_4=26$，求 n_1/n_H。

解：

① 轮系分析

齿轮 1、2-2′、3，它们的轴线均固定，故组成定轴轮系。而齿轮 4 的几何轴线是转动的，故齿轮 4 为行星轮。支持行星轮 4 的为行星架 H。齿轮 4 与齿轮 1′及内齿轮 3′啮合，且齿轮 1′、3′轴线与行星架 H 轴线重合，所以是中心轮。因此齿轮 1′、4、3′和 H 组成周转轮系。

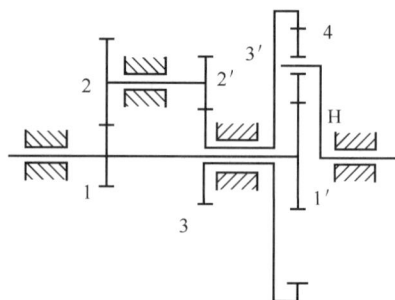
图 8-11　复合轮系

这里，齿轮 3 和 3′是一体的双联齿轮，齿轮 3′属周转轮系。那么齿轮 3 为什么不算作周转轮系呢？这就要看与它相啮合的齿轮属于哪一基本轮系而定。因齿轮 3 与轮 2′啮合，所以它属于定轴轮系。同理，双联齿轮 1-1′也是同样情况。所以该轮系是由定轴轮系 1、2-2′、3 和周转轮系 1′、3′、4、H 组成。

② 传动比计算

由周转轮系 1′、4、3′和 H，有：

$$i_{13'}^{H} = \frac{n_1' - n_H}{n_3' - n_H} = -\frac{z_4 z_3'}{z_1' z_4} = -\frac{z_3'}{z_1'} = -\frac{78}{26} = -3$$

再由定轴轮系 1、2-2′、3′，有：

$$i_{13} = \frac{n_1}{n_3} = +\frac{z_2 z_3}{z_1 z_2'} = +\frac{34 \times 36}{20 \times 18} = +\frac{17}{5}$$

联解两式，得：

$$i_{1H} = \frac{n_1}{n_H} = +2.125$$

"+"号说明 n_1 与 n_H 同向。前面说过，差动轮系的自由度为 2，即需要给出两个主动件，才能使该轮系具有确定的运动，从而求得它们的传动比。在具体应用时，可以使其中某一中心轮固定，则该轮系成为自由度为 1 的行星轮系。在构件 1 和 H 中，只需再给出一个主动件，就可求得另一构件的运动。也可以直接给出两个主动件。

8.5 轮系的功用

（1）实现变速和换向传动

在主动轴转速不变的条件下，利用轮系可使从动轴得到若干种不同的工作转速，这种传动称为变速传动，汽车、机床等都采用了变速传动。如图 8-12 所示的轮系中，轴 I 通过滑键装有整体式的双联齿轮 1 和 2，轴 II 上则固结有齿轮 1′ 和齿轮 2′。当齿轮 1 与 1′ 或齿轮 2′ 与 2 相啮合时，可以得到两种不同的传动比，即：

$$i_{11'} = \frac{n_1}{n_{II}} = -\frac{z_1'}{z_1} \quad (齿轮 1 和齿轮 1′ 相啮合)$$

$$i_{22'} = \frac{n_1}{n_{II}} = -\frac{z_2'}{z_2} \quad (齿轮 2′ 与 2 相啮合)$$

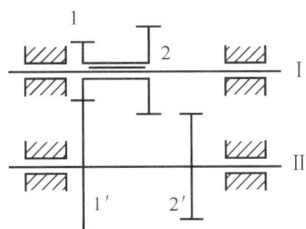

图 8-12 实现变速和换向的轮系

在主动轴转向不变的条件下，利用轮系中的惰轮可以改变从动轴的转向，图 8-13 所示的是车床走刀丝杠的三星轮换向机构。它通过手柄 K 改变惰轮 2、3 与齿轮 1、4 的啮合位置，使其改变转向。齿轮 2 和 3 浮套在手柄 K 的两个轴上，手柄 K 可绕齿轮 4 的轴回转。在图 8-13（a）所示的位置上，主动轮 1 的转动经中间齿轮 2 和 3，再传给从动轮 4，故从动轮 4 与主动轮 1 的转向相反；在图 8-13（b）所示的位置时，齿轮 2 处于空转位置，不参与传动，这时主动轮 1 与从动轮 4 之间少了一对外啮合传动，从动轮 4 与主动轮 1 的转向相同。

（2）传递相距较远两轴之间的转动

当两轴之间的中心距 a 较大时，如果仅用一对齿轮直接把主动轴的转动传给从动轴，如图 8-14 虚圆所示，则齿轮机构的总体尺寸必然很大。用定轴轮系代替，既节省空间、材料，又方便制造、安装。

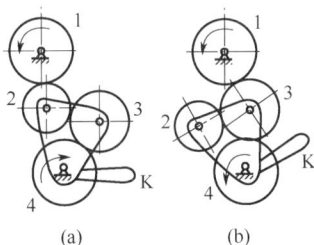

图 8-13 车床走刀丝杠的三星轮换向机构

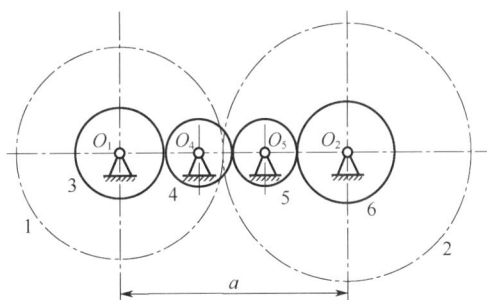

图 8-14 相距较远的两轴传动

（3）获得较大的传动比

当两轴之间需要较大传动比时，仅用一对齿轮传动，必然会使两轮的尺寸相差过大，同时使小齿轮易于损坏，利用轮系就可以避免这个缺陷。利用周转轮系可以由很少几个齿轮获得较大的传动比，而且机构十分紧凑。如例 8-1 中的行星轮系，只用了 4 个齿轮，其传动比可达 $i_{H1}=10000$。行星轮系可以用少数齿轮得到很大的传动比，比定轴轮系紧凑、结构简单。但这种类型的行星齿轮传动用于减速传动时，减速比越大，其机械效率越低；用于增速传动时，有可能发生自锁。因此，这种传动一般只用于辅助装置的传动机构，不宜传递大功率。

用于动力传动的周转轮系中，采用多个均布的行星轮来同时传动，由多个行星轮共同承受载荷，既可减小齿轮尺寸，又可使各啮合点处的径向外力和行星轮公转所产生的离心惯性力得以平衡，减少了主轴承内的作用力，因此传递功率大，同时效率也较高。

（4）运动的合成及分解

对于差动轮系来说，它的三个基本构件都是运动的，必须给定其中任意两个基本构件的运动，第三个构件才有确定的运动。即第三个构件的运动是另两个构件运动的合成。

差动轮系不但可以将两个独立的运动合成一个运动，而且还可以将一个主动的基本构件的转动按所需的比例分解为另两个基本构件的转动，例如汽车、拖拉机等车辆上常用的差速装置。

如图 8-15 所示为汽车后桥差动轮系（差速器）简图。其中汽车发动机的运动从变速箱经传动轴给轮 5 的运动分解为轮 1 和轮 3 的运动。图中轮 4、5 组成定轴轮系，轮 4 上固连着行星架 H，H 上装有行星轮 2，所以轮 1、2、3、4（H）组成差动轮系。由于轮 1、3 同轴线，所以 $z_1=z_3$。

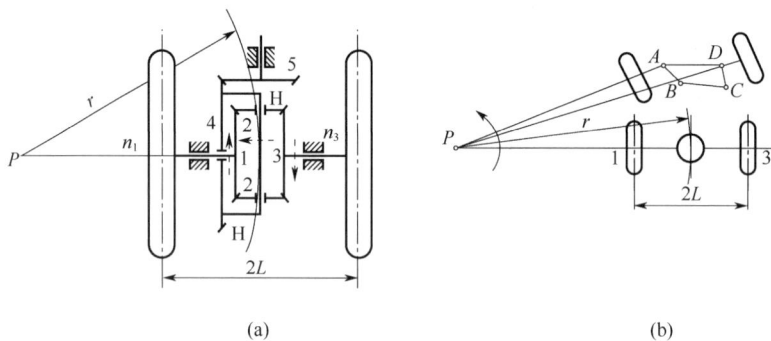

(a)　　　　　　　　　　　　　　(b)

图 8-15　汽车后桥差速器

圆锥齿轮 4 为行星架，圆锥齿轮 2 是行星齿轮，由中心轮 1 经过行星轮 2 到中心轮 3，组成一个圆锥齿轮的周转轮系。轮系的基本关系式为：

$$i_{13}^4 = \frac{n_1^4}{n_3^4} = \frac{n_1 - n_4}{n_3 - n_4} = -\frac{z_3}{z_1} = -1 \qquad (8\text{-}4)$$

传动比的符号需用画箭头方法来确定，如图 8-15（a）所示。由此可得：

$$n_1 + n_3 = 2n_4$$

当齿轮 4 是主动齿轮时，圆锥齿轮 1 和 3 的转速不能确定，但是它们的转速之和（n_1+n_3）却总是常数 $2n_4$。

当汽车直线前进时，两个"转向前轮"保持平行，这时要求两个后轮的转速相等，即要求：

$$\frac{n_1}{n_3} = i_{13} = 1$$

把此比值代入差动轮系的转速关系式之后，可得：

$$n_1 = n_3 = n_4$$

当汽车向左转弯时，前轮的梯形转向机构 ABCD 使两个前轮向左偏转，如图 8-15（b）所以，它保证使两轮轴线相交于后轮轴线上的某一点 P。要求 4 个车轮都能绕 P 点做纯滚动，2 个左侧车轮要转得慢一些，而 2 个右侧车轮则要转得快一些。2 个前轮由于是浮套在轮轴上，因此可以适应任何转弯半径而与地面保持纯滚动；至于 2 个后轮，则是与发动机传动轴终端的齿轮 5 相连的驱动轮，它们的轴显然不能做成一根整轴，否则将不能适应转弯时两轮快慢不同的要求。为利用差速器把左右两根轮轴（称为半轴）联系起来，如图 8-15（a）所示。当前轮转向梯形机构使两个前轮和轴线相交于后轴线上的某一 P 点，如图 8-15（b）所示，则此时两个后轮的转速之比为：

$$i_{13} = \frac{n_1}{n_3} = \frac{(r-L)\omega}{(r+L)\omega} = \frac{r-L}{r+L} \qquad (8\text{-}5)$$

式中，ω 为整个汽车绕 P 点做转动时的角速度。

把式（8-5）代入式（8-4），可得：

$$\begin{cases} n_1 = \dfrac{r-L}{r} n_4 \\ n_3 = \dfrac{r+L}{r} n_4 \end{cases}$$

本例所讨论的差动轮系，是把主动齿轮 5 的输入转速 n_5，根据外部条件（这里是指前轮梯形转向机构）分解为两个适应需要的转速 n_1 和 n_3。

反之，差动轮系也可以实现把两个输入转速合成一个输出转速。差动轮系的这一合成功能，可以用于机械式的计算装置中，进行加法（当 n_1 和 n_3 同向时）或减法（当 n_1 和 n_3 反向时）的运算。这种机械式的解算装置的可靠性比电子式的更高。

（5）实现结构紧凑的大功率传动

利用周转轮系，可以实现小尺寸、大功率的传动。在行星减速器中，由于有多个行星轮同时啮合，而且常采用内啮合，利用了内齿轮中间的空间部分，故与普通定轴轮系减速器相比，在同样的体积和重量条件下，可以传递较大的功率，工作也更为可靠。因而在大功率的传动中，为了减小传动机构的尺寸和重量，广泛采用行星轮系。同时，由于行星轮系减速器的输入/输出轴在同一轴线上，行星轮在其周围均匀对称布置，尺寸十分紧凑，这一点对于飞行器而言十分重要，因而在航空用主减速器中，这种轮系得到普遍采用。

如图 8-16 所示为某发动机主减速器传动简图。轮系的右部是一个由中心轮 1、3，行星轮 2 和行星架 H 组成的差动轮系，左部是一定轴轮系。定轴轮系将差动轮系的内齿轮 3 与行星架 H 的运动联系起来，整个轮系的自由度为 1。动力自小齿轮 1 输入后，分两路从行星架 H 和内齿轮 3 输往左边，最后和内齿轮 3'处汇合。由于采用多个行星轮，加上功率分流传动，所以在整个轮系尺寸较小的情况下（约 430mm），传递的功率达 2850kW。整个轮系的传动比为 $i_{1H} = 11.45$。

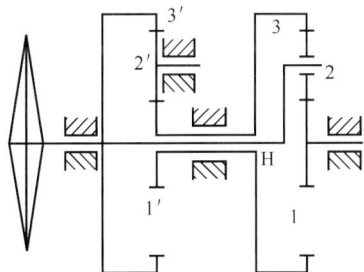

图 8-16　某发动机主减速器

8.6 企业应用案例——精密传动领域的 RV 减速器

RV 传动是新兴起的一种传动，它是在传统针摆行星传动的基础上发展出来的，不仅克服了一般针摆传动的缺点，而且因为具有体积小、重量轻、传动比大、输出转矩大、寿命长、精度保持稳定、效率高、抗冲击能力强、传动平稳且振动小等一系列优点，日益受到国内外的广泛关注。RV 减速器是由摆线针轮和行星支架组成的，被广泛应用于工业机器人、机床、医疗检测设备、卫星接收系统等领域。它较机器人中常用的谐波传动具有高得多的疲劳强度、刚度和寿命，而且回差精度稳定，不像谐波传动那样随着使用时间增长运动精度就会显著降低，世界上许多国家的高精度机器人传动多采用 RV 减速器，因此，RV 减速器在先进机器人传动中有逐渐取代谐波减速器的发展趋势。

RV 减速器的传动装置是由第一级渐开线圆柱齿轮行星减速机构和第二级摆线针轮行星减速机构两部分组成，为一封闭差动轮系，其结构如图 8-17 所示。

图 8-17　结构简图

其机构简图如 8-18 所示，主动的中心轮 1 与输入轴相连，如果渐开线中心轮 1 顺时针方向旋转，它将带动 3 个呈 120° 布置的行星轮 2，在绕中心轮轴心公转的同时还有逆时针方向自转，3 个曲柄轴与行星轮 2 相固连而同速转动，两片相位差 180° 的摆线轮 4 铰接在 3 个曲柄轴上，并与固定的针轮相啮合，在其轴线绕针轮轴线公转的同时，还将反方向自转，即顺时针转动。输出机构（即行星架）6 由装在其上的 3 对曲柄轴支承轴承来推动，把摆线轮上的自转矢量以 1:1 的速比传递出来。

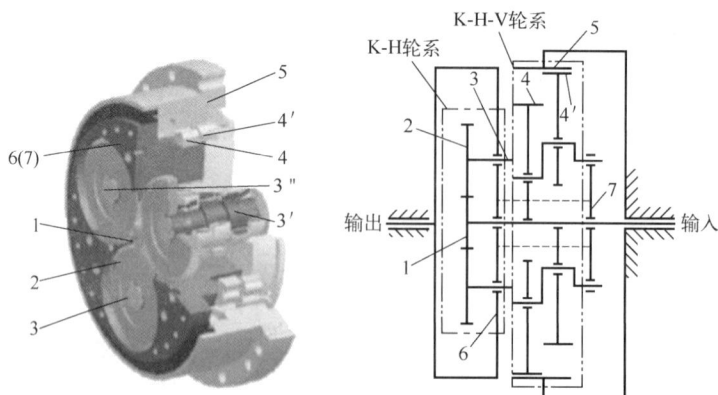

图 8-18　机构简图

1—中心轮；2—行星轮；3—曲柄轴 1；3′—曲柄轴 2；3″—曲柄轴 3；

4—摆线轮 1；4′—摆线轮 2；5—针轮；6—输出机构；7—系杆

RV 减速器的特点有：

① 传动比范围大，传动效率高。

② 扭转刚度大，输出机构即为两端支承的行星架，用行星架左端的刚性大圆盘输出，大圆盘与工作机构用螺栓连接，其扭转刚度远大于一般摆线针轮行星减速器的输出机构。在额定转矩下，弹性回差小。

③ 只要设计合理，制造装配精度保证，就可获得高精度和小间隙回差。

④ 传递同样转矩与功率时的体积小（或者说单位体积的承载能力大），RV 减速器由于第一级用了 3 个行星轮，而第二级，摆线针轮为硬齿面多齿啮合，决定了它可以用小的体积传递大的转矩，又加上在结构设计中，其传动机构置于行星架的支承主轴承内，大大缩小了轴向尺寸，使传动总体积大为减小。

RV 减速器中绝大多数传动机构是滚动传动，但是针齿和针齿壳之间实际表现为滑动摩擦为主。RV 减速器的主要适用工况是高速轻载。在实际工况中 RV 减速器需要反复地精确定位，为了保持一定精度不衰减，对针齿、针齿壳以及针齿销的加工精度、材料和工艺都有相当高的要求。这也是精密 RV 减速器较难生产的主要原因之一。

摆线减速机因其结构紧凑、传动效率高、噪音低等特点，在工业自动化、汽车制造、船舶运输、能源开采等多个领域发挥着至关重要的作用。2023年 5 月 11 日，全球首台 45T 摆线齿轮减速机（如图 8-19 所示）在湖北斯微特传动有限公司制造园区正式交付启运。这台减速机不仅集高精度、大减速比和超大转矩于一体，而且是世界上首台最大载重RV 减速机，标志着摆线齿轮减速机技术的又一重大突破。

图 8-19 摆线齿轮减速机

思考题与习题

8-1 什么是轮系？轮系可分为哪几种类型？

8-2 什么是定轴轮系？什么是周转轮系？

8-3 在定轴轮系中，如何确定首、末轮之间的转向关系？

8-4 什么是周转轮系中的转化轮系？它在计算周转轮系传动比中起什么作用？

8-5 计算混合轮系传动比的基本思路是什么？

8-6 轮系有哪些功用？

8-7 如图 8-20 所示轮系中，已知各轮齿数如图中括号内所示，试求该轮系的传动比 i_{15} 和 i_{16}。

8-8 如图 8-21 所示轮系中，已知 $z_1 = 36$ ，$z_2 = 60$ ，$z_3 = 23$ ，$z_4 = 49$ ，$z_4' = 69$ ，$z_5 = 31$ ，$z_6 = 131$ ，$z_7 = 94$ ，$z_8 = 36$ ，$z_9 = 167$ ，$n_1 = 3549 \text{r/min}$ 。求 n_{H2} 的大小和转向。

8-9 如图 8-22 所示轮系中，已知 $z_1 = 30$ ，$z_2 = 30$ ，

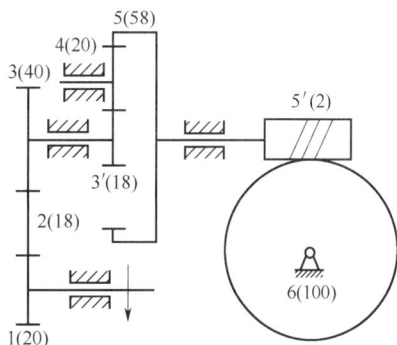

图 8-20 题 8-7 图

$z_3 = 90$，$z_1' = 20$，$z_4 = 30$，$z_3' = 40$，$z_4' = 30$，$z_5 = 15$。求 i_{4H} 的大小和转向。

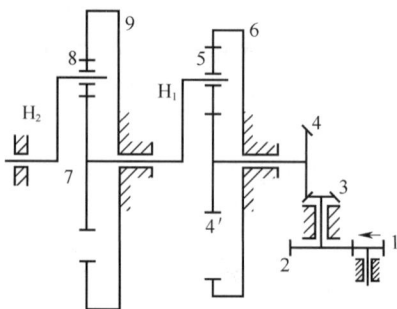

图 8-21　题 8-8 图

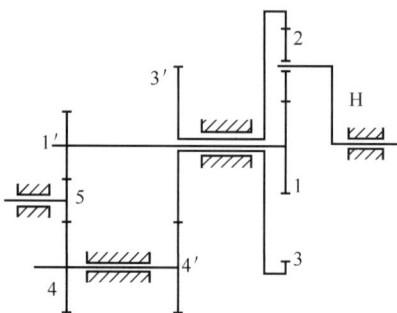

图 8-22　题 8-9 图

8-10　如图 8-23 所示轮系中，已知 $z_1 = 24$，$z_1' = 30$，$z_2 = 95$，$z_3 = 89$，$z_3' = 102$，$z_4 = 80$，$z_4' = 40$，$z_5 = 17$。求传动比 i_{15}。

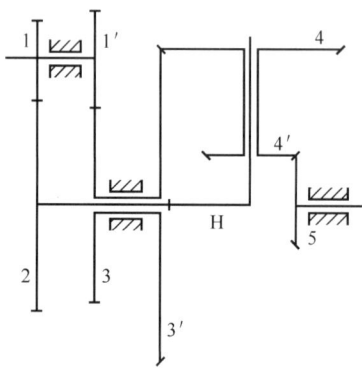

图 8-23　题 8-10 图

第 9 章

带传动与链传动

本章知识导图

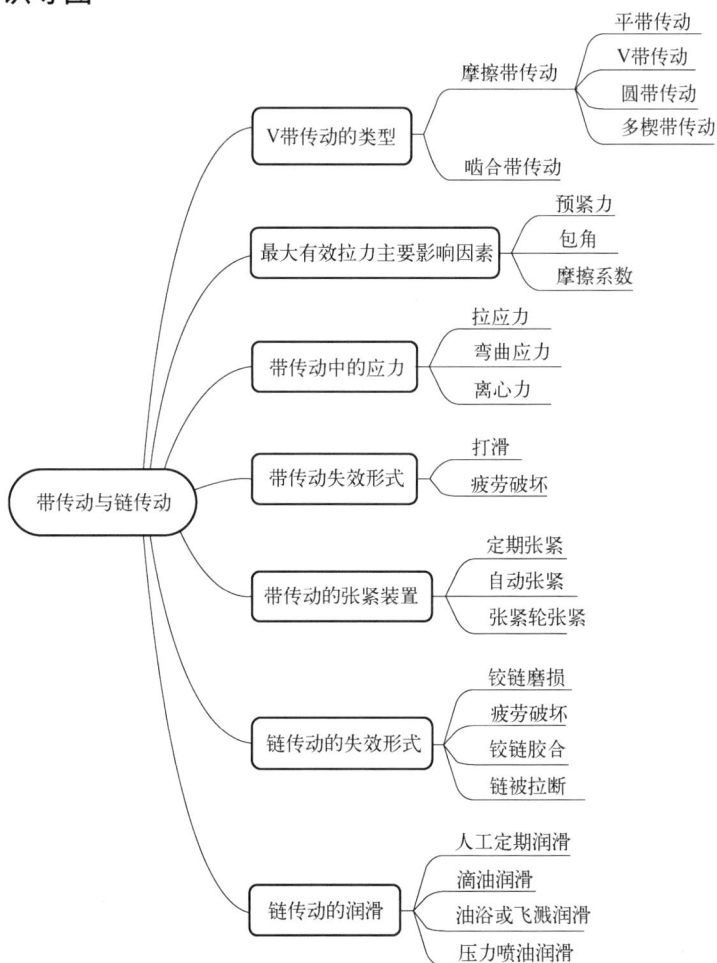

本书配套资源

📚 **本章学习目标**

1. 了解各种带传动的工作原理及应用场合；
2. 掌握带传动的受力分析和应力分析，带传动的弹性滑动及传动比；
3. 掌握普通 V 带传动的失效形式与设计准则；
4. 掌握普通 V 带传动的设计计算和参数选择方法；
5. 了解普通 V 带的张紧、安装和维护方法；
6. 了解链传动的类型、特点及其应用；
7. 了解滚子链传动的失效形式与设计准则。

9.1　带传动的特点、类型及几何参数

9.1.1　带传动的特点

带传动是由安装在主动轴 O_1 上的带轮 1（主动带轮）、安装在从动轴 O_2 上的带轮 2（从动带轮）及紧套在两轮上的传动带 3 组成的，如图 9-1 所示。带传动结构简单，应用广泛。

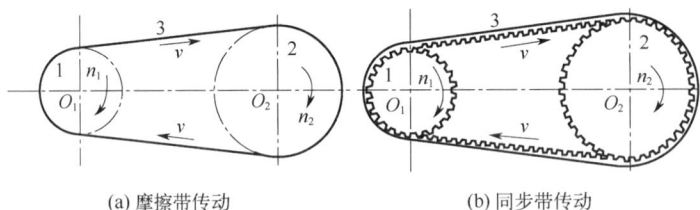

(a) 摩擦带传动　　　(b) 同步带传动

图 9-1　带传动的工作原理

1, 2—带轮；3—带

摩擦带传动［图 9-1（a）］中，带 3 紧套在带轮 1 和 2 上，使带与带轮的接触面产生正压力，当主动带轮转动时，带与带轮的相对运动趋势使接触面产生摩擦力，这样，通过主动轮驱动带，继而又利用带驱使从动轮转动，实现主动轮到从动轮之间的运动和动力的传递。

同步带传动［图 9-1（b）］中，则依靠带内周等距分布的梯形齿（或弧齿）与分布于带轮圆周上的轮齿相啮合传递运动和动力。

带传动的特点是运转平稳、噪声小并有吸振、缓冲作用，过载时带与带轮之间将发生打滑而不致损坏其他零件，因此有过载保护作用。带传动的缺点是效率低（平带传动的效率一般为 0.96，V 带传动的效率一般为 0.95），外形尺寸大，带的寿命较短，不宜用于易燃易爆场合。带传动工作时由于有弹性滑动，有丢转现象，所以不能保证准确的传动比。

9.1.2　带传动的类型

根据工作原理不同，带传动可分为摩擦带传动［图 9-1（a）］和同步带传动［图 9-1（b）］

两类。本章主要讨论摩擦带传动。

在摩擦带传动中，按带的横截面形状的不同可分为：平带传动、V 带传动、圆带传动和多楔带传动等，如图 9-2 所示。

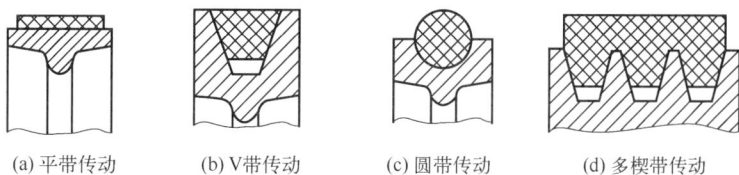

(a) 平带传动　　(b) V带传动　　(c) 圆带传动　　(d) 多楔带传动

图 9-2　带的截面形状

平带横截面为矩形，如图 9-2（a）所示，工作时为环形内表面与带轮轮缘接触，平带传动结构最简单，带轮也容易制造，传动效率较高，普通平带的寿命较长，适用于较大中心距的远距离传动。

在一般机械传动中，应用最广的是 V 带传动。V 带的横截面呈等腰梯形，如图 9-2（b）所示，带轮上也做出相应的轮槽。工作时 V 带两侧面与带轮轮槽的侧面接触。根据楔形摩擦原理，在相同的初拉力或相同的正压力作用下，V 带传动较平带传动能产生更大的摩擦力（如图 9-3所示），因此 V 带传动的工作能力较平带高，再加上 V 带传动允许的传动比较大，以及 V 带多已标准化并大量生产，因而 V 带传动的应用比平带传动广泛得多。通常 V 带传动适用于较小中心距和较大传动比的场合，其结构较为紧凑。但 V 带磨损较快，价格较贵，传动效率较低。

圆带如图 9-2（c）所示，结构简单，横截面为圆形，多用于小功率传动。

多楔带如图 9-2（d）所示，以平带为基体、内表面具有等距纵向楔，相当于多个 V 带连接在一起，工作面为楔形的侧面。它兼有平带和 V 带的优点，柔性好，摩擦力大，能传递的功率大，并解决了多根 V 带长短不一而使各带受力不均的问题。多楔带主要用于传递功率较大而结构要求紧凑的场合，传动比可达 10，带速可达 40m/s。

下面对平带和 V 带的传动能力进行对比。沿带轮周向取单位长度进行受力分析，平带、V带的径向受力状态如图 9-3 所示。F_Q 为周向拉力之合力的径向分量，沿带轮径向作用，带与带轮接触面产生的正压力合力为 F_N，则平带接触面上产生的周向摩擦力为：

$$F = fF_N = fF_Q$$

式中　f——摩擦因数；

　　　F_N——正压力，N。

对于 V 带，在同样大小 F_Q 的作用下，V 带的两侧接触面上均产生正压力 F_N，如图 9-3（b）所示，同时，在接触面上沿带轮的周向和径向产生相应的摩擦力，经推导计算得周向摩擦力为：

$$\begin{cases} F_v = f_v F_Q \\ f_v = \dfrac{f}{\sin\dfrac{\varphi}{2} + f\cos\dfrac{\varphi}{2}} \end{cases} \tag{9-1}$$

式中　φ——V 带轮的轮槽角，(°)；

　　　f_v——带与带轮之间的当量摩擦因数。

若取 $f=0.3$，$\varphi=32°\sim38°$，则 $f_v=0.532\sim0.492$，取平均值 $f_v=0.51$。

可见，在同样张紧条件下，V 带与带轮间可以产生更大的摩擦力，因而能够比平带传递更

機械設計基础

大的功率。因此，一般機械設備中，多采用 V 帶傳動。

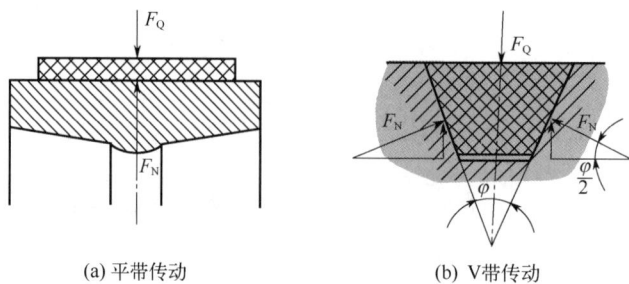

(a) 平帶傳動   (b) V帶傳動

图 9-3　平帶和 V 带的比较

9.1.3　带传动的主要几何参数

带传动的主要几何参数有中心距 a、带长 L（V 带为 L_d）、包角 α 和带轮直径 d_d 等。带与带轮接触弧所对应的中心角称为包角。如图 9-4 所示，小带轮上的包角为 α_1，大带轮上的包角为 α_2。它们之间有如下近似关系：

$$\alpha_1 = 180° - 2\theta \approx 180° - \frac{(d_{d2} - d_{d1})}{a} \times 57.5° \qquad (9\text{-}2)$$

$$\alpha_2 = 180° + 2\theta \approx 180° + \frac{(d_{d2} - d_{d1})}{a} \times 57.5° \qquad (9\text{-}3)$$

$$L_d \approx 2a + \frac{\pi}{2}(d_{d1} + d_{d2}) + \frac{(d_{d2} - d_{d1})^2}{4a} \qquad (9\text{-}4)$$

$$a \approx \frac{2L_d - \pi(d_{d1} + d_{d2}) + \sqrt{[2L_d - \pi(d_{d1} + d_{d2})]^2 - 8(d_{d2} - d_{d1})^2}}{8} \qquad (9\text{-}5)$$

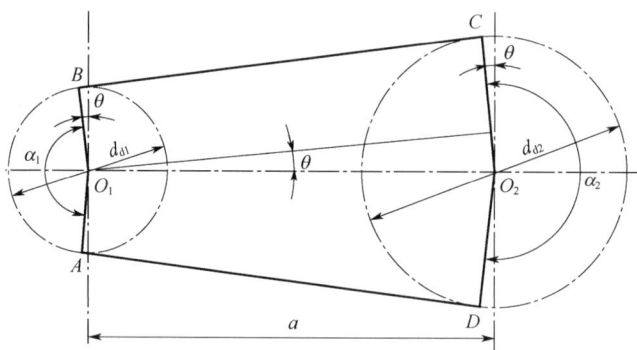

图 9-4　带传动的主要几何参数

9.2　V 带及带轮

9.2.1　V 带的类型与结构

V 带是由顶胶 1、抗拉体 2、底胶 3 和包布 4 等多种材料制成的无接头环形带，如图 9-5 所

128

示。V 带有普通 V 带、窄 V 带、联组 V 带等类型。其中普通 V 带和窄 V 带应用最广。抗拉体 2 用来承受基本拉力，顶胶 1 和底胶 3 在带弯曲时分别承受拉伸和压缩，包布 4 主要起保护作用。按抗拉体的结构不同，普通 V 带可分为帘布芯 V 带［图 9-5（a）］和绳芯 V 带［图 9-5（b）］两种类型。绳芯 V 带挠性好，抗弯强度高，适用于转速较高、载荷不大和带轮直径较小、要求结构紧凑的场合。帘布芯 V 带制造方便，抗拉强度较高，但易伸长、发热和脱层。

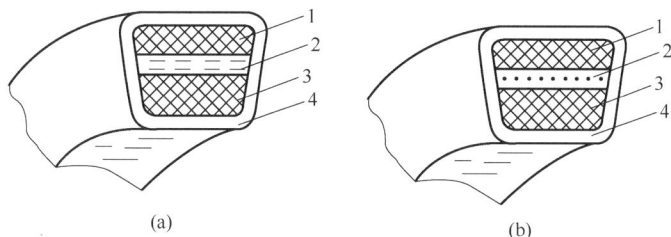

图 9-5　普通 V 带结构

1—顶胶；2—抗拉体；3—底胶；4—包布

普通 V 带按截面尺寸分为 Y、Z、A、B、C、D、E 7 种型号，窄 V 带分为 SPZ、SPA、SPB、SPC 4 种型号，各型号的截面尺寸见表 9-1。

表 9-1　V 带截面尺寸（摘自 GB/T 11544—2012）

带型		节宽 b_p/mm	顶宽 b/mm	高度 h/mm	楔角 φ/（°）	每米质量 q/（kg/m）
普通 V 带	窄 V 带					
Y		5.3	6	4		0.02
Z		8.5	10	6		0.06
	SPZ	8		8		
A		11	13	8	40	0.10
	SPA			10		
B		14	17	11		0.17
	SPB			14		
C		19	22	14		0.39
	SPC			18		
D		27	32	19		0.62
E		32	38	23		0.90

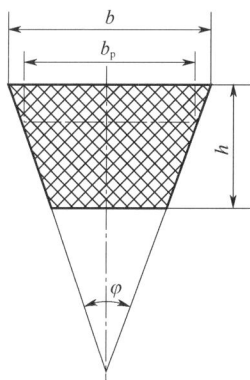

普通 V 带和窄 V 带采用基准宽度制，即用基准线的位置和基准宽度来确定带轮的槽型、基准直径和带在轮槽中的位置。V 带受到垂直于其底面的弯曲时，顶胶伸长而变窄、底胶缩短而变宽，带中长度及宽度尺寸与自由状态时相比保持不变的那个面（类似于梁的中性层）称为带的节面，节面的宽度称为节宽 b_p（如表 9-1 附图所示）。

在 V 带轮上，与 V 带节宽处于同一位置的轮槽宽度称为基准宽度，仍以 b_p 表示。基准宽度处的带轮直径称为 V 带轮的基准直径，用 d_d 表示，它是 V 带轮的公称直径。

在规定的张紧力下，位于带轮基准直径上的周线长度，称为 V 带的基准长度，用 L_d 表示，它是 V 带的公称长度。V 带的基准长度系列见表 9-5。

普通 V 带标记示例：

B-1600　GB/T 11544—2012

其中，B 为型号（B 型）；1600 为基准长度（1600mm）；GB/T 11544—2012 为国家标准代号及颁布年限。

9.2.2　V 带轮

带轮的主要设计要求是重量轻、加工工艺性好、质量分布均匀，其与普通 V 带接触的槽面应光洁，以减轻带的磨损。对于铸造和焊接带轮、内应力要小。

带轮由轮缘、轮辐和轮毂三部分组成。带轮的外圈环形部分称为轮缘，装在轴上的筒形部分称为轮毂，中间部分称为轮辐。带轮按直径大小不同分为 4 种结构形式：实心带轮［如图 9-6（a）所示，用于 $d_d \leqslant 200mm$ 的情况］、腹板带轮［如图 9-6（b）所示，用于 $200mm < d_d \leqslant 350mm$ 的情况］、孔板带轮［如图 9-6（c）所示，用于 $350mm < d_d \leqslant 500mm$ 的情况］、轮辐带轮［如图 9-6（d）所示，用于 $d_d > 500mm$ 的情况］。

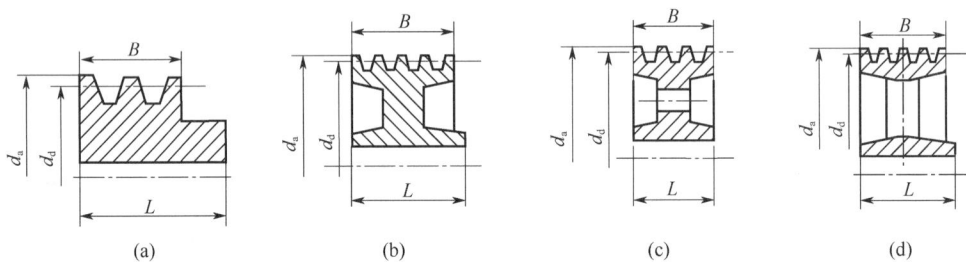

| (a) | (b) | (c) | (d) |

图 9-6　V 带轮的结构形式

由于普通 V 带两侧面间的夹角是 40°，为了适应 V 带在带轮上弯曲时的截面变形，楔角减小，故规定普通 V 带轮槽角 φ 为 32°、34°、36°、38°，带轮直径越小，规定的槽角也越小。

带轮的材料常采用灰铸铁、钢、铝合金或工程塑料等。灰铸铁应用最广，当带速 $v \leqslant 30m/s$ 时，一般采用灰铸铁 HT150 或 HT200；当带速 $v > 30m \sim 45m/s$ 时，宜采用灰铸铁 HT300 或 HT350；当带速 $v \leqslant 80m/s$ 时，宜采用铸钢、铝合金或冲压焊接带轮。小功率传动可用铸铝或工程塑料带轮。汽车、农业机械的辅助传动，常用钢板冲压带轮或旋压带轮。

9.3　带传动的工作情况分析

9.3.1　带传动的受力分析

安装带传动时，传动带即以一定的预紧力 F_0 紧套在两个带轮上。由于 F_0 的作用，带和带轮的接触面上就产生了正压力。带传动不工作时传动带两边的拉力相等，都等于 F_0，如图 9-7（a）所示。

带传动工作时［图 9-7（b）］，主动轮以转速 n_1 转动，带轮与带之间的相对运动趋势，使接触面产生摩擦力，驱使带运动。因此，主动轮作用在带上的摩擦力与带的运动方向（也就是主动轮的圆周速度方向）相同。在从动端，带作用在从动轮上的摩擦力克服阻力矩 T_2，

驱使带轮以转速 n_2 转动，所以，该摩擦力方向与从动轮圆周速度方向（也就是带的运动方向）相同。

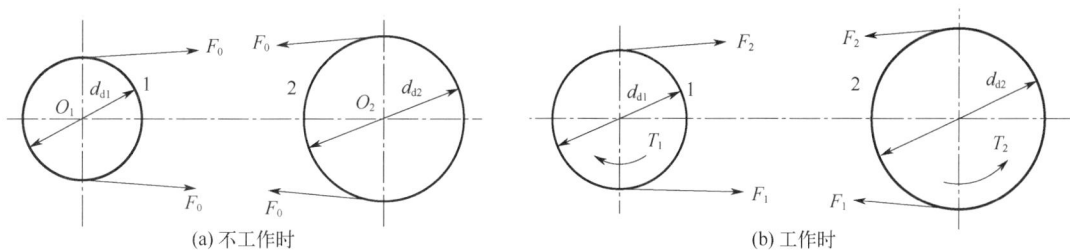

(a) 不工作时　　　　　　　　　　　　　　　　(b) 工作时

图 9-7　带传动的工作原理图

这时传动带两边的拉力也相应地发生了变化，带绕上主动轮的一边被拉紧，叫作紧边，紧边拉力由 F_0 增加到 F_1；带绕上从动轮的一边被放松，叫作松边，松边拉力由 F_0 减少到 F_2。如果近似地认为带工作时的总长度不变，则带的紧边拉力的增加量，应等于松边拉力的减少量，即：

$$\begin{cases} F_1 - F_0 = F_0 - F_2 \\ F_1 + F_2 = 2F_0 \end{cases} \tag{9-6}$$

在图 9-8 中（径向箭头表示带轮作用于带上的正压力），当取主动轮一端的带为分离体时，则总摩擦力 F_f 和两边拉力对轴心的力矩的代数和 $\sum M = 0$，即：

$$F_f \frac{d_{d1}}{2} - F_1 \frac{d_{d1}}{2} + F_2 \frac{d_{d1}}{2} = 0$$

由上式可得：

$$F_f = F_1 - F_2$$

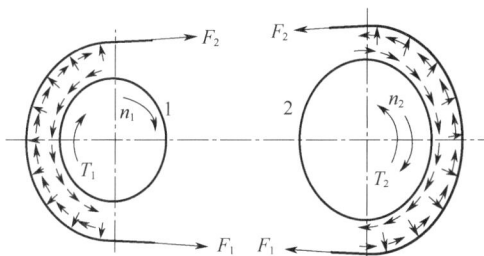

图 9-8　带与带轮的受力分析

在带传动中，有效拉力 F_e 并不是作用于某固定点的集中力，而是带和带轮接触面上各点摩擦力的总和，故整个接触面上的总摩擦力 F_f 等于带所传递的有效拉力，则由上式可知：

$$F_e = F_f = F_1 - F_2 \tag{9-7}$$

带传动所能传递的功率 P（单位为 kW）为：

$$P = \frac{F_e v}{1000} \tag{9-8}$$

式中　F_e——有效拉力，N；

　　　v——带的速度，m/s。

将式（9-7）代入式（9-6），可得：

$$\begin{cases} F_1 = F_0 + \dfrac{F_e}{2} \\ F_2 = F_0 - \dfrac{F_e}{2} \end{cases} \tag{9-9}$$

由式（9-9）可知，带的两边的拉力 F_1 和 F_2 的大小，取决于预紧力 F_0 和带传动的有效拉力 F_e，而由式（9-8）可知，在带传动的传动能力范围内，F_e 的大小又和传动的功率 P 及带的速度 v 有关。当传动的功率增大时，带的两边拉力的差值 $F_e=F_1-F_2$ 也要相应地增大。带的两边拉力的这种变化，实际上反映了带和带轮接触面上摩擦力的变化。显然，当其他条件不变且预紧力 F_0 一定时，这个摩擦力有一极限值（临界值）。这个极限值就限制着带传动的传动能力。

9.3.2 带传动的最大有效拉力及其主要影响因素

带传动在正常工作时，有效拉力 F_e 和圆周阻力 F_f 相等，在一定条件下，带和带轮接触面上能产生的摩擦力有一极限值，如所需传递的圆周阻力超过这一极限值时，传动带将在带轮上打滑。

刚要开始打滑时，紧边拉力 F_1 和松边拉力 F_2 之间存在以下关系，可用挠性体摩擦的欧拉公式表示，即：

$$F_1 = F_2 e^{f\alpha} \tag{9-10}$$

式中　e——自然对数的底（e≈2.718）；

　　　f——带和轮缘间的摩擦系数（对于 V 带用当量摩擦系数 f_v 代替 f）；

　　　α——传动带在带轮上的包角，rad。

将式（9-7）与式（9-9）、式（9-10）联立求解后可得出以下关系式，其中用 F_{max}（单位为 N）表示最大（临界）有效拉力：

$$F_{max} = 2F_0 \frac{1 - \dfrac{1}{e^{f\alpha}}}{1 + \dfrac{1}{e^{f\alpha}}} \tag{9-11}$$

由式（9-11）可知，带传动最大有效拉力与下列几个因素有关。

① 预紧力 F_0　最大有效拉力 F_{max} 与 F_0 成正比。这是因为 F_0 越大，带与带轮间的正压力越大，则传动时的摩擦力就越大，最大有效拉力 F_{max} 也就越大。但 F_0 过大时，将使带的磨损加剧，以致过快松弛，缩短带的工作寿命。如 F_0 过小，则带传动的工作能力得不到充分发挥，运转时容易发生跳动和打滑。

② 包角 α　最大有效拉力 F_{max} 随包角 α 的增大而增大。这是因为 α 越大，带和带轮的接触面上所产生的总摩擦力就越大，传动能力也就越高。

在带传动中，两带轮上包角大小通常是不相等的，一般总是大带轮包角大于小带轮的包角。且由于两带轮与带之间的摩擦因数通常相同，带与小带轮之间所能产生的最大摩擦力，总是小于其与大带轮之间所能产生的最大摩擦力，所以带传动的打滑总是出现在小带轮上。因此，在带传动设计计算时，仅计算带与小带轮之间所能产生的最大摩擦力。

③ 摩擦系数 f　最大有效拉力 F_{max} 随摩擦系数 f 的增大而增大。这是因为摩擦系数越大，摩擦力就越大，传动能力也就越高。而摩擦系数 f 与带及带轮的材料和表面状况、工作环境条

件等有关。

9.3.3　带传动的应力分析

传动带在工作过程中，会产生以下几种应力。

（1）拉应力

紧边拉应力σ_1：

$$\sigma_1 = \frac{F_1}{A} \tag{9-12}$$

松边拉应力σ_2：

$$\sigma_2 = \frac{F_2}{A} \tag{9-13}$$

式中　σ_1、σ_2——紧边、松边拉应力，MPa；
　　　F_1、F_2——紧边、松边拉力，N；
　　　A——带的截面积，mm^2。

（2）弯曲应力 σ_b

带在绕过带轮时，因弯曲而产生弯曲应力σ_b（单位为 MPa）。以 V 带为例，可得弯曲应力为：

$$\sigma_b = \frac{2Eh_0}{d_d} \tag{9-14}$$

式中　E——带材料的弹性模量，MPa；
　　　h_0——传动带截面的中性层至最外层的距离，mm；
　　　d_d——带轮基准直径，mm。

由式（9-14）可知，带愈厚，带轮直径愈小，则带中的弯曲应力愈大。因此，带绕在小带轮上时的弯曲应力σ_{b1}大于绕在大带轮上时的弯曲应力σ_{b2}。

（3）离心拉应力 σ_c

当带以初线速度v沿带轮轮缘做圆周运动时，带本身的质量将引起离心力。虽然它只产生在带做圆周运动的部分，但由此产生的拉应力却作用于带的全长。带中的离心拉应力σ_c为：

$$\sigma_c = \frac{qv^2}{A} \tag{9-15}$$

式中　q——带每米长的质量，kg/m（表 9-1）；
　　　v——带速，m/s；
　　　A——传动带的截面积，mm^2。

离心力的存在，使传动带与带轮接触面上的正压力减小。带传动在传递动力时，带中产生拉应力、弯曲应力和离心拉应力，其应力分布如图 9-9 所示。在紧边进入主动轮处带的应力最大，其值为：

$$\sigma_{max} = \sigma_1 + \sigma_{b1} + \sigma_c \tag{9-16}$$

如图 9-9 所示，带运行时，作用在带上某点的应力，随它所处位置不同而变化，因此带是在变应力下工作的，当应力循环次数达到一定数值后，带将产生疲劳破坏。

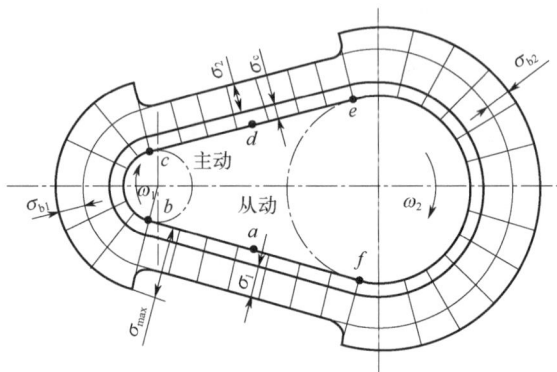

图 9-9　带的应力分析

9.3.4　带传动的弹性滑动和打滑

带传动在工作过程中，由于紧边和松边的拉力不等，因而弹性变形也不同。当带由主动轮紧边转动到松边时，拉力由 F_1 减小到 F_2，单位长度的拉伸变形量也逐渐减小，而实际长度逐渐缩短。从而使带在运动过程中相对于带轮产生微小的向后收缩运动（缩向拉力大的一边），结果造成带与带轮之间形成微小的相对滑动。相反，当带由从动轮松边转动到紧边时，所受的拉力由 F_2 逐渐增大到 F_1，带相对于带轮产生微小的前伸运动，同样在带与带轮间形成微小的相对滑动。拉力差 F_1-F_2 越大，相对滑动量也越大，这种由带的弹性变形引起的相对滑动称为弹性滑动。

弹性滑动是带传动中无法避免的一种正常的物理现象。这是带传动正常工作时固有的特性。由于弹性滑动的存在，使得带与带轮间产生摩擦和磨损，从动轮的圆周速度 v_2 低于主动轮的圆周速度 v_1，即产生了速度损失。这种速度损失还随外载荷的变化而变化，这就使得带传动不能保证准确的传动比。

由于弹性滑动的影响，将使从动轮的圆周速度 v_2 低于主动轮的圆周速度 v_1，其降低量可用滑动率来表示。通常以滑动率 ε 表示速度损失的程度，即：

$$\varepsilon = \frac{v_1 - v_2}{v_1} \times 100\% \tag{9-17}$$

主、从动轮的圆周速度分别为：

$$v_1 = \frac{\pi d_{d1} n_1}{60 \times 1000} \qquad v_2 = \frac{\pi d_{d2} n_2}{60 \times 1000}$$

式中　n_1、n_2——主、从动轮的转速，r/min；

d_{d1}、d_{d2}——主、从动轮的基准直径，mm。

因而，带传动的实际平均传动比为：

$$i_{12}=\frac{n_1}{n_2}=\frac{d_{d2}}{d_{d1}(1-\varepsilon)}$$

在一般传动中，因滑动率并不大（$\varepsilon=1\%\sim2\%$），故可不考虑弹性滑动的影响，则其传动比为：

$$i_{12}=\frac{n_1}{n_2}\approx\frac{d_{d2}}{d_{d1}}\qquad(9\text{-}18)$$

9.4　V 带传动的设计计算

9.4.1　失效形式和设计准则

带传动过程中，当所需传递的圆周力 F 超过带和带轮接触面上所能产生的最大摩擦力时，传动带将在带轮上产生打滑，打滑将使带的磨损加剧，传动效率降低，从动轮转速急速降低，导致带传动失效。另外，传动带在运行过程中由于循环变应力的作用会产生疲劳破坏。可见，带传动的主要失效形式即为打滑和疲劳破坏。因此，带传动的设计准则是在不打滑的条件下，具有一定的疲劳强度和使用寿命。

9.4.2　单根 V 带所能传递的功率

单根 V 带所能传递的功率是指在一定初拉力作用下，带传动不发生打滑且有足够疲劳寿命时所能传递的最大功率。

由式（9-7）和式（9-10）并对 V 带用当量摩擦系数 f_v 替代平面摩擦系数 f，可推导出带在有打滑趋势时的有效拉力（也是最大有效圆周力）：

$$F_{max}=F_1(1-\frac{1}{e^{f_v\alpha}})=\sigma_1 A(1-\frac{1}{e^{f_v\alpha}})\qquad(9\text{-}19)$$

从设计要求出发，应使 $\sigma_{max}\leqslant[\sigma]$，根据式（9-16）可写成：

$$\sigma_{max}=\sigma_1+\sigma_{b1}+\sigma_c\leqslant[\sigma]$$
$$\sigma_1\leqslant[\sigma]-\sigma_{b1}-\sigma_c\qquad(9\text{-}20)$$

$[\sigma]$ 为在一定条件下，由疲劳强度决定的 V 带许用拉应力。由实验知，在 $10^8\sim10^9$ 次循环应力下为：

$$[\sigma]=\sqrt[11.1]{\frac{CL_d}{3600jL_hv}}$$

式中　j——V 带上某一点绕行一周时所绕过带轮的数目；

v——V 带的速度，m/s；

L_d——V 带的基准长度，m；

L_h——V 带的使用寿命，h；

C——由 V 带的材质和结构决定的实验常数；

$[\sigma]$——V 带许用拉应力，MPa。

将式（9-20）代入式（9-19），得：

$$F_{max} = ([\sigma] - \sigma_{b1} - \sigma_c)A(1 - \frac{1}{e^{f_v\alpha}}) \qquad (9\text{-}21)$$

式中　A——V 带的截面面积，mm^2。

单根 V 带所能传递的功率为：

$$P_0 = F_{max}\frac{v}{1000}$$

即：

$$P_0 = \frac{([\sigma] - \sigma_{b1} - \sigma_c)Av(1 - \frac{1}{e^{f_v\alpha}})}{1000} \qquad (9\text{-}22)$$

在传动比 $i=1$（即包角 $\alpha=180°$）、特定带长、载荷平稳条件下，由式（9-22）计算所得的单根普通 V 带所能传递的基本额定功率 P_1 值列于表 9-2 中。

当传动比 $i>1$ 时，由于从动轮直径大于主动轮直径，传动带绕过从动轮时所产生的弯曲应力低于绕过主动轮时所产生的弯曲应力。因此，工作能力有所提高，即单根 V 带有一功率增量 ΔP_1，其值列于表 9-3 中。这时单根 V 带所能传递的功率即为（$P_1+\Delta P_1$）。如实际工况下包角不等于 180°、胶带长度与特定带长不同时，则应引入包角修正系数 K_α（见表 9-4）和长度修正系数 K_L（见表 9-5）。

在实际工况下，单根 V 带所能传递的额定功率为：

$$[P_1]=(P_1+\Delta P_1)K_\alpha K_L \qquad (9\text{-}23)$$

表 9-2　单根普通 V 带的基本额定功率 P_1（摘自 GB/T 13575.1—2022）

型号	小带轮转速	小带轮基准直径 d_{d1}/mm							
		20	25	28	31.5	35.5	40	45	50
		P_1/kW							
Y	400	—	—	—	—	—	—	0.04	0.05
	700	—	—	—	0.03	0.04	0.04	0.05	0.06
	800	—	0.03	0.03	0.04	0.05	0.05	0.06	0.07
	950	0.01	0.03	0.04	0.04	0.05	0.06	0.07	0.08
	1200	0.02	0.03	0.04	0.05	0.06	0.07	0.08	0.09
	1450	0.02	0.04	0.05	0.06	0.06	0.08	0.09	0.11
	1600	0.03	0.05	0.05	0.06	0.07	0.09	0.11	0.12
	2000	0.03	0.05	0.06	0.07	0.08	0.11	0.12	0.14

型号	小带轮转速	小带轮基准直径 d_{d1}/mm					
		50	56	63	71	80	90
		P_1/kW					
Z	400	0.06	0.06	0.08	0.09	0.14	0.14
	700	0.09	0.11	0.13	0.17	0.20	0.22
	800	0.10	0.12	0.15	0.20	0.22	0.24
	960	0.12	0.14	0.18	0.23	0.26	0.28

续表

型号	小带轮转速	小带轮基准直径 d_{d1}/mm					
		50	56	63	71	80	90
		P_1/kW					
Z	1200	0.14	0.17	0.22	0.27	0.30	0.33
	1450	0.16	0.19	0.25	0.30	0.35	0.36
	1600	0.17	0.20	0.27	0.33	0.39	0.40
	2000	0.20	0.25	0.32	0.39	0.44	1.48

型号	小带轮转速	小带轮基准直径 d_{d1}/mm							
		75	90	100	112	125	140	160	180
		P_1/kW							
A	400	0.38	0.53	0.64	0.76	0.89	1.04	1.23	1.42
	700	0.58	0.84	1.01	1.21	1.42	1.66	1.98	2.29
	800	0.64	0.93	1.12	1.34	1.58	1.86	2.21	2.56
	950	0.73	1.06	1.28	1.54	1.82	2.14	2.55	2.95
	1200	0.86	1.27	1.54	1.86	2.20	2.58	3.08	3.56
	1450	0.98	1.47	1.78	2.15	2.55	2.99	3.57	4.13
	1600	1.05	1.58	1.92	2.32	2.75	3.23	3.85	4.45
	2000	1.21	1.85	2.26	2.74	3.25	3.81	4.54	5.23

型号	小带轮转速	小带轮基准直径 d_{d1}/mm							
		125	140	160	180	200	224	250	280
		P_1/kW							
B	400	1.13	1.40	1.74	2.08	2.42	2.81	3.24	3.72
	700	1.75	2.18	2.74	3.29	3.84	4.48	5.16	5.92
	800	1.93	2.41	3.04	3.66	4.27	4.99	5.74	6.59
	950	2.19	2.75	3.48	4.19	4.89	5.71	6.57	7.54
	1200	2.59	3.27	4.15	5.01	5.84	6.82	7.84	8.96
	1450	2.94	3.73	4.75	5.74	6.70	7.80	8.94	10.17
	1600	3.13	3.99	5.09	6.14	7.16	8.33	9.52	10.79
	1800	3.37	4.30	5.49	6.63	7.72	8.95	10.19	11.49
	2000	3.58	4.58	5.86	7.07	8.21	9.49	10.75	12.02

注：本表摘自 GB/T 13575.1—2022。为了精简篇幅，表中未列出 C 型、D 型和 E 型的数据。

表 9-3　单根普通 V 带 $i \neq 1$ 时额定功率的增量 ΔP_1（摘自 GB/T 13575.1—2022）

型号	传动比	小带轮转速 n_1/(r/min)											
		200	300	400	500	600	700	800	950	1200	1450	1600	2000
		ΔP_1/kW											
Y	1.35～1.5	0.00	—	0.00	—	—	0.00	0.00	0.01	0.01	0.01	0.01	—
	1.51～1.99	0.00	—	0.00	—	—	0.00	0.00	0.01	0.01	0.01	0.01	—
	≥2	0.00	—	0.00	—	—	0.00	0.00	0.01	0.01	0.01	0.01	—

型号	传动比	小带轮转速 n_1/(r/min)											
		200	300	400	500	600	700	800	950	1200	1450	1600	2000
		ΔP_1/kW											
Z	1.35～1.5	0.00	—	0.01	—	—	0.01	0.01	0.02	0.02	0.02	0.02	—
	1.51～1.99	0.00	—	0.01	—	—	0.01	0.02	0.02	0.02	0.02	0.03	—
	≥2	0.00	—	0.01	—	—	0.02	0.02	0.02	0.03	0.03	0.03	—
A	1.35～1.51	0.02	—	0.04	—	—	0.07	0.08	0.08	0.11	0.13	0.15	—
	1.51～1.99	0.02	—	0.04	—	—	0.08	0.09	0.10	0.13	0.15	0.17	—
	≥2	0.03	—	0.05	—	—	0.09	0.10	0.11	0.15	0.17	0.19	—
B	1.35～1.51	0.05	—	0.10	—	—	0.17	0.20	0.23	0.30	0.36	0.38	0.44
	1.51～1.99	0.06	—	0.11	—	—	0.20	0.23	0.26	0.34	0.40	0.45	0.51
	≥2	0.06	—	0.13	—	—	0.22	0.25	0.30	0.38	0.46	0.51	0.57
C	1.35～1.51	0.14	0.21	0.27	0.34	0.41	0.48	0.55	0.65	0.82	0.99	1.10	1.23
	1.51～1.99	0.16	0.24	0.31	0.39	0.47	0.55	0.63	0.74	0.94	1.14	1.25	1.41
	≥2	0.18	0.26	0.35	0.44	0.53	0.62	0.71	0.83	1.06	1.27	1.41	1.59
D	1.35～1.51	0.49	0.73	0.97	1.22	1.46	1.70	1.95	2.31	2.92	3.52	3.89	4.38
	1.51～1.99	0.56	0.83	1.11	1.39	1.67	1.95	2.22	2.64	3.34	4.03	4.45	5.01
	≥2	0.63	0.94	1.25	1.56	1.88	2.19	2.50	2.97	3.75	4.53	5.00	5.62
E	1.35～1.51	0.96	1.45	1.93	2.41	2.89	3.38	3.86	4.58	—	—	—	—
	1.51～1.99	1.10	1.65	2.20	2.75	3.31	3.86	4.41	5.23	—	—	—	—
	≥2	1.24	1.86	2.48	3.10	3.72	4.34	4.96	5.89	—	—	—	—

表9-4 包角修正系数

α_1/(°)	180	175	170	165	160	155	150	145	140
K_α	1.00	0.99	0.98	0.96	0.95	0.93	0.92	0.91	0.89
α_1/(°)	135	130	125	120	115	110	105	100	95
K_α	0.88	0.86	0.84	0.82	0.80	0.78	0.76	0.74	0.72

表9-5 V带的基准长度系列及长度修正系数 K_L（摘自 GB/T 13575.1—2022）

基准长度 L_d/mm	带的型号										
	Y	Z	A	B	C	D	E	SPZ	SPA	SPB	SPC
	K_L										
200	0.81										
224	0.82										
250	0.84										
280	0.87										
315	0.89										
355	0.92										

基准长度	带的型号										
L_d/mm	Y	Z	A	B	C	D	E	SPZ	SPA	SPB	SPC
	K_L										
400	0.96	0.87									
450	1.00	0.89									
500	1.02	0.91									
560		0.94									
630		0.96	0.81					0.82			
710		0.99	0.83					0.84			
800		1.00	1.85					0.86	0.81		
900		1.03	0.87	0.82				0.88	0.83		
1000		1.06	0.89	0.84				0.90	0.85		
1120		1.08	0.91	0.86				0.93	0.87		
1250		1.11	0.93	0.88				0.94	0.89	0.82	
1400		1.14	0.96	0.90				0.96	0.91	0.84	
1600		1.16	0.99	0.92	0.83			1.00	0.93	0.86	
1800		1.18	1.01	0.95	0.86			1.01	0.95	0.88	
2000			1.03	0.98	0.88			1.02	0.96	0.90	0.81
2240			1.06	1.00	0.91			1.05	0.98	0.92	0.83
2500			1.09	1.03	0.93			1.07	1.00	0.94	0.86
2800			1.11	1.05	0.95	0.83		1.09	1.02	0.96	0.88
3150			1.13	1.07	0.97	0.86		1.11	1.04	0.98	0.90
3550			1.17	1.09	0.99	0.89		1.13	1.06	1.00	0.92
4000			1.19	1.13	1.02	0.91			1.08	1.02	0.94
4500				1.15	1.04	0.93	0.90		1.09	1.04	0.96
5000				1.18	1.07	0.96	0.92			1.06	0.98
5600					1.09	0.98	0.95			1.08	1.00
6300					1.12	1.00	0.97			1.09	1.02

9.4.3　设计计算和参数选择

（1）原始数据和设计内容

通常，设计 V 带传动的已知工作条件和原始数据是：传动的用途、工作情况和原动机类型；传递的功率 P；大、小带轮的转速 n_2 和 n_1；对传动的尺寸要求；等等。

设计计算需确定的主要内容是：V 带的型号、长度和根数；中心距；带轮基准直径及结构尺寸；作用在轴上的压力；等等。

（2）普通 V 带传动设计计算步骤及参数选择

① 确定计算功率 P_{ca}

$$P_{ca}=K_A P$$

式中　P——传递的额定功率，kW；

　　　P_{ca}——计算功率，kW；

　　　K_A——工况系数（表9-6）。

表9-6　工况系数 K_A

工况		原动机					
		普通笼型交流电动机、同步电机、直流电动机（并励）、$n>600$r/min 内燃机			交流电动机（大转差率、双笼型、单向、滑环式）直流电动机（复励、串励）单缸发动机、$n\leqslant600$r/min 内燃机		
		每天工作小时数/h					
		<10	10~16	>16	<10	10~16	>16
载荷变动最小	液体搅拌机、通风机和鼓风机（≤7.5kW）、离心式水泵和压缩机、轻负荷输送机	1.0	1.1	1.2	1.1	1.2	1.3
载荷变动小	带式输送机（不均匀负荷）、通风机（>7.5kW）、旋转式水泵和压缩机（非离心式）、发电机、金属切削机床、印刷机、旋转筛、锯木机和木工机械	1.1	1.2	1.3	1.2	1.3	1.4
载荷变动较大	制砖机、斗式提升机、往复式水泵和压缩机、起重机、磨粉机、冲剪机床、橡胶机械、振动筛、纺织机械、重载输送机	1.2	1.3	1.4	1.4	1.5	1.6
载荷变动很大	破碎机（旋转式、颚式等）、磨碎机（球磨、棒磨、管磨）	1.3	1.4	1.5	1.5	1.6	1.8

注：1. 空、轻载启动——电动机（交流启动、三角启动、直流并励）、四缸以上的内燃机、装有离心式离合器、液力联轴器的动力机。

2. 重载启动——电动机（联机交流启动、直流复励或串励）、四缸以下的内燃机。

3. 反复启动、正反转频繁、工作条件恶劣等场合，应将表中 K_A 值乘以1.2；增速 K_A 值查机械设计手册。

② 选择 V 带型号

根据计算功率 P_{ca} 和小带轮转速 n_1，由图9-10选择 V 带型号。当在两种型号的交线附近时，可以对两种型号同时计算，最后选择较好的一种。

③ 确定带轮基准直径 d_{d1} 和 d_{d2}

为了减小带的弯曲应力，应采用较大的带轮直径，但这使传动的轮廓尺寸增大。一般取 $d_{d1}\geqslant d_{dmin}$，比规定的最小基准直径略大些。大带轮基准直径可按 $d_{d2}\approx n_1 d_{d1}/n_2$ 计算。大、小带轮直径一般均应按带轮基准直径系列圆整（表9-7）。仅当传动比要求较精确时，才考虑滑动率 ε 来计算大轮直径，即：

$$d_{d2}=(1-\varepsilon)d_{d1}n_1/n_2$$

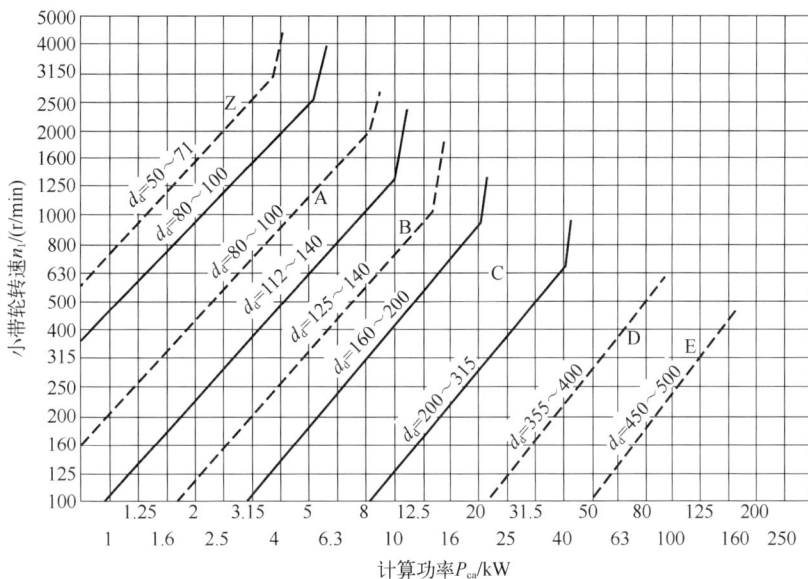

图 9-10 普通 V 带选型图

d_{d2} 可按表 9-7 圆整。

表 9-7 V 带轮最小基准直径 d_{dmin} 及基准直径系列 d_d 　　　　　单位：mm

带型	Y		Z		A		B		C		D		E	
d_{dmin}	20		50		75		125		200		355		500	
基准直径系列	20	22.4	25	28	31.5	35.5	40	45	50	56	63	71	80	85	90	95
	100	106	112	118	125	132	140	150	160	170	180	200	212	224	236	250
	265	280	315	355	375	400	425	450	475	500	530	560	630	710	800	900
	100	1120	1600	2000	2500											

④ 验算带的速度 v

由 $P=\dfrac{Fv}{1000}$ 可知，当传递的功率一定时，带速愈高，则所需有效圆周力 F 愈小，因而 V 带的根数可减少。但带速过高，带的离心力显著增大，减小了带与带轮间的接触压力，从而降低了传动的工作能力。同时，带速过高，使带在单位时间内绕过带轮的次数增加，应力变化频繁，从而降低了带的疲劳寿命。当带速达到某值后，不利因素将使基本额定功率降低。所以带速一般在 $v=5\sim25$m/s 内为宜，在 $v=20\sim25$m/s 范围内最有利。如带速过高（Y、Z、A、B、C 型中 $v>25$m/s，D、E 型中 $v>30$m/s）时，应重选较小的带轮基准直径 d_{d1}。

⑤ 确定中心距 a 和 V 带基准长度 L_d

根据结构要求初定中心距 a_0。中心距小则结构紧凑，但使小带轮上包角减小，降低带传动的工作能力，同时由于中心距小，V 带的长度短，在一定速度下，单位时间内的应力循环次数增多而导致使用寿命的降低，所以中心距不宜取得太小。但也不宜太大，太大除有相反的利弊外，速度较高时还易引起带的颤动。对于 V 带传动一般可取 d_{d1}：

$$0.7(d_{d1}+d_{d2})\leqslant a_0\leqslant2(d_{d1}+d_{d2})$$

初选 a_0 后，V 带初算的基准长度 L_{d0} 可根据几何关系由下式计算：

$$L_{d0} = 2a_0 + \frac{\pi}{2}(d_{d1} + d_{d2}) + \frac{(d_{d1} - d_{d2})^2}{4a_0}$$ （9-24）

根据式（9-24）算得的 L_{d0} 值（单位为 mm），应由表 9-7 选定相近的基准长度 L_d，然后再确定实际中心距 a。

由于 V 带传动的中心距一般是可以调整的，所以可用下式近似计算 a 值：

$$a = a_0 + \frac{L_d - L_{d0}}{2}$$

⑥ 验算小带轮上的包角 α_1

小带轮上的包角 α_1 可按式（9-2）计算：

$$\alpha_1 \approx 180° - (d_{d2} - d_{d1})\frac{57.5°}{a}$$

$$\alpha_2 \approx 180° + (d_{d2} - d_{d1})\frac{57.5°}{a}$$

为使带传动有一定的工作能力，一般要求 $\alpha_1 \geqslant 120°$（特殊情况允许 $\alpha_1 = 90°$）。若 α_1 小于此值，可适当加大中心距 a；若中心距不可调时，可加张紧轮。

从上式可以看出，α_1 也与传动比 i 有关，d_{d2} 与 d_{d1} 相差越大，即 i 越大，则 α_1 越小。通常为了在中心距不过大的条件下保证包角不致过小，所用传动比不宜过大。普通 V 带传动一般推荐 $i \leqslant 7$，必要时可到 10。

⑦ 确定 V 带根数 z

根据计算功率 P_{ca} 由下式确定 z：

$$z \geqslant \frac{P_{ca}}{[P_1]} = \frac{P_{ca}}{(P_1 + \Delta P_1)K_a K_L}$$ （9-25）

为使每根 V 带受力相对均匀，所以根数不宜太多，通常应小于 10 根，否则应改选 V 带型号，重新设计。

⑧ 确定初拉力 F_0

适当的初拉力是保证带传动正常工作的重要因素之一。初拉力小，则摩擦力小，易出现打滑。反之，初拉力过大，会使 V 带的拉应力增加而降低寿命，并使轴和轴承的压力增大。对于非自动张紧的带传动，由于带的松弛作用，过高的初拉力也不易保持。为了保证所需的传递功率，又避免出现打滑，在考虑离心力的不利影响的情况下，单根 V 带适当的初拉力为：

$$F_0 = \frac{500P_{ca}}{zv}\left(\frac{2.5}{K_\alpha} - 1\right) + qv^2$$ （9-26）

由于新带容易松弛，所以对非自动张紧的带传动，安装新带时的初拉力应为上述初拉力计算值的 1.5 倍。

⑨ 确定作用在轴上的压力 F_Q

带传动的紧边拉力和松边拉力对轴产生压力，它等于紧边和松边拉力的向量和。但一般多用初拉力 F_0 由图 9-11 近似地用下式求得 F_Q（单位为 N）：

$$F_Q = 2zF_0 \sin\frac{\alpha_1}{2} \qquad (9\text{-}27)$$

式中 α_1 —— 小带轮上的包角；

z —— V 带根数。

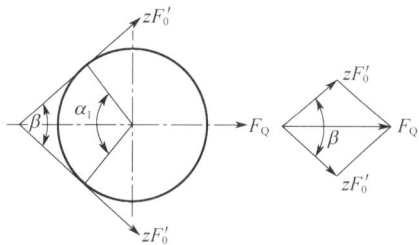

图 9-11 带传动对轴的作用力

9.4.4 V 带传动的张紧设计、使用与维护

V 带并非完全弹性体，在张紧状态下运转一定时间后，会因塑性变形而松弛，使带的初拉力降低，传动能力下降，甚至无法正常工作。因此，为了保证带的传动能力，应定期检查初拉力的大小，发现不足时应及时重新张紧。常见的张紧装置、张紧方法如下。

（1）定期张紧装置

采用定期改变中心距的方法来调节带的预紧力，使带重新张紧。在水平或倾斜不大的传动中，可用图 9-12（a）的方法，将装有带轮的电动机安装在制有滑道的基板上。要调节带的预紧力时，松开基板上各连接螺栓的螺母，旋动调节螺钉，将电动机向左推移到所需的位置，然后拧紧螺母；在垂直的或接近垂直的传动中，可用将装有带轮的电动机安装在可调的摆架上，如图 9-12（b）所示。

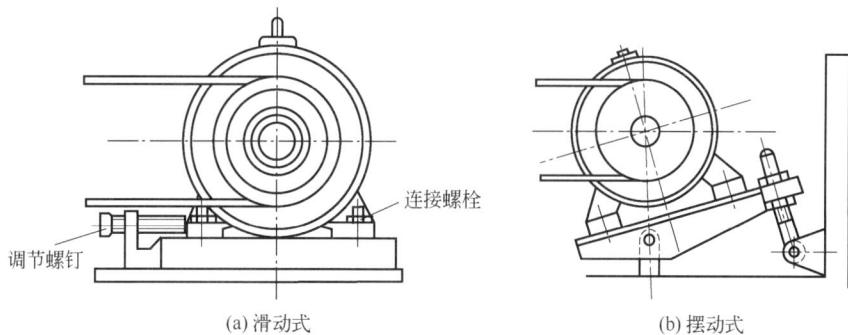

(a) 滑动式　　　　　　　　　　　　(b) 摆动式

图 9-12 定期张紧装置

（2）自动张紧装置

将装有带轮的电动机安装在活动的摆架上，如图 9-13（a）所示，利用电动机的自重，使带轮随同电动机绕固定轴摆动，以自动保持张紧力。如图 9-13（b）所示，带轮也安装在可移动的基座上，通过砝码自重施加拉力，使基座沿滑道向右移动，确保带传动始终保持恒定张紧

机械设计基础

力，此装置常用于带传动的实验装置中。

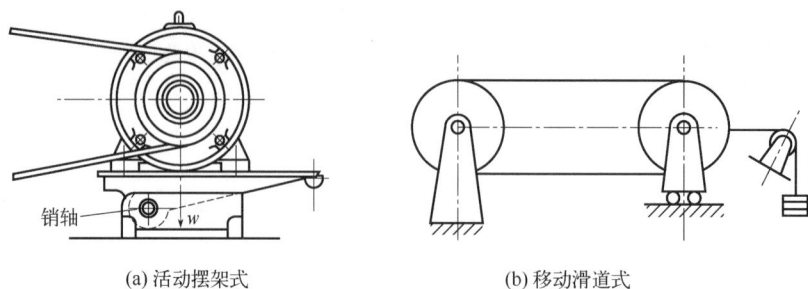

(a) 活动摆架式　　　　　(b) 移动滑道式

图 9-13　自动张紧装置

（3）采用张紧轮的装置

当中心距不能调节时，可采用张紧轮将带张紧。张紧轮一般应放在松边的内侧，如图 9-14 （a）所示，使带只受单向弯曲。同时张紧轮还应尽量靠近大轮，以免过分影响带在小轮上的包角。如图 9-14（b）所示，张紧轮压在松边外侧，使带反向弯曲，造成寿命降低，通常应用于平带传动，对于 V 带则仅限于确实需要增大包角和空间受限的传动中。

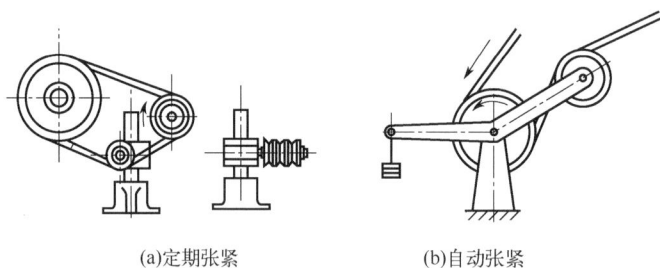

(a)定期张紧　　　　　(b)自动张紧

图 9-14　张紧轮张紧装置

（4）V 带传动的安装与维护

① 为便于装拆无接头的环形 V 带，带轮宜悬臂装于轴端。在水平或接近水平的同向传动中，一般应使带的紧边在下，松边在上，以便借带的自重加大带轮包角。

② 安装时，两带轮轴线必须平行，轮槽应对正，以避免带的扭曲和磨损加剧。

③ 如图 9-15 所示，V 带在轮槽中应保证位置正确，其顶面应与带轮外缘平齐。V 带嵌入太深，可能触及轮槽底部，失去 V 带传动优点；位置过高则接触面减少，传动能力降低，且磨损加剧。

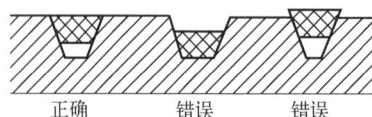

正确　　错误　　错误

图 9-15　V 带在轮槽中的位置

④ 安装时应缩小中心距，松开张紧轮，将带套入槽中后再调整到合适的张紧程度。不要将带强行撬入，以免带被损坏。

⑤ 多根 V 带传动时，为避免受载不匀，应采用配组带。若其中一根带松弛或损坏，应全

部同时更换，以免加速新带破坏。可使用的旧带经测量，实际长度相同的可组合使用。

　⑥ 避免与酸、碱、油类等接触，也不宜在阳光下暴晒，以免老化变质。

　⑦ 带传动应装设防护罩，保证通风良好和运转时不擦碰防护罩。

9.5　链传动概述

　　链传动由主动链轮、从动链轮和绕在两轮上的一条闭合链条组成，如图 9-16 所示，它靠链条与链轮齿之间的啮合来传递运动和动力。与带传动比较，链传动有结构紧凑、作用在轴上的载荷小、承载能力较大、效率较高（一般可达 96%～97%）、能保持准确的平均传动比等优点。但链传动对安装精度要求较高，工作时有振动、冲击、瞬时速度不均匀等现象。

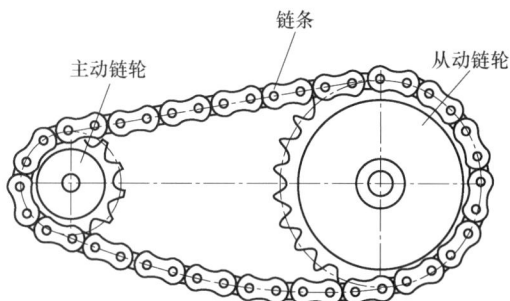

图 9-16　链传动图

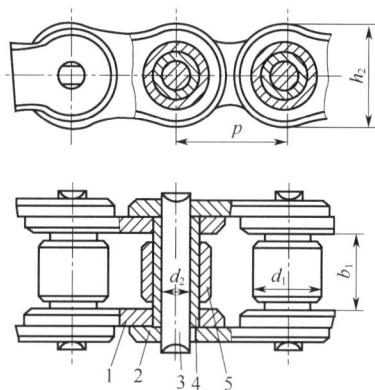

图 9-17　滚子链的结构

1—内链板；2—外链板；3—销轴；4—套筒；5—滚子

　　链传动适用于两轴相距较远，要求平均传动比不变但对瞬时传动比要求不严格，工作环境恶劣（多油、多尘、高温）等场合。它广泛应用于冶金、轻工、化工、机床、农业、起重运输和车辆等的机械传动中。

　　链有多种类型，按用途可分为传动链、起重链和牵引链三种。起重链和牵引链用于起重机械和运输机械。在一般机械中，最常用的是传动链。传动链的主要类型有短节距精密滚子链（简称滚子链）和齿形链等，其中以滚子链应用最广。本节主要讨论滚子链传动的有关设计问题。

　　滚子链由内链板 1、外链板 2、销轴 3、套筒 4 和滚子 5 组成，如图 9-17 所示。内链板与套筒间、外链板与销轴间均为过盈配合，套筒与销轴间则为间隙配合，形成动连接。工作时内、外链板间可以相对挠曲，套筒则绕销轴自由转动。为了减少销轴与套筒间的磨损，在它们之间应进行润滑。滚子活套在套筒外面，啮合时滚子沿链轮齿廓滚动，以减小链条与链轮轮齿间的磨损。内、外链板均制成“8”字形，以使链板各横截面的抗拉强度大致相同，并减轻链条的重量及惯性力。

　　相邻两销轴轴心线间的距离称为节距，用 p 表示，它是链的主要参数。节距 p 越大，链的各元件的尺寸越大，承载能力也越高，但其重量也增加，冲击和振动也随之增加。因此，传递功率较大时，为减小链传动的外廓尺寸，减小冲击、振动可采用小节距的多排链，如图 9-18 所示。四排以上的传动链可与生产厂家协商制造。

为了使链连成封闭环状，链的两端应用联接链节连接起来，联接链节通常有 3 种形式，如图 9-19 所示。当组成链的链节总数为偶数时，可采用开口销或弹簧夹将接头上的活动销轴固定；当链节总数为奇数时，可采用过渡链节连接。链条受力后，过渡链节的链板除受拉力外，还受附加弯矩，其强度较一般链节低。因此，在常规情况下，应避免使用奇数链节。

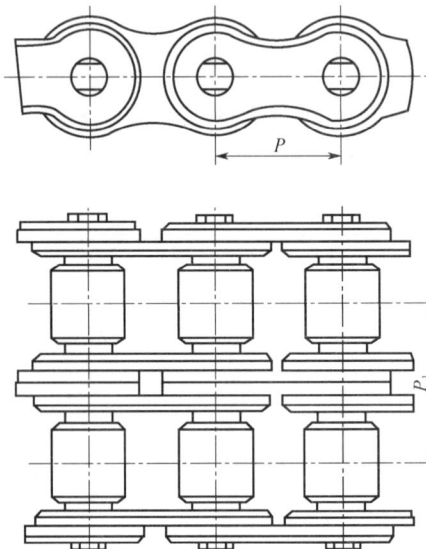

图 9-18　多排链

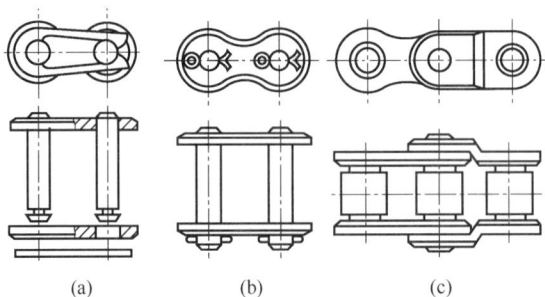

(a)　　　　　　(b)　　　　　　(c)

图 9-19　连接链节

对于在重载、冲击、换向转动等繁重条件下工作的链传动，如果全部采用由过渡链节组成的弯板滚子链，由于它的柔性较好，因而能减轻冲击和振动。

传动用滚子链已标准化，分 A、B、C 和 H 系列，常用 A 系列，其尺寸及主要参数见表 9-8。

标记示例：链号 20A、双排、60 节的滚子链标记为

$$20A\text{-}2\times60 \qquad GB/T\ 1243\text{—}2024$$

表 9-8　滚子链的主要尺寸和极限拉伸载荷（摘自 GB/T 1243—2024）

链号	链距 p/mm	滚子外径 d_{1max}/mm	销轴直径 d_{2max}/mm	内节内宽 b_{1min}/mm	内节外宽 b_{2min}/mm	排距 p_t/mm	每米质量（单排）q/(kg/m)	极限拉伸载荷（单排）Q_{min}/N
08A	12.70	7.92	3.98	7.85	11.17	14.38	0.60	13900
10A	15.875	10.16	5.09	9.40	13.84	18.11	1.00	21800
12A	19.05	11.91	5.96	12.57	17.75	22.78	1.50	31300

链号	链距 p/mm	滚子外径 d_{1max}/mm	销轴直径 d_{2max}/mm	内节内宽 b_{1min}/mm	内节外宽 b_{2min}/mm	排距 p_t/mm	每米质量（单排）q/(kg/m)	极限拉伸载荷（单排）Q_{min}/N
16A	25.40	15.88	7.94	15.75	22.60	29.29	2.60	55600
20A	31.75	19.05	9.54	18.90	27.45	35.76	3.80	86700
24A	38.10	22.23	11.11	25.22	35.45	45.44	5.60	125000
28A	44.45	25.40	12.71	25.22	37.18	48.87	7.50	170000
32A	50.80	28.58	14.29	31.55	45.21	58.55	10.10	223000
40A	63.50	39.68	19.85	37.85	54.88	71.55	16.10	347000

注：使用过渡链节时，其极限拉伸载荷按表列数值的 80% 计算，表中链号数乘以 25.4/16 即为链节距（mm）。

9.6 链传动的运动特性分析

链传动的运动情况和绕在多边形轮子上的带传动很相似，如图 9-20 所示。边长相当于链节距 p，边数相当于链轮齿数 z。轮子每转一周，链绕过的长度应为 zp。当两链轮转速分别为 n_1 和 n_2 时，链速 v（单位为 m/s）为：

$$v = \frac{z_1 p n_1}{60 \times 1000} = \frac{z_2 p n_2}{60 \times 1000} \tag{9-28}$$

由式（9-28）可得链传动的传动比：

$$i = \frac{n_1}{n_2} = \frac{z_2}{z_2} \tag{9-29}$$

从上述两式中求出的链速和传动比都是平均值。实际上，由于多边形效应，瞬时链速和瞬时传动比都是变化的，分析如下。

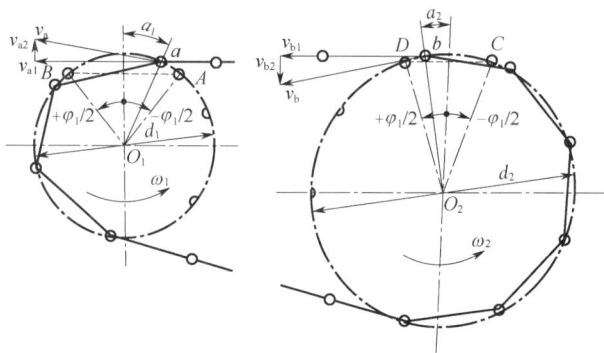

图 9-20 链传动的运动分析

如图 9-20 所示，当主动轮以角速度 ω_1 回转时，链轮分度圆的圆周速度为 $r_1\omega_1$，则位于分度圆上的链条的速度也是 $r_1\omega_1$，如图 9-20 所示中的铰链 A，显然铰链线速度 $v = r_1\omega_1\cos\alpha_1$，$\alpha_1$ 为铰链中心 a 的圆周速度方向和水平方向的夹角，也是其在主动轮上的相位角，其变化为 $-\dfrac{180°}{z_1} \sim +\dfrac{180°}{z_1}$。

当 $\alpha_1 = 0°$ 时，链速最大，$v_{max} = r_1\omega_1$；当 $\alpha_1 = \pm\dfrac{180°}{Z_1}$ 时，链速最小，$v_{min} = r_1\omega_1\cos\dfrac{180°}{Z_1}$。即链轮每转过一个齿，链速就时快时慢变化一次。

由此可知，当 ω_1 为常数时，瞬时链速和瞬时传动比都作周期变化。同理，链条分速度 $v' = r_1\omega_1\sin\alpha_1$ 也做周期性变化，从而使链条上下抖动。

根据以上分析，当主动链轮等速转动时，受链与链轮之间啮合的多边形影响，链与从动轮做变速运动，从而引起附加动载荷。这种现象称为链传动的多边形效应。链速越高，节距越大，链轮齿数越少，多边形效应越明显，传动时的附加动载荷越大，冲击和噪声也随之越大。过大的冲击将导致链和链轮轮齿的急剧磨损，所以一般限制链的速度 $v < 12 \sim 15\text{m/s}$。

9.7 滚子链传动的设计计算

9.7.1 链运动的主要失效形式

（1）铰链磨损

链节在进入和退出啮合时，相邻链节发生相对转动，因而在铰链的销轴与套筒间有相对转动，引起磨损，使链的实际节距变长，啮合点沿链轮齿高方向外移。当达到一定程度后，就会破坏链与链轮的正确啮合，导致跳齿或脱链，使传动失效。

对于开式传动，磨损是主要的失效形式，磨损部位还有滚子内外表面、套筒外表面、链板及链轮轮齿表面等。

（2）疲劳破坏

由于在运转过程中所受载荷不断改变，链是在变应力状态下工作的。经过一定循环次数后，链的元件将产生疲劳破坏。滚子链在中、低速时，链板首先疲劳断裂；高速时，由于套筒或滚子啮合时所受冲击载荷急剧增加，其先于链板产生冲击疲劳破坏。在润滑充分和设计及安装正确的条件下，疲劳强度是决定链传动承载能力的主要因素。

（3）铰链胶合

铰链在进入主动轮和离开从动轮时，都要承受较大的载荷和产生相对转动，当链轮转速超过一定数值时，销轴与套筒之间的承载油膜破裂，使金属表面直接接触并产生很大的摩擦，由摩擦产生的热量足以使销轴和套筒胶合。在这种情况下，或者销轴被剪断，或者销轴、套筒与链板的紧配合松动，从而造成链传动迅速失效。试验表明，铰链胶合与链轮转速关系极大，因此，链轮的转速应受胶合失效的限制。

（4）链被拉断

链传动在低速（$v < 0.6\text{m/s}$）重载或尖峰载荷过大时，链会被拉断。链传动的承载能力受链元件静拉力强度的限制。少量的轮齿磨损或塑性变形并不产生严重问题。但当链轮轮齿的磨损

和塑性变形超过一定程度后，链的寿命将显著下降。通常，链轮的寿命为链条寿命的 2～3 倍以上。故链传动的承载能力是以链的强度和寿命为依据的。

9.7.2　链传动的承载能力

链传动在不同的工作情况下，其主要的失效形式也不同，如图 9-21 所示就是链在一定寿命下，小链轮在不同转速下由各种失效形式限定的极限功率曲线。1 是在良好而充分润滑条件下由磨损破坏限定的极限功率曲线；2 是在变应力作用下由链板疲劳破坏限定的极限功率曲线；3 是由滚子套筒冲击疲劳强度限定的极限功率曲线；4 是由销轴与套筒胶合限定的极限功率曲线；5 是良好润滑情况下的额定功率曲线，它是设计时实际使用的功率曲线；

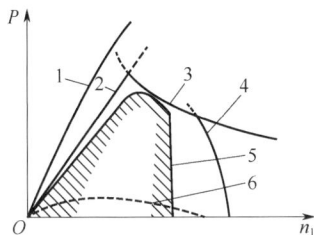

图 9-21　极限功率曲线

6 是润滑条件不好或工作环境恶劣情况下的极限功率曲线，在这种情况下链磨损严重，所能传递的功率比良好润滑情况下的功率低得多。

图 9-22 所示为 A 系列滚子链的实用功率曲线图，它是在 $z_1=19$、$L=100p$、单排链、载荷平稳、按照推荐的润滑方式润滑（图 9-23）、工作寿命为 15000h、链因磨损而引起的伸长率不超过 3% 的情况下由实验得到的极限功率曲线。根据小链轮转速 n_1 由此图可查出该情况下各种型号的链在链速 $v>0.6$m/s 情况下允许传递的额定功率 P_0。

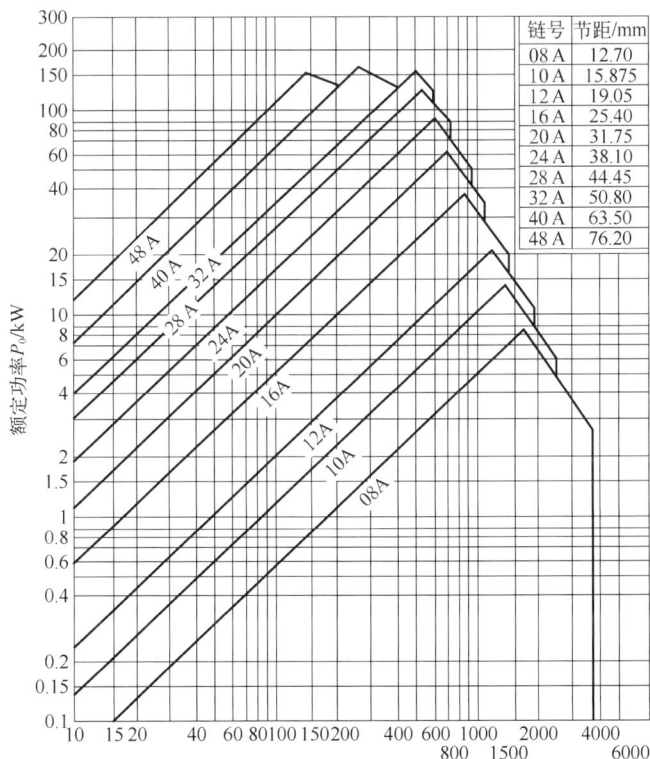

链号	节距/mm
08 A	12.70
10 A	15.875
12 A	19.05
16 A	25.40
20 A	31.75
24 A	38.10
28 A	44.45
32 A	50.80
40 A	63.50
48 A	76.20

图 9-22　单排 A 系列滚子链的功率曲线图

当实际情况不符合实验规定的条件时，查得的 P_0 值应乘以一系列修正系数，如小链轮齿数系数 K_Z、链长系数 K_L、多排链系数 K_p 和工作情况系数 K_A 等。

当不能按如图 9-23 所示的方式润滑而使润滑不良时，磨损加剧。此时，链主要是磨损破坏，额定功率 P_0 值应降低，当 $v \leqslant 1.5 \mathrm{m/s}$ 且润滑不良时，为图值的 30%～60%；无润滑时为 15%（寿命不能保证 15000h）；当 $1.5 \mathrm{m/s} < v \leqslant 7 \mathrm{m/s}$ 且润滑不良时，为图值的 15%～30%。当 $v > 7 \mathrm{m/s}$ 且润滑不良时，该传动不可靠，不宜采用。

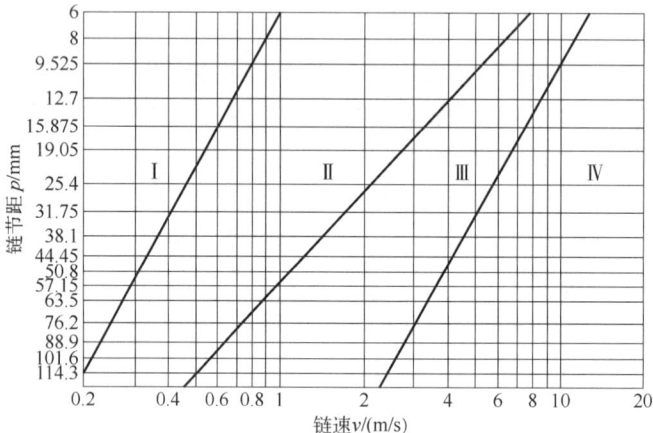

图 9-23　润滑方式选择图

Ⅰ—人工定期润滑；Ⅱ—滴油润滑；Ⅲ—油浴或飞溅润滑；Ⅳ—压力喷油润滑

当 $v < 0.6 \mathrm{m/s}$ 时，链传动的主要失效形式是过载拉断，此时应进行静强度校核。静强度安全系数 S 应满足下式要求：

$$S = \frac{Q_\mathrm{n}}{K_\mathrm{A} F_1} \geqslant [s] \tag{9-30}$$

式中　Q_n——链的极限拉伸载荷，N，$Q_\mathrm{n} = nQ$，n 为排数，单排链的极限拉伸载荷 Q 见表 9-8；

K_A——工况系数，见表 9-9；

F_1——链的总拉力，N。

表 9-9　工况系数 K_A

工作机特性		原动机特性		
		转动平稳	中等振动	严重振动
特性	工作机举例	电动机、装有液力变矩器内燃机	4 缸或 4 缸以上内燃机	少于 4 缸的内燃机
转动平稳	离心式水泵和压缩机、印刷机、地毯和喂料输送机、纸压光机、自动电梯、液体搅拌机、风扇	1.0	1.1	1.3
中等振动	多泵缸和压缩机、水泥搅拌机、压力机、剪床、载荷非恒定输送机、固体搅拌机、球磨机	1.4	1.5	1.7
严重振动	刨煤机、电铲、轧机、橡胶加工机、单缸泵和压缩机、石油钻机	1.8	1.9	2.1

9.7.3　链传动主要参数的选择

链传动设计需要确定的主要参数有：链节距和排数、传动比、链轮齿数、链节数和链轮中心距等，下面就这些参数的选择进行分析。

（1）链的节距和排数

链的节距大小反映了链节和链轮齿的各部分尺寸的大小，在一定条件下，链的节距越大，承载能力越高，但传动不平稳性、运动载荷和噪声越严重，传动尺寸也增大。因此设计时，在承载能力足够的条件下，尽量选取较小节距的单排链，高速重载时可采用小节距的多排链。一般载荷大、中心距小、传动比大时，选小节距多排链；中心距大、传动比小，而速度不太高时，选大节距单排链。链条所能传递的功率 P_0 可由下式确定：

$$P_0 \geqslant \frac{P_{ca}}{K_z K_L K_p} \tag{9-31}$$

$$P_{ca} = K_A P \tag{9-32}$$

式中　P_0——在特定条件下，单排链所能传递的功率（图 9-22），kW；

　　　P_{ca}——链传动的计算功率，kW；

　　　K_A——工况系数（表 9-9）；

　　　K_z——小链轮齿数系数（表 9-10）；

　　　K_L——链长系数（表 9-10）；

　　　K_p——多排链系数（表 9-11）。

表 9-10　小链轮齿数系数 K_z 和链长系数 K_L

P_{ca} 与 n_1 的交点在额定功率曲线图的位置	位于功率曲线顶点左侧时（链板疲劳）	位于功率曲线顶点右侧时（滚子、套筒冲击疲劳）
小链轮齿数系数 K_z	$\left(\dfrac{z_1}{19}\right)^{1.08}$	$\left(\dfrac{z_1}{19}\right)^{1.05}$
链长系数 K_L	$\left(\dfrac{L_p}{100}\right)^{0.26}$	$\left(\dfrac{L_p}{100}\right)^{0.5}$

表 9-11　多排链系数 K_p

排数	1	2	3	4	5	6
K_p	1	1.7	2.5	3.3	4.0	4.6

（2）传动比 i

链传动的传动比一般应小于 6，在低速和外廓尺寸不受限制的地方允许到 10，推荐 $i=2\sim 3.5$。传动比过大将使链在小链轮上的包角过小，因而使同时啮合的齿数少，这将加速链条和轮齿的磨损，并使传动外廓尺寸增大。

（3）链轮齿数 z

链轮齿数不宜过多或过少。齿数太少时：

① 增加传动的不均匀性和动载荷；

② 增加链节间的相对转角，从而增大功率消耗；

③ 增加链的工作拉力（当小链轮转速 n_1、转矩 T_1 和节距 p 一定时，齿数少时链轮直径小，链的工作拉力增加），从而加速链和链轮的损坏。

但链轮的齿数太多，除增大传动尺寸和重量外，还会因磨损而实际节距增长后发生跳齿或脱链现象概率增加，从而缩短链的使用寿命。通常限定最大齿数 $z_{max} \leqslant 120$。

从提高传动均匀性和减少动载荷考虑，建议在动力传动中，滚子链的小链轮齿数按表 9-12 选取。

表 9-12 小链轮的齿数选择推荐表

链速 v/(m/s)	0.6～3	3～8	>8	>25
z_1	$\geqslant 17$	$\geqslant 21$	$\geqslant 25$	$\geqslant 35$

从限制大链轮齿数和减小传动尺寸考虑，传动比大、链速较低的链传动建议选取较少的链轮齿数。滚子链最少齿数为 $z_{min}=9$。

（4）链节数 L_p 和链轮中心距 a

在传动比 $i=1$ 时，链轮中心距过小，则链在小链轮上的包角小，与小链轮啮合的链节数少。同时，因总的链节数减少，链速一定时，单位时间链节的应力变化次数增加，使链的寿命降低。但中心距太大时，除结构不紧凑外，还会使链的松边颤动。

在不受机器结构的限制时，一般情况可初选中心距 $a_0=(30～50)p$，最大可取 $a_{max}=80p$，当有张紧装置或托板时，a_0 可大于 $80p$。

最小中心距 a_{min}（单位：mm）可先按 i 初步确定。

当 $i \leqslant 3$ 时
$$a_{min} = \frac{d_{a1}+d_{a2}}{2}+(30～50)$$

当 $i>3$ 时
$$a_{min} = \frac{d_{a1}+d_{a2}}{2} \times \frac{9+i}{10}$$

式中 d_{a1}、d_{a2}——两链轮齿顶圆直径。

链的长度常用链节数 L_p 表示，$L_p=L/p$，L 为链长。链节数的计算公式为：

$$L_p = \frac{2a_0}{p}+\frac{z_1+z_2}{2}+\frac{p}{a_0}\left(\frac{z_2-z_1}{2\pi}\right)^2 \tag{9-33}$$

计算出的 L_p 值应圆整为相近的整数，而且最好为偶数，以免使用过渡链节。

根据链长就能计算最后中心距：

$$a = \frac{p}{4}\left[\left(L_p-\frac{z_1+z_2}{2}\right)+\sqrt{\left(L_p-\frac{z_1+z_2}{2}\right)^2-8\left(\frac{z_2-z_1}{2\pi}\right)^2}\right] \tag{9-34}$$

为了便于链的安装以及使松边有合理的垂度，安装中心距应较计算中心距略小。当链条磨损后，链节增长，垂度过大时，将引起啮合不良和链的振动。为了在工作过程中能适当调整垂度，一般将中心距设计成可调，调整范围 $\Delta a \geqslant 2p$，松边垂度 $f=(0.01～0.02)a$。

9.7.4 链传动的布置

链传动的布置对传动性能及使用寿命均有较大的影响。布置时一般应使两轴线都与同一铅垂平面垂直，两链轮位于同一平面内。常用工况为连心线水平或接近水平的布置，松边在下。

各种布置形式及注意事项见表 9-13。

表 9-13　链传动的布置

传动参数	传动布置		说明
	正确	不正确	
$i=2\sim3$ $a=(30\sim50)p$			两轮轴线在同一水平面，链条的紧边在上、在下都不影响工作，但紧边在上较好
$i>2$ $a=(30\sim50)p$			两轮轴线不在同一水平面，链条的松边不应在上面，否则由于松边垂度增大，链条与链轮齿相干扰，破坏正常啮合
$i<1.5$ $a=(30\sim50)p$			两轮轴线在同一水平面，链条的松边不应在上面，否则由于链条垂度逐渐增大，引起松边和紧边相碰
i,a 为任意值			两轮轴线在同一铅垂面，链条因磨损垂度逐渐增大时，将减少与下面链轮的有效啮合齿数，导致传动能力降低。为此，应采用以下措施：设置可调中心距，安装张紧装置，上下两轮偏置，使其不在同一铅垂面内

9.8　企业应用案例——带式输送机

带式输送机是一种靠摩擦驱动以连续方式运输物料的机械，广泛应用于家电、电子、电器、机械、烟草、住宿、邮电、印刷、食品等各行各业，以及物件的组装、检测、调试、包装和运输等方面，具有运送能力强、输送距离远、结构简单便于维护，能方便地实行程序化控制和自动化操作的特点。

某带式运输机传动方案如图 9-24 所示，设计其中的带传动。设计参数如下：$P=11\mathrm{kW}$，$n_1=1460\mathrm{r/min}$，$i=2.1$，一般用途，使用时间 10 年（每年工作 250 天），双班制连续工作，单向运转。

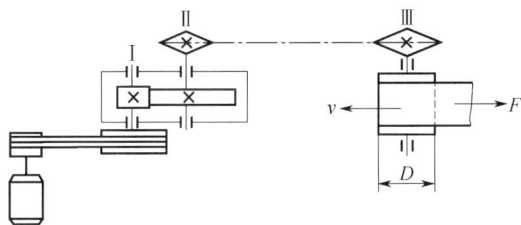

图 9-24　带式运输机传动方案

1）确定计算功率 P_{ca}

由表 9-6 查得工况系数 $K_{\mathrm{A}}=1.2$，则：

$$P_{ca}=K_A P=1.2 \times 11=13.2 \text{（kW）}$$

2）选择 V 带型号

根据 $P_{ca}=13.2$kW，$n_1=1460$r/min，由图 9-10 选取 B 型 V 带。

3）确定带轮基准直径 d_{d1}、d_{d2}

由表 9-7，B 型 V 带带轮最小直径 $d_{dmin}=125$mm，又根据图 9-10 中 B 型带推荐的 d_{d1} 的范围及表 9-7，取 $d_{d1}=132$mm，从动轮基准直径 $d_{d2}=id_{d1}=2.1\times132=277.2$mm，由表 9-7 基准直径系列取 $d_{d2}=280$mm。

传动比
$$i=\frac{n_1}{n_2}=\frac{d_{d2}}{d_{d1}}=\frac{280}{132}=2.12$$

传动比误差为
$$\frac{2.12-2.1}{2.1}=0.95\% < 5\%$$

允许。

4）验算带的速度

$$v=\frac{\pi d_{d1} n_1}{60 \times 1000}=\frac{\pi \times 132 \times 1460}{60 \times 1000}=10.09\text{m/s} < 25 \text{（m/s）}$$

5）确定中心距 a 和 V 带基准长度 L_d

由 $\qquad\qquad 0.7(d_{d1}+d_{d2}) \leqslant a_0 \leqslant 2(d_{d1}+d_{d2})$

即 $\qquad\qquad 288.4=0.7(132+280) \leqslant a_0 \leqslant 2(132+280)=824$

则初取中心距 $a_0=560$mm。

初算 V 带的基准长度 L_{d0}：

$$L_{d0} = 2a_0 + \frac{\pi}{2}(d_{d1}+d_{d2}) + \frac{(d_{d1}-d_{d2})^2}{4a_0}$$

$$=2 \times 560 + \frac{\pi}{2}(132+280) + \frac{(132-280)^2}{4 \times 560}=1776.95 \text{（mm）}$$

由表 9-5 选取标准基准长度 $L_d=1800$mm，中心距 a 为：

$$a=a_0+\frac{L_d-L_{d0}}{2}=560+\frac{1800-1776.95}{2}=571.525 \text{（mm）}$$

实际中心距取 $a=572$mm。

6）验算小带轮上包角 α_1

$$\alpha_1 \approx 180° - (d_{d2}-d_{d1})\frac{57.5°}{a}=180°-(280-132)\frac{57.5°}{572}=165.12° > 120°$$

合适。

7）确定 V 带根数

由 $d_{d1}=132$mm，$n_1=1460$r/min，查表 9-2，B 型单根 V 带所能传递的基本额定功率 $P_1=2.48$kW，查表 9-3，功率增量 $\Delta P_1=0.46$kW，由表 9-4 查得包角系数 $K_\alpha=0.96$，由表 9-5 查得长度修正系数 $K_L=0.95$，则所需带的根数：

$$z \geqslant \frac{P_{ca}}{[P_1]}=\frac{P_{ca}}{(P_1+\Delta P_1)K_\alpha K_L}=\frac{13.2}{(2.48+0.46) \times 0.96 \times 0.95}=4.92$$

取 $z=5$ 根。

8）确定初拉力 F_0

$$F_0 = \frac{500P_{ca}}{zv}\left(\frac{2.5}{K_\alpha}-1\right)+qv^2$$

由表 9-1，B 型带 q=0.17kg/m，初拉力 F_0 为：

$$F_0 = \frac{500\times13.2}{5\times10.09}\left(\frac{2.5}{0.96}-1\right)+0.17\times10.09^2 = 227.17 \text{（N）}$$

9）确定作用在轴上的压轴力 F_Q

$$F_Q = 2zF_0\sin\frac{\alpha_1}{2} = 2\times5\times227.17\times\sin\frac{165.12°}{2} = 2252.7 \text{（N）}$$

10）带轮设计（略）

思考题与习题

9-1　带传动的失效形式有哪些？

9-2　V 带传动设计过程中，为什么要校验带速度是否在 5～25m/s 范围内？

9-3　带传动的弹性滑动和打滑是怎样产生的？它们对传动有何影响？是否可以避免？

9-4　带传动中最大有效拉力与哪些因素有关？

9-5　带传动的设计计算中，为什么仅计算带与小带轮之间所能产生的最大摩擦力？

9-6　链传动的失效形式有哪些？

9-7　何谓链传动的多边形效应？

9-8　已知：V 带传动所传递的功率 P=7.5kW，带速 $v = 10$m/s，现测得初拉力 F_0=1125N，试求紧边拉力 F_1 和松边拉力 F_2。

9-9　一普通 V 带传动，已知：主动轮直径 d_{d1}=180mm，从动轮直径 d_{d2}=630mm，中心距 a=1600mm，主动轮转速 n_1=1460r/min，使用 B 型 V 带 4 根，V 带和带轮表面的摩擦因数 f=0.4。所能传递的最大功率 P=41.5kW，试计算包角 α_1 及带中各应力。（带轮槽楔角 φ=38°，V 带的弹性模量 E=200MPa）

9-10　如图 9-25 所示 6 种张紧轮的布置方式，哪些是合理的，哪些是不合理的？为什么？（注：最小轮为张紧轮）

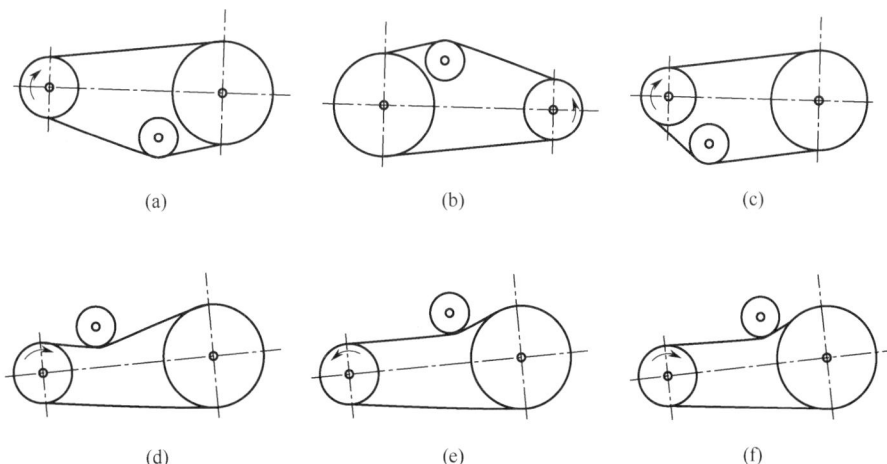

图 9-25　题 9-10 图

第 10 章

连 接

本章知识导图

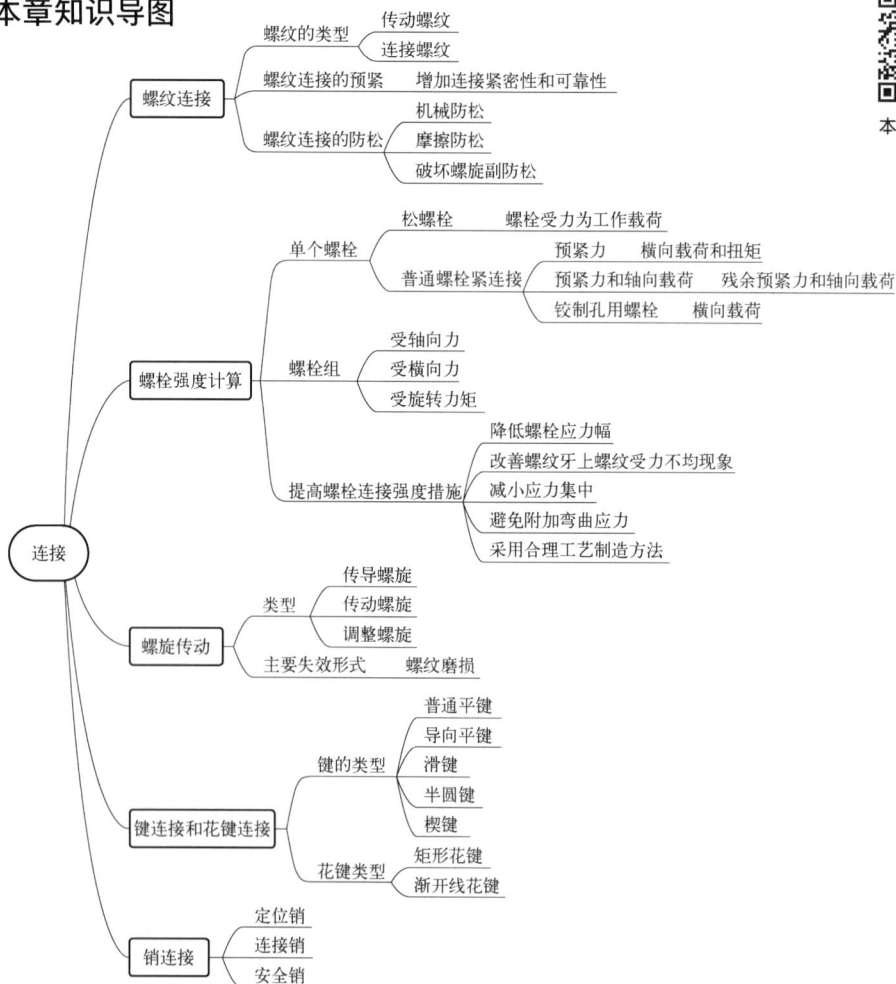

连接
- 螺纹连接
  - 螺纹的类型
    - 传动螺纹
    - 连接螺纹
  - 螺纹连接的预紧 — 增加连接紧密性和可靠性
  - 螺纹连接的防松
    - 机械防松
    - 摩擦防松
    - 破坏螺旋副防松
- 螺栓强度计算
  - 单个螺栓
    - 松螺栓 — 螺栓受力为工作载荷
    - 普通螺栓紧连接
      - 预紧力 — 横向载荷和扭矩
      - 预紧力和轴向载荷 — 残余预紧力和轴向载荷
      - 铰制孔用螺栓 — 横向载荷
  - 螺栓组
    - 受轴向力
    - 受横向力
    - 受旋转力矩
  - 提高螺栓连接强度措施
    - 降低螺栓应力幅
    - 改善螺纹牙上螺纹受力不均现象
    - 减小应力集中
    - 避免附加弯曲应力
    - 采用合理工艺制造方法
- 螺旋传动
  - 类型
    - 传导螺旋
    - 传动螺旋
    - 调整螺旋
  - 主要失效形式 — 螺纹磨损
- 键连接和花键连接
  - 键的类型
    - 普通平键
    - 导向平键
    - 滑键
    - 半圆键
    - 楔键
  - 花键类型
    - 矩形花键
    - 渐开线花键
- 销连接
  - 定位销
  - 连接销
  - 安全销

本书配套资源

本章学习目标

1. 掌握螺纹的基本参数、常用螺纹的种类及螺纹连接的基本类型；
2. 熟练掌握螺栓组及单个螺栓连接强度计算的方法；
3. 掌握螺纹连接的预紧和防松方式，提高螺栓连接强度的措施；
4. 了解螺旋传动的类型和应用，螺杆及螺母的材料选择、失效形式及设计准则；
5. 了解键和花键的用途、特点和分类，销连接的类型和应用场合。

10.1 螺纹连接的基本知识

10.1.1 螺纹的类型、应用及主要参数

（1）螺纹的类型和应用

螺纹有外螺纹和内螺纹之分，它们共同组成螺旋副。起连接作用的螺纹称为连接螺纹；起传动作用的螺纹称为传动螺纹。螺纹又分为米制（螺距以毫米表示）和英制（螺距以英寸表示）两类。我国除管螺纹保留英制外，其余螺纹都采用米制螺纹。

常用螺纹的类型主要有普通螺纹、管螺纹、梯形螺纹、矩形螺纹和锯齿形螺纹。前两种螺纹主要用于连接，后三种螺纹主要用于传动。除矩形螺纹外，其余都已标准化。标准螺纹的基本尺寸，可查阅有关标准。常用螺纹的类型、特点和应用介绍列于表 10-1 中。

表 10-1 常用螺纹的类型、特点和应用

类型		牙型图	特点和应用
连接螺纹	普通螺纹		牙型角 $\alpha=60°$，同一公称直径按其螺距不同，分为粗牙与细牙两种，细牙螺距小、升角小、自锁性较好、强度高，因牙细不耐磨，容易滑扣。 一般连接多用粗牙螺纹。细牙螺纹多用于薄壁或细小零件，以及受变载、冲击和振动的连接中，还可用作轻载和精密的微调机构中的螺旋副
	非螺纹密封的 55°圆柱管螺纹		牙型为等腰三角形，牙型角 $\alpha=55°$，牙顶有较大的圆角，内外螺纹旋合后无径向间隙，管螺纹为英制细牙螺纹，基准直径为管子的外螺纹大径。适用于管接头、旋塞、阀门及其他附件。若要求连接后具有密封性，可压紧被连接件螺纹副外的密封面，也可在密封面间添加密封物

类型		牙型图	特点和应用
连接螺纹	用螺纹密封的 55°圆锥管螺纹		牙型角 α=55°。公称直径近似为管子内径螺纹,分布在 1:16 的圆锥管壁上,内、外螺纹公称牙型间没有间隙,不用填料即可保证螺纹连接的不渗漏性。当与 55°圆柱管螺纹配用(内螺纹为圆柱管螺纹)时,在 1MPa 压力下,可保证足够的紧密性,必要时,允许在螺纹副内添加密封物保证密封。通常用于高温、高压系统,如管子、管接头、旋塞、闸门及其他附件
传动螺纹	梯形螺纹		牙型角 α=30°,牙根强度高、工艺性好、螺纹副对中性好,采用剖分螺母时可以调整间隙,传动效率略低于矩形螺纹。用于传动,如机床丝杠等
	矩形螺纹		牙型为正方形、传动效率高于其他螺纹,牙厚是螺距的一半、强度较低(螺距相同时比较),精确制造困难,对中精度低。用于传力螺纹,如千斤顶、小型压力机等
	锯齿形螺纹		牙型角 α=33°,牙的工作面倾斜 3°、牙的非工作面倾斜 30°。传动效率及强度都比梯形螺纹高,外螺纹的牙底有相当大的圆角,以减小应力集中。螺纹副的大径处无间隙,对中性良好。用于单向受力的传动螺纹,如轧钢机的压下螺旋、螺旋压力机等

(2)螺纹的主要参数

以图 10-1 所示普通圆柱外螺纹为例,说明螺纹的主要几何参数。

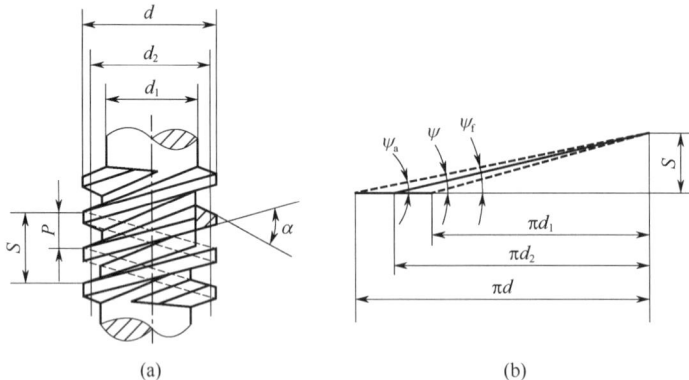

图 10-1　螺纹的主要几何参数

① 大径 d　螺纹的最大直径,即与螺纹牙顶相重合的假想圆柱面的直径,在标准中定为公称直径。

② 小径 d_1　螺纹的最小直径,即与螺纹牙底相重合的假想圆柱面的直径,在强度计算中

常作为螺杆危险截面的计算直径。

③ 中径 d_2　指一个假想圆柱体的直径，该圆柱的母线通过牙型上沟槽和凸起宽度相等的地方。中径近似地等于螺纹的平均直径，即 $d_2 \approx 1/2(d_1+d)$。中径是确定螺纹几何参数和配合性质的直径。

④ 螺纹线数 n　螺纹的螺旋线数目。沿一根螺旋线形成的螺纹称为单线；沿两根以上的等距螺旋线形成的螺纹称为多线螺纹。常用的连接螺纹要求自锁性，故多用单线螺纹；传动螺纹要求传动效率高，故多用双线或三线螺纹。为了便于制造，一般螺纹线数 $n \leqslant 4$。

⑤ 螺距 P　螺纹相邻两个牙型上对应点间的轴向距离。普通螺纹大径相同时，按螺距的大小区分为粗牙螺纹和细牙螺纹。

⑥ 导程 S　取螺纹上任一点沿同一条螺旋线转一周所移动的轴向距离。单线螺纹 $S=P$；多线螺纹 $S=nP$。

⑦ 螺纹升角 ψ　在中径圆柱面上，螺旋线的切线与垂直于螺纹轴线的平面间的夹角，其计算式为：

$$\tan \psi = \frac{S}{\pi d_2} = \frac{nP}{\pi d_2} \qquad (10\text{-}1)$$

⑧ 牙型角 α　螺纹轴向剖面内，螺纹牙两侧边的夹角。它对螺纹强度、效率和自锁均有较大的影响。

⑨ 牙侧角 β　螺纹牙型的侧边与螺纹轴线的垂直平面的夹角称为牙侧角，对称牙型的牙侧角 $\beta = \alpha/2$。

⑩ 旋向　螺纹有左旋和右旋之分，其旋向与螺旋线的旋向定义一致。从工程角度讲，连接时可顺时针旋入的称为右旋螺纹、可逆时针旋入的称为左旋螺纹，如图 10-2 所示。为了加工和使用方便，一般都采用右旋螺纹。

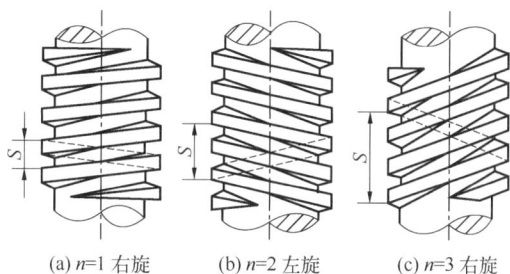

(a) $n=1$ 右旋　　(b) $n=2$ 左旋　　(c) $n=3$ 右旋

图 10-2　螺纹线数、旋向

10.1.2　螺纹连接的类型

（1）螺栓连接

常见的普通螺栓连接如图 10-3（a）所示。这种连接结构的特点是螺栓杆与被连接件孔壁之间留有间隙，对通孔的加工精度要求低，结构简单，装拆方便，成本低，应用极广。如图 10-3（b）所示是铰制孔用螺栓连接，孔和螺栓杆多采用基孔制过渡配合（H7/m6、H7/n6）。这种连接能精确固定被连接件的相对位置，并能承受横向载荷，但对通孔的加工精度要求较高。

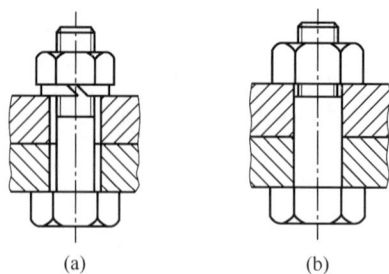

图 10-3　螺栓连接

（2）双头螺柱连接

如图 10-4 所示，这种连接适用于结构上不能采用螺栓连接的场合（如被连接件之一太厚不宜钻通孔），材料又比较软（如用铝镁合金制造的壳体），且需要经常拆卸时，往往采用双头螺柱连接。

（3）螺钉连接

如图 10-5 所示，这种连接的特点是螺钉直接拧入被连接件的螺纹孔中，不用螺母，在结构上比双头螺柱连接简单、紧凑。其用途和双头螺柱连接相似，但经常拆卸时，易使螺纹孔磨损，可能导致被连接件报废，故多用于受力不大，或不经常拆装的场合。

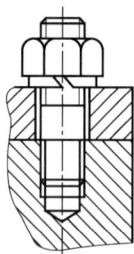

图 10-4　双头螺柱连接

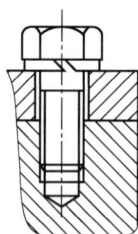

图 10-5　螺钉连接

（4）紧定螺钉连接

紧定螺钉连接是利用拧入被连接件螺纹孔中的螺钉末端顶住另一零件的表面［图 10-6（a）］或顶入相应的凹坑中［图 10-6（b）］，以固定两个零件的相对位置，并可传递不大的力或转矩。

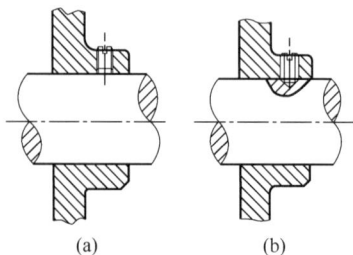

图 10-6　紧定螺钉连接

除上述 4 种基本螺纹连接形式外，还有一些特殊结构的连接。例如，专门用于将机座或机架固定在地基上的地脚螺栓连接（图 10-7），装在机器或大型零、部件的顶盖或外壳上便于起吊用的吊环螺钉连接（图 10-8），等等。

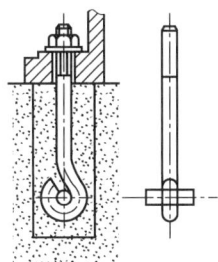

图 10-7　地脚螺栓连接

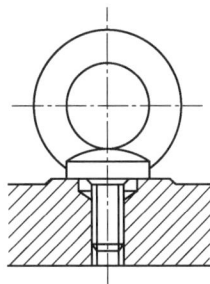

图 10-8　吊环螺钉连接

10.1.3　标准螺纹连接件

螺纹连接件的类型很多，在机械制造中常见螺纹连接件有螺栓、双头螺柱、螺钉、螺母和垫圈等。这类零件的结构形式和尺寸都已标准化，设计时可根据有关标准选用。它们的结构特点和应用场合列于表 10-2 中。

表 10-2　常用标准螺纹连接件

类型	图例	结构特点和应用场合
六角头螺栓		种类多，应用广，螺栓杆可制出一段螺纹或全螺纹
双头螺柱		螺柱两端都设置有螺纹，两端螺纹可以相同或不同。双头螺柱旋入被连接件的一端称为旋入端，与螺母旋合的另一端称为螺母端。 旋入端的长度 b_m 与被连接件的材料有关，$b_m=d$ 用于钢或青铜被连接件，$b_m=1.25d$ 和 $b_m=1.5d$ 用于铸铁，$b_m=2d$ 用于铝合金，旋入后一般不再拆卸
螺钉		螺钉的头部有多种形式以适应不同的工作要求，十字槽螺钉的头部强度高，对中性好，便于自动装配。内六角孔螺钉能承受较大的拧紧力，可替代六角头螺栓，用于要求结构紧凑的场合

类型	图例	结构特点和应用场合
紧定螺钉		紧定螺钉末端的形状，常用的有锥端、平端和圆柱端。锥端用于被顶零件表面硬度较低和不常调整的连接，平端用于被顶零件表面硬度较高或经常拆卸的场合，圆柱端顶入被顶零件的凹坑内，能传递较大的力和转矩
六角螺母		六角螺母应用最普遍，根据其厚度的不同分为标准螺母和薄螺母两种。薄螺母常用于受剪力的螺栓或空间尺寸受限制的场合

10.2 螺纹连接的预紧和防松

10.2.1 螺纹连接的预紧

工程实际中，绝大多数螺纹连接在装配时都必须拧紧，使连接承受工作载荷之前，预先受到力的作用。这个预加作用力称为预紧力。预紧的目的在于增加连接的可靠性和紧密性，防止受载后连接间出现缝隙和相对滑移。经验证明：适当选取较大预紧力可提高连接件的疲劳强度。特别对于像气缸盖、管路凸缘、齿轮箱轴承盖等紧密性要求较高的螺纹连接，预紧更为重要。但过大的预紧力会导致整个连接的结构尺寸增大，也会使连接件在配合或偶然过载时被拉断。因此，为了保证连接所需的预紧力，又不使螺纹连接件过载，对重要的螺纹连接，在装配时要控制预紧力。

通常利用控制拧紧力矩控制预紧力，例如测力矩扳手（图10-9）或定力矩扳手（图10-10）。

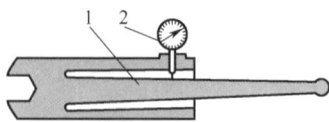

图 10-9　测力矩扳手

1—弹性手柄；2—力矩指示表

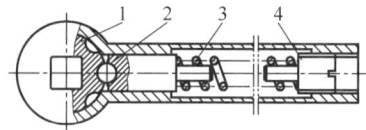

图 10-10　定力矩扳手

1—扳手卡盘；2—圆柱销；3—弹簧；4—调整螺钉

如图10-11所示，由于拧紧力矩 T（$T=FL$）的作用，使螺栓和被连接件之间产生预紧力 Q_p。拧紧力矩 T 等于螺旋副间的摩擦阻力矩 T_1 和螺母环形端面和被连接件（或垫圈）支承面间的摩擦阻力矩 T_2 之和，即：

$$T = T_1 + T_2 = \frac{1}{2}Q_p\left[d_2\tan(\psi + \phi_v) + \frac{2}{3}f_c\frac{D_0^3 - d_0^3}{D_0^2 - d_0^2}\right] \tag{10-2}$$

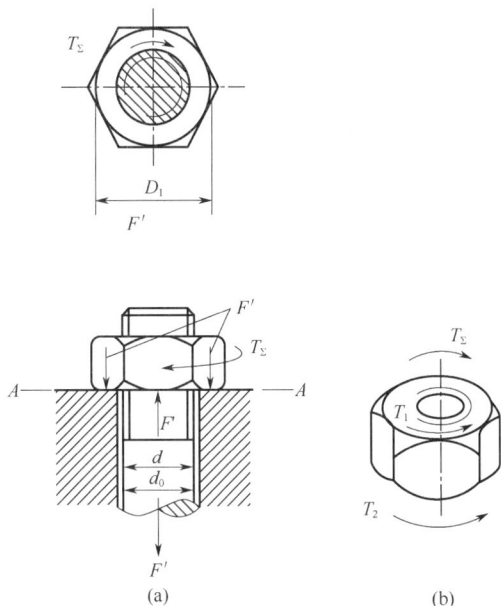

图 10-11　预紧力矩

对于 M10～M16 粗牙普通螺纹钢制螺栓，螺纹升角 $\psi=1°42'～3°2'$；螺纹中径 $d_2≈0.9d$；螺旋副的当量摩擦角 $\phi_v≈\arctan 1.155f$（f 为摩擦系数，无润滑时 $f≈0.1～0.2$）；螺栓孔直径 $d_0≈1.1d$；螺母环形支承面的外径 $D_0≈1.5d$；螺母与环形支承面的摩擦系数 $f_c=0.15$。将上述各参数代入式（10-2）整理后可得：

$$T≈0.2Q_p d \qquad\qquad (10\text{-}3)$$

10.2.2　螺纹连接的防松

连接所用螺纹的升角一般为 $1.5°～3.5°$，而螺旋副的当量摩擦角通常为 $6°～11°$，螺纹连接满足自锁条件（$\psi<\phi_v$），具有自锁性。因此，在静载荷作用下且工作温度变化不大时，螺纹连接不会自行松脱。但在冲击、振动或变载荷作用下，或在工作温度变化较大时，螺纹连接有可能逐渐松脱，引起连接失效，从而影响机器的正常运转，甚至导致严重的事故。因此，为了保证螺纹连接的安全可靠，防止松脱，设计时必须采取有效的防松措施。

防松就是防止螺纹连接件间的相对转动。按防松装置的工作原理不同可分为机械防松、摩擦防松和破坏螺纹副关系防松等。

（1）机械防松

机械防松是利用金属元件直接约束螺纹连接件防止其相对转动的方法，防松效果比较可靠，适用于受冲击、振动的场合和重要的连接。机械防松的主要形式有开口销与六角开槽螺母、止动垫片、止动垫圈和串连钢丝等，如图 10-12 所示。

（2）摩擦防松

摩擦防松是在螺纹副中始终产生摩擦力矩来防止其相对转动。摩擦防松的主要形式有对顶螺母和弹簧垫圈，如图 10-13 所示。摩擦防松方法简单方便，但只能用于不甚重要的连接和平稳、低速场合。

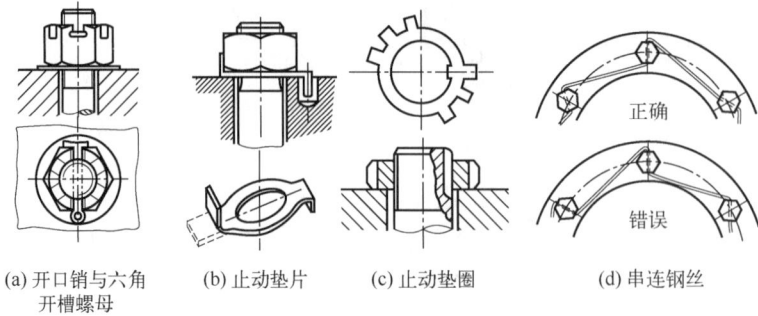

(a) 开口销与六角
开槽螺母　　(b) 止动垫片　(c) 止动垫圈　(d) 串连钢丝

图 10-12　机械防松

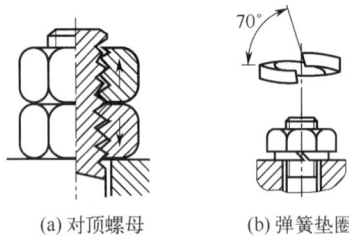

(a) 对顶螺母　　(b) 弹簧垫圈

图 10-13　摩擦防松

（3）破坏螺纹副关系防松

破坏螺纹副关系防松是利用焊接、冲点等将螺纹副转变成非运动副，从而排除相对转动的可能，常用于装配后不再拆卸的场合。此外，还可在螺纹副间涂上金属粘接剂，硬化固着后防松效果好并有密封作用。

10.3　螺纹连接的强度计算

螺纹连接包括螺栓连接、双头螺柱连接和螺钉连接等类型。下面以螺栓连接为代表讨论螺纹连接的强度计算方法。所讨论的方法对双头螺柱连接和螺钉连接也同样适用。

10.3.1　螺栓的失效形式及计算准则

当两零件用螺栓进行连接时，常常同时使用若干个螺栓，称为螺栓组。对构成整个连接的螺栓组而言，所受的载荷形式很多。但对其中每一个具体的螺栓而言，其受载的形式不外乎是受轴向力或受横向力。

在轴向力（包括预紧力）的作用下，螺栓杆和螺纹部分可能发生塑性变形或断裂，但实际发生概率很小，只有严重过载时才会发生。螺栓的主要失效形式是疲劳断裂，约占总失效量的90%。疲劳断裂常发生在连接螺栓应力集中严重的部位，疲劳断裂统计分布情况如图 10-14 所示。而在横向力的作用下，当采用

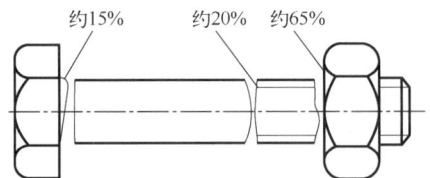

约15%　约20%　约65%

图 10-14　受拉螺栓疲劳断裂统计分布情况

铰制孔用螺栓时，螺栓杆和孔壁的贴合面上可能发生压溃或螺栓杆被剪断等情况。

螺栓的设计准则对于受拉螺栓而言，要求保证螺栓有足够的抗拉强度，对于受剪螺栓，则是保证连接的挤压强度和螺栓杆的剪切强度。通常连接的挤压强度对连接的可靠性起决定性作用。

螺栓连接的强度计算，首先是根据连接的类型、连接的装配情况（是否预紧）、载荷状态等条件，确定螺栓的受力；然后按相应的强度条件计算螺栓危险剖面直径（螺纹小径）或校核其强度。螺栓的其他部分（螺纹牙、螺栓头、光杆）和螺母、垫圈的结构尺寸，是根据等强度条件及使用经验规定的，通常都不需要进行强度计算，可按螺栓螺纹的公称直径从标准中选定。

10.3.2 单个螺栓连接的强度计算

（1）松螺栓连接强度计算

安装时，螺栓连接只拧上螺母，而螺栓不受力。工作时，螺栓承受载荷。例如，起重机吊钩末端的螺栓连接，如图 10-15 所示，当吊钩吊起重物时，螺栓受到工作拉力为 F，则危险剖面处的拉伸强度条件为：

$$\sigma = \frac{F}{\frac{\pi}{4}d_1^2} \leqslant [\sigma] \tag{10-4}$$

$$d_1 \geqslant \sqrt{\frac{4F}{\pi[\sigma]}} \tag{10-5}$$

式中　d_1——螺栓危险截面直径，mm；

　　　$[\sigma]$——螺栓材料许用应力，MPa。

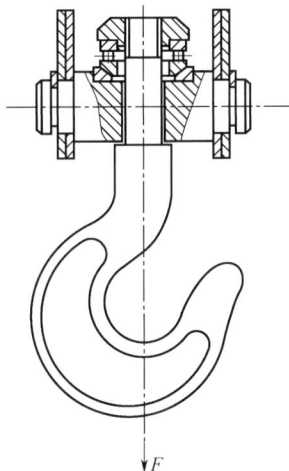

图 10-15　起重吊钩的螺纹连接

（2）普通螺栓连接强度计算

普通螺栓紧连接在装配时需要预紧，以便产生足够的预紧力，此时螺栓受预紧力和螺旋副摩擦力矩的共同作用，螺栓危险剖面的拉伸应力 σ 和扭转切应力 τ 分别为：

$$\sigma = \frac{Q_p}{\frac{\pi}{4}d_1^2} \tag{10-6}$$

$$\tau = \frac{Q_p \tan(\psi + \varphi_v)\dfrac{d_2}{2}}{\dfrac{\pi}{16}d_1^3} \tag{10-7}$$

对于 M10～M64 普通螺纹的钢制螺栓，可取 $d_2/d_1 = 1.04～1.08$，$\tan\psi \approx 0.05$，$\tan\varphi_v \approx 0.17$，由此得 $\tau \approx 0.5\sigma$。由于螺栓材料为塑性，根据第四强度理论可求出螺栓预紧状态下的计算应力：

$$\sigma_{ca} = \sqrt{\sigma^2 + 3\tau^2} = \sqrt{\sigma^2 + 3(0.5\sigma)^2} \approx 1.3\sigma = \frac{1.3Q_p}{\pi d_1^2/4} \tag{10-8}$$

由此可知，在强度计算时，可以只采用式（10-8）进行计算，但须将预紧力增大 30%，等效于考虑了扭转切应力的影响。下面具体分析不同的受力状态下普通螺栓紧连接的强度计算方法。

1）仅承受预紧力的紧螺栓连接

当普通螺栓连接承受横向载荷或转矩作用时，由于预紧力的作用，将在结合面间产生摩擦力来抵抗工作载荷，如图 10-16 所示。

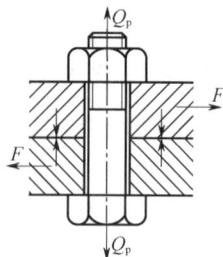

图 10-16 只承受预紧力的紧螺栓

螺栓仅承受预紧力的作用，而且预紧力不受工作载荷的影响，在连接承受工作载荷后螺栓所承受力不变，预紧力 Q_p 的大小，根据结合面不产生滑移的条件确定。螺栓所需要的预紧力均为 Q_p，则其平衡条件为：

$$fQ_p i \geqslant K_S F_R \tag{10-9}$$

$$Q_p \geqslant \frac{K_S F_R}{if} \tag{10-10}$$

式中　F_R——横向外载荷；

　　　Q_p——预紧力；

　　　i——接合面数（图 10-16 中，$i=1$）；

　　　K_S——防滑系数，$K_S = 1.1～1.3$；

　　　f——接合面间的摩擦系数，对于干燥的钢或铸铁，被连接件的加工表面可取 $f = 0.1～0.16$。

螺栓危险剖面的拉伸强度条件根据式（10-10）为：

$$\sigma_{ca} = \frac{1.3Q_p}{\pi d_1^2/4} \leqslant [\sigma] \tag{10-11}$$

或

$$d_1 \geqslant \sqrt{\frac{4 \times 1.3Q_p}{\pi[\sigma]}} \tag{10-12}$$

对于靠摩擦力传递外载荷的螺栓连接，需要足够大的 Q_p，设计时 d_1 过大，同时在冲击、振动及变载荷情况下由于摩擦系数 f 的变动，将使连接的可靠性降低，有可能出现松脱，使工作不可靠。为了避免上述缺陷，采用减载装置，如图 10-17 所示，利用销、键、套筒承受横向载荷。这时只对销、键、套筒进行剪切、挤压强度条件计算，而螺栓只是保证连接，不再承受工作载荷，因此预紧力不必很大。

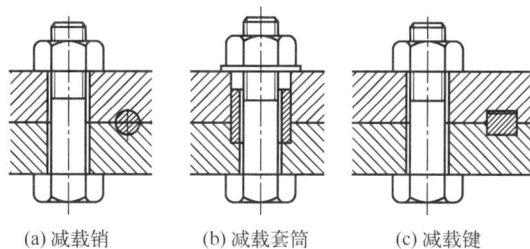

(a) 减载销 (b) 减载套筒 (c) 减载键

图 10-17 承受横向载荷的减载装置

2）承受预紧力和轴向工作拉力的紧螺栓连接

这种受力状态最常见，也是最重要的一种。紧螺栓连接承受轴向拉伸工作载荷后，由于螺栓和被连接件的弹性变形，螺栓所受的总拉力并不等于预紧力和工作拉力之和。根据理论分析，螺栓的总拉力除和预紧力 Q_p、工作拉力 F 有关外，还受到螺栓刚度 C_b 及被连接件刚度 C_m 等因素的影响。因此，需要按力平衡和变形协调条件进行综合分析。

图 10-18 表示单个螺栓连接在承受轴向拉伸载荷前后的受力及变形情况。

图 10-18（a）是螺母被刚好拧到和被连接件相接触，没有预紧的情况，此时，螺栓和被连接件均未受力，因而也不产生变形。

图 10-18（b）表示装配后，螺母被拧紧但尚未承受工作载荷的情况。此时，螺栓受到拧紧力 Q_p 的拉伸作用，其伸长量为 λ_b。相反，被连接件则在 Q_p 的压缩作用下，其压缩量为 λ_m。

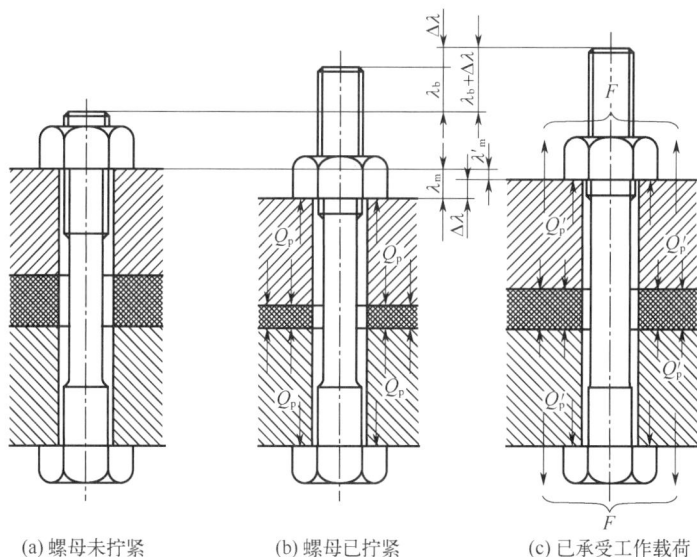

(a) 螺母未拧紧 (b) 螺母已拧紧 (c) 已承受工作载荷

图 10-18 螺栓和被连接件在承受轴向拉伸载荷前后的受力与变形

图 10-18（c）是承受工作载荷的情况，此时若螺栓和被连接件的材料在弹性变形范围内，则两者的受力与变形的关系符合拉（压）虎克定律。当螺栓承受工作载荷后，因所受的拉力由 Q_p 增至 Q 而继续伸长，其伸长量增加 $\Delta\lambda$，总伸长量为 $\lambda_b+\Delta\lambda$。与此同时，原来被压缩的被连接件，因螺栓伸长而被放松，其压缩量也随之减小。根据连接的变形协调条件，被连接件压缩变形的减小量应等于螺栓拉伸变形增加量 $\Delta\lambda$。因而，总压缩量为 $\lambda'_m=\lambda_m-\Delta\lambda$。而被连接件的

压缩力由 Q_p 减至 Q_p'。Q_p' 称为残余预紧力。

　　显然，连接受载后，由于预紧力的变化，螺栓的总拉力 Q 并不等于预紧力 Q_p 与工作拉力 F 之和，而等于残余预紧力 Q_p' 与工作拉力 F 之和。

　　上述的螺栓和被连接件的受力与变形关系，还可以用线图表示。如图 10-19 所示，图中纵坐标代表力，横坐标代表变形。螺栓拉伸变形由坐标原点 O_b 向右量起；被连接件压缩变形由坐标原点 O_m 向左量起。图 10-19（a）、（b）分别表示螺栓和被连接件的受力与变形关系，为分析方便，可将图 10-19（a）和图 10-19（b）合并成图 10-19（c）。

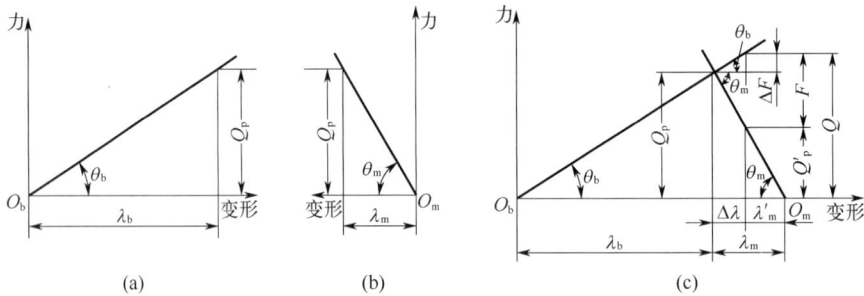

图 10-19　螺栓和被连接件的受力与变形的关系

　　经图 10-19（c）几何关系推导出，当螺栓连接承受工作载荷 F 时，螺栓的总拉力为 Q，与螺栓的预紧力 Q_p、残余预紧力 Q_p' 的关系为

$$Q = Q_p + \Delta F = Q_p + \frac{C_b}{C_b + C_m} F = Q_p' + F \tag{10-13}$$

式中　C_b——螺栓刚度；

　　　C_m——被连接件刚度；

$\dfrac{C_b}{C_b + C_m}$——螺栓的相对刚度，其大小与螺栓和被连接件的结构尺寸、材料以及垫片、工作载荷的作用位置等因素有关，其值在 0～1 之间变动，可通过计算或实验确定，一般设计时，可参考表 10-3 推荐的数据选取。

表 10-3　螺栓的相对刚度 $\dfrac{C_b}{C_b + C_m}$

被连接件所用垫片类别	$\dfrac{C_b}{C_b + C_m}$
金属垫片（或无垫片）	0.2～0.3
皮革垫片	0.7
铜皮石棉垫片	0.8
橡胶垫片	0.3

　　当连接承受工作拉力过大而预紧力不足时，被连接件出现缝隙，这是不允许的。为保证连接的紧密性，残余预紧力必须大于零。推荐采用的 Q_p' 为：对于有密封性要求的连接 $Q_p'=(1.5\sim 1.8)F$；对于一般连接，工作载荷稳定时 $Q_p'=(0.2\sim 0.6)F$；工作载荷变化时 $Q_p'=(0.6\sim 1.0)F$；对于地脚螺栓连接，$Q_p'\geqslant F$。

设计时，可先根据连接受载情况，求出螺栓的工作拉力 F；再根据连接的工作要求选 Q_p' 值；然后按式（10-13）计算螺栓的总拉力 Q。求得 Q 值后即可进行螺栓强度计算。

连接承受轴向静载荷与变载荷的强度计算条件不同，具体介绍如下。

① 连接承受轴向静载荷　考虑到螺栓在总拉力 Q 的作用下，可能需要补充拧紧，故仿前将总拉力增加 30%以考虑扭转切应力的影响。于是螺栓危险截面的拉伸强度条件为：

$$\sigma_{ca} = \frac{1.3Q}{\pi d_1^2/4} \leqslant [\sigma] \tag{10-14}$$

$$d_1 \geqslant \sqrt{\frac{4 \times 1.3Q}{\pi [\sigma]}} \tag{10-15}$$

式中，各符号的意义同前。

② 连接承受轴向变载荷　对于受轴向变载荷的重要连接（如内燃机汽缸盖螺栓连接），除按式（10-14）或式（10-15）做静强度计算外，还应根据下述方法，对螺栓的疲劳强度做精确校核。

如图 10-20 所示，当工作拉力在 $0 \sim F$ 之间变化时，螺栓中总拉力在 $Q_p \sim Q$ 之间变化。

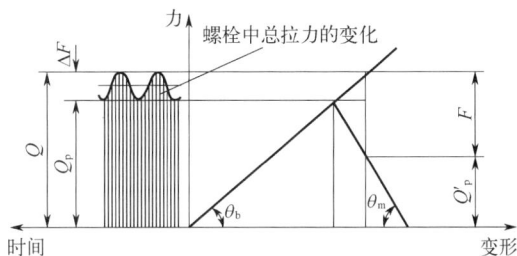

图 10-20　工作载荷变化时螺栓中拉力的变化

如果不考虑螺纹摩擦力矩的扭转作用，则螺栓危险剖面的最大拉应力为：

$$\sigma_{max} = \frac{Q}{\pi d_1^2/4}$$

最小拉应力（注意此时螺栓中的应力变化规律是 σ_{min} 保持不变）为：

$$\sigma_{min} = \frac{Q_p}{\pi d_1^2/4}$$

应力幅为：

$$\sigma_a = \frac{\sigma_{max}-\sigma_{min}}{2} = \frac{C_b}{C_b+C_m} \times \frac{2F}{\pi d_1^2} \tag{10-16}$$

零件在变载荷作用下的疲劳破坏主要取决于应力幅的大小，故螺栓的疲劳强度校核公式为：

$$\sigma_a = \frac{C_b}{C_b+C_m} \times \frac{2F}{\pi d_1^2} \leqslant [\sigma_a] \tag{10-17}$$

$[\sigma_a]$ 为螺栓的许用应力幅，MPa，由式（10-18）计算，即：

$$[\sigma_a] = \frac{\varepsilon K_m K_u \sigma_{-1}}{[S]_a K_\sigma} \tag{10-18}$$

式中　ε——尺寸系数，可按表 10-4 取值；

　　K_σ——螺纹应力集中系数，可按表 10-5 取值；

　　K_m——螺纹制造工艺系数，车制时 $K_m=1$，辗制时 $K_m=1.25$；

K_u——螺纹牙受力不均匀系数，螺母受压时 $K_u=1$，螺母部分或全部受拉时 $K_u=1.5\sim1.6$；

$[S]_a$——安全系数，控制预紧力时 $[S]_a=1.5\sim2.5$，不控制预紧力时 $[S]_a=2.5\sim5$；

σ_{-1}——螺纹材料的对称循环疲劳极限，MPa，$\sigma_{-1}=0.32\sigma_b$，σ_b 见表 10-6。

表 10-4　尺寸系数

d/mm	<12	16	20	24	30	36	42	48	56	64
ε	1	0.87	0.80	0.74	0.69	0.64	0.60	0.57	0.54	0.53

表 10-5　螺纹应力集中系数

螺栓材料 σ_b/MPa	400	600	800	1000
K_σ	3	3.9	4.8	5.2

表 10-6　螺栓、螺钉、螺柱和螺母的力学性能等级（摘自 GB/T 3098.1—2010 和 GB/T 3098.2—2015）

性能等级			3.6	4.6	4.8	5.6	5.8	6.8	8.8 ≤ M16	8.8 > M16	9.8	10.9	12.9
螺栓、螺钉、螺柱	抗拉强度 σ_b/MPa	公称值	300	400	400	500	500	600	800	800	900	1000	1200
		最小值	330	400	420	500	520	600	800	830	900	1040	1220
	屈服极限 σ_s/MPa	公称值	180	240	320	300	400	480	640	640	720	900	1080
		最小值	190	240	340	300	420	480	640	660	720	940	1100
	硬度 HBS	最小值	90	114	124	147	132	181	238	242	276	304	366
	推荐材料		10 Q215	13 Q235	13 Q215	25 35	13 Q235	45	35	35	35 45	40Cr 15MnVB	30CrMnSi 15MnVB
相配螺母	性能级别		4 或 5			5		6	8 或 9		9	10	12
	推荐材料		10 Q215					10 Q215	35			40Cr 15MnVB	30CrMnSi 15MnVB

注：性能等级标记代号含义："."前的数字为公称抗拉强度 σ_b 的 1/100，"."后的数字为公称屈服强度与公称抗拉强度比值的 10 倍。

3）铰制孔用螺栓紧连接

如图 10-21 所示，连接是利用铰制孔用螺栓抗剪切来承受横向载荷 F 的。螺栓杆与孔壁之间无间隙，接触表面受挤压，在连接结合面处，螺栓杆则受剪切。因此，应分别按挤压及剪切强度条件计算。

计算时，假定螺栓杆与孔壁表面上的压力分布是均匀的，又因这种连接所受的预紧力很小，所以可以不考虑预紧力和螺纹摩擦力矩的影响。

螺栓杆与孔壁挤压强度条件为：

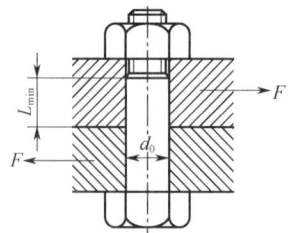

图 10-21　承受横向载荷的铰制孔用螺栓连接

$$\sigma_p = \frac{F}{d_0 L_{min}} \leqslant [\sigma_p] \qquad (10\text{-}19)$$

螺栓杆的剪切强度条件为：

$$\tau = \frac{F}{\pi d_0^2 / 4} \leqslant [\tau] \tag{10-20}$$

式中　F——螺栓所受的工作剪力，N；

$\quad\quad d_0$——螺栓剪切面的直径（可取为螺栓孔的直径），mm；

$\quad L_{\min}$——螺栓杆与孔壁挤压面的最小高度，mm，设计时应使 $L_{\min} \geqslant 1.25 d_0$；

$\quad\quad [\tau]$——螺栓材料的许用切应力，MPa；

$\quad\quad [\sigma_p]$——螺栓或孔壁材料的许用挤压应力，MPa。

10.3.3　螺纹连接件的材料及许用应力

（1）螺纹连接件的材料

适合制造螺纹连接件的材料很多，目前常用的有碳素钢 Q213、Q235、10、35、45 等。对于承受冲击、振动或变载荷的重要螺纹连接件可选用高强度等级材料，如合金钢 13Cr、40Cr、30CrMnSi、13MnVB 等。

国家标准规定，螺纹连接件的强度等级按材料的力学性能分级（表 10-6）。对于重要或有特殊要求的螺纹连接件，可选用高强度等级材料，并进行表面处理（如磷化、镀锌钝化等）。

普通垫圈的材料常采用 Q235、15 钢、35 钢，弹簧垫圈用 65Mn 钢制造，并经热处理和表面处理。

（2）螺纹连接件的许用应力

螺纹连接件的许用应力与载荷性质（静、变载荷）、装配情况（松连接或紧连接）以及螺纹连接件的材料、结构尺寸等因素有关。螺纹连接件的许用拉应力为：

$$[\sigma] = \frac{\sigma_s}{S} \tag{10-21}$$

式中　σ_s——螺栓材料屈服极限，见表 10-6；

$\quad\quad S$——安全系数，对于松连接，取 $S = 1.2 \sim 1.7$；对于紧连接，采用测力矩或定力矩扳手控制预紧力时取 $S = 1.6 \sim 2$，采用测量螺栓伸长量方式控制预紧力时取 $S = 1.3 \sim 1.5$。不控制预紧力时，S 还是按表 10-7 选取。

表 10-7　紧连接螺栓的安全系数 S（不控制预紧力）

材料	静载荷			变载荷		
	M16～M16	M16～M30	M30～M60	M16～M16	M16～M30	M30～M60
碳钢	4～3	3～2	2～1.3	10～6.5	6.5	6.5～10
合金钢	5～4	4～2.5	2.5	7.5～5	5	5～7.5

螺纹连接件的许用切应力 $[\tau]$ 和许用挤压应力 $[\sigma_p]$ 分别按下式确定：

$$[\tau] = \frac{\sigma_s}{S_\tau} \tag{10-22}$$

对于钢

$$[\sigma_p] = \frac{\sigma_s}{S_p} \tag{10-23}$$

对于铸铁
$$[\sigma_p] = \frac{\sigma_b}{S_p}$$
（10-24）

式中　σ_s、σ_b——分别为螺纹连接材料的屈服极限和抗拉强度，见表 10-6；

S_τ——安全系数，对于钢，静载荷时取 S_τ=2.5，变载荷时取 S_τ=3.5～5；

S_p——安全系数，静载荷时，对于钢，S_p=1.25，对于铸铁，S_p=2～2.5。

变载荷时，$[\sigma_p]$ 的值在静载荷取值的基础上降低 20%～30%。

10.4　螺栓组连接的设计

10.4.1　螺栓组连接的结构设计

大多数情况下，螺纹连接都是成组使用的，其中螺栓组连接最具有代表性。螺栓组连接结构设计的主要目的是设计出合理的结合面形状和螺栓组布置形式，使结合面各个螺栓的受力比较均匀，并便于制造和装配。螺栓的结构设计应注意以下几个方面。

① 连接结合面的几何形状通常设计成轴对称的简单几何形状，如图 10-22 所示。若螺栓沿圆周均布，则分布在同一圆周上的螺栓数目通常取成偶数，以便于在圆周上钻孔时的分度。

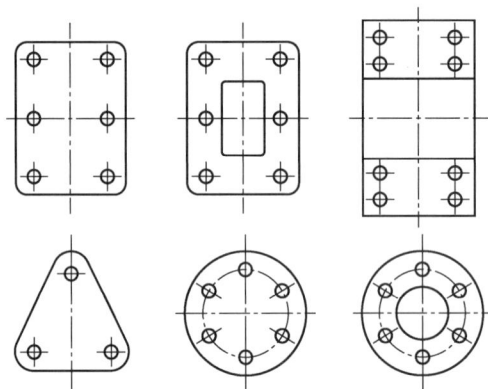

图 10-22　结合面的常用形状及螺栓分布

② 对于铰制孔用螺栓连接，在平行于外力的方向上，螺栓排列个数一般不超过 8 个，以免螺栓受力过度不均。如图 10-23 所示，螺栓 1、8 要比螺栓 4、5 承受更大的横向力。

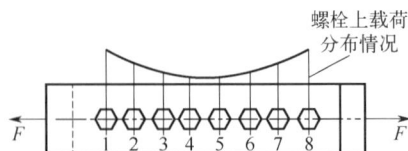

图 10-23　沿载荷方向螺栓的受力不均现象

③ 当连接承受弯矩或转矩时，应使螺栓的位置适当靠近结合面的边缘，以减小螺栓的受力，如图 10-24 所示。

④ 排列螺栓时应有合理的钉距、边距。最小的钉距及边距，应根据被连接件孔间结构强度要求及装配所需活动空间的大小来决定。例如，采用套筒扳手装配时，结构的装配间距较小，

如图 10-25（a）所示；而采用开口扳手或梅花扳手装配时，所需装配空间较大，如图 10-25（b）所示。相关要求可查阅有关标准。

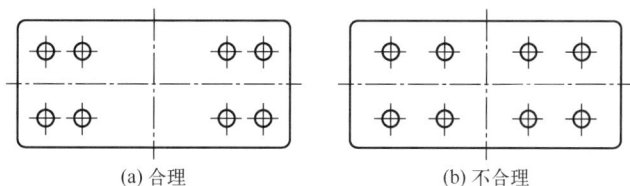

(a) 合理　　　　　　　　　　(b) 不合理

图 10-24　连接承受弯矩或转矩时螺栓的布置

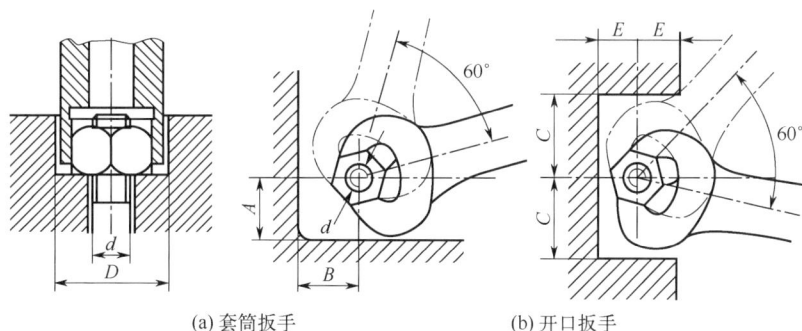

(a) 套筒扳手　　　　　　　　(b) 开口扳手

图 10-25　扳手空间尺寸

⑤ 避免螺栓承受偏心载荷。图 10-26 所示为螺栓承受附加弯曲载荷的工况，由于其严重影响螺栓的强度，应在结构设计及制造工艺上做到避免偏心载荷的产生。例如，当铸、锻件的粗糙表面用于螺栓连接时，应置有凸台和沉头座，如图 10-27 所示；当倾斜表面用于螺栓连接时，应加设斜面垫圈，如图 10-28 所示。

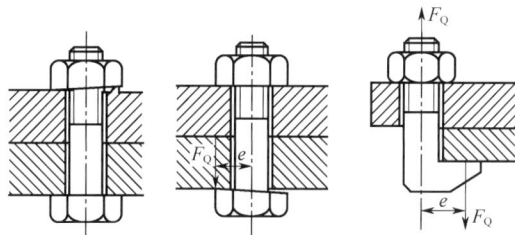

图 10-26　螺栓承受附加弯曲载荷

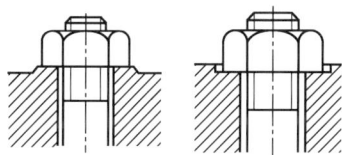

图 10-27　凸台和沉头座的应用　　　　图 10-28　斜面垫圈的应用

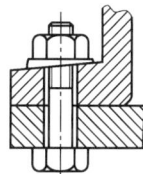

10.4.2　螺栓组连接的受力分析

螺栓组连接受力分析的目的是，确定螺栓组中受力最大的螺栓及其受力大小，以便进行螺栓连接的强度计算。为简化计算，在受力分析时假设：各螺栓直径、长度、材料和预紧力均相同；螺栓组的对称中心与连接结合面的形心重合；被连接件受力后连接结合面仍保持为平面。下面针对几种典型的螺栓组受力工况，分别进行讨论。

（1）受轴向力 F_Q 的螺栓组连接

如图 10-29 所示为储气罐端盖螺栓组连接，有轴向力 F_Q，其通过螺栓组对称中心并与螺栓轴线平行。由于螺栓均布，故可认为各螺栓分担的工作载荷 F 相等。设螺栓的总数为 z，则：

$$F = \frac{F_Q}{z} \tag{10-25}$$

螺栓最终所受拉力大小需代入式（10-13）计算。

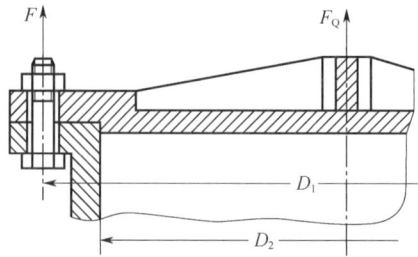

图 10-29　受轴向力的螺栓组连接

（2）受横向力 F_R 的螺栓组连接

① 普通螺栓连接

在图 10-30（a）所示的普通螺栓连接中，依靠连接预紧后结合面所能产生的摩擦力传递横向载荷，而螺栓只承受预紧力。为保证连接可靠，工作时，结合面所能产生的最大摩擦力必须大于或至少等于横向力 F_R，即：

$$f Q_p i z \geq K_S F_R \tag{10-26}$$

螺栓所需预紧力为

$$Q_p \geq \frac{K_S F_R}{f i z} \tag{10-27}$$

式中，f 为结合面的摩擦系数，可参考表 10-8 取值。

表 10-8　连接结合面的摩擦系数 f

被连接件	结合面的表面状态	摩擦系数 f
钢或铸铁零件	干燥的加工表面	0.10～0.16
	有油的加工表面	0.06～0.10
钢结构件	轧制表面，钢丝刷清理浮锈	0.30～0.35
	涂富锌漆	0.35～0.40
	喷砂处理	0.45～0.55
铸铁对砖料、混凝或木材	干燥表面	0.40～0.45

② 铰制孔用螺栓连接

在图 10-30（b）所示的铰制孔用螺栓连接中，依靠螺栓杆的抗剪切及螺栓杆与被连接件孔壁间的挤压，来传递横向载荷。连接中有预紧力和摩擦力存在，但一般忽略不计。假设每个螺栓承受的工作剪力相等，均为 F，则其大小为：

$$F = \frac{F_R}{zi} \tag{10-28}$$

式中，z 为螺栓数目；i 为结合面对数。

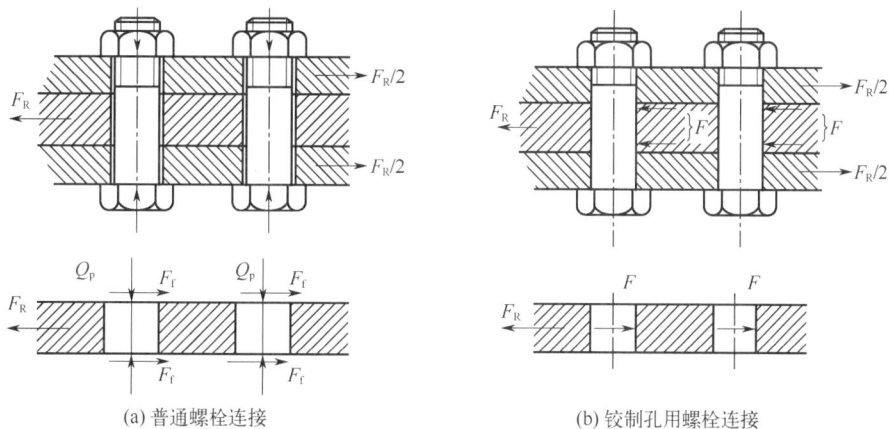

(a) 普通螺栓连接　　　　　(b) 铰制孔用螺栓连接

图 10-30　受横向力的螺栓组连接

（3）受旋转力矩 T 的螺栓组连接

① 普通螺栓连接

如图 10-31（a）所示的普通螺栓连接中，预紧后的结合面能产生摩擦力来抵抗旋转力矩 T 的作用。假定每个螺栓周围的结合面都产生相同大小的摩擦力，且其作用线过该螺栓轴线并垂直于该螺栓轴线到旋转中心 O 的连线。这些摩擦力对旋转中心的力矩之和必须大于等于旋转力矩 T，即：

$$fQ_p r_1 + fQ_p r_2 + \cdots + fQ_p r_z \geqslant K_S T \tag{10-29}$$

螺栓所需预紧力
$$Q_p \geqslant \frac{K_S T}{f\left(r_1 + r_2 + \cdots + r_z\right)} \tag{10-30}$$

② 铰制孔用螺栓连接

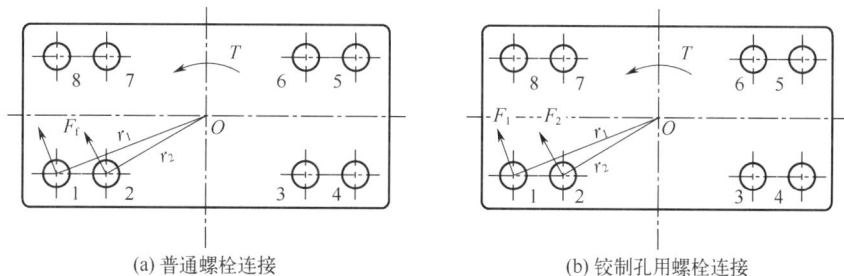

(a) 普通螺栓连接　　　　　(b) 铰制孔用螺栓连接

图 10-31　受旋转力矩的螺栓组连接

在图 10-31 所示的铰制孔用螺栓连接中，旋转力矩 T，使各连接螺栓受到剪切和挤压作用，各螺栓所受的工作剪力与螺栓轴线到旋转中心的连线相垂直，忽略连接结合面上的摩擦力，则根据力矩平衡条件，各螺栓工作剪力对旋转中心的力矩之和等于旋转力矩 T，即：

$$\sum_{i=1}^{z} F_i r_i = T \tag{10-31}$$

式中，F_i 为第 i 个螺栓所受的剪力；r_i 为第 i 个螺栓轴线到旋转中心 O 的距离。

考虑变形协调条件，螺栓的剪切变形越大，所受工作剪力也越大，其关系式为：

$$\frac{F_1}{r_1} = \frac{F_2}{r_2} = \cdots = \frac{F_z}{r_z} \tag{10-32}$$

联立以上两式，求得最大承载螺栓所受工作剪力为：

$$F_{max} = \frac{T r_{max}}{r_1^2 + r_2^2 + \cdots + r_z^2} \tag{10-33}$$

10.4.3 提高螺栓连接强度的措施

螺栓连接的强度主要取决于螺栓的强度，影响螺栓强度的因素很多，主要涉及螺纹牙的载荷分配、应力变化幅度、应力集中、附加应力和材料的机械性能等几个方面。不同影响因素对螺栓强度的影响以及提高强度的相应措施如下。

（1）降低螺栓的应力幅

根据理论与实践可知，受轴向变载荷的紧螺栓连接，在最小应力不变的条件下，应力幅越小，则螺栓越不容易发生疲劳破坏，连接的可靠性越高。当螺栓所受的工作拉力在 $0 \sim F$ 之间变化时，则螺栓的总拉力将在 $Q_p \sim Q$ 之间变动。减小螺栓刚度 C_b 或增大被连接件刚度 C_m，同时适当增加预紧力 Q_p，保证残余预紧力 Q_p' 不变，都可以达到减小总拉力 Q 的变动范围（即减小应力幅）的目的。这对改善连接的可靠性和紧密性是有利的。但预紧力不宜增加过大，必须控制在所规定的范围内，以免过分削弱螺栓的静强度。

为了减小螺栓的刚度，可适当增加螺栓的长度，或采用图 10-32 所示的腰状杆螺栓和空心螺栓。如果在螺母下面安装上弹性元件，如图 10-33 所示，其效果和采用腰状杆螺栓或空心螺栓时相似。

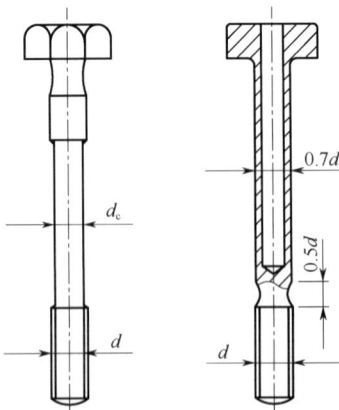

图 10-32 细杆螺栓和空心杆螺栓　　　图 10-33 弹性元件

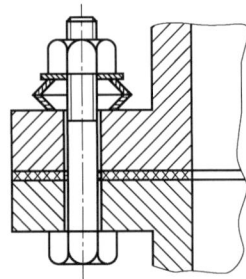

为了增大被连接件的刚度，可以不用垫片或采用刚度较大的垫片。对于需要保持紧密性的连接，从增大被连接件的刚度的角度来看，采用较软的汽缸垫片（图 10-34）并不合适。此时可以采用刚度较大的金属垫片或密封环（图 10-35）。

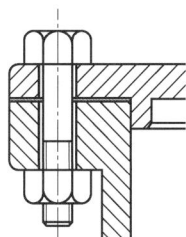

图 10-34　软垫片密封　　　图 10-35　密封环密封

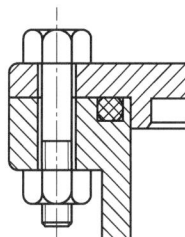

（2）改善螺纹牙上载荷分布不均的现象

不论螺栓连接的具体结构如何，螺栓所受的总拉力 Q 都是通过螺栓和螺母的螺纹牙面相接触来传递的。由于螺栓和螺母的刚度及变形性质不同，即使制造和装配都很精确，各圈螺纹牙上的受力也是不同的。如图 10-36 所示，当连接受载时，螺栓受拉伸，外螺纹的螺距增大；而螺母受压缩，内螺纹的螺距减小。由图 10-36 可知，螺纹螺距的变化差以旋合的第一圈处为最大，以后各圈递减，旋合螺纹间的载荷分布，如图 10-37 所示，实验证明，约有 1/3 的载荷集中在第一圈上，第八圈以后的螺纹牙几乎不承受载荷。因此，采用螺纹牙圈数过多的加厚螺母并不能提高连接的强度。

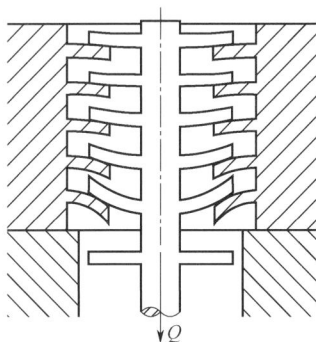

图 10-36　螺牙受力和变形　　　图 10-37　旋合螺纹间的载荷分布

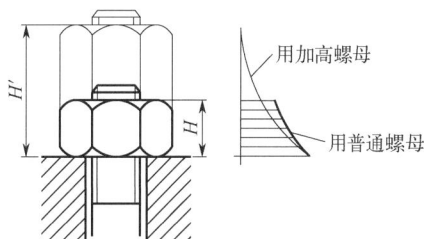

为了改善螺纹牙上的载荷分布不均程度，可采用下述结构，如图 10-38 所示。

① 悬置螺母　螺母的旋合部分全部受拉，其变形性质与螺栓相同，从而可以减小两者的螺距变化差，使螺纹牙上的载荷分布趋于均匀。

② 内斜螺母　螺母下端（螺栓旋入端）受力大的几圈螺纹处制成 $10°\sim15°$ 的斜角，使螺栓螺纹牙的受力面由上而下逐渐外移。这样，螺栓旋合段下部的螺纹牙在载荷作用下，容易变形，而载荷将向上转移使载荷分布趋于均匀。

③ 环槽螺母　这种结构使螺母下部受拉，作用与悬置螺母类似，但效果不如悬置螺母。

（3）减小应力集中

螺栓上的螺纹（特别是螺纹的收尾）、螺栓头和螺栓杆的过渡处以及螺栓横截面面积发生变化的部位等，都要产生应力集中。为了减小应力集中的程度，可以采用较大的圆角或将螺纹收尾改为退刀槽结构。但应注意，采用一些特殊结构会使制造成本增加。

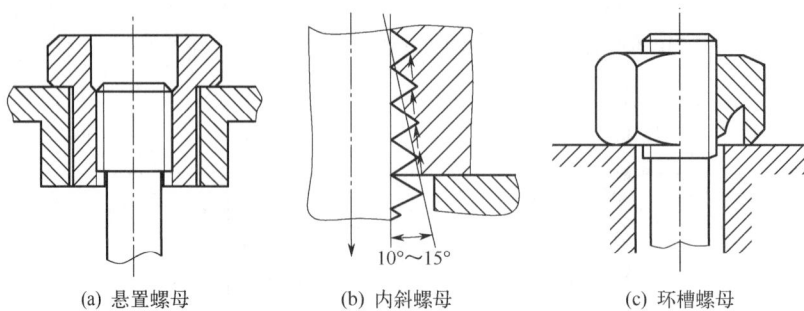

(a) 悬置螺母   (b) 内斜螺母   (c) 环槽螺母

图 10-38   螺牙受力分配较均匀的螺母常用结构

（4）避免附加弯曲应力

在螺纹根部，螺栓杆的弯曲变形会造成严重的应力集中，加剧螺栓的疲劳断裂。因此，应完善结构设计和工艺措施，避免附加弯曲应力的产生。集中产生附加弯曲应力的原因如图 10-26 所示。改进措施如图 10-27、图 10-28 所示。

（5）采用合理的制造工艺方法

采用冷镦螺栓头部和滚压螺纹的工艺方法，可以显著提高螺栓的疲劳强度。这是由于冷镦和滚压工艺使材料纤维未被切断，金属流线的走向合理，而且有冷作硬化的效果，使表层留有残余应力。因而滚压螺纹的疲劳强度可较切削螺纹的疲劳强度提高 30%~40%。如果热处理后再滚压螺纹，其疲劳强度可提高 70%~100%。这种冷镦和滚压工艺还具有材料利用率高、生产效率高和制造成本低等优点。

此外，在工艺上采用氮化、氰化、喷丸等处理，都是提高螺纹连接件疲劳强度的有效方法。

【例 10-1】如图 10-39 所示的气缸盖螺栓组连接中，已知气缸内气体工作压力在 0~1.5MPa 间变化，气缸内径 D=280mm，螺栓组布置在直径 D_0=380mm 的圆周上，为保证气密性要求，螺栓间距 t 不得大于 120mm，设计此螺栓组连接。

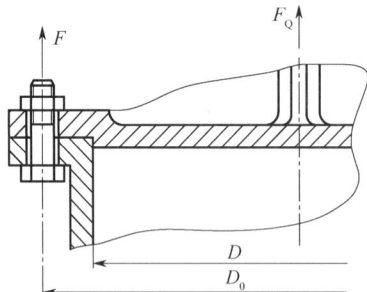

图 10-39   受轴向载荷的螺栓组连接

解：气缸盖螺栓组连接工作时受变载荷作用，应满足静强度和疲劳强度条件。

1）确定螺栓数目 z

设定螺栓间距 t=100mm，均匀布置在 D_0=380mm 的圆周上，则：$z = \dfrac{\pi D_0}{t} = \dfrac{\pi \times 380}{100} = 11.93$。

取 $z=12$。

2）螺栓材料、性能等级和力学性能

选择螺栓材料为 45 钢，性能等级 6.8 级，由表 10-6 得，$\sigma_b=600\text{MPa}$，$\sigma_s=480\text{MPa}$，选配螺母材料 Q215，6 级。

3）受力分析

① 螺栓组受最大工作载荷

$$F_Q = P \times \frac{1}{4}\pi D^2 = 1.5 \times \frac{1}{4} \times \pi \times 280^2 = 92316（\text{N}）$$

② 每个螺栓受工作拉力

$$F = \frac{F_Q}{z} = \frac{92316}{12} = 7693（\text{N}）$$

③ 螺栓残余预紧力　连接要求密封性，取：

$$Q_p' = 1.8F = 1.8 \times 7693 = 13847（\text{N}）$$

④ 螺栓总拉力

$$Q = Q_p' + F = 13847 + 7693 = 21540（\text{N}）$$

⑤ 螺栓预紧力　采用铜皮石棉垫，由表 10-3 得螺栓相对刚度 $\dfrac{C_b}{C_b+C_m}=0.8$，代入式（10-13）得：

$$Q_p = Q - \frac{C_b}{C_b+C_m} \times F = 21540 - 0.8 \times 7693 = 15386（\text{N}）$$

4）按静强度条件确定螺栓直径

① 许用拉应力　由表 10-6，紧连接控制预紧力，取安全系数 $S=2$，螺栓的许用拉应力为：

$$[\sigma] = \frac{\sigma_s}{S} = \frac{480}{2} = 240（\text{MPa}）$$

② 螺栓直径　由强度条件式（10-15）得：

$$d_1 \geqslant \sqrt{\frac{4 \times 1.3Q}{\pi[\sigma]}} = \sqrt{\frac{4 \times 1.3 \times 21540}{\pi \times 240}} = 12.19（\text{mm}）$$

按设计要求，查标准确定螺栓尺寸。选用公称直径 $d=20\text{mm}$ 的普通螺栓，其 $d_1=17.294\text{mm}$，$d_2=18.376\text{mm}$，螺距 $p=2.5\text{mm}$。

5）校核螺栓的疲劳强度

① 许用应力幅　滚压螺纹 $K_m=1.25$，$K_u=1$，$[S]_a=2.5$，尺寸系数 $\varepsilon=0.8$，有效应力集中系数 $K_\sigma=3.9$。

$$\sigma_{-1} = 0.32\sigma_b = 0.32 \times 600 = 192（\text{MPa}）$$

$$[\sigma_a] = \frac{\varepsilon K_m K_u \sigma_{-1}}{[S]_a K_\sigma} = \frac{0.8 \times 1.25 \times 1 \times 192}{2.5 \times 3.9} = 19.69（\text{MPa}）$$

② 螺栓工作时应力幅

$$\sigma_a = \frac{C_b}{C_b+C_m} \times \frac{2F}{\pi d_1^2} = 0.8 \times \frac{2 \times 7693}{\pi \times 17.294^2} = 13.11（\text{MPa}）$$

$$\sigma_a < [\sigma_a] \quad 安全$$

10.5 螺旋传动

10.5.1 螺旋传动的类型和应用

螺旋传动是利用螺杆和螺母组成的螺旋副来实现传动要求的。它主要用于将回转运动转变为直线运动，同时传递运动和动力。螺旋传动按其用途不同，可分为以下 3 种类型：

① 传力螺旋　以传递动力为主，要求以较小的转矩产生较大的轴向推力，工作时间短，如螺旋千斤顶、螺旋压力机等中的螺旋传动就属于这一类。

② 传导螺旋　以传递运动为主，要求具有较高的运动精度，速度较高且能较长时间连续工作，如机床的进给系统传动装置。

③ 调整螺旋　用以调整并固定零件或部件的相对位置，工作时间短且间断，如机床、仪器及测试装置中的微调机构的螺旋。调整螺旋不经常转动，一般在空载下调整。

螺旋传动按其螺旋副的摩擦性质不同，又可分为滑动螺旋（滑动摩擦）、滚动螺旋（滚动摩擦）和静压螺旋（流体摩擦）。

本节仅介绍滑动螺旋传动。

10.5.2 滑动螺旋传动螺杆及螺母的材料

螺杆和螺母的材料除应具有足够的强度外，还要求有较高的耐磨性和良好的工艺性。螺旋传动常用的材料见表 10-9。

表 10-9　螺旋传动常用的材料

螺旋副	材料牌号	应用范围
螺杆	Q235、Q275、45、50	材料不经热处理，适用于经常运动、受力不大、转速较低的传动
	40Cr、65Mn、T12、40WMn、18CrMnTi	材料需经热处理，提高其耐磨性，适用于重载、转速较高的重要传动
	9Mn2V、CrWMn、38CrMoAl	材料需经热处理，以提高其尺寸的稳定性，适用于精密传导螺旋传动
螺母	ZCu10P1、ZCu5Pb5Zn5	材料耐磨性好，适用于一般传动
	ZCuAl9Fe4Ni4Mn2	材料耐磨性好，强度高，适用于重载、低速的传动。对于尺寸较大或高速传动，螺母可采用钢或铸铁制造，内孔浇注青铜或巴氏合金
	ZCuZn25Al6Fe3Mn3	

10.5.3 滑动螺旋传动的失效形式和设计准则

螺旋传动的失效形式主要是螺纹磨损。因此通常先由耐磨性条件，算出螺杆直径与螺母高度，并参照标准确定螺旋各主要参数，而后对可能发生的其他失效一一进行校核。

（1）耐磨性计算

滑动螺旋的耐磨性计算，主要是限制螺纹工作面上的压力 p，使其小于材料的许用压力$[p]$。

假设作用于螺杆的轴向力为 Q（N），螺纹的承压面积（指螺纹工作表面投影到垂直于轴向力的平面上的面积）为 A（mm^2），螺纹中径为 d_2（mm），螺纹工作高度为 h（mm），螺纹螺距

为 P（mm），螺母高度为 H（mm），螺纹工作圈数为 $u=\dfrac{H}{P}$。则螺纹工作面上的耐磨性条件为：

$$p=\frac{Q}{A}=\frac{Q}{hu\pi d_2}=\frac{QP}{Hh\pi d_2}\leqslant[p] \tag{10-34}$$

令 $\phi=\dfrac{H}{d_2}$，则 $H=\phi d_2$，代入式（10-34）整理后得设计公式：

$$d_2\geqslant\sqrt{\frac{QP}{\pi h\phi[p]}} \tag{10-35}$$

梯形和矩形螺纹　　　　　　　　　　　$h=0.5P$

锯齿形螺纹　　　　　　　　　　　　　$h=0.75P$

螺母高度　　　　　　　　　　　　　　$H=\phi d_2$　　　　　　（10-36）

式中　$[p]$——材料的许用压强，MPa，见表 10-10；

　　　ϕ——一般取 1.2～3.5，对于整体螺母，由于磨损后不能调整间隙，为使受力分布比较均匀，螺纹工作圈数不宜过多，故取 $\phi=1.2\sim2.5$；对于剖分螺母和兼作支承的螺母，可取 $\phi=2.5\sim3.5$；传动精度较高、载荷较大、要求寿命较长时，允许取 $\phi=4.0$。

根据式（10-35）算得螺纹中径 d_2 后，应按国家标准选取相应的公称直径 d 及螺距 P。螺纹工作圈数不宜超过 10 圈。

表 10-10　滑动螺旋副材料的许用压强[p]

配对材料		钢-铸铁	钢-青铜	淬火钢-青铜
许用压强	速度 $v<12$m/min	4～7	7～10	10～13
	低速，如人驱动等	10～18	15～25	—

注：对于精密传动或要求使用寿命长时，可取表中数值的 1/2～1/3。

（2）螺杆的强度计算

受力较大的螺杆需进行强度计算。螺杆工作时承受轴向压力（或拉力）Q 和转矩 T 的作用。螺杆危险截面上既有压缩（或拉伸）应力，又有切应力。因此，校核螺杆强度时，可根据第四强度理论，将螺杆的受力简化为只受 $1.3Q$ 力的作用，其强度条件为：

$$\sigma_{ca}\approx1.3\sigma=\frac{1.3\times4\times Q}{\pi d_1^2}\leqslant[\sigma] \tag{10-37}$$

式中　d_1——螺杆螺纹小径，mm；

　　　$[\sigma]$——螺杆材料的许用应力，对于碳素钢可取为 $0.2\sim0.33\,\sigma_s$。

（3）螺杆的稳定性计算

当螺杆长度 $l\geqslant(7.5\sim10)d_1$ 时，受压螺旋要进行稳定性验算，计算方法可参照材料力学有关内容。

（4）验算自锁条件

对于有自锁要求的螺旋传动，还应校核螺旋副是否满足自锁条件，即：

$$\psi \leqslant \varphi_{v}$$

由于摩擦系数的不稳定，为可靠起见，一般使 $\psi + 1 \leqslant \varphi_{v}$。

10.6 键连接和花键连接

10.6.1 键连接类型和结构特点

键是一种标准零件，通常用来实现轴与轮毂之间的周向固定以传递转矩。有的还能实现轴上零件的轴向固定或轴向滑动的导向。键连接的主要有平键连接、半圆键连接、楔键连接和花键连接等。

（1）平键连接

如图 10-40（a）所示，平键的两侧面是工作面，工作时，靠键同键槽侧面的挤压来传递转矩。键的上表面和轮毂的键槽底面间则留有间隙。平键连接具有结构简单、装拆方便、对中性较好等优点，因而得到广泛应用。这种键连接不能承受轴向力，因而对轴上的零件不能起到轴向固定的作用。常用的平键有普通平键、导向平键和滑键。

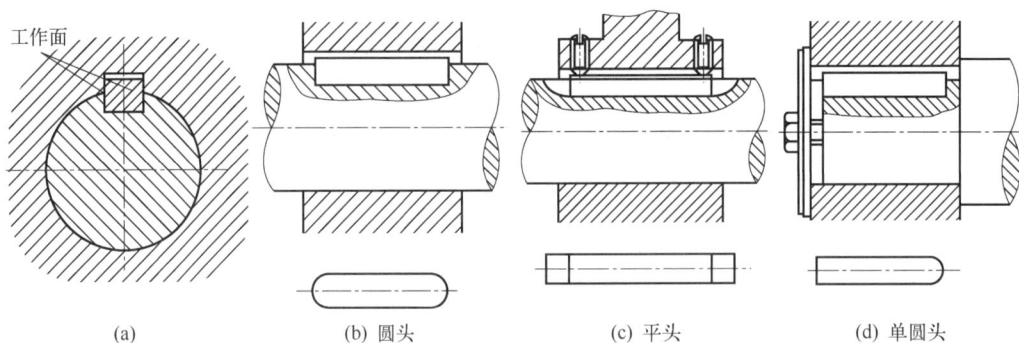

| (a) | (b) 圆头 | (c) 平头 | (d) 单圆头 |

图 10-40 普通平键连接

普通平键结构按键端形状分为圆头（A 型）、平头（B 型）及单圆头（C 型）三种。圆头平键如图 10-40（b）所示，宜放在轴上用键槽铣刀铣出的键槽中，键在键槽中轴向固定良好。缺点是键的头部侧面与轮毂上的键槽并不接触，因而键的圆头部分不能充分利用，而且轴上键槽端部的应力集中较大。平头平键如图 10-40（c）所示，是放在用盘铣刀铣出的键槽中的，因而避免了上述缺点，但对于尺寸大的键，宜用紧定螺钉固定在轴上的键槽中，以防松动。单圆头平键如图 10-40（d）所示，则常用于轴端与毂类零件的连接。普通平键应用最广。

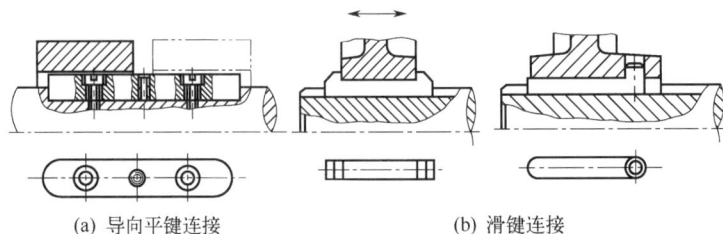

| (a) 导向平键连接 | (b) 滑键连接 |

图 10-41 导向平键和滑键连接

导向平键是一种较长的平键，如图 10-41（a）所示，用螺钉固定在轴上的键槽中，为了便于拆卸，键上制有起键螺孔，以便拧入螺钉使键退出键槽。轴上的传动零件则可沿键做轴向滑移，构成动连接。当轮毂沿轴向移动的距离较大时，宜采用滑键，如图 10-41（b）所示，因为如用导向键，键将很长，增加制造的困难。

（2）半圆键连接

半圆键连接如图 10-42 所示。轴上键槽用尺寸与半圆键相同的半圆键槽铣刀铣出，因而键在槽中能绕其几何中心摆动以适应轮毂中键槽的斜度。半圆键工作时，靠其侧面来传递转矩。这种键连接的优点是工艺性较好，装配方便，尤其适用于锥形轴端与轮毂的连接。缺点是轴上键槽较深，对轴的强度削弱较大，故一般只用于轻载静连接中。

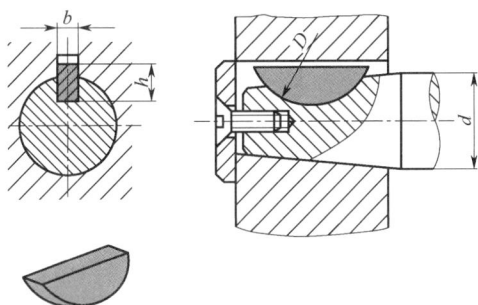

图 10-42　半圆键连接

（3）楔键连接

楔键连接如图 10-43 所示。键的上下两面是工作面，键的上表面和与它相配合的轮毂键槽底面均具有 1:100 的斜度。装配后，键即楔紧在轴和轮毂的键槽里。工作时，靠键的楔紧作用来传递转矩，同时还可以承受单向的轴向载荷，对轮毂起到单向的轴向固定作用。楔键的侧面与键槽侧面间有很小的间隙，当转矩过载而导致轴与轮毂发生相对转动时，键的侧面能像平键那样参加工作。因此，楔键连接在传递有冲击和振动的较大转矩时，仍能保证连接的可靠性。楔键连接的缺点是键楔紧后，轴和轮毂的配合产生偏心和偏斜。因此，主要用于毂类零件的定心精度要求不高和低转速的场合。

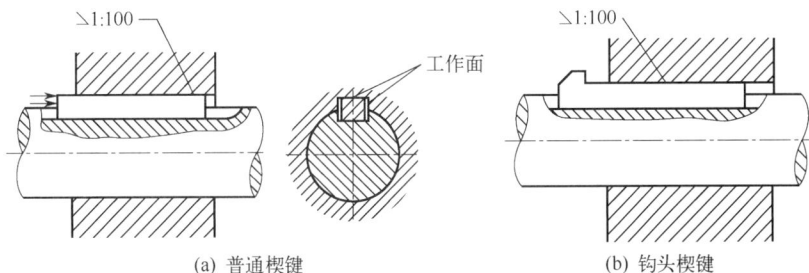

(a) 普通楔键　　　　　(b) 钩头楔键

图 10-43　楔键连接

楔键分为普通楔键［图 10-43（a）］和钩头楔键［图 10-43（b）］两种。钩头楔键的钩头供拆卸用，如安装在轴端时，应注意加装防护罩。

10.6.2　平键连接的尺寸选择强度校核

（1）平键的选择

平键是标准零件，一般采用抗拉强度不低于 590MPa 的钢制成。平键的主要尺寸为其截面尺寸（一般以键宽 b×键高 h 表示）与长度 L。键的截面尺寸 $b×h$ 按轴的直径 d 由标准选定。键的长度 L 一般可按轮毂的长度而定，即键长等于或略短于轮毂的长度；所选定的键长亦应符合标准规定的长度系列。重要的键连接在选出键的类型和尺寸后，还应进行强度计算。

（2）平键连接的失效形式和强度计算

平键连接主要失效形式是工作面被压溃，除非有严重过载，一般不会出现键的剪断。对于常用的材料组合和标准尺寸的平键连接，一般只需做连接的挤压强度校核。

假定载荷在键的工作面上均匀分布，普通平键连接的强度条件为：

$$\sigma_p = \frac{2T \times 10^3}{kld} \leqslant [\sigma]_p \tag{10-38}$$

式中　T——传递的转矩，N·m。

　　　k——键与轮毂键槽的接触高度，mm。k =0.5h，h 为键的高度，mm。

　　　l——键的工作长度，mm。圆头平键 $l=L-b$，平头平键 l =L。其中，L 为键的公称长度，mm；b 为键的宽度，mm。

　　　d——轴的直径，mm。

　　$[\sigma]_p$——键、轴、轮毂三者中最弱材料的许用挤压应力，MPa，见表 10-11。

表 10-11　键连接的许用挤压应力　　单位：MPa

连接工作方式	键或毂、轴的材料	载荷性质		
		静载荷	轻微冲击	冲击
静连接	钢	120～150	100～120	60～90
	铸铁	70～80	50～60	30～45
动连接	钢	50	40	30

10.6.3　花键连接

花键连接是由内花键［图 10-44（a）］和外花键［图 10-44（b）］组成。由图可知，花键连接是平键连接在数目上的发展。但是，由于结构形式和制造工艺的不同，与平键连接比较，花键连接在强度、工艺和使用方面有下述一些优点：

① 在轴上与毂孔上直接而匀称地制出较多的齿与槽，故连接受力较为均匀；

② 因槽较浅，齿根处应力集中较小，轴与毂的强度削弱较少；

③ 齿数较多，总接触面积较大，因而可承受较大的载荷；

④ 轴上零件与轴的对中性好（这对高速及精密机器很重要）；

⑤ 导向性较好（这对动连接很重要）；

⑥ 可用磨削的方法提高加工精度及连接质量。

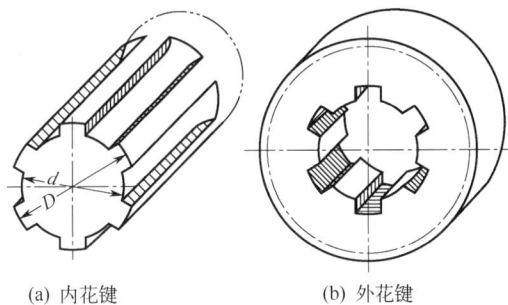

(a) 内花键　　　　　　　(b) 外花键

图 10-44　花键

其缺点是齿根仍有应力集中，有时需用专门设备加工，成本较高。因此，花键连接适用于定心精度要求高、载荷大或经常滑移的连接。花键连接的齿数、尺寸、配合等均应按标准选取。

花键连接可用于静连接或动连接。按其齿形不同，可分为矩形花键和渐开线花键两类，均已标准化。

（1）矩形花键

按齿高的不同，矩形花键的齿形尺寸在标准中规定了两个系列，即轻系列和中系列。轻系列的承载能力较小，多用于静连接或轻载连接；中系列用于中等载荷的连接。

矩形花键的定心方式为小径定心，如图 10-45 所示，即外花键和内花键的小径为配合面。其特点是定心精度高，定心稳定性好，能用磨削的方法消除热处理引起的变形。矩形花键连接应用广泛。

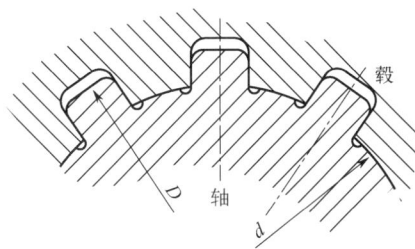

图 10-45　矩形花键

（2）渐开线花键

渐开线花键的齿廓为渐开线，分度圆压力角有 30° 和 45° 两种，如图 10-46 所示，齿顶高分别为 $0.5m$ 和 $0.4m$，此处 m 为模数。图中 d 为渐开线花键的分度圆直径。与渐开线齿轮相比，渐开线花键齿较短，齿根较宽，不发生根切的最小齿数较少。

渐开线花键可以用制造齿轮的方法来加工，工艺性较好，制造精度也较高，花键齿的根部强度高，应力集中小，易于定心，当传递的转矩较大且轴径也大时，宜采用渐开线花键连接。压力角为 45° 的渐开线花键，由于齿形钝而短，与压力角为 30° 的渐开线花键相比，对连接件的削弱较少，但齿的工作面高度较小，故承载能力较低，多用于载荷较轻、直径较小的静连接，特别适用于薄壁零件的轴毂连接。

渐开线花键的定心方式为齿形定心。当齿受载时，齿上的径向力能起到自动定心作用，有利于各齿均匀承载。

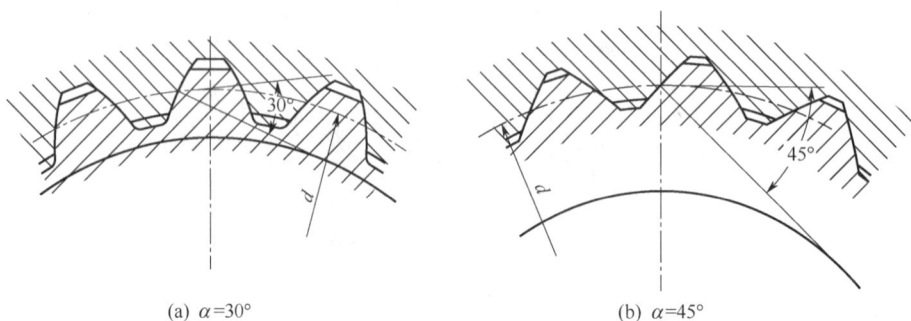

(a) α=30°   (b) α=45°

图 10-46   渐开线花键

10.7   销连接

销主要用来固定零件之间的相对位置，称为定位销，如图 10-47 所示，它是组合加工和装配时的重要辅助零件；也可用于连接，称为连接销，如图 10-48 所示，可传递不大的载荷；还可作为安全装置中的过载剪断元件，称为安全销，如图 10-49 所示。销的材料为 35、45 号钢。

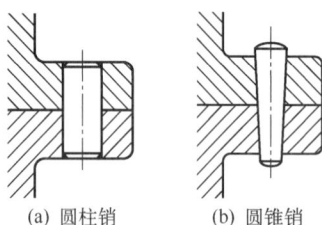

(a) 圆柱销   (b) 圆锥销

图 10-47   定位销   图 10-48   连接销

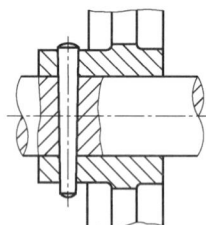

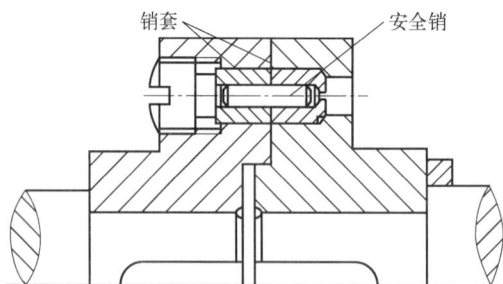

销套   安全销

图 10-49   安全销

定位销圆柱销如图 10-47（a）所示，靠过盈配合固定在销孔中，经多次装拆会降低其定位精度和可靠性。

定位销圆锥销如图 10-47（b）所示，具有 1:50 的锥度，在受横向力时可以自锁。它安装方便，定位精度高，可多次装拆而不影响定位精度。端部带螺纹的圆锥销（图 10-50）可用于盲孔或拆卸困难的场合。开尾圆锥销（图 10-51）适用于有冲击、振动的场合。

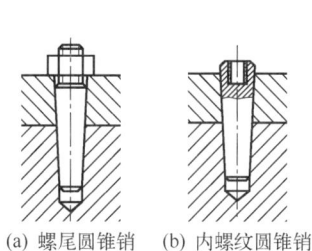

| 图 10-50 | 端部带螺纹的圆锥销 |

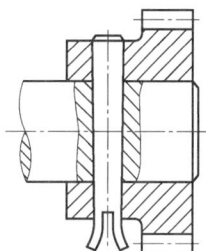

(a) 螺尾圆锥销 　(b) 内螺纹圆锥销

| 图 10-51 | 开尾圆锥销 |

定位销通常不受载荷或只受很小的载荷，故不做强度校核计算。其直径可按结构确定，数目一般不少于两个。销装入每一被连接件内的长度，约为销直径的 1～2 倍。

连接销的类型可根据工作要求选定，其尺寸可根据连接的结构特点按经验或规范确定，必要时再按剪切和挤压强度条件进行校核计算。

安全销在机器过载时应被剪断，如图 10-49 所示，因此，销的直径应按过载时被剪断的条件确定。

10.8　企业应用案例——卷扬机

如图 10-52 所示的卷扬机所用凸缘联轴器，允许传递最大转矩 T 为 600N·m（静载荷）。用 6 个 M16 普通螺栓连接左右半联轴器，螺栓分布圆直径 D_0=120mm，左右半联轴器结合面摩擦系数 f=0.2，确定所选螺栓、螺母的性能等级。

| 图 10-52 | 卷扬机用联轴器 |

分析：普通螺栓组所承担的工作载荷为转矩，载荷作用面与螺栓轴线垂直，因此单个螺栓承受横向工作载荷。在工作之前，必须拧紧，依靠预紧以后结合面产生的摩擦力来承受转矩作用。

1）单个螺栓所需预紧力

K_S 取 1.2，f=0.2，代入式（10-30）得：

$$Q_p = \frac{K_S T}{f(r_1 + r_2 + \cdots + r_z)} = \frac{1.2 \times 600 \times 10^3 \times 2}{0.2 \times 6 \times 120} = 10 \text{（kN）}$$

2）计算螺栓材料的屈服强度

查表 10-7，取安全系数 S=4，查标准 M16 的普通螺栓小径 d_1=13.835mm，根据式（10-21）得：

$$\sigma_s = S[\sigma] = 4 \times \frac{1.3 \times 10000}{\pi \times 13.835^2/4} = 346 \text{（MPa）}$$

由螺栓的性能等级系列可知，5.8 级的普通螺栓 $\sigma_s = 400\text{MPa}$，符合要求，相配螺母的性能等级为 5 级。

思考题与习题

10-1 普通螺栓和铰制孔用螺栓靠什么传递横向载荷？

10-2 在紧螺栓连接的强度计算中，为什么要将轴向拉力加大 30%？

10-3 提高螺栓连接强度的措施有哪些？

10-4 螺纹连接预紧的目的是什么？

10-5 普通平键连接的工作面是哪个平面？主要失效形式是什么？怎样进行强度校核？

10-6 销连接按照作用不同可分为哪几类？

10-7 起重滑轮松螺栓连接如图 10-53 所示，已知作用在螺栓上的工作载荷 F_Q=50kN，螺栓材料为 Q235，试确定螺栓的直径。（σ_s=215MPa，S=1.4）

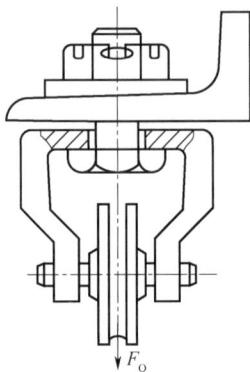

图 10-53 题 10-7 图

10-8 起重卷筒与大齿轮用 8 个普通螺栓连接在一起，如图 10-54 所示，已知卷筒直径 D=400mm，螺栓分布直径 D_0=500mm。结合面间摩擦系数 f=0.12，可靠性系数 K_S=1.2，起重钢索拉力 Q=5000N，螺栓材料的许用拉伸应力为 100MPa。试设计该螺栓组。

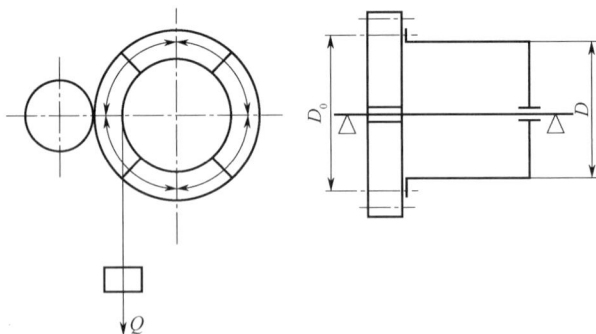

图 10-54 题 10-8 图

10-9 图 10-55 所示为用 6 个 M16 的普通螺栓连接的钢制液压缸，螺栓性能等级为 8.8 级，安全系数 S=3，缸内油压 P=2.5N/mm²，为保证紧密性要求，剩余预紧力 $Q_p' \geq 1.5F$，F 为螺栓工作载荷，求预紧力 Q_p 的取值范围。（端盖与液压缸结合面处采用金属垫片，取螺栓相对刚度为 0.3）

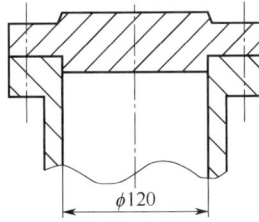

图 10-55　题 10-9 图

10-10　图 10-56 所示为某减速装置的组装齿轮，齿圈材料为 45 钢，齿芯材料为铸铁 HT250，用 6 个 8.8 级 M6 的角质孔用螺栓均布在 $D_0=110\text{mm}$ 的圆周上进行连接，有关尺寸如图所示。试确定该连接传递的最大转矩 T_{max}。（计算剪切强度时 M6 铰制孔用螺栓 $d_0=7\text{mm}$，螺栓的屈服极限 $\sigma_s=640\text{MPa}$，取安全系数 $S=2.5$；计算挤压强度时取安全系数 $S=1.25$）

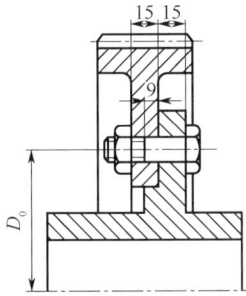

图 10-56　题 10-10 图

第 11 章

轴

本书配套资源

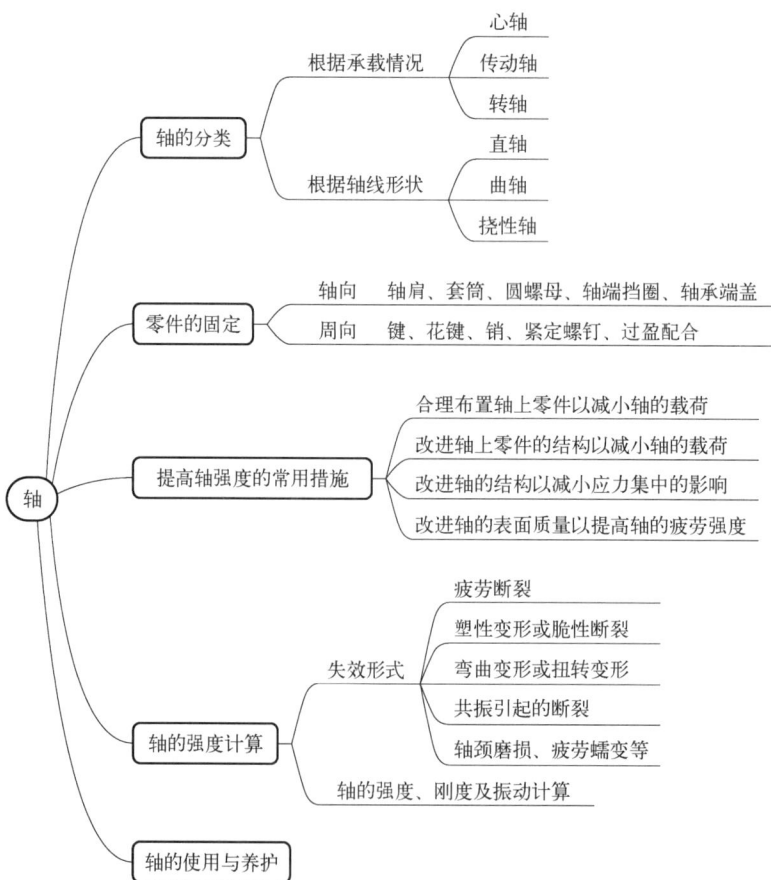

本章知识导图

```
              ┌─ 轴的分类 ─┬─ 根据承载情况 ─┬─ 心轴
              │            │               ├─ 传动轴
              │            │               └─ 转轴
              │            │
              │            └─ 根据轴线形状 ─┬─ 直轴
              │                            ├─ 曲轴
              │                            └─ 挠性轴
              │
              ├─ 零件的固定 ─┬─ 轴向  轴肩、套筒、圆螺母、轴端挡圈、轴承端盖
              │              └─ 周向  键、花键、销、紧定螺钉、过盈配合
              │
      轴 ─────┼─ 提高轴强度的常用措施 ─┬─ 合理布置轴上零件以减小轴的载荷
              │                        ├─ 改进轴上零件的结构以减小轴的载荷
              │                        ├─ 改进轴的结构以减小应力集中的影响
              │                        └─ 改进轴的表面质量以提高轴的疲劳强度
              │
              ├─ 轴的强度计算 ─┬─ 失效形式 ─┬─ 疲劳断裂
              │                │           ├─ 塑性变形或脆性断裂
              │                │           ├─ 弯曲变形或扭转变形
              │                │           ├─ 共振引起的断裂
              │                │           └─ 轴颈磨损、疲劳蠕变等
              │                │
              │                └─ 轴的强度、刚度及振动计算
              │
              └─ 轴的使用与养护
```

本章学习目标

1. 了解轴的功用、分类与应用；
2. 掌握轴的结构设计，轴上零件的定位和固定；
3. 掌握轴的强度计算；
4. 了解轴的刚度及振动计算；
5. 了解轴结构的工艺、轴材料选择及提高轴强度的常用措施。

11.1　轴的分类及材料

11.1.1　轴的分类

轴是组成机器的重要零件之一。各种做回转（或摆动）运动的零件（如齿轮、带轮等）都必须安装在轴上才能进行运动及动力的传递。因此，轴的主要功用是支承回转零件及传递运动和动力。

（1）根据承受载荷类型分类

按照承受载荷的不同，轴可分为转轴、心轴和传动轴三类。

工作时既承受弯矩又承受转矩的轴称为转轴，例如齿轮减速器中的轴，如图 11-1 所示，这类轴在机器中最为常见。

工作时只承受弯矩而不承受转矩的轴称为心轴，例如铁路车辆的轴、自行车的前轴等。工作时按轴是否转动又分为转动心轴 ［图 11-2（a）］和固定心轴 ［图 11-2（b）］两种。

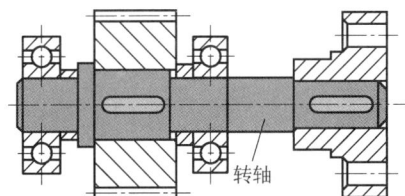

图 11-1　支承齿轮的转轴

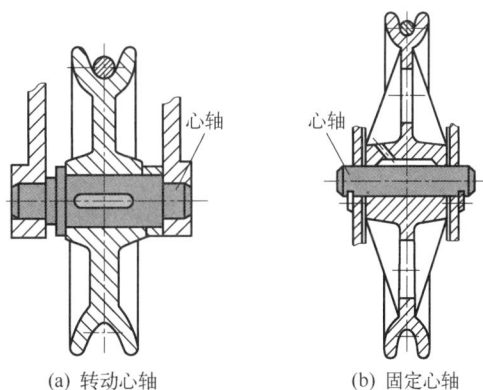

(a) 转动心轴　　　　(b) 固定心轴

图 11-2　支承滑轮的心轴

工作时只承受转矩而不承受弯矩（或弯矩很小）的轴称为传动轴，如图 11-3 所示。

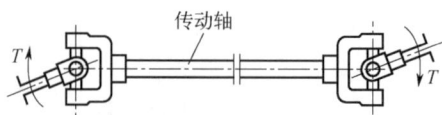

图 11-3　传动轴

（2）根据轴线的形状分类

轴还可按照轴线形状的不同，分为曲轴（图 11-4）和直轴两大类。曲轴各轴段轴线不在同一直线上，通过连杆可以将旋转运动改变为往复直线运动，或做相反的运动变换，主要用于内燃机中。直轴根据外形的不同，可分为光轴（如图 11-2 中的轴）和阶梯轴（如图 11-1 中的轴）两种。光轴形状简单，加工容易，应力集中源少，但轴上的零件不易装配及定位；阶梯轴则正好与光轴相反。因此，光轴主要用于心轴和传动轴，阶梯轴则常用于转轴。

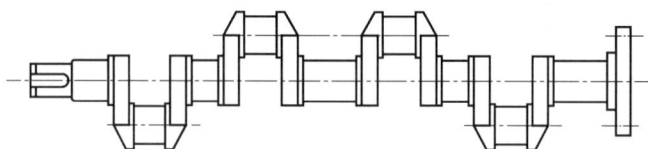

图 11-4　曲轴

直轴一般都制成实心的。但在结构或功能设计需要时，如需要在轴腔中装设其他零件、安放待加工棒料（如车床主轴）、输送润滑油、冷却液、压缩空气等，或者减轻轴的重量有重要意义时（如航空发动机轴、大型水轮机轴），则可将其加工成空心轴，如图 11-5 所示。空心轴内径与外径的比值通常为 0.5～0.6，以保证轴的刚度及扭转稳定性。

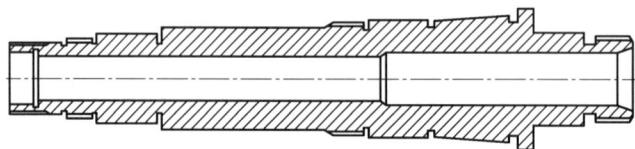

图 11-5　空心轴

此外，还有一种钢丝软轴，又称钢丝挠性轴。它是由多组钢丝分层卷绕而成的，具有良好的挠性，可以把回转运动灵活地传到不开敞的空间位置，如图 11-6 所示。

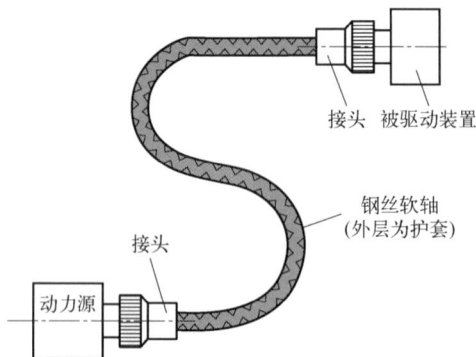

图 11-6　钢丝软轴的应用

11.1.2 轴的材料

轴的材料主要是碳钢和合金钢。钢轴的毛坯多数用轧制圆钢和锻件，有的则直接用圆钢。

由于碳钢比合金钢价廉，对应力集中的敏感性较低，同时也可以用热处理或化学热处理的办法提高其耐磨性和抗疲劳强度，故采用碳钢制造尤为广泛，其中最常用的是 45 号钢。

合金钢比碳钢具有更高的力学性能和更好的淬火性能。因此，在传递大动力、要求减小尺寸与质量、提高轴颈的耐磨性以及处于高温或低温条件下工作的轴，常采用合金钢。

必须指出：在一般工作温度下（低于 200℃），各种碳钢和合金钢的弹性模量均相差不多，因此在选择钢的种类和决定钢的热处理方法时，根据的是强度与耐磨性，而不是轴的弯曲或扭转刚度。但也应当注意，在既定条件下，有时也可以选择强度较低的钢材，用适当增大轴的截面面积的办法来提高轴的刚度。

各种热处理（如高频淬火、渗碳、氮化、氰化等）以及表面强化处理（如喷丸、滚轧等），对提高轴的抗疲劳强度都有着显著的效果。

高强度铸铁和球墨铸铁容易做成复杂的形状，且具有价廉、良好的吸振性和耐磨性以及对应力集中的敏感性较低等优点，可用于制造外形复杂的轴。

轴的常用材料及其主要力学性能见表 11-1。

表 11-1　轴的常用材料及其主要力学性能

材料牌号	热处理	毛坯直径/mm	硬度/HBS	抗拉强度极限 σ_B/MPa	屈服强度极限 σ_s/MPa	弯曲疲劳极限 σ_{-1}/MPa	剪切疲劳极限 τ_{-1}/MPa	许用弯曲应力 $[\sigma_{-1}]$/MPa	备注
Q235-A	热轧或锻后空冷	≤100		400～420	225	170	105	40	用于不重要及受载荷不大的轴
		>100～250		375～390	215				
45	正火回火	≤100	170～217	590	295	255	140	55	应用最广泛
		>100～300	162～217	570	285	245	135		
	调质	≤200	217～255	640	355	275	155	60	
40Cr	调质	≤100	241～286	735	540	355	200	70	用于载荷较大，而无很大冲击的重要轴
		>100～300		685	490	335	185		
40CrNi	调质	≤100	270～300	900	735	430	260	75	用于很重要的轴
		>100～300	240～270	785	570	370	210		
38SiMnMo	调质	≤100	229～286	735	590	365	210	70	用于重要的轴，性能近于40CrNi
		>100～300	217～269	685	540	345	195		
38CrMnMo	调质	≤60	293～321	930	785	440	280	75	用于要求高耐磨性，高强度且热处理（氮化）变形很小的轴
		>60～100	277～302	835	685	410	270		
		>100～160	241～277	785	590	375	220		

材料牌号	热处理	毛坯直径/mm	硬度/HBS	抗拉强度极限 σ_b/MPa	屈服强度极限 σ_s/MPa	弯曲疲劳极限 σ_{-1}/MPa	剪切疲劳极限 τ_{-1}/MPa	许用弯曲应力 $[\sigma_{-1}]$/MPa	备注
20Cr	渗碳 淬火 回火	≤60	渗碳 56~62 HRC	640	390	305	160	60	用于要求强度及韧性均较高的轴
3Cr13	调质	≤100	≥241	835	635	395	230	75	用于腐蚀条件下的轴
1Cr18Ni9Ti	淬火	≤100	≤192	530	195	190	115	45	用于高、低温及腐蚀条件下的轴
		>100~200		490		180	110		
QT600-3			190~270	600	370	215	185		用于制造复杂外形的轴
QT800-2			245~335	800	480	290	250		

注：1. 表中所列疲劳极限 σ_{-1} 值是按下列关系式计算的，供设计时参考。碳钢 $\sigma_{-1} \approx 0.43\sigma_b$；合金钢 $\sigma_{-1} \approx 0.2(\sigma_b + \sigma_s) + 100$；不锈钢 $\sigma_{-1} \approx 0.27(\sigma_b + \sigma_s)$，$\tau_{-1} \approx 0.156(\sigma_b + \sigma_s)$；球墨铸铁 $\sigma_{-1} \approx 0.36\sigma_b$，$\tau_{-1} \approx 0.31\sigma_b$。

　　2. 1Cr18Ni9Ti(GB/T 1221—2007) 可选用，但不推荐。

11.2　轴的结构设计

　　轴的结构主要取决于以下因素：轴在机器中的安装位置及形式；轴上安装的零件的类型、尺寸、数量以及与轴连接的方法；载荷的性质、大小、方向及分布情况；轴的加工工艺等。由于影响因素较多，具体情况各异，因此，轴没有标准的结构形式。

　　所谓轴的结构设计，就是在满足工作能力要求的前提下，针对不同情况，综合考虑上述各种因素，确定出轴的合理结构形状和全部尺寸。其遵循的一般原则如下：

　　① 轴和装在轴上的零件要有准确的工作位置；

　　② 轴上的零件应便于装拆和调整，具有良好的制造工艺性；

　　③ 受力合理，有利于提高轴的强度和刚度；

　　④ 尽量减小应力集中，并节省材料、减轻重量。

11.2.1　轴上零件的装配方案

　　拟定轴上零件的装配方案是进行轴的结构设计的前提，它决定着轴的基本形式。所谓装配方案，就是预定出轴上主要零件的装配方向、顺序和相互关系。

　　图 11-7 中所示的装配方案是：齿轮、套筒、右端滚动轴承、轴承端盖、半联轴器依次从轴的右端向左安装，左端只装滚动轴承及其轴承端盖。这样就对各轴段的粗细顺序作了初步安排。拟定装配方案时，一般应考虑几个方案，进行分析比较与选择。

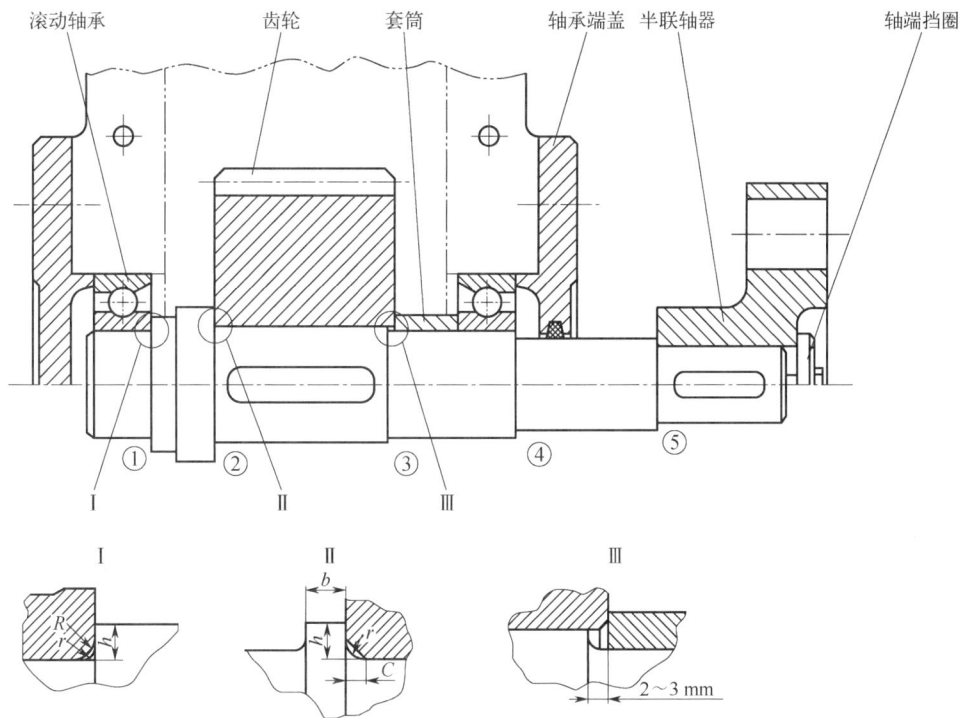

图 11-7 轴上零件装配及结构示图

11.2.2 轴上零件的固定

为了防止轴上零件受力时发生沿轴向或周向的相对运动，轴上零件除了有游动或空转的要求外，都必须进行轴向和周向定位，以保证其准确的工作位置。

（1）零件的轴向定位

轴上零件的轴向定位是以轴肩、套筒、圆螺母、轴端挡圈和轴承端盖等来保证的。

轴肩分为定位轴肩（如图 11-7 中的轴肩①、②、⑤）和非定位轴肩（如图 11-7 中的轴肩③、④）两类。利用轴肩定位是最方便可靠的方法，但采用轴肩就必然会使轴的直径加大，而且轴肩处因截面突变而引起应力集中。另外，轴肩过多也不利于加工。因此，轴肩定位多用于轴向力较大的场合。定位轴肩的高度 h 一般为 h=(0.07～0.1)d，d 为与零件相配处的轴径尺寸。滚动轴承的定位轴肩（如图 11-7 中的轴肩①）高度必须低于轴承内圈端面的高度，以便拆卸轴承，轴肩的高度可查手册中轴承的安装尺寸。为了使零件能靠紧轴肩而得到准确可靠的定位，轴肩处的过渡圆角半径 r 必须小于与之相配的零件毂孔端部的圆角半径 R 或倒角尺寸 C（如图 11-7 中 I、II所示）。轴和零件上的倒角和圆角尺寸的常用范围见表 11-2。非定位轴肩是为了加工和装配方便而设置的，其高度没有严格的规定，一般取 1～2mm。

表 11-2 零件倒角 C 与圆角半径 R 的推荐值 　　　　单位：mm

直径 d	>6～10		>10～18	>18～30	>30～50		>50～80	>80～120	>120～180
C 或 R	0.5	0.6	0.8	1.0	1.2	1.6	2.0	2.5	3.0

套筒定位（图 11-7）结构简单，定位可靠，轴上不需开槽、钻孔和切制螺纹，因而不影响轴的疲劳强度，一般用于轴上两个零件之间的定位。如两零件的间距较大时，不宜采用套筒定位，以免增大套筒的质量及材料用量。因套筒与轴的配合较松，如轴的转速很高时，也不宜采用套筒定位。套筒通常与轴肩或轴环配合使用，使零件双向定位。

轴端挡圈（图 11-8）适用于固定轴端零件，能够承受较大的轴向力及冲击载荷，需采用防松措施。其工作可靠、应用广泛。

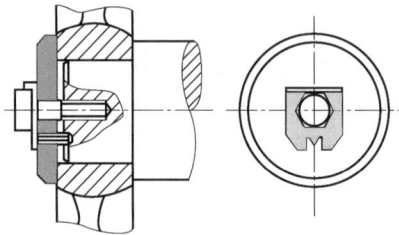

图 11-8　轴端挡圈

圆螺母定位（图 11-9）可承受大的轴向力，但轴上螺纹处有较大的应力集中，会降低轴的疲劳强度，故一般用于固定轴端的零件，有双圆螺母［图 11-9（a）］和圆螺母与内外舌止动垫圈［图 11-9（b）］两种形式。当轴上两零件间距离较大不宜使用套筒定位时，也常采用圆螺母定位。

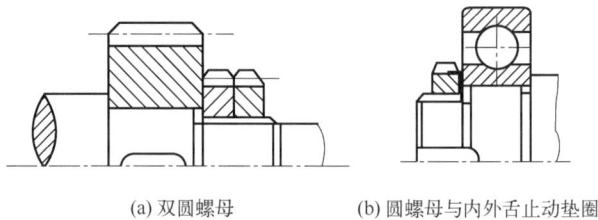

(a) 双圆螺母　　　　　(b) 圆螺母与内外舌止动垫圈

图 11-9　圆螺母定位

轴承端盖用螺钉或榫槽与箱体连接而使滚动轴承的外圈得到轴向定位。在一般情况下，整个轴的轴向定位也常利用轴承端盖来实现，如图 11-7 所示。

利用弹性挡圈（图 11-10）、紧定螺钉（图 11-11）及锁紧挡圈（图 11-12）等进行轴向定位，只适用于零件上的轴向力不大之处。紧定螺钉和锁紧挡圈常用于光轴上零件的定位。此外，对于承受冲击载荷和同心度要求较高的轴端零件，也可采用圆锥面定位，如图 11-13 所示。

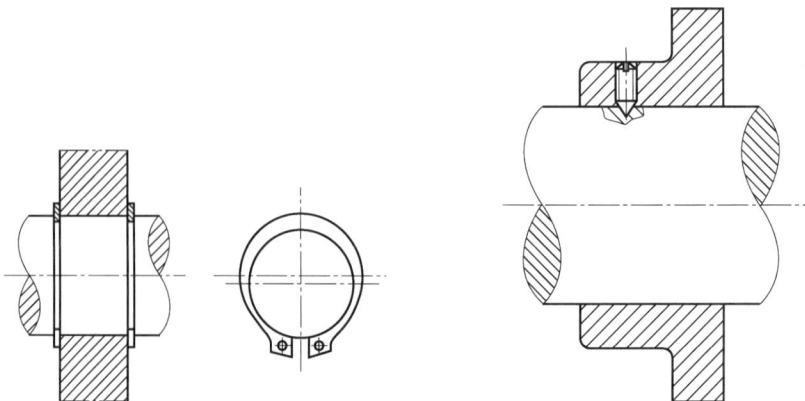

图 11-10　弹性挡圈定位

图 11-11　紧定螺钉定位

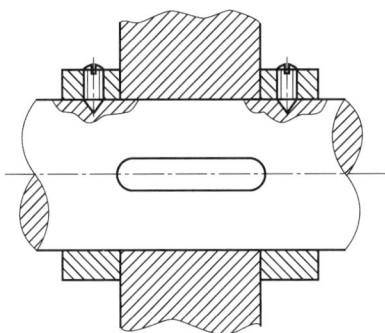

图 11-12　锁紧挡圈定位

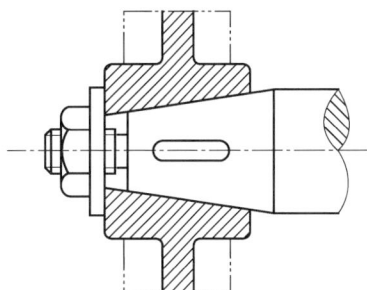

图 11-13　圆锥面定位

（2）零件的周向定位

周向定位的目的是限制轴上零件与轴发生相对转动。对于需要传递轴上转矩的零件，定位结构要具有足够的承载能力。另外，定位结构对轮毂与轴的对中精度的影响要尽可能小，还应具有良好的加工和装配工艺。常用的周向定位零件有键、花键、销、紧定螺钉以及过盈配合等，其中紧定螺钉只用在传力不大之处。

（3）各轴段直径和长度的确定

有配合要求的轴段，应尽量采用标准直径。与滚动轴承相配合的轴段部分称为轴颈，其直径必须符合滚动轴承的内径标准系列。与一般零件（如齿轮、带轮、联轴器）等相配合的轴段称为轴头，其直径应与相配合的零件毂孔直径相同。

为了使齿轮、轴承等有配合要求的零件装拆方便，并减少配合表面的擦伤，在配合轴段前应采用较小的直径（如图 11-7 中轴肩③、④右侧的直径）。为了使与轴作过盈配合的零件易于装配，相配轴段的压入端应制出锥度（图 11-14），或在同一轴段的两个部分上采用不同的尺寸公差（图 11-15）。

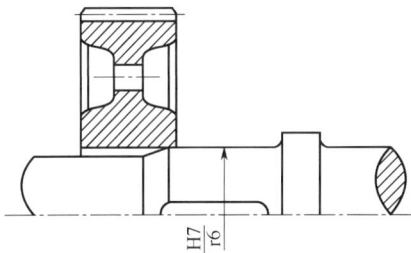

图 11-14　轴的装配锥度

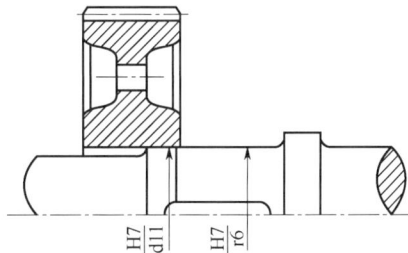

图 11-15　采用不同的尺寸公差

确定各轴段长度时，应尽可能使结构紧凑，同时还要保证零件所需的装配或调整空间。轴的各段长度主要是根据各零件与轴配合部分的轴向尺寸和相邻零件间必要的空隙来确定的。为了保证轴向定位可靠，与齿轮和联轴器等零件相配合部分的轴段长度一般应比轮毂长度短 2～3mm（如图 11-7 中Ⅲ所示），且通常大于此处轴段直径 d，如轴上安装齿轮、带轮处，一般可取轴段长度 $B=(1.5\sim2)d$。轴颈长度一般等于轴承的宽度。

11.2.3　轴结构的工艺要求

轴的结构工艺性是指轴的结构形式应便于加工和装配轴上的零件，并且生产率高，成本低。

一般来说，轴的结构越简单，工艺性越好。因此，在满足使用要求的前提下，轴的结构形式应尽量简化。

① 在保证使用要求的前提下，轴的阶梯应尽可能少，以减少加工工时、节约材料；

② 需要磨削加工的轴段，应留有砂轮越程槽，如图 11-16 所示；需要切制螺纹的轴段，应留有退刀槽，如图 11-17 所示。尺寸可参看标准或手册；

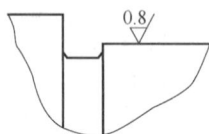

图 11-16　砂轮越程槽　　　　图 11-17　螺纹退刀槽

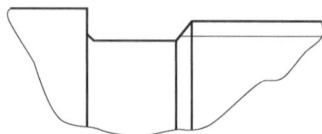

③ 为了便于装配零件并去掉毛刺，轴端应制出 45° 的倒角；

④ 为了减少装夹工件的时间，同一轴上不同轴段的键槽应布置（或投影）在轴的同一母线上；

⑤ 为了减少加工刀具种类和提高劳动生产率，轴上直径相近处的圆角、倒角、键槽宽度、砂轮越程槽宽度和退刀槽宽度等应尽可能采用相同的尺寸；

⑥ 如果要求轴的各轴段具有较高的同轴度，或轴的长径比 L/d 大于 4 时，轴的两端应加工定位中心孔，如图 11-18 所示；

⑦加工精度和表面粗糙度不必过度提高，以免增加加工难度、工时和成本。

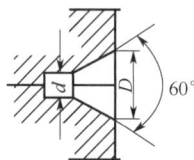

图 11-18　中心孔

11.2.4　提高轴的强度的常用措施

轴和轴上零件的结构、工艺以及轴上零件的安装布置等对轴的强度有很大的影响，所以应在这些方面进行充分考虑，以提高轴的承载能力，减小轴的尺寸，降低制造成本。

（1）合理布置轴上零件以减小轴的载荷

为了减小轴承受的弯矩，传动件应尽量靠近轴承，并尽可能不采用悬臂的支承形式，力求缩短支承跨距及悬臂长度等。

当转矩由一个传动件输入，而由几个传动件输出时，为了减小轴上的扭矩，应将输入件放在中间，而不要置于一端。如图 11-19 所示，输入转矩为 $T_1 = T_2 + T_3 + T_4$，轴上各轮按图 11-19（a）的布置方式，轴上最大扭矩为 $T_2 + T_3 + T_4$，如改为图 11-19（b）的布置方式，最大扭矩仅为 $T_3 + T_4$。显然，图 11-19（b）所示的布置更合理。

（2）改进轴上零件的结构以减小轴的载荷

通过改进轴上零件的结构也可减小轴上的载荷。例如图 11-20 所示起重卷筒的两种安装方案中，图 11-20（a）的方案是大齿轮和卷筒连接在一起，转矩经大齿轮直接传给卷筒，卷筒轴只受弯矩而不受转矩；而图 11-20（b）的方案是大齿轮将转矩通过轴传到卷筒，因而卷筒轴既受弯矩又受转矩。在同样的载荷 F 作用下，图 11-20（a）中轴的直径显然可比图 11-20（b）中的轴径小。

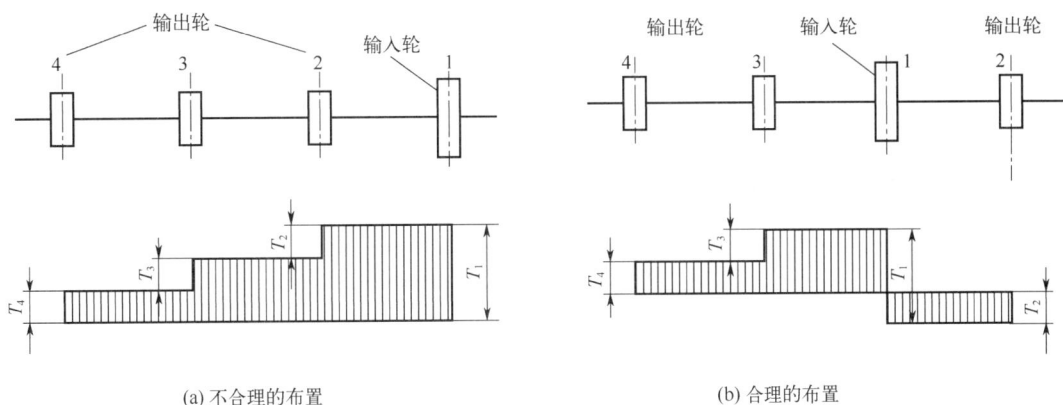

(a) 不合理的布置   (b) 合理的布置

图 11-19 轴上零件的布置

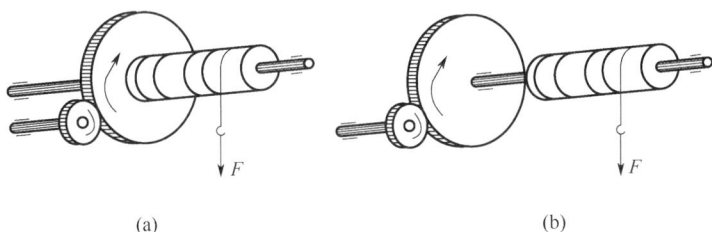

(a)   (b)

图 11-20 起重卷筒的两种安装方案

（3）改进轴的结构以减小应力集中的影响

轴通常是在变应力条件下工作的，轴的截面尺寸发生突变处会产生应力集中，轴的疲劳破坏往往在此处发生。为了提高轴的疲劳强度，应尽量减少应力集中源和降低应力集中的程度。为此，轴肩处应采用较大的过渡圆角半径 r 来降低应力集中。但对定位轴肩，还必须保证零件得到可靠的定位。当靠轴肩定位的零件的圆角半径很小时（如滚动轴承内圈的圆角），为了增大轴肩处的圆角半径，可采用内凹圆角 [图 11-21（a）] 或加装隔离环 [图 11-21（b）]。

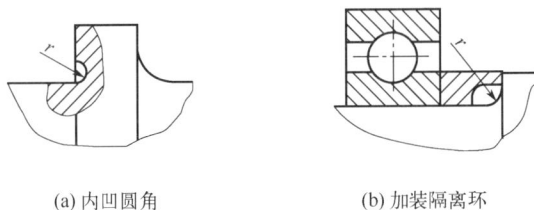

(a) 内凹圆角   (b) 加装隔离环

图 11-21 轴肩过渡结构

当轴与轮毂为过盈配合时，配合边缘处会产生较大的应力集中，如图 11-22（a）所示。为了减小应力集中，可在轮毂上或轴上开减载槽，如图 11-22（b）、图 11-22（c）所示；或者增大配合部分的直径，如图 11-22（d）所示。由于配合的过盈量愈大，引起的应力集中也愈严重，因而在设计中应合理选择零件与轴的配合。

用盘铣刀加工的键槽比用键槽铣刀加工的键槽在过渡处对轴的截面削弱较为平缓，因而应力集中较小；渐开线花键比矩形花键在齿根处的应力集中小，在进行轴的结构设计时应妥加考虑。此外，由于切制螺纹处的应力集中较大，故应尽可能避免在轴上受载较大的区段切制螺纹。

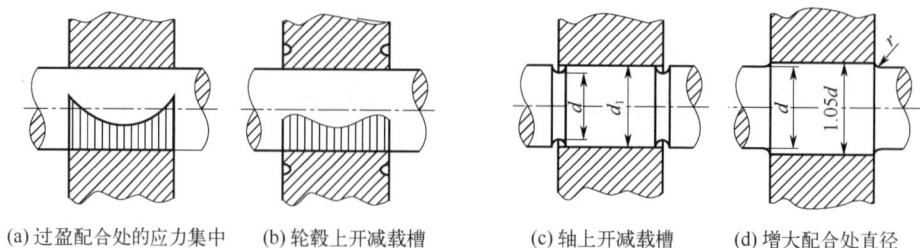

(a) 过盈配合处的应力集中　　(b) 轮毂上开减载槽　　(c) 轴上开减载槽　　(d) 增大配合处直径

图 11-22　轴毂配合处的应力集中及其降低方法

（4）改进轴的表面质量以提高轴的疲劳强度

轴的表面粗糙度和表面强化处理方法也会对轴的疲劳强度产生影响。轴的表面愈粗糙，疲劳强度也愈低。因此，应合理减小轴的表面及圆角处的加工粗糙度值。当采用对应力集中甚为敏感的高强度材料制作轴时，表面质量尤应予以注意。

表面强化处理的方法有：表面高频淬火等热处理；表面渗碳、氰化、氮化等化学热处理；碾压、喷丸等强化处理。通过碾压、喷丸进行表面强化处理时，可使轴的表层产生预压应力，从而提高轴的抗疲劳能力。

11.3　轴的性能分析与计算要点

11.3.1　轴的失效形式及设计准则

轴的常见失效形式有以下几种。

① 因疲劳强度不足而产生疲劳断裂。大多数轴都在变应力状态下工作，当其工作应力及循环次数超过允许值时，将发生疲劳断裂。在轴的失效总数中，疲劳断裂占 40%～50%。

② 因静强度不足而产生塑性变形或脆性断裂。轴在工作时常会因振动、冲击等原因而瞬时过载。对于塑性材料制造的轴，当最大工作应力超过材料的屈服极限时，将产生塑性变形。对于脆性材料制造的轴，当应力超过材料强度极限时，将发生脆性断裂。

③ 因刚度不足而产生超过允许范围的弯曲变形或扭转变形。

④ 在高转速下，可能因共振等因素造成振幅过大而无法正常工作或断裂。

⑤ 其他形式，如轴颈磨损，在高温环境中工作时发生蠕变，在腐蚀介质中工作时被腐蚀并加速疲劳失效等。

针对轴在具体工作条件下可能发生的失效形式进行计算，使所设计的轴具有不发生该种失效的工作能力，并具有合理的结构和良好的工艺性。这就是轴的设计准则。

11.3.2　轴的强度计算

强度计算是轴设计的重要内容之一，其目的是根据轴的承载情况来确定轴的直径或对由经验、方法或结构设计所确定的轴径进行校核，确保其满足强度要求。对于仅仅（或主要）承受转矩的轴（传动轴），应按扭转强度条件计算；对于只承受弯矩的轴（心轴），应按弯曲强度条件计算；对于既承受弯矩又承受转矩的轴（转轴），应按弯扭合成强度条件进行计算，需要时还应按疲劳强度条件进行精确校核。此外，对于瞬时过载很大或应力循环不对称性较为严重的轴，还应按峰尖载荷校核其静强度，以免产生过量的塑性变形。下面介绍几种常用的计算方法。

（1）按扭转强度条件计算

这种方法只按轴上扭矩来计算轴的强度。如果轴还受有不大的弯矩，则用降低许用扭转切应力的办法予以考虑。在进行轴的结构设计时，通常用这种方法初步估算轴径。对于不太重要的轴，也可作为最后计算结果。轴的扭转强度条件为：

$$\tau_T = \frac{T}{W_T} \approx \frac{9550 \times 10^3 \dfrac{P}{n}}{0.2d^3} \leqslant [\tau]_T \tag{11-1}$$

则

$$d \geqslant \sqrt[3]{\frac{9550 \times 10^3 P}{0.2[\tau]_T n}} = \sqrt[3]{\frac{9550 \times 10^3}{0.2[\tau]_T}} \times \sqrt[3]{\frac{P}{n}} = A_0 \sqrt[3]{\frac{P}{n}} \tag{11-2}$$

式中　τ_T——扭转切应力，MPa；

　　　　T——轴所受的扭矩，N·mm；

　　　　W_T——轴的抗扭截面系数，mm³；

　　　　n——轴的转速，r/min；

　　　　P——轴传递的功率，kW；

　　　　d——计算截面处轴的直径，mm；

　　　　$[\tau]_T$——许用扭转切应力，MPa，见表 11-3；

　　　　A_0——计算系数，见表 11-3。

表 11-3　轴常用几种材料的 $[\tau]_T$ 及 A_0 值

轴的材料	Q235、20	Q275、35 (1Cr18Ni9Ti)	45	40Cr、35SiMn 38SiMnMo、3Cr13
$[\tau]_T$/MPa	15～25	20～35	25～45	35～55
A_0	149～126	135～112	126～113	112～97

注：1. 表中 $[\tau]$ 值是考虑了弯矩影响而降低了的许用扭转切应力。

2. 在下述情况时，$[\tau]$ 取较大值，A_0 取较小值：弯矩较小或只受转矩作用、载荷较平稳、无轴向载荷或只有较小的轴向载荷、减速器的低速轴、轴只做单向旋转；反之，$[\tau]$ 取较小值。

对于空心轴，则：

$$d \geqslant A_0 \sqrt[3]{\frac{P}{n(1-\beta^4)}} \tag{11-3}$$

式中，$\beta = d_1/d$，即空心轴的内径 d_1 与外径 d 之比，通常取 $\beta = 0.5 \sim 0.6$。

应当指出，当轴截面上开有键槽时，应增大轴径以考虑键槽对轴的强度的削弱。对于直径 $d > 100$mm 的轴，有一个键槽时，轴径增大 3%；有两个键槽时，应增大 7%。对于直径 $d \leqslant 100$mm 的轴，有一个键槽时，轴径增大 5%～7%；有两个键槽时，应增大 11%～15%。然后将轴径圆整为标准直径。应当注意，这样求出的直径，只能作为承受转矩作用的轴段的最小直径 d_{min}。

（2）按弯扭合成强度条件计算

当轴的主要结构尺寸、轴上零件的位置，以及外载荷和支反力的作用位置均已确定，轴上的载荷（弯矩和转矩）已可以求得，因而可按弯扭合成强度条件对轴进行强度校核计算。其计算步骤如下：

① 作出轴的计算简图（即力学模型） 轴所受的载荷是从轴上零件传来的。计算时，常将轴上的分布载荷简化为集中力，其作用点取载荷分布段的中点。作用在轴上的转矩，一般从传动件轮毂宽度的中点算起。通常把轴当作置于铰链支座上的梁，支反力的作用点与轴承的类型和布置方式有关，可按图 11-23 来确定。如图 11-23（b）所示中的 a 值可查滚动轴承样本或手册，图 11-23（d）中的 e 值与滑动轴承的宽径比 l/d 有关。当 $l/d \leqslant 1$ 时，取 $e = 0.5l$；当 $l/d > 1$ 时，取 $e = 0.5d$，但不小于 $(0.25 \sim 0.35)l$；对于调心轴承，$e = 0.5l$。

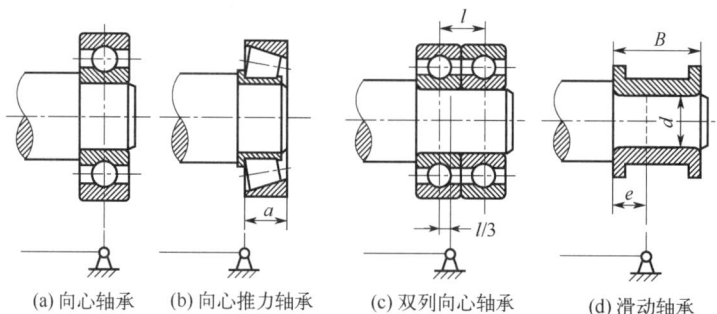

(a) 向心轴承 (b) 向心推力轴承 (c) 双列向心轴承 (d) 滑动轴承

图 11-23 轴的支反力的作用点

在作计算简图时，应先求出轴上受力零件的载荷（若为空间力系，应把空间力分解为圆周力、径向力和轴向力，然后把它们全部转化到轴上），并将其分解为水平分力和垂直分力，如图 11-24（a）所示。然后求出各支承处的水平反力 F_H 和垂直反力 F_V。

② 作出弯矩图 根据上述简图，分别按水平面和垂直面计算各力产生的弯矩，并按计算结果分别作出水平面上的弯矩 M_H 图［图 11-24（b）］和垂直面上的弯矩 M_V 图［图 11-24（c）］；然后按下式计算总弯矩并作出 M 图［图 11-24（d）］：

$$M = \sqrt{M_H^2 + M_V^2}$$

③ 作出扭矩图 扭矩图如图 11-24（e）所示。

④ 作出计算弯矩图 根据已作出的总弯矩图和扭矩图，求出计算弯矩 M_{ca}，并作出 M_{ca} 图，如图 11-24（f）所示，M_{ca} 计算公式为：

$$M_{ca} = \sqrt{M^2 + (\alpha T)^2} \tag{11-4}$$

式中，α 是考虑轴上扭矩和弯矩的加载情况及产生应力的循环特性差异的系数（意即 α 可将循环特性 r_τ 折算为 r_σ）。因通常由弯矩产生的弯曲应力是对称循环的变应力，而由扭矩产生的扭转切应力则常常不是对称循环的变应力，故在计算弯矩时，必须考虑这种循环特性差异的影响。即当扭转切应力为静应力时，取 $\alpha \approx 0.3$；当扭转切应力为脉动循环变应力时，取 $\alpha \approx 0.6$；当扭转切应力亦为对称循环变应力时，则取 $\alpha = 1$。

⑤ 校核轴的强度 已知轴的计算弯矩后，即可针对某些危险截面（即计算弯矩大而直径可

能不足的截面）做强度校核计算。按第三强度理论，计算弯曲应力（单位为 MPa）得到：

$$\sigma_{ca} = \frac{M_{ca}}{W} = \frac{\sqrt{M^2 + (\alpha T)^2}}{W} \leqslant [\sigma_{-1}] \qquad (11\text{-}5)$$

式中　W——轴的抗弯截面系数；

　　$[\sigma_{-1}]$——轴的许用弯曲应力，MPa，其值按表 11-1 选用。

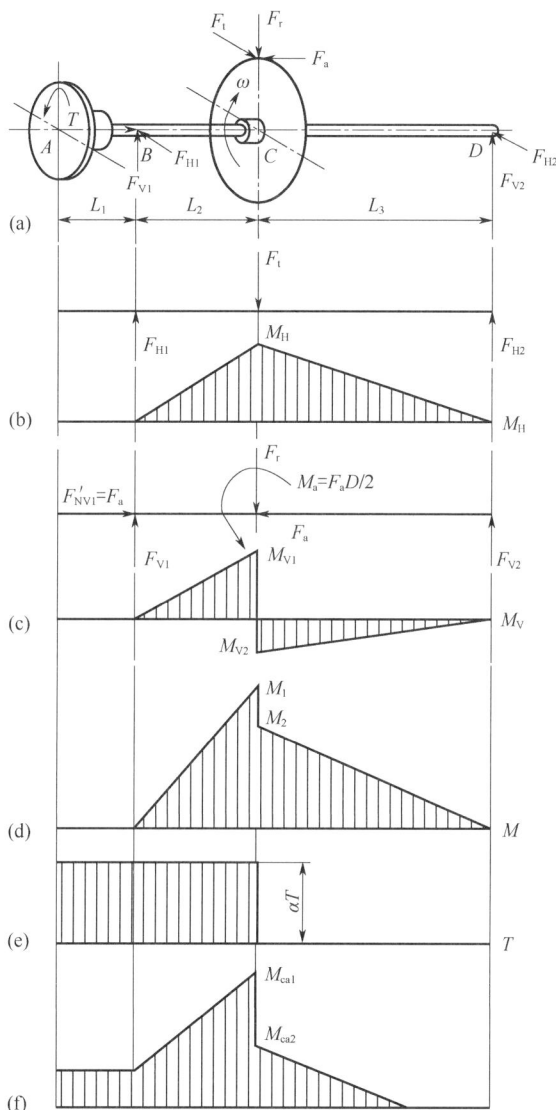

图 11-24　轴的载荷分析图

　　由于心轴工作时只承受弯矩而不承受转矩，所以在应用式（11-5）时，应取 $T=0$，即 $M_{ca}=M$。转动心轴的弯矩在轴截面上引起的应力是对称循环变应力；对于固定心轴，考虑起动、停车等的影响，弯矩在轴截面上引起的应力可视为脉动循环变应力，所以在应用式（11-5）时，其许用应力应为 $[\sigma_0]$（脉动循环变应力时的许用弯曲应力），$[\sigma_0] \approx 1.7[\sigma_{-1}]$。

　　对于一般用途的轴，按上述方法设计计算即可。对于重要的轴，尚需做进一步的强度校核

（如危险截面安全系数的校核计算），其计算方法可查阅有关参考书。

11.3.3 轴的刚度计算

轴在载荷作用下，将产生弯曲或扭转变形。若变形量超过允许的限度，就会影响轴上零件的正常工作，甚至会丧失机器应有的工作性能。例如，安装齿轮的轴，若弯曲刚度（或扭转刚度）不足而导致挠度（或扭转角）过大时，将影响齿轮的正常啮合，使齿轮沿齿宽和齿高方向接触不良，造成载荷在齿面上严重分布不均。因此，在设计有刚度要求的轴时，必须进行刚度的校核计算。

轴的弯曲刚度以挠度或偏转角来度量；扭转刚度以扭转角来度量。轴的刚度校核计算通常是计算出轴在受载荷时的变形量，并控制其不大于允许值，即：

$$y \leqslant [y] \qquad \theta \leqslant [\theta] \qquad \varphi \leqslant [\varphi]$$

式中，y、θ、φ 可按《材料力学》中介绍的方法计算。其许用值如表 11-4 所示。

表 11-4　轴的允许挠度、允许偏转角和允许扭转角

名称	允许挠度[y]/mm	名称	允许偏转角[θ]/rad	适用场合	允许扭转角[φ]/(°/m)
一般用途的轴	$(0.0003 \sim$	滑动轴承	0.001	一般传动	$0.5 \sim 1$
刚度要求较严的轴	$0.0005)l$	向心球轴承	0.005	较精密传动	$0.25 \sim 0.5$
感应电动机轴	$0.0002l$	调心球轴承	0.05	重要传动	<0.25
安装齿轮的轴	0.1Δ	圆柱滚子轴承	0.0025		
安装蜗轮的轴	$(0.01 \sim 0.03)m_n$	圆锥滚子轴承	0.0016		
	$(0.02 \sim 0.05)m_{t2}$	安装齿轮处轴的截面	$0.001 \sim 0.002$		

注：l—轴的跨距，mm；Δ—电动机定子与转子间的气隙，mm；m_n—齿轮的法面模数；m_{t2}—蜗轮的端面模数。

11.3.4 轴的振动计算

轴是弹性体，轴的振动是指轴连同轴上零件（称为轴系）在平衡位置附近的周期性往复运动，其形式有弯曲振动（横向振动）、扭转振动（角振动）和纵向振动三种。涉及振动问题的轴中，弯曲振动现象最为常见。

轴系回转时，其偏心质量（材质不均匀、结构不对称、加工及安装误差等原因所致）会产生以离心惯性力为表征的周期性干扰力，从而引起轴的弯曲强迫振动。当此强迫振动的频率与轴系的自振频率接近或相同时，就会出现弯曲共振现象，轴的振幅迅速增大，严重时会造成轴系甚至整台机器损坏，因而必须避免。

引发轴共振时的转速称为临界转速。轴系作为连续弹性体，理论上有无穷多阶从低到高的固有频率。因此，轴的临界转速也有许多个，最低的一个称为一阶临界转速，其余为二阶、三阶、……工程上具有实际意义的是前几阶临界转速，主要是一阶和二阶。事实上，一般机器中的轴，其工作转速达到二阶临界转速的极为少见。

轴的振动计算就是计算轴的临界转速，目的是使轴的工作转速避开其临界转速。轴的临界转速与轴的刚度、轴和轴上零件的质量及分布情况、轴的支承形式及性质等因素有关，其计算

比较复杂，计算的方法也很多，相对简单的方法是有限元计算。在一阶临界转速下，轴的弯曲形式最简单，振动最激烈，以致最为危险，所以通常主要计算一阶临界转速。

为了防止共振的产生，设计轴时，应使轴的工作转速避开临界转速，对工作转速低于一阶临界转速的轴，应使其工作转速 $n<0.76n_{c1}$，工程上称这种轴为刚性轴；对工作转速高于一阶临界转速的轴，工作转速应满足 $1.4n_{ck}<n<0.7n_{c(k+1)}$（$n_{ck}$ 为 k 阶临界转速，$k=1,2,\cdots$），这种轴称为挠性轴，如汽轮机的轴。满足上述条件的轴即具有了抗弯曲振动的稳定性。

11.4　轴的使用与维护

轴若使用不当，没有良好的维护，就会影响其正常工作，甚至产生意外损坏，降低轴的使用寿命。因此，轴的正确使用和良好的维护，对轴的正常工作及保证轴的疲劳寿命有着很重要的意义。

11.4.1　轴的使用

① 安装时，要严格按照轴上零件的先后顺序进行，注意保证安装精度。对于过盈配合的轴段要采用专门工具进行装配，以免破坏其表面质量。

② 安装结束后，要严格检查轴在机器中的位置以及轴上零件的位置，并将其调整到最佳工作位置，同时轴承的游隙也要按工作要求进行调整。

③ 在工作中，必须严格按照操作规程进行，尽量使轴避免承受过量载荷和冲击载荷，并保证润滑，从而保证轴的疲劳强度。

11.4.2　轴的维护

在工作过程中，对机械要定期检查和维修，对于轴的维护重点注意以下三个方面。

① 认真检查轴和轴上零件的完好程度，若发现问题应及时维修或更换。轴的维修部位主要是轴颈及轴端。对精度要求较高的轴，在磨损量较小时，可采用电镀法或热喷涂（或喷焊）法进行修复。轴上花键、键槽损伤，可以用气焊或堆焊修复，然后再铣出花键或键槽。也可将原键槽焊补后再铣制新键槽。

② 认真检查轴以及轴上主要传动零件工作位置的准确性、轴承的游隙变化并及时调整。

③ 轴上的传动零件（如齿轮、链轮等）和轴承必须保证良好的润滑。应当根据季节和工作地点，按规定选用润滑剂并定期加注。要对润滑油及时检查和补充，必要时更换。

11.5　企业应用案例——化工设备输送装置

某一化工设备的输送装置中，以圆锥—圆柱齿轮减速器作为减速装置，装置简图如图 11-25 所示。输入轴与电动机相连，输出轴通过弹性柱销联轴器与工作机相连，输出轴为单向旋转（从装有半联轴器的一端看为顺时针方向）。已知电动机功率 $P=11kW$，转速 $n_1=1450r/min$，齿轮机构的参数列于表 11-5，试设计该减速器的输出轴。

表 11-5 齿轮机构参数

级别	z_1	z_2	m_n/mm	m/mm	β	α_n/(°)	h_a^*	齿宽/mm
高速级	20	75	4	3.5	8°06′34″	20	1	大圆锥齿轮轮毂长 L=50
低速级	23	95		4.0404				B_1=85，B_2=80

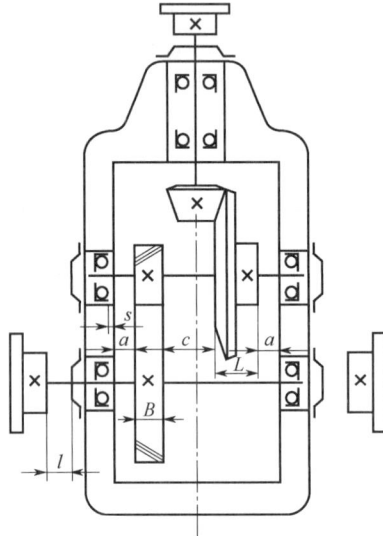

图 11-25 圆锥-圆柱齿轮减速器简图

1）求输出轴上的功率 P_3、转速 n_3 和转矩 T_3

若取每级齿轮传动的效率（包括轴承效率在内）$\eta = 0.97$，则：

$$P_3 = P\eta^2 = 10 \times 0.97^2 = 9.41 \text{（kW）}$$

$$n_3 = \frac{n_1}{i} = 1450 \times \frac{20}{75} \times \frac{23}{95} = 93.61 \text{（r/min）}$$

$$T_3 = 9550 \times 10^3 \frac{P_3}{n_3} = 9550 \times 10^3 \times \frac{9.41}{93.61} \approx 960000 \text{（N·mm）}$$

2）求作用在齿轮上的力

低速级大齿轮的分度圆直径为：

$$d_2 = m_t z_2 = 4.0404 \times 95 = 383.84 \text{（mm）}$$

$$F_t = \frac{2T_3}{d_2} = \frac{2 \times 960000}{383.84} = 5002 \text{（N）}$$

$$F_r = F_t \frac{\tan\alpha_n}{\cos\beta} = 5002 \times \frac{\tan 20°}{\cos 8°06′34″} = 1839 \text{（N）}$$

$$F_a = F_t \tan\beta = 5002 \times \tan 8°06′34″ = 713 \text{（N）}$$

圆周力 F_t、径向力 F_r 及轴向力 F_a 的方向如图 11-24 所示。

3）选择轴的材料

该轴没有特殊的要求，因而选用调质处理的 45 号钢，查表 11-1 得强度极限 σ_b=640MPa。

4）初步确定轴的最小直径

先按式（11-2）初步估算轴的最小直径。根据表 11-3，取 $A_0=112$，得：

$$d_{\min} = A_0\sqrt[3]{\frac{P_3}{n_3}} = 112\times\sqrt[3]{\frac{9.41}{93.61}} = 52.1（mm）$$

输出轴的最小直径显然是安装联轴器处轴的直径 $d_{1\text{-}\text{II}}$，如图 11-26 所示。为了使所选的轴直径 $d_{1\text{-}\text{II}}$ 与联轴器的孔径相适应，故需同时选取联轴器型号。

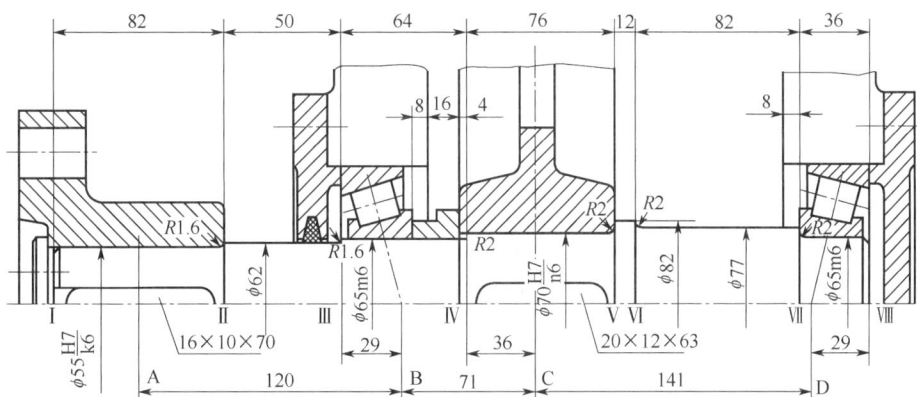

图 11-26 轴的结构与装配

联轴器的计算转矩 $T_{ca} = K_A T_3$，查表（参见有关联轴器资料），考虑到转矩变化很小，故取 $K_A = 1.3$，则：

$$T_{ca} = K_A T_3 = 1.3\times960000 = 1248000（N\cdot mm）$$

按照计算转矩 T_{ca} 应小于联轴器公称转矩的条件，查标准 GB/T 5014—2017 或手册，选用 HL4 型弹性柱销联轴器，其公称转矩为 1250000N·mm。半联轴器 I 的孔径 $d_1=55mm$，故取 $d_{1\text{-}\text{II}}=55mm$；半联轴器长度 $L=112mm$，半联轴器与轴配合的毂孔长度 $L_1=84mm$。

5）轴的结构设计

① 拟定轴上零件的装配方案 输出轴拟定不同的装配方案如图 11-27 所示，分析对比两种装配方案，图 11-27（b）较图 11-27（a）多了一个用于轴向定位的长轴套筒，使机器的零件增多，质量增大。相比之下可知，图 11-27（a）中的装配方案较为合理。因此，选用图 11-27（a）所示的装配方案。

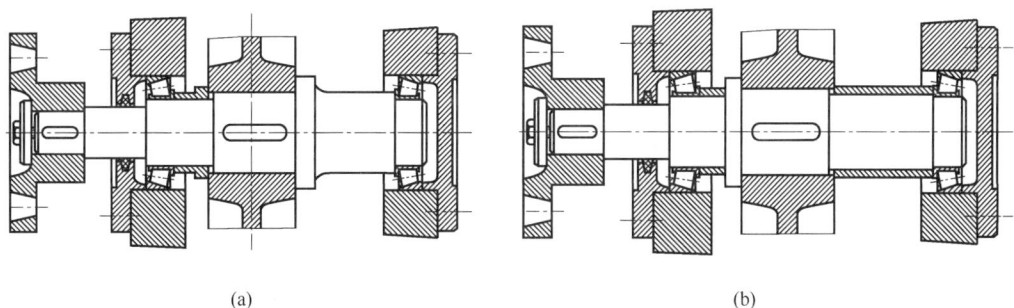

(a)　　　　　　　　　　　　　　(b)

图 11-27 轴的结构与装配

② 根据轴向定位的要求确定轴的各段直径和长度

a. 为了满足半联轴器的轴向定位要求，Ⅰ-Ⅱ轴段右端需制出一轴肩，故取Ⅱ-Ⅲ段的直径 $d_{Ⅱ-Ⅲ}$=62mm；左端用轴端挡圈定位，按轴端直径取挡圈直径 D=65mm。半联轴器与轴配合的毂孔长度 L_1=84mm，为了保证轴端挡圈只压在半联轴器上而不压在轴的端面上，故Ⅰ-Ⅱ段的长度应比 L_1 略短，现取 $l_{Ⅰ-Ⅱ}$=82mm。

b. 初步选择滚动轴承。因轴承同时受有径向力和轴向力的作用，故选用单列圆锥滚子轴承。参照工作要求并根据 $d_{Ⅱ-Ⅲ}$=62mm，由轴承产品目录中初步选取 0 级基本游隙组、标准精度级的单列圆锥滚子轴承 30313，其尺寸为 $d×D×T = 65×140×36$ mm，故 $d_{Ⅲ-Ⅳ}=d_{Ⅶ-Ⅷ}$=65mm，而 $l_{Ⅶ-Ⅷ}$=36mm。

右端滚动轴承采用轴肩进行轴向定位。由机械设计手册查得 30313 型轴承的定位轴肩高度 h=6mm，因此，取 $d_{Ⅵ-Ⅶ}$=77mm。

c. 取安装齿轮处的轴段Ⅳ-Ⅴ的直径 $d_{Ⅳ-Ⅴ}$=70mm；齿轮的左端与左轴承之间采用套筒定位。已知齿轮轮毂的宽度为 80mm，为了使套筒端面可靠地压紧齿轮，此轴段应略短于轮毂宽度，故取 $l_{Ⅳ-Ⅴ}$=76mm。齿轮的右端采用轴肩定位，轴肩高度 $h > 0.07d$，取 h=6mm，则轴环处的直径 $d_{Ⅴ-Ⅵ}$=82mm。轴环宽度 $b \geqslant 1.4h$，取 $l_{Ⅴ-Ⅵ}$=12mm。

d. 轴承端盖的总宽度为 20mm（由减速器及轴承端盖的结构设计而定）。根据轴承端盖的装拆及便于对轴承添加润滑脂的要求，取端盖的外端面与半联轴器右端面间的距离 l=30mm（参见图 11-25），故取 $l_{Ⅱ-Ⅲ}$=50mm。

e. 取齿轮距箱体内壁之距离 a=16mm，圆锥齿轮与圆柱齿轮之间的距离 c=20mm（参见图 11-26）。考虑到箱体的铸造误差，在确定滚动轴承位置时，应距箱体内壁一段距离 s，取 s=8mm（参见图 11-26），已知滚动轴承宽度 T=36mm，大圆锥齿轮轮毂长 L=50mm，则：

$$l_{Ⅲ-Ⅳ}=T+s+a+(L-e_{Ⅳ-Ⅴ})=36+8+16+(80-76)=64（mm）$$

$$l_{Ⅵ-Ⅶ}=L+c+a+s-l_{Ⅴ-Ⅵ}=50+20+16+8-12=82（mm）$$

初步确定轴的各段直径和长度。

③ 轴上零件的周向定位　齿轮、半联轴器与轴的周向定位均采用平键连接。按 $d_{Ⅳ-Ⅴ}$ 由手册查得平键截面 $b×h$=20×12mm（GB/T 1095—2003），键槽用键槽铣刀加工，长为 63mm（标准键长见 GB/T 1096—2003），同时为了保证齿轮与轴配合有良好的对中性，故选择齿轮轮毂与轴的配合为 H7/n6；同样，半联轴器与轴的连接，选用平键为 16×11×70mm，半联轴器与轴的配合为 H7/k6。滚动轴承与轴的周向定位是借过渡配合来保证的，此处选轴的直径尺寸公差为 m6。

④ 确定轴上圆角和倒角尺寸　参考表 11-2，取轴端倒角为 2×45°，轴肩处的圆角半径见图 11-26。

6）求轴上的载荷

首先根据轴的结构图（图 11-26）作出轴的计算简图。在确定轴承的支点位置时，应从手册中查取 a 值。对于 30313 型圆锥滚子轴承，由手册中查得 a=29mm。因此，作为简支梁的轴的支承跨距 L_2+L_3=71+141=212mm。根据轴的计算简图作出轴的弯矩图、扭矩图和计算弯矩图（轴的计算简图、弯矩图、扭矩图和计算弯矩图的绘制示例如图 11-24 所示）。

从轴的结构图和计算弯矩图中可以看出截面 C 处的计算弯矩最大，是轴的危险截面。现将计算出的截面 C 处的 M_H、M_V 及 M 的值列于表 11-6 中。

表 11-6 截面 C 处载荷

载荷	水平面 H	垂直面 V
支反力 F	$F_{H1}=3327\text{N}, F_{H2}=1675\text{N}$	$F_{V1}=1869\text{N}, F_{V2}=-30\text{N}$
弯矩 M	$M_H=236217\text{N}\cdot\text{mm}$	$M_{V1}=132699\text{N}\cdot\text{mm}$ $M_{V2}=-4140\text{N}\cdot\text{mm}$
总弯矩	$M_1=\sqrt{236217^2+132699^2}=270938\text{N}\cdot\text{mm}$ $M_2=\sqrt{236217^2+4140^2}=236253\text{N}\cdot\text{mm}$	
转矩 T	$T_3=960000\text{N}\cdot\text{mm}$	

计算弯矩 M_{ca} 的值为：

$$M_{ca1}=\sqrt{270938^2+\left(0.6\times960000\right)^2}=636540\text{（N}\cdot\text{mm）}$$

其中，0.6 为所取的 α 值。

$$M_{ca2}=M_2=236253\text{（N}\cdot\text{mm）}$$

7）按弯扭合成应力校核轴的强度

进行校核时，通常只校核轴上承受最大计算弯矩截面（即危险截面 C）的强度。轴上危险截面 C 的抗弯截面系数 $W=\dfrac{\pi d^3}{32}\approx0.1d^3$，则计算弯矩的强度为：

$$\sigma_{ca}=\frac{M_{ca1}}{W}=\frac{636540}{0.1\times70^3}=18.6\text{（MPa）}$$

由表 11-1 查得 $[\sigma_{-1}]=60\text{MPa}$。因此 $\sigma_{ca}<[\sigma_{-1}]$，故安全。

8）绘制轴的工作图，如图 11-28 所示。

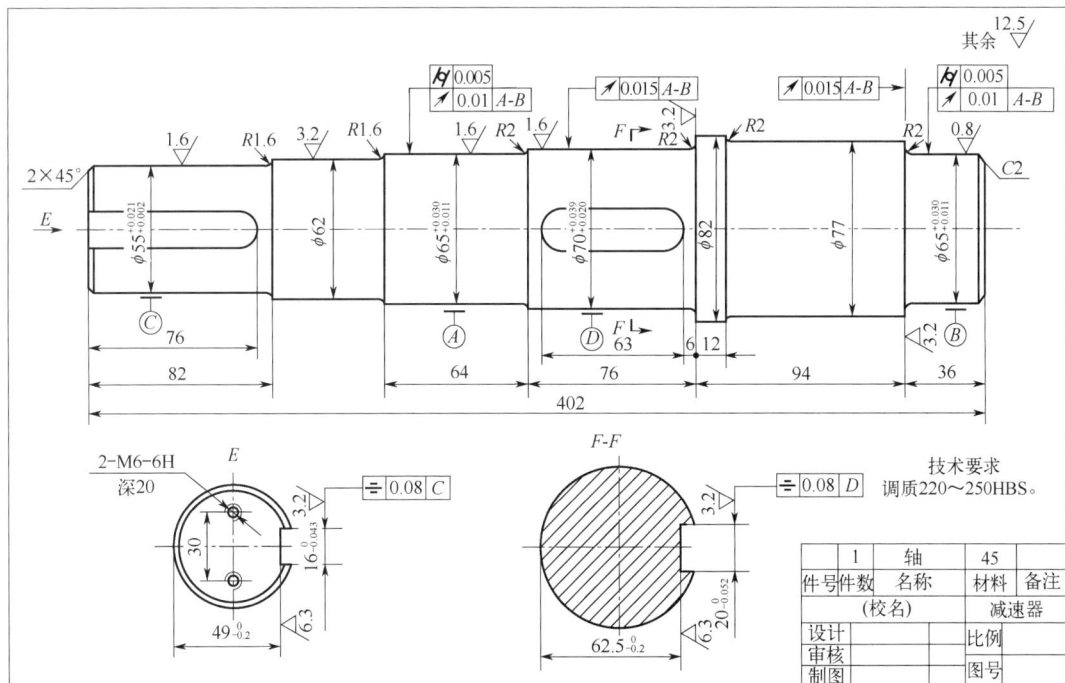

图 11-28 轴的工作图

思考题与习题

11-1 根据受载荷情况，轴可分为哪几类？

11-2 零件在轴上进行轴向固定和周向固定时，分别采用哪些方法？

11-3 为何大多数轴呈阶梯形？

11-4 设计定位轴肩时应注意什么问题？

11-5 当量弯矩计算公式 $M_{ca} = \sqrt{M^2 + (\alpha T)^2}$ 中，α 的含义是什么？

11-6 提高轴强度的措施有哪些？

11-7 图 11-29 所示为一个轴系结构，请对错误之处进行修改。

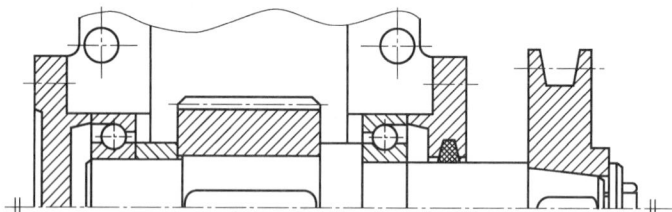

图 11-29 题 11-7 图

11-8 图 11-30 所示为一个轴系结构，请对错误之处进行修改。

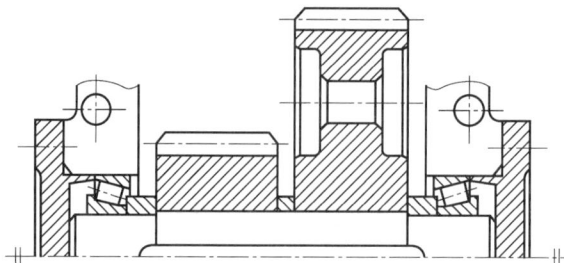

图 11-30 题 11-8 图

11-9 图 11-31 所示为一个轴系结构，请对错误之处进行修改。

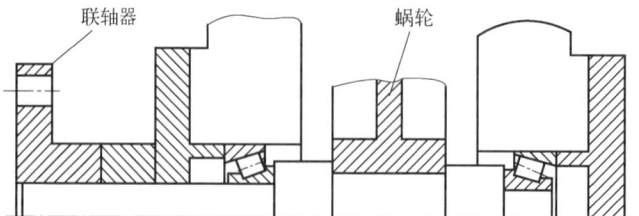

图 11-31 题 11-9 图

11-10 设某轴系的部分结构如图 11-32 所示，在轴上 A 段安装齿轮，采用 H7/s7 配合；在 B 段安装一对圆螺母用以固定齿轮的轴向位置；在 C 段安装深沟球轴承。试选定轴上 l、d_1、r_1 的尺寸值和 B 段螺纹的形式及其公称直径（外径）。

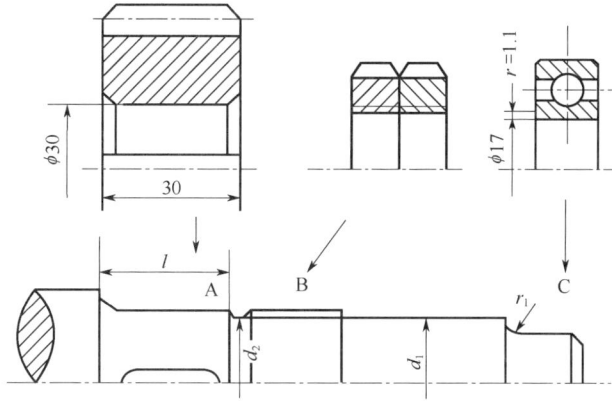

图 11-32 题 11-10 图

第 12 章

轴 承

本书配套资源

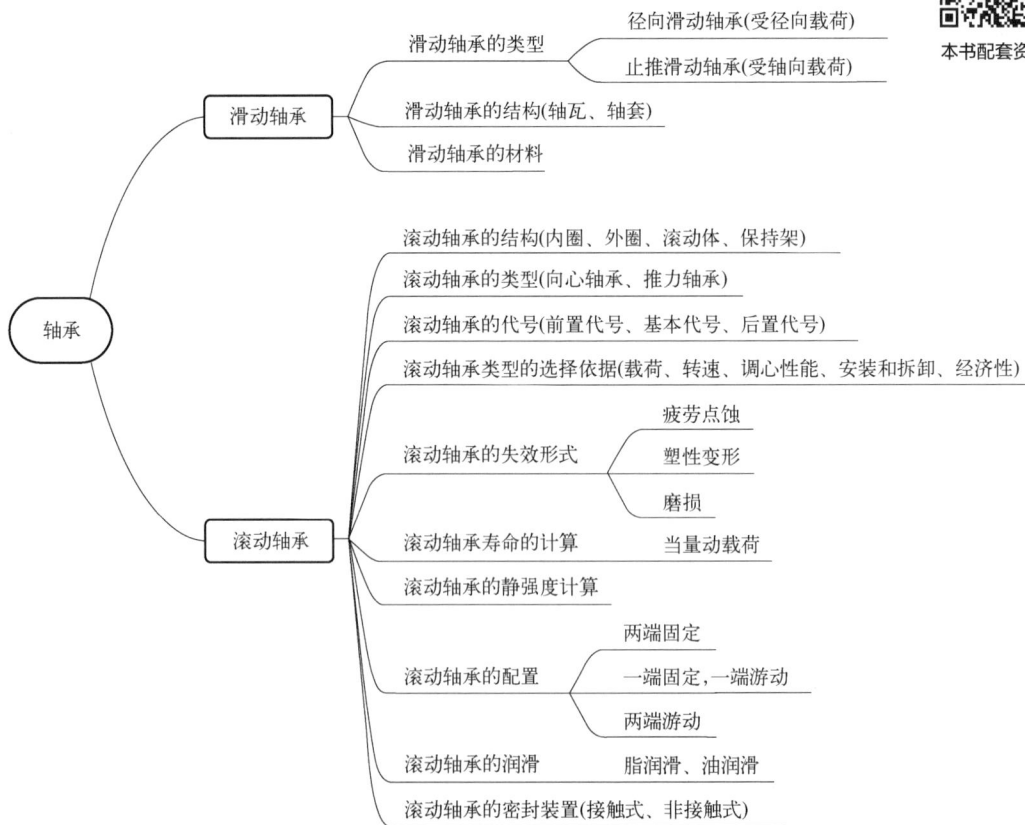

→ **本章知识导图**

```
                          ┌─ 滑动轴承的类型 ─┬─ 径向滑动轴承(受径向载荷)
                          │                 └─ 止推滑动轴承(受轴向载荷)
           ┌─ 滑动轴承 ───┼─ 滑动轴承的结构(轴瓦、轴套)
           │              └─ 滑动轴承的材料
           │
           │              ┌─ 滚动轴承的结构(内圈、外圈、滚动体、保持架)
           │              ├─ 滚动轴承的类型(向心轴承、推力轴承)
           │              ├─ 滚动轴承的代号(前置代号、基本代号、后置代号)
轴承 ──────┤              ├─ 滚动轴承类型的选择依据(载荷、转速、调心性能、安装和拆卸、经济性)
           │              │                      ┌─ 疲劳点蚀
           │              ├─ 滚动轴承的失效形式 ──┼─ 塑性变形
           └─ 滚动轴承 ───┤                      └─ 磨损
                          ├─ 滚动轴承寿命的计算 ──── 当量动载荷
                          ├─ 滚动轴承的静强度计算
                          │                  ┌─ 两端固定
                          ├─ 滚动轴承的配置 ─┼─ 一端固定,一端游动
                          │                  └─ 两端游动
                          ├─ 滚动轴承的润滑 ──── 脂润滑、油润滑
                          └─ 滚动轴承的密封装置(接触式、非接触式)
```

本章学习目标

1. 了解滑动轴承的类型、结构和材料；
2. 熟练掌握滚动轴承的结构、类型和代号以及滚动轴承的选择；
3. 掌握滚动轴承的失效形式和计算准则、寿命计算和静强度计算；
4. 掌握滚动轴承的组合设计。

12.1　轴承的分类与应用

　　轴承是机器中的支承部件。轴承的作用有：①支承轴及轴上零件，并保持轴的旋转精度；②减少转轴与其他零部件之间的摩擦和磨损。轴承分为滑动轴承和滚动轴承两大类。

　　滚动轴承具有摩擦阻力小、启动灵敏、效率高、润滑方便和易于互换等优点，因此获得广泛应用。它的缺点是抗冲击能力较差，高速时出现噪声，且与滑动轴承相比，其径向尺寸较大，寿命较短。大多数情况下，滚动轴承作为标准零部件，往往需要进行选型及结构设计。

　　在高速、高精度、重载、径向尺寸受限或要求剖分结构（如曲轴轴承）等场合下，滑动轴承更能显示出它的优异性能。因而在汽轮机、离心式压缩机、内燃机、大型电动机中多采用滑动轴承。

12.2　滑动轴承的类型、结构和材料

12.2.1　滑动轴承的类型

　　滑动轴承的类型很多，按其承受载荷方向的不同分为：承受径向载荷的径向滑动轴承和承受轴向载荷的止推滑动轴承。根据其滑动表面间润滑状态的不同分为：液体润滑轴承、不完全液体润滑轴承（指滑动表面间处于边界润滑或混合润滑状态的轴承）和无润滑轴承（指工作前和工作时不加润滑剂的轴承）。其中，根据液体润滑承载机理的不同，又可分为：液体动力润滑轴承（简称液体动压轴承）和液体静压润滑轴承（简称液体静压轴承）。本节只介绍非液体摩擦润滑轴承。

12.2.2　滑动轴承的结构

（1）径向滑动轴承

径向滑动轴承用来承受径向载荷，其主要结构形式有整体式、剖分式、自动调心式三大类。
① 整体式　典型的整体式径向滑动轴承形式如图 12-1 所示。它由轴承座 3、轴套 4 等组

成。轴承座上面设有安装润滑油杯的螺纹孔 1。在轴套 4 上开有油孔 2，并在轴套 4 的内表面上开有油槽。这种轴承的优点是结构简单，成本低廉。但是轴套磨损后，轴承间隙过大时无法调节；另外，只能从轴颈端部装拆，对于质量大的轴或具有中间轴颈的轴，装拆很不方便，甚至在结构上无法实现，所以这种轴承多用在低速、轻载或间歇性工作的机器上，如某些农业机械、手动机械等。

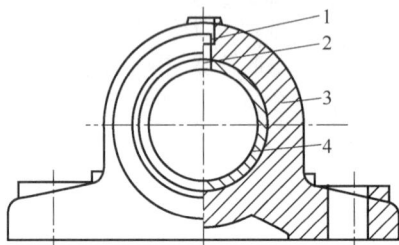

图 12-1 整体式径向滑动轴承
1—螺纹孔；2—油孔；3—轴承座；4—轴套

② 剖分式 剖分式径向滑动轴承形式如图 12-2 所示。它是由轴承座 1、轴承盖 2、剖分式轴瓦 7 和双头螺柱 3 等组成。轴承盖 2 和轴承座 1 的剖分面常做成阶梯形，以便对中定位和防止横向错动。轴承盖上部分开有螺纹孔 4，用以安装油杯或油管。剖分式轴瓦由上、下两半轴瓦组成，通常是下轴瓦承受载荷，上轴瓦不承受载荷。为了节省贵重金属或其他需要，常在轴瓦内表面上贴附一层轴承衬。在轴瓦内壁不承受载荷的表面上开设油槽，润滑油通过油孔和油槽流进轴承间隙。轴承剖分面最好与载荷方向近似垂直，多数轴承的剖分面是水平的（也有做成倾斜的）。这种轴承装拆方便，并且轴瓦磨损后可以调整轴承间隙（调整后应修刮轴瓦内孔）。

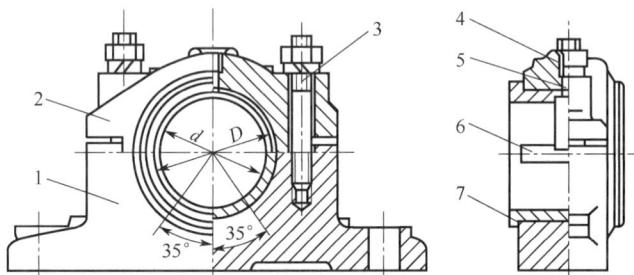

图 12-2 剖分式径向滑动轴承
1—轴承座；2—轴承盖；3—双头螺柱；4—螺纹孔；5—油孔；6—油槽；7—剖分式轴瓦

③ 自动调心式 如果轴的刚度较差，或轴承座的安装精度较差，可采用如图 12-3 所示的自动调心式滑动轴承结构。由于轴瓦可在轴承座的球面内摆动，故能自动适应轴线方向的变化。

（2）止推滑动轴承

止推滑动轴承用来承受轴向载荷，且能防止轴的轴向位移。当与径向轴承组合使用时，可同时承受径向和轴向载荷，其结构简图如图 12-4 所示。它由轴承座 1、止推轴瓦 2、防止止推轴瓦转动的销钉 3 及径向轴瓦 4 组成。止推轴瓦 2 与轴承座 1 以球面配合，起自动调心作用。在止推轴瓦 2 与轴端接触的表面上开有油沟，以便润滑。径向轴瓦 4 是用来承受径向载荷的。

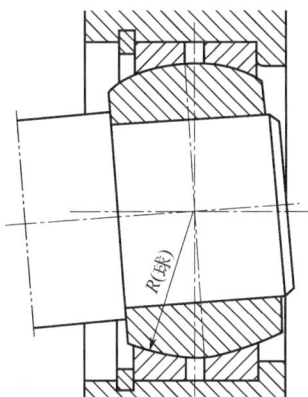

图 12-3 自动调心式滑动轴承

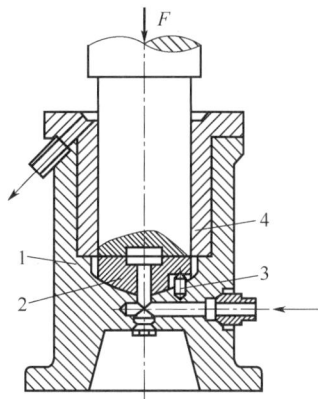

图 12-4 止推滑动轴承

1—轴承座；2—止推轴瓦；3—销钉；4—径向轴瓦

止推滑动轴承的承载面和轴上的止推面均为平面。止推面形式如图 12-5 所示。实心式如图 12-5（a）所示，结构最简单。但由于止推面上不同半径处滑动速度不同，磨损不同，以致压力分布不同，靠近轴心处压强很高。为改善这种结构的缺点并提高止推面的承载能力，一般多采用空心式 [图 12-5（b）] 或单环式 [图 12-5（c）]。如载荷较大，可做成多环式 [图 12-5（d）]，这种结构还能承受双向轴向载荷。

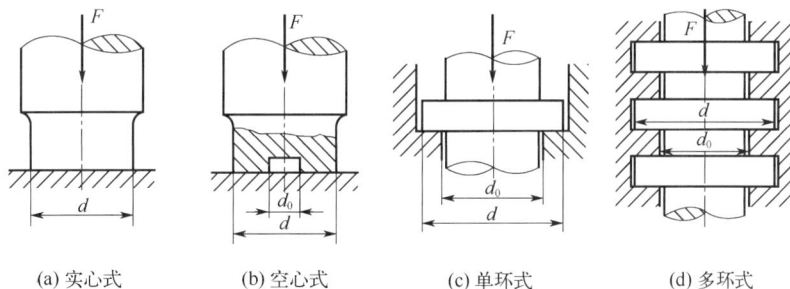

(a) 实心式　　　　(b) 空心式　　　　(c) 单环式　　　　(d) 多环式

图 12-5 止推面形式

（3）轴瓦及轴套的结构

轴瓦是滑动轴承中的重要零件，轴瓦的工作表面既是承载面又是摩擦面，因此，非液体润滑滑动轴承的工作能力和使用寿命，主要取决于轴瓦的材料选择和结构的合理性。轴瓦应具有一定的强度和刚度，在轴承中定位可靠，便于输入润滑剂，容易散热，并且装拆、调整方便。有时为了节省贵重金属材料或者由于结构上的需要，常在轴瓦的内表面上浇铸或轧制一层轴承合金，称为轴承衬。

轴瓦也有整体式和剖分式两种结构。

① 整体式轴瓦　按材料及制法不同，分为整体轴套（图 12-6）和单层、双层或多层材料的卷制轴套（图 12-7）。非金属整体式轴瓦既可以是非金属整体轴套，也可以是在钢套上填衬非金属材料的整体轴套。

② 剖分式轴瓦　有厚壁轴瓦和薄壁轴瓦之分。厚壁轴瓦（图 12-8）用铸造方法制造，内表面可附有轴承衬，常将轴承合金用离心铸造法浇注在铸铁、钢或青钢轴瓦的内表面上。为使轴承合金与轴瓦贴附良好，常在轴瓦内表面上制出各种形式的榫头、凹沟或螺纹。

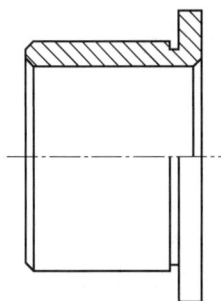

图 12-6　整体轴套

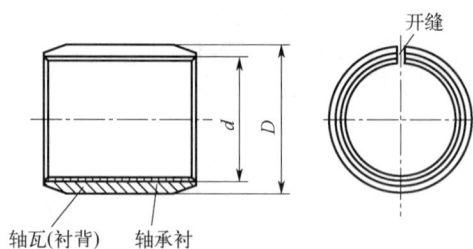

图 12-7　卷制轴套

　　薄壁轴瓦（图 12-9）的壁厚与其外径之比一般小于 0.04，可采用双金属板通过轧制等工艺进行大量生产，故质量稳定，成本低廉。薄壁轴瓦在汽车发动机及柴油机等的滑动轴承中得到广泛应用。

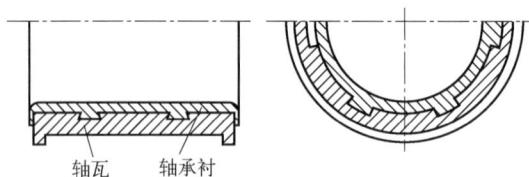

图 12-8　对开式厚壁轴瓦

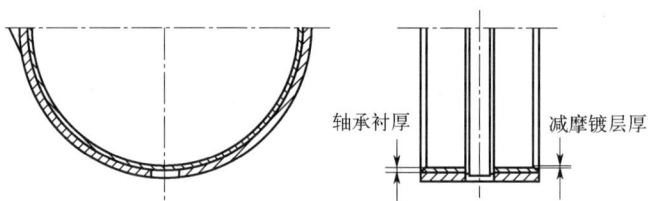

图 12-9　对开式薄壁轴瓦

　　轴承工作时，不允许轴瓦在轴承座中发生轴向或周向移动，因此轴瓦必须有可靠的定位。常用的轴瓦定位方法有销钉定位［图 12-10（a）］、止动螺钉定位［图 12-10（b）］、凸缘定位（图 12-8）以及凸耳定位［图 12-10（c）］。

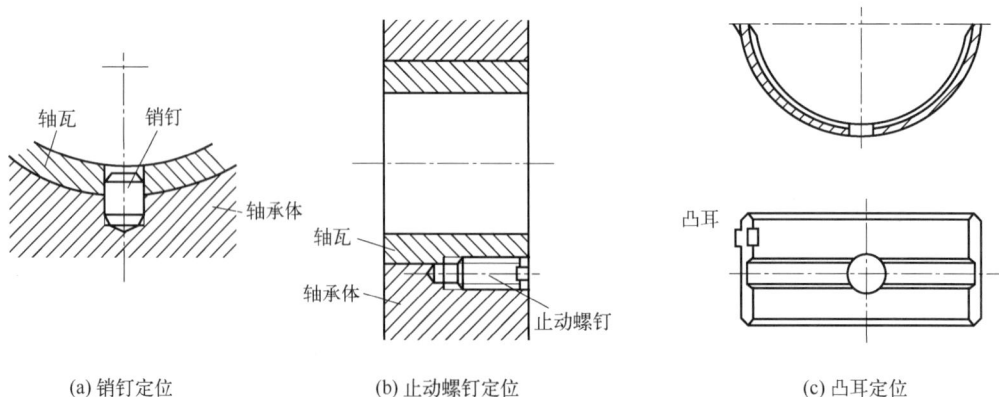

(a) 销钉定位　　　　　　　　(b) 止动螺钉定位　　　　　　　　(c) 凸耳定位

图 12-10　轴瓦的固定

　　为了把润滑油导入整个摩擦面之间，一般在轴瓦内壁上开设油孔和油槽，其常见结构如图 12-11 所示。油孔和油槽一般应开在非承载区的上轴瓦内，或压力较小的区域，以利供油，同时避免降低轴承的承载能力。纵向油槽的长度一般应稍短于轴瓦的长度（约是轴瓦长度的80%），以免润滑油流失过多。

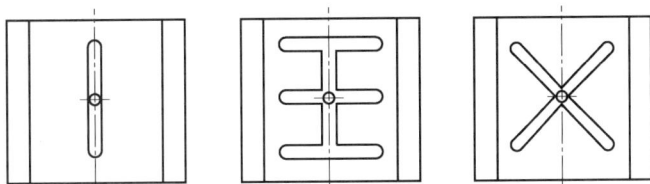

图 12-11　油孔和油槽（非承载轴瓦）

12.2.3　滑动轴承的材料

滑动轴承材料主要是指轴套、轴瓦和轴承衬的材料。滑动轴承最常见的失效形式是轴瓦磨损、胶合（即烧瓦）、疲劳破坏和由制造工艺引起的轴承衬脱落。针对滑动轴承的失效形式，对轴承材料的基本要求是：①良好的减摩性、耐磨性和抗胶合性；②良好的摩擦顺应性、嵌入性和磨合性；③足够的强度和抗腐蚀能力；④良好的导热性、工艺性、经济性等。

同时满足所有材料性能要求是很困难的。因此，选用轴承材料时，只能根据使用中最主要的要求，有侧重地选用较合适的材料。

常用轴承材料有：①金属材料，如轴承合金、铜合金、铝基合金和铸铁等；②粉末冶金材料，如含油轴承；③非金属材料，如工程塑料、碳—石墨等。现就几种主要材料分述如下。

（1）轴承合金（通称巴氏合金或白合金）

轴承合金是锡、铅、锑、铜的合金，它以锡或铅作基体，其内含有锑锡（Sb-Sn）或铜锡（Cu-Sn）的硬晶粒。硬晶粒起抗磨作用，软基体则增加材料的塑性。在所有轴承材料中，它的嵌入性及摩擦顺应性最好，很容易和轴颈磨合，也不易与轴颈发生胶合。但轴承合金的强度很低，不能单独制作轴瓦，只能贴附在青铜、钢或铸铁轴瓦上作轴承衬。轴承合金适用于重载、中高速场合，价格较贵。

（2）铜合金

铜合金具有较好的减摩性和耐磨性。由于青铜的减摩性和耐磨性比黄铜好，故青铜是最常用的材料。青铜有锡青铜、铅青铜和铝青铜等几种，其中锡青铜的减摩性和耐磨性最好且具有较高的强度，应用广泛。但锡青铜比轴承合金硬度高，磨合性及嵌入性差，适合于重载及中速场合。铅青铜抗黏附能力强，适用于高速、重载轴承。铝青铜的强度及硬度较高，抗黏附性能较差，适用于低速、重载轴承。

（3）铝基合金

铝基轴承合金在许多国家获得广泛应用。它有相当好的耐蚀性和较高的疲劳强度，摩擦性能亦较好。这些品质使铝基合金在部分领域取代了较贵的轴承合金和青铜。

（4）铸铁

普通灰铸铁或加有镍、铬、钛等合金成分的耐磨灰铸铁，或者球墨铸铁，都可以用作轴承衬材料。

这类材料中的片状或球状石墨在材料表面上覆盖后，可以形成一层起润滑作用的石墨层，故具有一定的减摩性和耐磨性。此外，石墨能吸附碳氢化合物，有助于提高边界润滑性能，故采用灰铸铁作为轴承材料时，应加润滑油。由于铸铁性脆、耐磨性差，故只适用于轻载低速和不受冲击载荷的场合。

（5）粉末冶金材料

粉末冶金材料是用不同金属粉末经压制、烧结而成的轴承材料。这种材料是多孔结构的，使用前先把轴瓦在热油中浸渍数小时，使孔隙中充满润滑油，因而通常把这种材料制成的轴承叫含油轴承，它具有自润滑性。如果定期给予供油，则使用效果更佳。但由于其韧性较小，故宜用于平稳无冲击载荷及中低速度情况。我国已有专门制造含油轴承的工厂，可根据需要选用。

（6）非金属材料

非金属材料中应用最多的是各种塑料（聚合物材料），如酚醛树脂、尼龙、聚四氟乙烯等。其特点是：耐磨、抗腐蚀，具有一定的自润滑性，但导热性差，膨胀系数大，容易变形。一般用于温度不高、载荷不大的场合。

12.3　滚动轴承的类型、代号及选用

12.3.1　滚动轴承的基本构造

滚动轴承一般由内圈 1、外圈 2、滚动体 3 和保持架 4 等四种部件组成，滚动轴承的基本结构如图 12-12 所示。通常内圈装配在轴颈上，并与轴一起回转；外圈与轴承座的孔装配在一起，起支承作用。通常外圈固定不动，但也可用于外圈回转而内圈不动，或是内、外圈分别以不同的转速回转的场合。当内、外圈相对转动时，滚动体即在内、外圈的滚道间滚动。滚动体是滚动轴承的重要部件，其形状、数量和大小的不同对滚动轴承的承载能力有很大的影响。常用的滚动体形状如图 12-13 所示，有球、圆柱滚子、滚针、圆锥滚子、球面滚子等几种。轴承内、外圈上的滚道多为凹槽形状，它有限制滚动体侧向位移的作用。

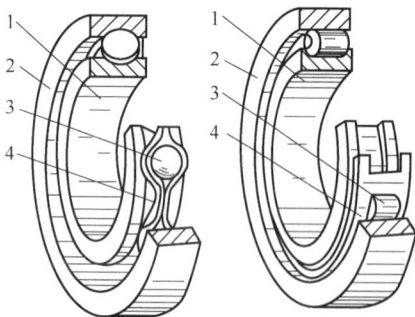

图 12-12　滚动轴承的基本结构

1—内圈；2—外圈；3—滚动体；4—保持架

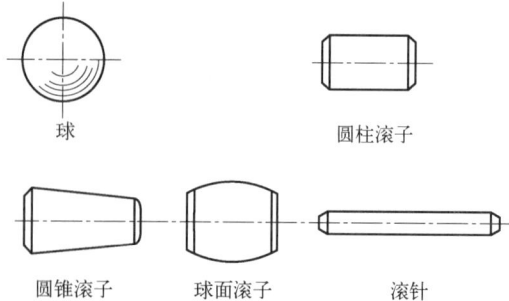

图 12-13　常用的滚动体形状

球　　圆柱滚子　　圆锥滚子　　球面滚子　　滚针

保持架的主要作用是均匀地隔开滚动体，以避免相邻滚动体转动时，会由于接触处产生较大的摩擦而产生磨损。

12.3.2　滚动轴承的材料

滚动轴承的内圈、外圈和滚动体，一般是采用强度高、耐磨性好的含合金钢制造，常用的牌号有 GCr15、GCr15SiMn 等（G 表示专用的滚动轴承钢），热处理后硬度一般不低于 60～65HRC。工作表面要求磨削抛光。由于一般轴承的这些元件都经过 150℃的回火处理，所以通常当轴承的工作温度不高于 120℃时，元件的硬度不会下降。保持架一般用低碳钢板冲压制成，性能更好的保持架常由铜合金、铝合金或塑料经切削加工制成，有较好的定心作用。

12.3.3　滚动轴承的重要结构特性

（1）公称接触角

如图 12-14 所示，滚动轴承的外圈与滚动体之间的作用力的合力 F 与垂直于轴承的平面之间的夹角 α，称为滚动轴承的公称接触角（简称接触角）。公称接触角 α 的大小反映了轴承承受轴向载荷的能力。接触角 α 越大，轴承承受轴向载荷的能力越大。

（2）载荷角

如图 12-14 所示，滚动轴承实际承受的径向载荷 F_r 与轴向载荷 F_a 的合力与半径方向的夹角 β，叫作载荷角。

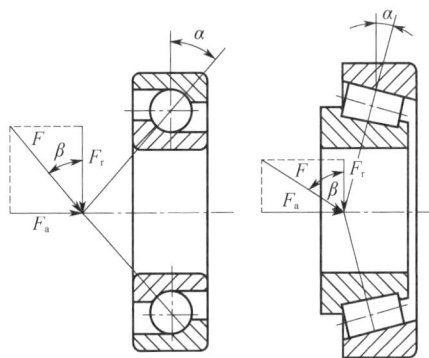

图 12-14　接触角和载荷角

（3）游隙

滚动轴承中滚动体与内圈、外圈滚道之间的间隙，称为滚动轴承的游隙。游隙分为径向游隙和轴向游隙，其定义是当轴承的一个套圈固定不动，另一个套圈沿径向或轴向的最大移动量，称为轴承的径向游隙和轴向游隙。

轴承标准中将径向游隙分为基本游隙组和辅助游隙组，应优先选用基本游隙组值。轴向游隙值可由径向游隙值按一定关系换算得到。

12.3.4　滚动轴承的主要类型

滚动轴承的类型繁多，且可以按不同方法进行分类。按滚动体的形状，可分为球轴承和滚子轴承两大类。

按承受的载荷方向分类，滚动轴承可以分为向心轴承和推力轴承，如图 12-15 所示。

① 向心轴承　主要用于承受径向载荷，其公称接触角 α 为 $0°\sim45°$。$\alpha=0°$ 的轴承称为径向接触轴承，只能承受径向载荷；$0°<\alpha\leqslant45°$ 的轴承称为角接触向心轴承，主要承受径向载荷。随着 α 的增大，承受轴向载荷的能力增大。

② 推力轴承　主要用于承受轴向载荷，其公称接触角 α 为 $45°\sim90°$。$\alpha=90°$ 的轴承称为轴向接触轴承，只能承受轴向载荷；$45°<\alpha<90°$ 的轴承称为角接触推力轴承，主要承受轴向载荷。随着 α 的减小，承受轴向载荷的能力增大。

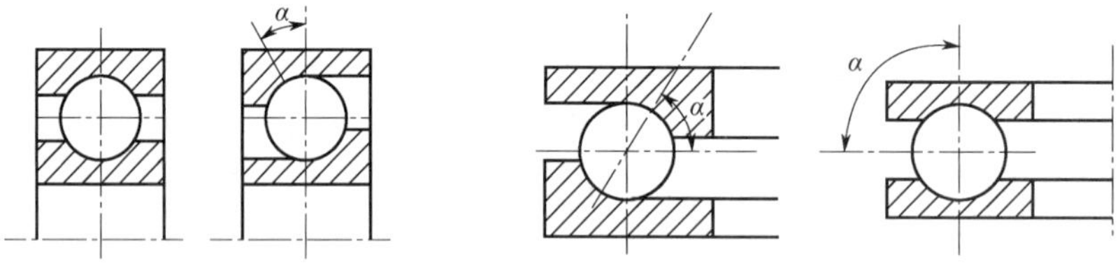

(a) 向心轴承　　　　　　(b) 推力轴承

图 12-15　滚动轴承类型及接触角

滚动轴承的类型很多，现将常用的各类滚动轴承的性能及特点列于表 12-1。

表 12-1　常用滚动轴承的基本类型名称、承载性能及其代号

类型名称	结构简图	类型代号	结构代号	基本额定动载荷比	极限转速	轴向承载能力	性能特点
调心球轴承	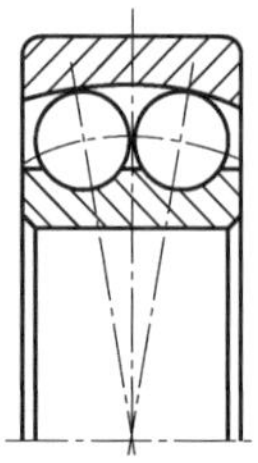	1	10000	0.6~0.9	中	少量	外圈滚道表面以轴承中点为中心，故能自动调心，允许内圈（轴）对外圈（外壳）轴线有少量偏斜（<2°~3°）。有少量轴向限位能力，但一般不宜承受纯轴向载荷
调心滚子轴承	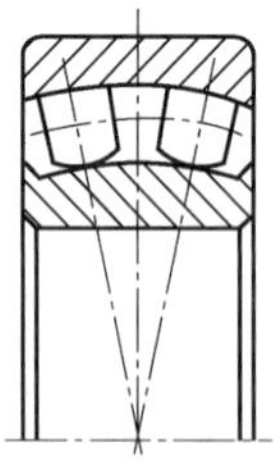	2	20000	1.8~4	低	少量	性能特点与调心球轴承相同，能承载较大的径向载荷，允许角偏位较小
圆锥滚子轴承	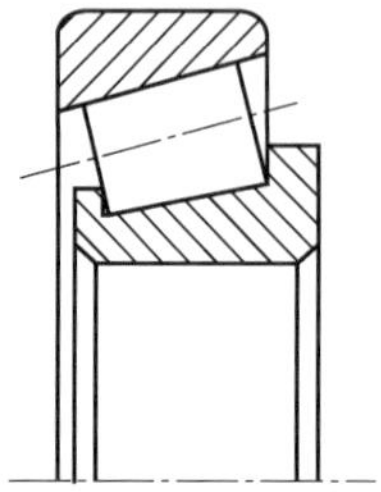	3	30000	1.5~2.5	中	较大	可以同时承受径向载荷及轴向载荷。外圈可分离，安装时可调整轴承的游隙。一般成对使用
			30000B	1.1~2.1	中	很大	

类型名称	结构简图	类型代号	结构代号	基本额定动载荷比	极限转速	轴向承载能力	性能特点
推力球轴承		5	51000	1	低	只能承受单向轴向载荷	只能承受轴向载荷。为了防止钢球与滚道之间的滑动，工作时必须加一定的轴向载荷。高速时离心力大，钢球与保持架摩擦，发热严重，寿命降低，故极限转速很低。 单列推力球轴承只能承受单方向的推力；双列推力球轴承可以承受双向推力
双向推力球轴承			52000			能承受双向轴向载荷	
深沟球轴承		6	60000	1	高	少量	主要承受径向载荷，也可以同时承受不大的轴向载荷。在高转速时，可用来承受纯轴向载荷。工作中允许内、外圈轴线偏斜量8'～16'，与其他类型的轴承相比，应用最普遍，价格也最低
角接触球轴承		7	70000C (α=15°)	1.0～1.4	高	一般	可以同时承受径向载荷及轴向载荷，也可以单独承受轴向载荷。能在较高转速下正常工作。由于一个轴承只能承受单向的轴向力，因此，一般成对使用。承受轴向载荷的能力由接触角 α 决定。接触角大的，承受轴向载荷的能力也高
			70000AC (α=25°)	1.0～1.3		较大	
			70000B (α=40°)	1.0～1.2		更大	

12.3.5　滚动轴承的代号

在常用的各类滚动轴承中，每种类型又可做成几种不同的结构、尺寸和公差等级，以便适应不同的技术要求。为了统一表征各类轴承的特点，便于组织生产和选用，GB/T 272—2017 规定了轴承代号的表示方法，并打印在轴承端面上。

滚动轴承代号由基本代号、前置代号和后置代号组成，用字母和数字等表示，其构成见表12-2。

表 12-2　滚动轴承代号的构成

前置代号	基本代号					后置代号							
	五	四	三	二	一	内部结构代号	密封与防尘结构代号	保持架及其材料代号	特殊轴承材料代号	公差等级代号	游隙代号	多轴承配置代号	其他代号
轴承的分部件代号	类型代号	尺寸系列代号		内径代号									
		宽度系列代号	直径系列代号										

（1）基本代号

基本代号用来表明轴承的基本类型、内径代号、直径系列和宽度系列，是轴承代号的基础。它由轴承类型代号、宽度系列、直径系列和内径代号构成。其排列见表 12-2。

① 轴承内径用基本代号右起第一、二位数字表示，对常用内径 d=20～480mm 的轴承，内径一般为 5 的倍数，这两位数字表示轴承内径尺寸被 5 除得的商数，如代号 05 表示 d=25mm，14 表示 d=70mm，等等。对于内径为 10mm、12mm、15mm 和 17mm 的轴承，内径代号依次为 00、01、02 和 03。

② 轴承的直径系列（即结构、内径相同的轴承在外径和宽度方面的变化系列）用基本代号右起第三位数字表示。直径系列代号有 7、8、9、0、1、2、3、4 和 5，对应于相同内径轴承的外径尺寸依次递增。部分直径系列之间的尺寸对比如图 12-16 所示。

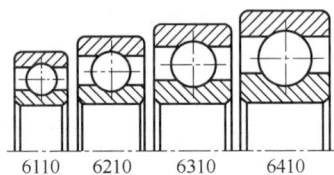

图 12-16　轴承直径系列

③ 轴承的宽度系列（即结构、内径和直径系列都相同的轴承，在宽度方面的变化系列）用基本代号右起第四位数字表示。当宽度系列为 0 系列（正常系列）时，对多数轴承在代号中不标出宽度系列代号 0，但对于调心滚子轴承和圆锥滚子轴承，宽度系列代号 0 应标出。直径系列代号和宽度系列代号统称为尺寸系列代号。

④ 轴承类型代号用基本代号右起第五位数字表示，其表示方法见表 12-1。

（2）后置代号

轴承的后置代号用字母和数字等表示轴承的结构、公差及材料的特殊要求等。后置代号的内容很多，下面介绍几个常用的代号。

① 内部结构代号是表示同一类型轴承的不同内部结构，用字母紧跟着基本代号表示。例如，接触角为 15°、25° 和 40° 的角接触球轴承分别用 C、AC 和 B 表示内部结构的不同。

② 轴承的公差等级分为 2 级、4 级、5 级、6 级、6x 级和 0 级，共 6 个级别。依次由高级到低级，其代号分别为/P2、/P4、/P5、/P6x、/P6 和/P0。公差等级中，6x 级仅适用于圆锥滚子轴承；0 级为普通级，在轴承代号中不标出。

③ 常用的轴承径向游隙系列分为 1 组、2 组、0 组、3 组、4 组和 5 组，共 6 个组别，径向游隙依次由小到大。0 组游隙是常用的游隙组别，在轴承代号中不标出，其余的游隙组别在轴承代号中分别用/C1、/C2、/C3、/C4、/C5 表示。

（3）前置代号

轴承的前置代号用于表示轴承的分部件，用字母表示，如用 L 表示可分离轴承的可分离套圈、K 表示轴承的滚动体与保持架组件等。

实际应用的滚动轴承类型是很多的，相应的轴承代号也是比较复杂的。以上介绍的代号是轴承代号中最基本、最常用的部分，熟悉了这部分代号，就可以识别和查选常用的轴承。关于滚动轴承详细的代号方法可查阅 GB/T 272—2017。

代号举例如下。

6206（从左至右）：6 表示深沟球轴承；2 表示尺寸系列代号，直径系列为 2，宽度系列为 0

（省略）；06 表示轴承内径 30mm；公差等级为 0 级。

32315E（从左至右）：3 表示圆锥滚子轴承；23 表示尺寸系列代号，直径系列为 3、宽度系列为 2；15 表示轴承内径 75mm；E 表示加强型；公差等级为 0 级。

7312C（从左至右）：7 表示角接触球轴承；3 表示尺寸系列代号，直径系列为 3、宽度系列为 0（省略）；12 表示轴承内径 60mm；C 表示公称接触角 $\alpha=15°$；公差等级为 0 级。

51410/P6（从左至右）：5 表示双向推力轴承；14 表示尺寸系列代号，直径系列为 4、宽度系列为 1；10 表示轴承直径 50mm；P6 前有 "/"，为轴承公差等级。

12.3.6　滚动轴承类型的选择

选择轴承时，首先选择轴承类型。如前所述，我国常用的标准轴承的基本特点已在表 12-1 中说明，下面再归纳出正确选择轴承类型时所应考虑的主要因素。

（1）轴承的载荷

轴承所受载荷的大小、方向和性质，是选择轴承类型的主要依据。

① 根据轴承所受载荷的大小　在选择轴承类型时，由于滚子轴承中主要元件间是线接触，宜用于承受较大的载荷，承载后的变形也较小，而球轴承中则主要为点接触，宜用于承受较轻的或中等的载荷，故在载荷较小时，应优先选用球轴承。

② 根据轴承所受载荷的方向　在选择轴承类型时，对于纯轴向载荷，一般选用推力轴承；对于受较小的纯轴向载荷可选用推力球轴承；较大的纯轴向载荷可选用推力滚子轴承。对于纯径向载荷，一般选用深沟球轴承、圆柱滚子轴承或滚子轴承。当轴承在承受径向载荷 F_r 的同时，还有不大的轴向载荷 F_a 时，可选用深沟球轴承或接触角不大的角接触球轴承或圆锥滚子轴承；当轴向载荷较大时，可选用接触角较大的角接触球轴承或圆锥滚子轴承，或者选用向心轴承和推力轴承组合在一起的结构，分别承担径向载荷和轴向载荷。

（2）轴承的转速

在一般转速下，转速的高低对轴承类型的选择不产生什么影响，只有在转速较高时，才会有比较显著的影响。轴承样本中列入了各种类型、各种尺寸轴承的极限转速 n_{lim} 值。这个转速是指载荷不太大（当量动载荷 $P \leq 0.1C$，C 为基本额定动载荷），冷却条件正常，且为 0 级公差轴承时的最大允许转速。但是，由于极限转速主要是受工作时温升的限制，因此，不能认为样本中的极限转速是一个绝对不可超越的界限。从工作转速对轴承的要求看，可以确定以下几点。

① 球轴承与滚子轴承相比较，有较高的极限转速，故在高速时应优先选用球轴承。

② 在内径相同的条件下，外径越小，则滚动体就越小，运转时滚动体加在外圈滚道上的离心惯性力也就越小，因而也就更适于在更高的转速下工作。故在高速时，宜选用同一直径系列中外径较小的轴承。外径较大的轴承，宜用于低速重载的场合。若一个外径较小的轴承的承载能力达不到要求，可再装一个相同的轴承，或者考虑采用宽系列的轴承。

③ 保持架的材料与结构对轴承转速影响极大。实体保持架比冲压保持架允许高一些的转速，青铜实体保持架允许更高的转速。

④ 推力轴承的极限转速均很低。当工作转速高时，若轴向载荷不十分大，可以用角接触球

轴承承受纯轴向力。

⑤ 若工作转速略超过样本中规定的极限转速，可以用提高轴承的公差等级、适当地加大轴承的径向游隙、选用循环润滑或油雾润滑、加强对循环油的冷却等措施来改善轴承的高速性能。若工作转速超过极限转速较多，应选用特制的高速滚动轴承。

（3）轴承的调心性能

当轴的中心线与轴承座中心线不重合而有角度误差时，或因轴受力而弯曲或倾斜时，会造成轴承的内外圈轴线的相对偏斜。这时，应采用有一定调心性能的调心轴承或带座外球面的球轴承。这类轴承在轴与轴承座孔的轴线有不大的相对偏斜时仍能正常工作。

圆柱滚子轴承和滚针轴承对轴承的偏斜最为敏感，这类轴承在偏斜状态下的承载能力可能低于球轴承。因此，在轴的刚度和轴承座孔的支承刚度较低时，应尽量避免使用这类轴承。

（4）轴承的安装和拆卸

便于装拆，也是在选择轴承类型时应考虑的一个因素。在轴承座没有剖分面而必须沿轴向安装和拆卸轴承部件时，应优先选用内、外圈可分离的轴承（如 N0000、NA0000、300000 等）。当轴承在长轴上安装时，为了便于装拆，可以选用其内圈孔为 1:12 的圆锥孔（用以安装在紧定衬套上）轴承。

（5）经济性要求

球轴承比滚子轴承价格便宜，调心轴承价格较高。从经济角度看，精度低的轴承比精度高的轴承便宜，普通结构轴承比特殊结构的轴承便宜，在满足使用功能的前提下，应尽量选用球轴承、低精度轴承、普通结构轴承。

此外，轴承类型选择还应考虑轴承装置整体设计要求，如轴承的配置使用性、游动性等要求。

12.4 滚动轴承的工作能力计算

12.4.1 滚动轴承的失效形式和计算准则

（1）滚动轴承的主要失效形式

① 疲劳点蚀 滚动轴承在运转过程中，滚动体和套圈滚道的表面受脉动循环变化接触应力。在这种接触变应力的长期作用下，金属表层会出现麻点状剥落的现象，这就是疲劳点蚀。在发生点蚀破坏后，在运转中轴承将会产生较强烈的振动、噪声和发热现象，最后导致失效而不能正常工作，滚动轴承的寿命就是依据疲劳点蚀这一失效形式定义的。

实践表明：在安装、润滑、维护良好的条件下，滚动轴承的正常失效形式是滚动体或内、外圈滚道上的点蚀破坏。

② 塑性变形　当轴承不回转、缓慢摆动或低速转动（$n<10r/min$）时，一般不会产生疲劳损坏。但过大的静载荷或冲击载荷会使套圈滚道与滚动体接触处产生较大的局部应力，在局部应力超过材料的屈服极限时将产生较大的塑性，从而导致轴承失效。因此对于这种工况下的轴承需作静强度计算。

③ 磨损　由于密封不好，使灰尘及杂质侵入轴承中，造成滚动体和滚道表面产生磨粒磨损，或由于润滑不良引起轴承早期磨损或黏着磨损（烧伤）。

④ 其他失效形式　由于装拆操作、维修不当引起轴承元件破裂，如滚子轴承因内、外圈偏斜引起挡边破裂，还有滚动体破碎、保持架磨损和锈蚀等。

（2）滚动轴承设计准则

选定滚动轴承类型后，决定轴承尺寸时，应针对主要失效形式进行计算。疲劳点蚀失效是疲劳寿命计算的主要依据，塑性变形是静强度计算的依据，对于一般工作条件下作回转的滚动轴承除进行接触疲劳寿命计算外，还应该进行静强度计算。对于不转动、摆动或转速低的轴承，要求控制塑性变形，应做静强度计算；而以磨损、胶合为主要失效形式的轴承，由于影响因素复杂，目前还没有相应的计算方法，只能采取适当的预防措施。

12.4.2　基本额定寿命和基本额定动载荷

（1）基本额定寿命

由于制造精度、材料的均质程度等的差异，即使是同样材料、同样尺寸以及同一批生产出来的轴承，在完全相同的条件下工作，它们的寿命也会不相同。如图 12-17 所示为一典型的轴承寿命分布曲线。从图中可以看出，轴承的最长工作寿命与最早破坏的轴承的寿命可相差几倍，甚至几十倍。

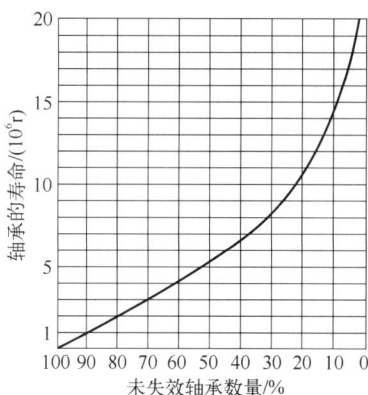

图 12-17　滚动轴承的寿命分布曲线

一组同一型号轴承在同一条件下运转，10%的轴承发生点蚀破坏，而 90%的轴承在未发生点蚀破坏前的转数（以 10^6 转，也即 10^6r 为单位）或工作小时（h）为轴承的寿命，这个寿命叫作基本额定寿命，以 L_{10} 表示。

由于基本额定寿命与破坏概率有关，所以在实际上按基本额定寿命计算而选择出的轴承中，可能有10%的轴承发生提前破坏。同时，也可能有90%的轴承超过基本额定寿命后还能继续工作，甚至相当多的轴承还能再工作一个、两个或更多基本额定寿命周期。对每一个轴承来说，它能顺利地在基本额定寿命期内正常工作的概率为90%，而在基本额定寿命期未达到之前即发生点蚀破坏的概率仅为10%。在做轴承的寿命计算时，必须先根据机器的类型、使用条件及对可靠性的要求，确定一个恰当的预期计算寿命（即设计机器时所要求的轴承寿命，通常可参照机器的大修期限取定）。

常见机械中所用轴承的预期寿命见表12-3。

表12-3　常见机械中所用轴承的预期寿命 L_h'

机器类型	预期计算寿命/h
不经常使用的仪器或设备，如闸门开闭装置等	300~3000
短期或间断使用的机械，中断使用不致引起严重后果，如手动机械等	3000~8000
间断使用的机械，中断使用后果严重，如发动机辅助设备、流水作业自动传送装置、升降机、车间吊车、不常使用的机床等	8000~12000
每日8h工作的机械（利用效率不高），如一般的齿轮传动等	12000~20000
每日8h工作的机械（利用效率较高），如金属切削机床、连续使用的起重机等	20000~30000
24h连续工作的机械，如矿山升降机、纺织机械等	40000~60000
24h连续工作的机械，中断使用后果严重，如发电站主电极、矿山水泵、船舶螺旋桨轴等	100000~200000

（2）基本额定动载荷

轴承的寿命与所受载荷的大小有关，工作载荷越大，引起的接触应力也就越大，因而在发生点蚀破坏前所能经受的应力变化次数也就越少，亦即轴承的寿命越短。

轴承的基本额定动载荷，就是在轴承的基本额定寿命恰好为 10^6 转时，轴承所能承受的载荷值，用 C 表示。这个基本额定动载荷，对向心轴承而言，指的是纯径向载荷，并称为径向基本额定动载荷。常用 C_r 表示；对推力轴承而言，指的是纯轴向载荷，并称为轴向基本额定动载荷，常用 C_a 表示；对角接触球轴承或圆锥滚子轴承而言，指的是使套圈间产生纯径向位移的载荷的径向分量。

不同型号的轴承有不同的基本额定动载荷值，它表征了不同型号轴承的承载特性。在轴承样本中对每个型号的轴承都给出了它的基本额定动载荷值，需要时可从轴承样本中查取，轴承的基本额定动载荷值是在大量试验研究的基础上，通过理论分析得出来的。

12.4.3　滚动轴承的寿命计算公式

对于具有基本额定动载荷 C（C_a 或 C_r）的轴承，当它所受的载荷 P（当量动载荷，为一计算值）恰好为 C 时，其基本额定寿命就是 10^6 转。但是当所受的载荷 $P \neq C$ 时，轴承的寿命为多少？这就是轴承寿命计算所能解决的一类问题。轴承寿命计算所要解决的另一类问题是，轴承所受的载荷等于 P，而且要求轴承具有的预期计算寿命为 L_h'，需选用具有多大的基本额定动载荷的轴承？下面就来讨论解决上述问题的方法。

图12-18所示为在大量试验研究基础上得出的代号为6207的轴承的载荷-寿命曲线。该曲线表示这类轴承的载荷 P 与基本额定寿命 L_{10} 之间的关系。曲线上相当于寿命 $L_{10} = 1 \times 10^6$ 的载

荷（25.5kN），即为 6207 轴承的基本额定动载荷 C 。其他
型号的轴承也有与上述曲线的函数规律完全一样的载荷-
寿命曲线。曲线用公式表示为：

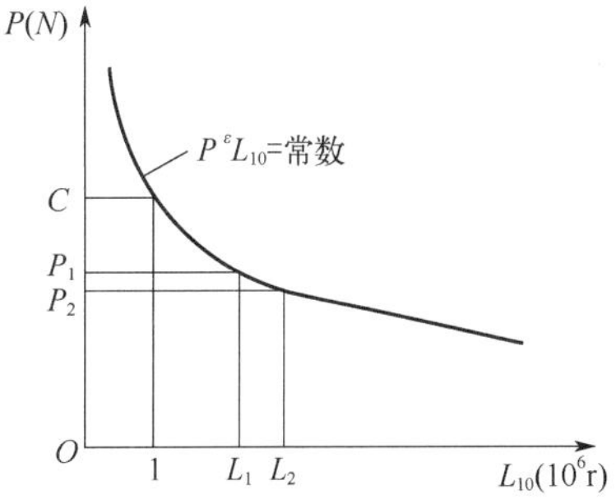

$$L_{10} = \left(\frac{C}{P}\right)^{\varepsilon} \qquad (12\text{-}1)$$

式中　L_{10}——轴承的基本额定寿命，10^6r；

　　　P——轴承的载荷，N；

　　　ε——指数，对于球轴承，$\varepsilon = 3$；对于滚子轴承，
　　　　$\varepsilon = 10/3$ 。

图 12-18　6207 轴承的载荷-寿命曲线

实际计算时，用小时数表示的轴承寿命比较方便。可将式（12-1）改写。如令 n 代表轴承
的转速（单位为 r/min），则以小时数表示轴承的寿命 L_{h}（单位为 h）为：

$$L_{\text{h}} = \frac{10^6}{60n}\left(\frac{C}{P}\right)^{\varepsilon} \qquad (12\text{-}2)$$

如果载荷 P 和转速 n 为已知，预期计算寿命 L_{h}' 已取定，则所需轴承应具有的基本额定动载
荷 C（单位为 N），可根据式（12-2）计算得出：

$$C = P\sqrt[\varepsilon]{\frac{60nL_{\text{h}}'}{10^6}} \qquad (12\text{-}3)$$

在较高温度下工作的轴承（例如高于 125℃）应该采用经过较高温度回火处理的高温轴承。
由于在轴承样本中列出的基本额定动载荷值是对一般轴承而言的，因此，如果要将该数值用于
高温轴承，须乘以温度系数 f_{t}（见表 12-4），即：

$$C_{\text{t}} = f_{\text{t}}C \qquad (12\text{-}4)$$

式中　C_{t}——为高温轴承的修正额定动载荷，N；

　　　C——为轴承样本所列的同一型号轴承的基本额定动载荷，N。

式（12-1）、式（12-2）、式（12-3）变为：

$$L_{10} = \left(\frac{f_{\text{t}}C}{P}\right)^{\varepsilon} \qquad L_{10} = \frac{10^6}{60n}\left(\frac{f_{\text{t}}C}{P}\right)^{\varepsilon} \qquad C = \frac{P}{f_{\text{t}}}\sqrt[\varepsilon]{\frac{60nL_{\text{h}}'}{10^6}}$$

表 12-4　温度系数 f_{t}

轴承工作温度/℃	≤120	125	150	175	200	225	250	300	350
温度系数 f_{t}	1.00	0.95	0.90	0.85	0.80	0.75	0.70	0.60	0.50

12.4.4　滚动轴承的当量动载荷

滚动轴承的基本额定动载荷是在一定的运转条件下确定的，例如载荷条件为：向心轴承仅
承受纯径向载荷 F_{r}，推力轴承仅承受纯轴向载荷 F_{a}。实际上轴承在许多应用场合，常常同时承
受径向载荷 F_{r} 和轴向载荷 F_{a}。因此，在进行轴承寿命计算时，必须把实际载荷转换为与确定基
本额定动载荷的载荷条件相一致的当量动载荷，用字母 P 表示。这个当量动载荷，对于以承受

径向载荷为主的轴承，称为径向当量动载荷，用字母 P_r 表示。对于以承受轴向载荷为主的轴承，称为轴向当量动载荷，用字母 P_a 表示。当量动载荷 P（P_r 或 P_a）的一般计算公式为：

$$P = XF_r + YF_a \tag{12-5}$$

式中　X——径向动载荷系数，其值见表 12-5；

　　　Y——轴向动载荷系数，其值见表 12-5。

表 12-5　径向动载荷系数 X 和轴向动载荷系数 Y

轴承类型		相对轴向载荷	$F_a/F_r \leqslant e$		$F_a/F_r > e$		判断系数
名称	代号	F_a/C_0	X	Y	X	Y	e
双列角接触球轴承	00000	—	1	0.78	0.63	1.24	0.8
调心球轴承	10000	—	1	(Y_1)	0.65	(Y_2)	(e)
调心滚子轴承	20000	—	1	(Y_1)	0.67	(Y_2)	(e)
推力调心滚子轴承	29000	—	1	1.2	1	1.2	—
圆锥滚子轴承	30000	—	1	0	0.4	(Y)	(e)
双列圆锥滚子轴承	350000	—	1	(Y_1)	0.67	(Y_2)	(e)
深沟球轴承	60000	0.025	1	0	0.56	2.0	0.22
		0.040				1.8	0.24
		0.070				1.6	0.27
		0.130				1.4	0.31
		0.250				1.2	0.37
		0.500				1.0	0.44
角接触球轴承	70000C $\alpha=15°$	0.015	1	0	0.44	1.47	0.38
		0.029				1.40	0.40
		0.058				1.30	0.43
		0.087				1.23	0.46
		0.120				1.19	0.47
		0.170				1.12	0.50
		0.290				1.02	0.55
		0.440				1.00	0.56
		0.580				1.00	0.56
	70000AC $\alpha=25°$	—	1	0	0.41	0.87	0.68
	70000b $\alpha=40°$	—	1	0	0.35	0.57	1.14

注：1. C_0 是轴承基本额定静载荷；α 是接触角。

2. 表中括号内的系数 Y、Y_1、Y_2 和 e 的详值应查轴承手册，对不同型号的轴承，有不同的值。

3. 深沟球轴承的 X、Y 值仅适用于 0 组游隙的轴承，对应其他轴承组的 X、Y 值可查轴承手册。

4. 对于深沟球轴承，先根据算得的相对轴向载荷的值查出对应的 e 值，然后再得出相应的 X、Y 值。对于表中列出的 F_a/C_0 值，可按线性插值法求出相应的 e、X、Y 值。

5. 两套相同的角接触球轴承可在同一支点上"背对背""面对面"或"串联"安装作为一个整体使用，这种轴承可由生产厂选配组合成套提供，其基本额定动载荷及 X、Y 系数可查轴承手册。

对于只承受纯径向载荷 F_r 的轴承（如 N、NA 类轴承）：

$$P = F_r \tag{12-6}$$

对于只承受纯轴向载荷 F_a 的轴承（如 5 类轴承）：

$$P = F_a \tag{12-7}$$

按式（12-5）、式（12-6）、式（12-7）求得的当量动载荷仅为一理论值，实际上，在许多支承中还会出现一些附加载荷，如冲击力、不平衡作用力、惯性力以及轴挠曲或轴承座变形产生的附加力等，这些因素很难从理论上精确计算。为了考虑这些影响，可对当量动载荷乘以一个根据经验而定的载荷系数 f_p，其值参见表 12-6，故实际计算时，轴承的当量动载荷应为：

$$P = f_p(XF_r + YF_a) \tag{12-5a}$$

$$P = f_p F_r \tag{12-6a}$$

$$P = f_p F_a \tag{12-7a}$$

表 12-6　滚动轴承的载荷系数 f_p

载荷性质	载荷系数 f_p	举例
无冲击或轻微冲击	1.0～1.2	电机、汽轮机、通风机、水泵等
中等冲击或中等惯性力	1.2～1.8	机床、车辆、动力机械、起重机、造纸机、选矿机、冶金机械、卷扬机械等
强大冲击	1.8～3.0	碎石机、轧钢机、钻探机、振动筛等

12.4.5　角接触球轴承和圆锥滚子轴承的径向载荷 F_r 与轴向载荷 F_a

角接触球轴承和圆锥滚子轴承承受径向载荷时，要产生派生的轴向力，为了保证这类轴承正常工作，其通常是成对使用的。图 12-19 中表示了角接触球轴承的两种不同的安装方式。

在按式（12-5a）计算各轴承的当量动载荷 P 时，其中的径向载荷 F_r 即为由外界作用到轴上的径向力 F_R 在各轴承上产生的径向载荷；但其中的轴向载荷 F_a 并不完全由外界的轴向作用力 F_A 产生，而是应该根据整个轴上的轴向载荷（包括因径向载荷 F_r 产生的派生轴向力 F_d）之间的平衡条件得出。下面来分析这个问题。

根据力的径向平衡条件，很容易由外界作用到轴上的径向力 F_R 计算出两个轴承上的径向载荷 F_{r1}、F_{r2}，当 F_R 的大小及作用位置固定时，径向载荷 F_{r1}、F_{r2} 也就确定了。由 F_{r1}、F_{r2} 派生的轴向力 F_{d1}、F_{d2} 的大小可按照表 12-7 中的公式计算。计算所得的 F_d 值，相当于正常的安装情况，即大致相当于下半圈的滚动体全部受载（轴承实际的工作情况不允许比这样更坏）。

表 12-7　角接触球轴承派生 F_d 轴向力的计算公式

圆锥滚子轴承	角接触球轴承		
	7000C($\alpha=15°$)	7000AC($\alpha=25°$)	7000B($\alpha=40°$)
$F_d = F_r/(2Y)$	$F_d = eF_r$	$F_d = 0.68F_r$	$F_d = 1.14F_r$

注：表中 Y 和 e 由载荷系数表中查取，Y 是对应表中 $F_a/F_r > e$ 的 Y 值。

如图 12-19 所示，把派生轴向力的方向与外加轴向载荷 F_A 的方向一致的轴承标为 2，另一端标为轴承 1。取轴和与其相配合的轴承内圈为分离体，如达到轴向平衡的，应满足：

$$F_A + F_{d2} = F_{d1}$$

如果按表 12-7 中的公式求得的 F_{d1} 和 F_{d2} 不满足上面的关系式时，就会出现下面两种情况：

当 $F_A + F_{d2} > F_{d1}$ 时，则轴有向左窜动的趋势，相当于轴承 1 被"压紧"，轴承 2 被"放松"，但实际上轴必须处于平衡位置（即轴承座必然要通过轴承元件施加一个附加的轴向力来阻止轴的窜动），所以被"压紧"的轴承 1 所受的总轴向力 F_{a1} 必须与 $F_A + F_{d2}$ 相平衡，即：

$$F_{a1} = F_A + F_{d2} \qquad (12\text{-}8a)$$

而被"放松"的轴承 2 所受的总轴向力 F_{a2} 只等于其本身派生的轴向力 F_{d2}，即：

$$F_{a2} = F_{d2} \qquad (12\text{-}8b)$$

当 $F_A + F_{d2} < F_{d1}$ 时，同前理，被"放松"的轴承 1 只受其本身派生的轴向力 F_{d1}，其所受的总轴向力 F_{a1} 为：

$$F_{a1} = F_{d1} \qquad (12\text{-}9a)$$

而被"压紧"的轴承 2 所受的总轴向力 F_{a2} 为：

$$F_{a2} = F_{d1} - F_A \qquad (12\text{-}9b)$$

综上可知，计算角接触球轴承和圆锥滚子轴承所受轴向力的方法可以归结为：先通过派生轴向力及外加轴向载荷的计算与分析，判定被"放松"或被"压紧"的轴承；确定被"放松"轴承的轴向力仅为其本身派生的轴向力，被"压紧"的轴承的轴向力则为除去本身派生的轴向力后其余各轴向力的代数和。

轴承反力的径向分力在轴心线上的作用点叫轴承的压力中心；图 12-19 中的两种安装方式，对应两种不同的压力中心的位置。但当两轴承支点间的距离不是很小时，常以轴承宽度中点作为支点反力的作用位置，这样计算起来比较方便，且误差也不大。

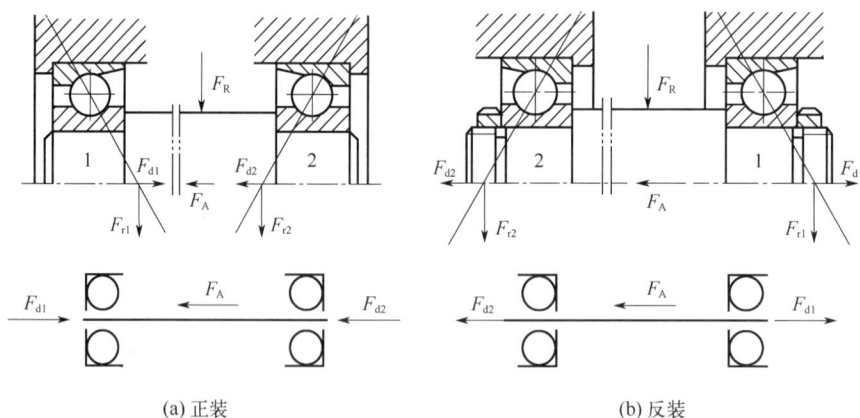

(a) 正装　　　　(b) 反装

图 12-19　角接触球轴承轴向载荷的分析

12.4.6　滚动轴承的静强度计算

对于工作在基本静止、缓慢摆动或转速极低状态下的滚动轴承，必须考虑它们是否具有足够的静承载能力，即应按基本额定静载荷来选择轴承尺寸。计算公式为：

$$C_0 \geqslant S_0 P_0 \qquad (12\text{-}10)$$

式中　C_0——基本额定静载荷，N；

　　　S_0——静强度安全系数，见表 12-8；

　　　P_0——当量静载荷，N，当量静载荷是指在最大受载滚动体与滚动接触中心处，引起与实际载荷状态具有相当接触应力的径向静载荷。

当量静载荷 P_0 计算公式如下：

$$P_0 = X_0 F_r + Y_0 F_a \qquad (12\text{-}11)$$

式中　X_0、Y_0——分别为径向、轴向静载荷系数，其值见表 12-9；

　　　F_r、F_a——分别为径向和轴向载荷，N。

表 12-8　静强度安全系数 S_0 推荐值

轴承类型	使用要求或负荷性质	S_0
旋转轴承	对旋转精度和平稳运转的要求较高或承受强大冲击载荷	1.2~2.5
	正常使用	0.8~1.2
	对旋转精度和平稳运转的要求低，或是基本消除了冲击和振动	0.5~0.8
静止轴承以及缓慢摆动或转速极低的轴承	飞机变距螺旋桨叶片	≥0.5
	水坝闸门装置	≥1
	吊桥	≥1.5
	附加动载荷较小的大型起重机吊钩	≥1
	附加动载荷很大的小型装卸起重机吊钩	≥1.6
推力轴承（无论旋转与否）		≥2

表 12-9　径向和轴向静载荷系数 X_0、Y_0 值

轴承类型	单列轴承		双列轴承	
	X_0	Y_0	X_0	Y_0
深沟球轴承	0.6	0.5	0.6	0.5
角接触球轴承				
$\alpha=15°$	0.5	0.46	1	0.92
$\alpha=25°$	0.5	0.38	1	0.76
$\alpha=40°$	0.5	0.26	1	0.52
调心球轴承	0.5	$0.22\cot\alpha$	1	$0.44\cot\alpha$
圆锥滚子轴承	0.5	$0.22\cot\alpha$	1	$0.44\cot\alpha$

【例 12-1】有一轴采用一对角接触球轴承 7206C，两端反向安装。轴的转速 $n=960r/min$，轴上外载荷 $F_R=2000N$，$F_A=500N$，载荷系数 $f_p=1.2$，温度系数 $f_t=1.0$；7206C 轴承的基本额定

动载荷 C=17800N，基本额定静载荷 C_0=12800N。有关尺寸如图 12-20 所示，试计算轴承寿命。

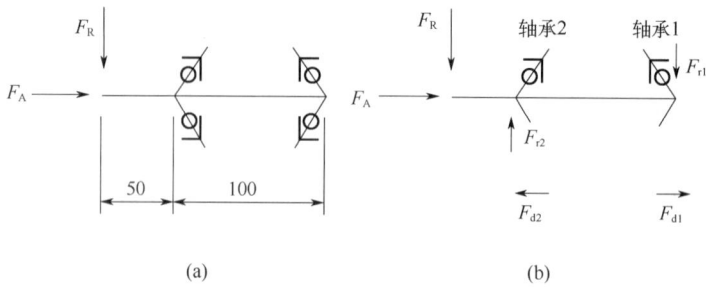

图 12-20　例 12-1 图

解：

1）求两轴承的径向载荷 F_{r1}、F_{r2}［即支反力，如图 12-20（b）所示］

$$F_{r2} = \frac{(100+50)F_R}{100} = 3000 （N） \qquad F_{r1} = F_{r2} - F_R = 1000 （N）$$

2）求两轴承的轴向载荷 F_{a1}、F_{a2}

轴承内部轴向力 F_{d1}、F_{d2} 的方向如图 12-20（b）所示，求出 F_{d1}、F_{d2} 的值。

对于 70000C 轴承 α=15°，查表 12-7 可知，内部轴向力 $F_d = eF_r$。其中，F_r 已经求出，则为了求 F_d 需先确定 e；e 为表 12-5 中的判别系数，其值应该由 F_a/C_0 的大小确定。而现在 F_a 为待求解量，这样就产生了"为了求 F_a 需先知道 F_a"的递归问题。这种现象在工程上经常遇到，解决的办法就是采用试算法。下面我们就来看一下具体的计算方法。

先假定一个 e_0 值，例如试取 F_a/F_r 表中 e_0=0.47（基本取中值为宜），对应于 F_a/C_0=0.12。则由 $F_d = eF_r$ 得：

$$F_{d1}=e_0 F_{r1}=0.47×1000=470 （N）$$
$$F_{d2}=e_0 F_{r2}=0.47×3000=1410 （N）$$

如图 12-20（b）所示判断如下：

$$F_A + F_{d1} = 970 ＜ F_{d2}$$

轴有向左窜动的趋势，相当于轴承 1 被"压紧"，轴承 2 被"放松"，但实际上轴必须处于平衡位置（即轴承座必然要通过轴承元件施加一个附加的轴向力来阻止轴的窜动），所以被"压紧"的轴承 1 所受的总轴向力 F_{a1} 必须与 $F_{d2}-F_A$ 相平衡，如图 12-20（b）所示，即：

$$F_{d1} = F_{d2} - F_A = 1410 - 500 = 910 （N）$$

利用所求得的 F_a 值进行验证：F_a/C_0 与假定界限值 e_0 时的相应比值是否相等（一般只要足够近似就可以了，例如误差限制在 5% 以内）。

F_{a1}/C_0=910/12800=0.07109，与所试取的 F_a/C_0=0.12 误差较大；

F_{a2}/C_0=1410/12800=0.1102，与所试取的 F_a/C_0=0.12 误差较小。

若精度要求不高时，也可以此作为轴承 2 的计算结果，但在对计算精度要求较高时还需再做试算调整。而轴承 1 显然不符合要求，需要进一步再做试算。

参照上次试算的结果，对轴承 1 重新试取 e_1=0.445，对应的 F_{a1}/C_0 可由线性插值法求得为 0.073：

$$F_{d1}=e_1 F_{r1}=0.445×1000=445 （N）$$

同样，对轴承 2 重新选取 $e_2=0.465$，线性插值得到对应的 $F_{a2}/C_0=0.104$，则：

$$F_{d2}=e_2 F_{r2}=0.465\times3000=1395（N）$$

$$F_{a1}=F_{d2}-F_A=950（N）$$

$$F_{a2}=F_{d2}=1395（N）$$

验证：

$$F_{a1}/C_0=950/12800=0.0742$$

$$F_{a2}/C_0=1395/12800=0.109$$

这两个比值与假定 e_1、e_2 时 F_{a1}/C_0、F_{a2}/C_0 接近，可作为试算结果。

3）计算轴承的当量动载荷 P_1、P_2

① 轴承 1

$F_{a1}/F_{r1}=950/1000=0.95>e_1$，利用表格中相邻的两个 e 值（0.43、0.46）及其对应的 Y 值（1.30、1.23），可以利用线性插值得 $Y_1=1.265$，而 $X_1=0.44$，可得：

$$P_1=f_p\left(X_1 F_{r1}+Y_1 F_{a1}\right)=1970（N）$$

② 轴承 2

$F_{a2}/F_{r2}=1395/3000=0.465=e_2$，则 $X_2=1$，$Y_2=0$，可得：

$$P_2=f_p\left(X_2 F_{r2}+Y_2 F_{a2}\right)=3600（N）$$

$P_2>P_1$，则取 $P=P_2=3600$N（一般只需按受载较大的轴承进行计算寿命或选型即可）。

4）计算轴承寿命

$$L_h=\frac{10^6}{60n}\left(\frac{f_t C}{P}\right)^3=\frac{10^6}{960\times60}\times\left(\frac{1\times17800}{3600}\right)^3=2099(h)$$

12.5　滚动轴承装置设计

12.5.1　轴承的配置

一般来说，一根轴需要两个支点，每个支点可由一个或一个以上的轴承组成。合理的轴承配置应考虑轴在机器中有正确的位置、防止轴向窜动以及轴受热膨胀后不致使轴承卡死等因素，常用的轴承配置方法有以下 3 种。

（1）两端固定（双支点单向固定）

如图 12-21 所示，轴系两端的深沟球轴承依靠轴肩和轴承端盖，各自限制轴的一个方向的轴向移动，来保证轴系的双向定位。这种支承结构称为两端单向固定。为了防止轴承因轴的受热伸长而被卡死，轴承外圈和端盖之间需预留 0.2～0.3mm 的轴向间隙（间隙很小，图中不必画出；间隙过大会使轴产生较大的轴向窜动，还会使角接触球轴承的工作条件大为恶化）。当轴向力较大时，两端的轴承可选用成对使用的角接触球轴承或圆锥滚子轴承，如图 12-22 所示。这种组合支承结构简单，轴向固定可靠。但由于轴承中预留间隙很小，只适用于轴承支点跨距较小、工作温度变化不大的场合。

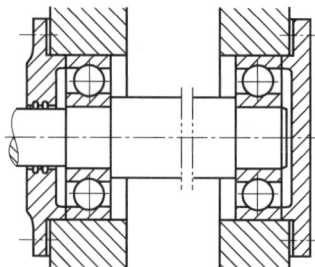

图 12-21　深沟球轴承的两端单向固定

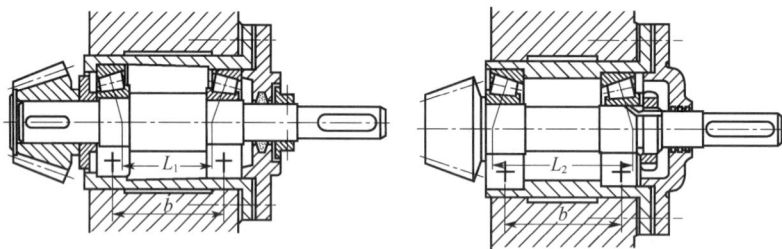

(a) 正装　　　　　　　　　　　　　(b) 反装

图 12-22　圆锥滚子轴承的两端单向固定

（2）一端双向固定、另一端游动（单支点双向固定）

对于跨距较大（如大于 350mm）且工作温度较高的轴，其热伸长量大，应采用一端支点双向固定，另一端支点游动的支承结构。

作为固定支承的轴承，应能承受双向轴向载荷，故内外圈在轴向都要固定。作为补偿轴的热膨胀的游动支承，若使用的是内外圈不可分离型轴承，只需固定内圈，其外圈在座孔内应可以轴间游动，如图 12-23（a）所示。图中，左端为固定端，轴承外圈固定在机座上，内圈固定在轴上，这样就限制了轴沿轴向左右移动；右端为游动端，选用深沟球轴承时，应在轴承外圈与端盖之间留有很小轴向间隙，当轴与机座的温度有差异时，允许它们之间可做相对移动。

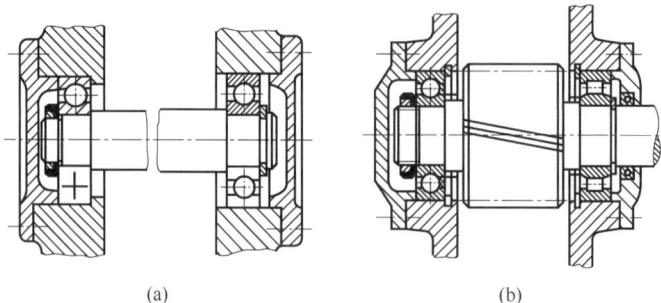

(a)　　　　　　　　　　　　　(b)

图 12-23　一端双向固定，一端游动 I

若使用的是分离型的圆柱滚子轴承或滚针轴承，则内外圈都固定，如图 12-23（b）所示；当轴向载荷较大时，作为固定的支点可以采用向心轴承和推力轴承组合在一起的结构，如图 12-24 所示；也可以采用两个角接触球轴承（或圆锥滚子轴承）"背对背"或"面对面"组合在一起的结构，如图 12-25 所示（右端两轴承"面对面"安装）。

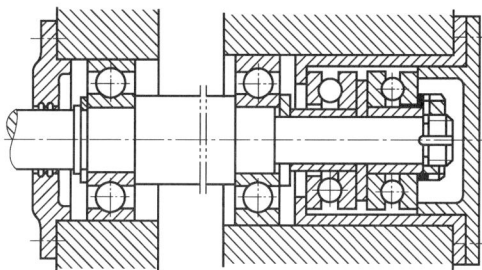

图 12-24　一端双向固定，一端游动 II

（3）两端游动支承

要求能左右两端移动的轴，可以采用两端游动支承，如图 12-25 所示，对于一对人字齿轮轴，由于人字齿轮本身的相互轴向限位作用，它们的轴承内外圈的轴向紧固应设计成只保证其中一根轴相对机座有固定的轴向位置，而另一根轴上的两个轴承都必须是游动的，以防齿轮卡死或轮齿两侧受力不均匀。

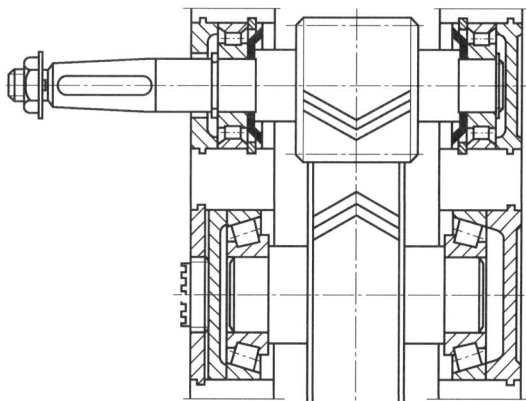

图 12-25　两端游动支承

12.5.2　滚动轴承的轴向紧固

滚动轴承轴向紧固的方法很多，内圈紧固的常用方法如下。

① 用轴用弹性挡圈嵌在轴的沟槽内，主要用于轴向力不大及转速不高的场合，如图 12-26（a）所示。

② 用螺钉固定的轴端挡圈紧固，可用于在高转速下承受大的轴向力的场合，如图 12-26（b）所示。

③ 用圆螺母和止动垫圈紧固，主要用于轴承转速高、承受较大的轴向力的场合，如图 12-26（c）所示。

④ 用紧定衬套，止动垫圈和圆螺母紧固，用于光轴上轴向力和转速都不大的场合。内圈为圆锥孔的轴承，如图 12-26（d）所示，内圈的另一端常以轴肩作为定位面。为了便于轴承拆卸，轴肩的高度应低于轴承内圈的厚度。

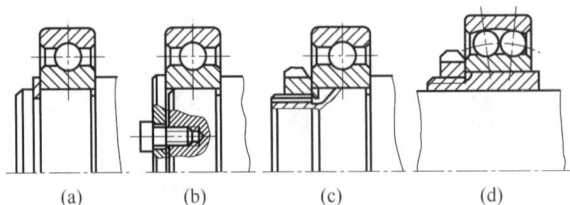

图 12-26　内圈紧固的常用方法

外圈轴向紧固的常用方法如下。

① 用嵌入外壳沟槽内的孔用弹性挡圈紧固,用于轴向力不大且需减小轴承装置的尺寸的场合, 如图 12-27 (a) 所示。

② 用轴用弹性挡圈嵌入轴承外圈的止动槽内紧固,用于带有止动槽的深沟球轴承,当外壳不便设凸肩且外壳为剖分式结构时, 如图 12-27 (b) 所示。

③ 用轴承盖紧固,用于高转速及很大轴向力时的各类向心、推力和向心推力轴承, 如图 12-27 (c) 所示。

④ 用螺纹环紧固,用于轴承转速高,轴向载荷大,而不适于使用轴承紧固的场合, 如图 12-27 (d) 所示。

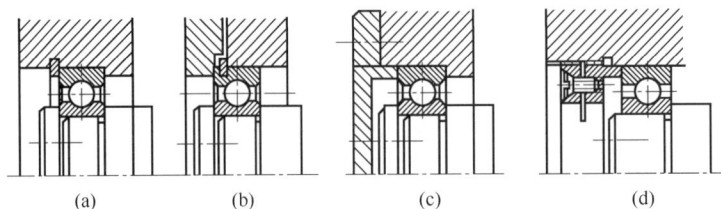

图 12-27　外圈轴向紧固的常用方法

12.5.3　滚动轴承的配合

滚动轴承的配合是指内圈与轴径、外圈与座孔的配合,即轴与孔之间的配合状态。这些配合的松紧程度直接影响轴承间隙的大小,从而关系到轴承的运转精度和使用寿命。

轴承内孔与轴径的配合采用基孔制,就是以轴承内孔确定轴的直径;轴承外圈与轴承座孔的配合采用基轴制,就是用轴承的外圈直径确定座孔的大小。这是为了便于标准化生产。

在具体选取时,要根据轴承的类型和尺寸、载荷的大小和方向以及载荷的性质来确定。工作载荷不变时,转动圈(一般为内圈)的配合要紧,转速越高、载荷越大、振动越大、工作温度变化越大,配合应该越紧,常用的配合有 n6、m6、k6、js6。固定套圈(通常为外圈)、游动套圈或经常拆卸的轴承应该选择较松的配合,常用的配合有 J7、J6、H7、G7。使用时可以参考相关手册或资料。

12.5.4　滚动轴承的润滑

润滑对于滚动轴承具有重要意义,轴承中的润滑剂不仅可以降低摩擦阻力,还可以起到散热、减小接触应力、吸收振动、防止锈蚀等作用。

轴承常用的润滑方式有油润滑和脂润滑两类。此外,也有使用固体润滑剂润滑的。选用哪一类润滑方式，与轴承的速度有关，一般用滚动轴承 dn 值（d 为滚动轴承内径，单位为 mm；n 为轴承的转速，单位为 r/min）表示轴承的速度大小。适用于脂润滑和油润滑的 dn 值界限列于表 12-10 中，可作为选择润滑方式时的参考。

表 12-10　适用于脂润滑和油润滑的 dn 值界限　　　　单位：$10^4 mm \cdot r/min$

轴承类型	脂润滑	油润滑			
		油浴润滑	滴油润滑	循环油（喷油）	油雾润滑
深沟球轴承	16	25	40	60	>60
调心球轴承	16	25	40	50	
角接触球轴承	16	25	40	60	>60
圆柱滚子轴承	12	25	40	60	>60
圆锥滚子轴承	10	16	23	30	
调心滚子轴承	8	12	20	25	
推力球轴承	4	6	12	15	

脂润滑一般用 dn 值较小的轴承中。由于润滑脂是一种黏稠的胶凝状材料，故其润滑油膜强度高、承载能力大、不易流失、便于密封，一次加脂可以维持较长时间。但润滑脂黏度大，高速时发热严重，故适于在速度低时采用。

轴承的 dn 值超过一定界限，应采用油润滑。油润滑的优点是摩擦阻力小，润滑充分，且具有散热、冷却和清洗滚道的作用，缺点是对密封和供油的要求高。油润滑可用于重载、高速、高温场合，润滑油的主要性能指标是黏度，轴承所受载荷越大，工作温度越高，应选用黏度越高的润滑油，而轴承的转速越高，dn 值越大，则应选用黏度越低的润滑油。油润滑的常用方式如下。

① 油浴润滑　把轴承局部浸入润滑油中,当轴承静止时,油面应不高于最低滚动体的中心,这个方法不适于高速,因为搅动油液剧烈时会造成很大的能量损失,以致引起油液和轴承的严重过热。

② 滴油润滑　该方法通过可视油杯给轴承滴油,油量一般为每分钟数滴,多用于转速较高的小型轴承。

③ 飞溅润滑　这是一般闭式齿轮传动装置中轴承常用的润滑方法,即利用齿轮的转动把润滑齿轮的油甩到四周壁面上,然后通过适当的沟槽把油引入轴承中。

④ 喷油润滑　用油泵将润滑油增压,通过油管或机体上特制的油孔,经喷嘴将油喷射到轴承中去,为了保证油能进入高速转动的轴承,喷嘴应对准内圈和保持架之间的间隙。这种润滑方法适用于转速高、载荷大、要求润滑可靠的轴承。

⑤ 油雾润滑　当轴承液滚动体的线速度很高（如 $dn \geqslant 6 \times 10^5 mm \cdot r/min$）时,常采用油雾润滑,以避免其他润滑方法由于供油过多,使油的内摩擦增大而增高轴承的工作温度。

12.5.5　滚动轴承的密封装置

轴承的密封装置是为了阻止灰尘、水、腐蚀性物质和其他杂物进入轴承,并防止润滑剂流失而设置的。密封装置可分为接触式及非接触式两大类。

（1）接触式密封

在轴承盖内放置软材料与转动轴直接接触而起密封作用。常用的软材料有毛毡、橡胶、皮革、软木等，或者放置减摩性好的硬质材料（如加强石墨、青铜、耐磨铸铁等）与转动轴直接接触以进行密封。下面是几种常用的结构形式。

① 毡圈油封　在轴承盖上开出梯形槽，将毛毡按标准制成环形（尺寸不大时）或带形（尺寸较大时），放置在梯形槽中以与轴密合接触［图 12-28（a）］，或者在轴承盖端面加工出梯形缺口放入毡圈后用压盖压住以便调整毡圈与轴的密合程度［图 12-28（b）］。这种密封主要用于脂润滑的场合，它的结构简单，但摩擦较大，只用于滑动速度小于 4～5m/s 之处。与毡圈油封相接触的轴表面如经过抛光且毛毡质量高时，可用到滑动速度达 7～8m/s 之处。

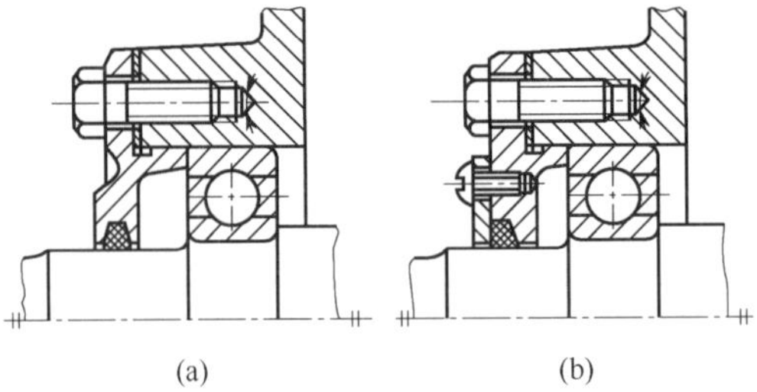

(a)　　　　　　　(b)

图 12-28　毡圈油封

② 唇形密封圈　在轴承盖中，放置一个用耐油橡胶制的唇形密封圈，靠弯折了的橡胶的弹力和附加的环形螺旋弹簧的扣紧作用而紧套在轴上，以起到密封作用，有的唇形密封圈还装在一个钢套内，可与端盖较精确地装配。唇形密封圈密封唇的方向要朝向密封的部位。即如果主要是为了封油，密封唇应朝向轴承（朝内）；如果主要是为了防止外物浸入，则密封唇应背向轴承（朝外），如图 12-29（a）所示；如果两个作用都要有，最好使用反向放置的两个唇形密封圈，如图 12-29（b）所示。它可用于副接触面滑动速度小于 10m/s（当轴颈是精车的）或小于 15m/s（当轴颈是磨光的）之处。轴颈与唇形密封圈接触处最好经过表面硬化处理，以增强耐磨性。

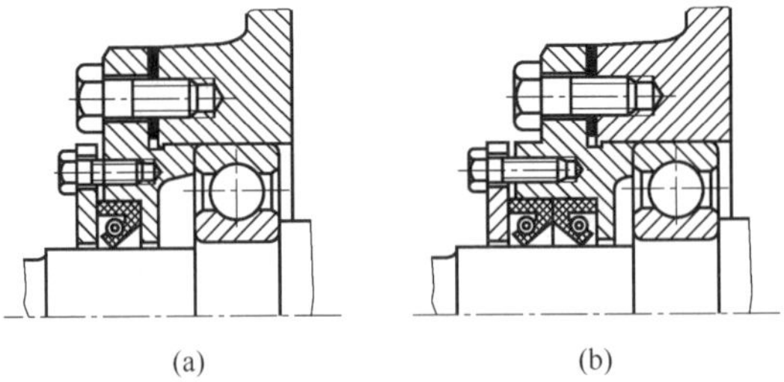

(a)　　　　　　　(b)

图 12-29　唇形密封圈

（2）非接触式密封

使用接触式密封，总要在接触处产生滑动摩擦。使用非接触式密封，就能避免此缺点，常用的非接触式密封有以下几种。

① 隙缝密封　在轴和轴承盖的通孔壁之间留一个极窄的隙缝，半径间隙通常为 0.1～0.3mm。这对使用脂润滑的轴承来说，已具有一定的密封效果，如图 12-30（a）所示。如果再设计一些环槽结构，如图 12-30（b）所示，并在环槽中添以润滑脂，可以提高密封效果。

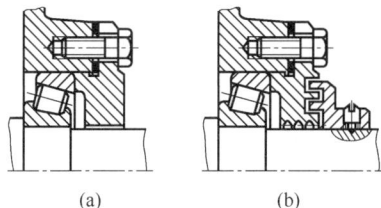

图 12-30　隙缝密封

② 甩油密封　油润滑时，在轴上开出沟槽［图 12-31（a）］或装入一个环［图 12-31（b）］，都可以把欲向外流失的油甩开，再经过轴承端盖的集油腔及与轴承腔相通的油孔流回。或者，在紧贴轴承处装一甩油环，在轴上车有螺旋式送油槽时，可有效地防止油外流，但这时轴必须按一个方向旋转，以便把欲向外流失的润滑油借螺旋的输送作用而送回到轴承腔内。

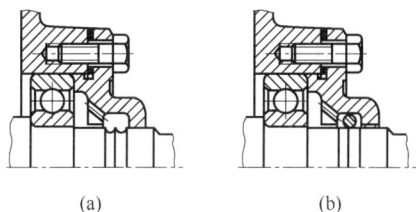

图 12-31　甩油密封

③ 曲路密封　当环境比较脏和比较潮湿时，采用曲路密封是相当可靠的。曲路密封是由旋转的和固定的密封零件之间拼合成的曲折的隙缝形成的。隙缝中填入润滑脂，可增加密封效果。根据部件的结构，曲路的布置可以是轴向的［图 12-32（a）］或径向的［图 12-32（b）］。采用轴向曲路时，端盖应为剖分式。当轴因温度变化而伸缩或采用调心轴承作支承时，都有使旋转片与固定片相接触的可能，设计时应加以考虑。

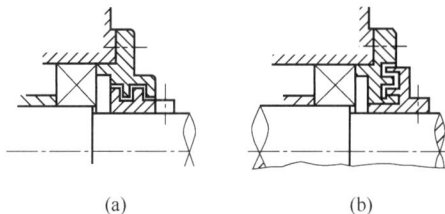

图 12-32　曲路密封

12.6　企业应用案例——带式输送机减速器高速轴轴承选型

带式输送机减速器高速轴，采用的是直齿圆柱齿轮，根据工作条件选用 6300 系列的深沟球轴承。轴承载荷 F_r =5000N，F_a =2500N，轴承转速 n=1000r/min，运转时有轻微冲击，预期计算寿命 L'_h =5000h，装轴承处的轴直径可在 50～60mm 内选择，试选择球轴承型号。

1）求比值

$$F_a / F_r =2500/5000=0.5$$

根据表 12-5，深沟球轴承的最大 e 值为 0.44，故此时 $F_a / F_r > e$。

2）初步计算当量动载荷 P

$$P=f_p(XF_r+YF_a)$$

按表 12-5，$X=0.56$，Y 值需在已知型号和基本额定静载荷 C_0 后才能求出。现暂时选一平均值，取 $Y=1.5$，并由此表取 $f_p=1.1$，则：

$$P=1.1\times(0.56\times5000+1.5\times2500)=7205（N）$$

3）计算基本额定动载荷 C

根据寿命计算公式可以求轴承应具有的基本额定动载荷值

$$C = P\sqrt{\frac{60nL_h'}{10^6}} = 7205\times\sqrt{\frac{60\times1000\times5000}{10^6}}=48233（N）$$

4）选择轴承

查机械设计手册后，选择 $C=55200N$ 的 6311 轴承，该轴承的 $C_0=41800N$。验算如下。

① $F_a / C_0 =2500/41800=0.0598$，按表 12-5，此时 Y 值在 1.6～1.8 之间。用线性插值法求 Y 值为：

$$Y=1.8+\frac{1.6-1.8}{0.07-0.04}\times(0.0598-0.04)=1.668$$

故 $X=0.56$，$Y=1.668$。

② 计算当量载荷

$$P=f_p(XF_r+YF_a)=1.1\times(0.56\times5000+1.668\times2500)=7667（N）$$

③ 验算 6311 轴承的寿命

$$L_h = \frac{10^6}{60n}\left(\frac{C}{P}\right)^\varepsilon = \frac{10^6}{60\times1000}\times\left(\frac{55200}{7667}\right)^3=6220（h）$$

$L_h>5000h$，故所选轴承能够满足设计要求。

思考题与习题

12-1 滑动轴承的类型有哪些？最常见的失效形式是什么？

12-2 滚动轴承由哪些元件组成？各有什么作用？各用什么材料制造？

12-3 试说明滚动轴承代号 62203、7312AC/P6、7005C、32310B 的含义。

12-4 滚动轴承的失效形式有哪些？

12-5 何谓滚动轴承的基本额定寿命、基本额定动载荷？何谓滚动轴承的当量动载荷？

12-6 常用滚动轴承的配置有哪几种？轴向紧固的方法有哪些？

12-7 滚动轴承常用的润滑方式有哪些？各种润滑方式适合于什么场合？

12-8 图 12-33 所示的轴上装有一对 6208 深沟球轴承，轴的转速 $n=980r/min$。轴上作用的轴向力为 $F_{ae}=380N$，两轴承的径向力分别为 $F_{r1}=2200N$、$F_{r2}=1800N$。试计算轴承的基本额定寿命。已知：$C=29.5kN$，$C_0=18.0kN$。在 $F_{a1}/C_0=0.014$ 情况下，$e=0.19$，当 $F_a/F_r\leqslant e$ 时，$X=1$，$Y=0$；当 $F_a/F_r>e$ 时，$X=0.56$，$Y=2.3$。在 $F_{a1}/C_0=0.028$ 情况下，$e=0.22$，当 $F_a/F_r\leqslant e$ 时，$X=1$，$Y=0$；当 $F_a/F_r>e$ 时，$X=0.56$，$Y=1.99$。计算时 $f_p=1.5$，$f_t=1.0$。

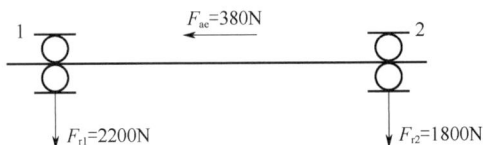

图 12-33 题 12-8 图

12-9 图 12-34 所示的轴上装有一对 30208E 型圆锥滚子轴承，轴的转速 n=1080r/min。轴上作用的轴向力为 F_{ae1}=500N，F_{ae2}=350N，两轴承的径向力分别为 F_{r1}=2500N 和 F_{r2}=5000N，载荷系数 f_p=1.2，温度系数 f_t=1.0。试计算轴承的基本额定寿命是多少小时？已知 30208E 型圆锥滚子轴承参数为：C=63.0kN，e=0.37，$F_d=F_r/2Y$。当 $F_a/F_r \leq e$ 时，X=1，Y=0；当 $F_a/F_r > e$ 时，X=0.4，Y=1.6。

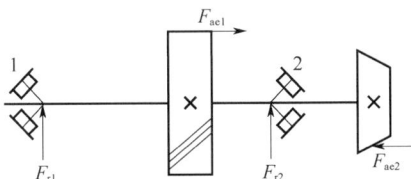

图 12-34 题 12-9 图

12-10 一锥齿轮轴，两端用两个相同的 30000 型轴承布置，如图 12-35 所示。试分析方案 Ⅰ、Ⅱ 的优点和缺点。

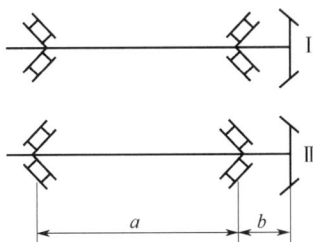

图 12-35 题 12-10 图

联轴器和离合器

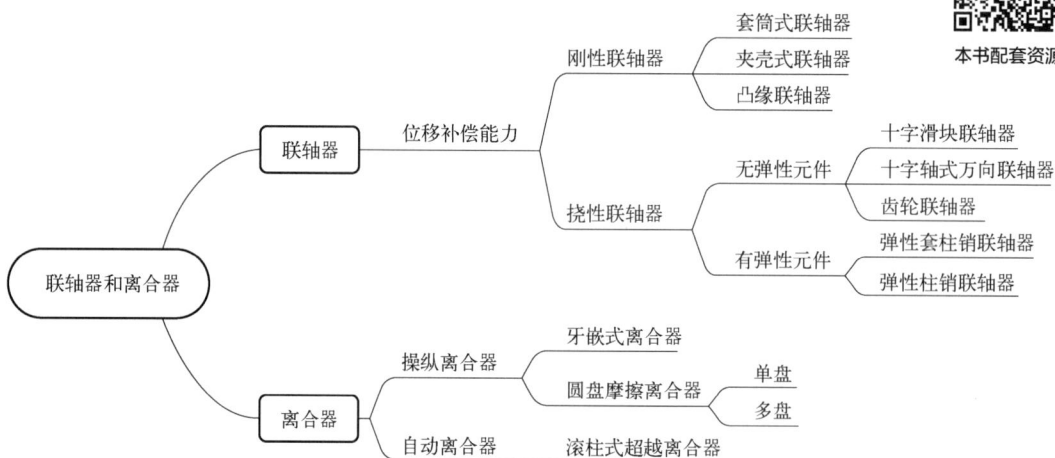

本章知识导图

```
                                              ┌── 套筒式联轴器
                               刚性联轴器 ──────┼── 夹壳式联轴器
                                              └── 凸缘联轴器
联轴器 ── 位移补偿能力 ──┤
                                              ┌── 无弹性元件 ──┬── 十字滑块联轴器
                                              │                ├── 十字轴式万向联轴器
                               挠性联轴器 ──────┤                └── 齿轮联轴器
联轴器和离合器 ──┤                              │
                                              └── 有弹性元件 ──┬── 弹性套柱销联轴器
                                                               └── 弹性柱销联轴器

                                              ┌── 牙嵌式离合器
                               操纵离合器 ──────┼── 圆盘摩擦离合器 ──┬── 单盘
离合器 ──┤                                     │                    └── 多盘
                               自动离合器 ────── 滚柱式超越离合器
```

本章学习目标

1. 掌握联轴器的用途、类型、结构和选用原则；
2. 了解离合器的用途、类型、结构和选用原则。

13.1 联轴器

13.1.1 联轴器的分类和特性

联轴器是用来把两轴连接在一起的一种装置。机器运转时两轴不能分离，只有在机器停车并将连接拆开后，两轴才能分离。联轴器所连接的两轴，由于制造及安装误差、承载后的变形以及温度变化的影响等，往往不能保证严格对中，而是存在着某种程度的相对位移，如图 13-1 所示。这就要求设计联轴器时，要从结构上采取各种不同的措施，使之具有适应一定范围的相对位移的性能。

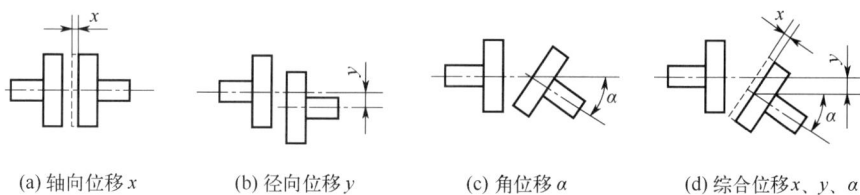

(a) 轴向位移 x　　　(b) 径向位移 y　　　(c) 角位移 α　　　(d) 综合位移 x、y、α

图 13-1　联轴器所联两轴的相对位移

根据对各种相对位移有无补偿能力（即能否在发生相对位移条件下保持连接的功能），联轴器可分为刚性联轴器（无补偿能力）和挠性联轴器（有补偿能力）两大类。挠性联轴器又可按是否具有弹性元件分为无弹性元件的挠性联轴器和有弹性元件的挠性联轴器两个类别。

（1）刚性联轴器

这类联轴器有套筒式（图 13-2）、夹壳式（图 13-3）和凸缘式（图 13-4）等。这里只介绍较为常用的凸缘式联轴器。

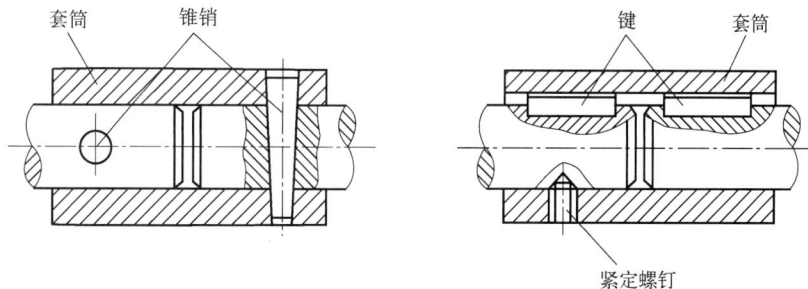

图 13-2　套筒式联轴器

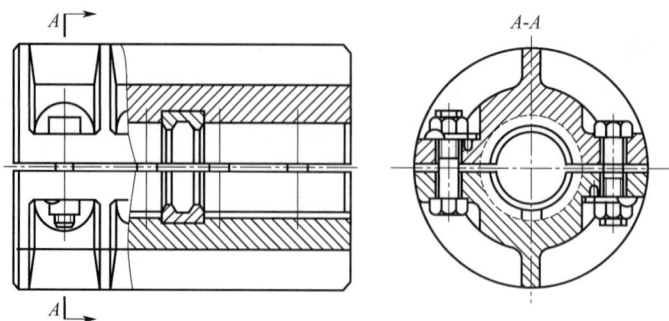

图 13-3　夹壳式联轴器

凸缘式联轴器是把两个带有凸缘的半联轴器用键分别与两轴连接，然后用螺栓把两个半联轴器连成一体，以传递运动和转矩的机构。这种联轴器有两种主要的结构形式：图 13-4（a）所示是普通的凸缘联轴器，通常是靠铰制孔用螺栓来实现两轴对中；图 13-4（b）所示是有对中的凸缘联轴器，靠一个半联轴器上的凸肩与另一个半联轴器上的凹槽相配合而对中。

连接两个半联轴器的螺栓可以采用 A 级或 B 级的普通螺栓，此时螺栓杆与钉孔壁间存在间隙，转矩靠半联轴器接合面的摩擦力矩来传递，如图 13-4（b）所示；也可采用铰制孔用螺栓，此时螺栓杆与钉孔为过渡配合，靠螺栓杆承受挤压与剪切来传递转矩，如图 13-4（a）所示。

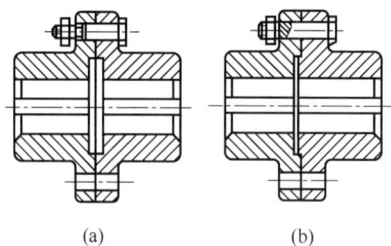

(a)　　　　　　(b)

图 13-4　凸缘式联轴器

凸缘联轴器的材料可用灰铸铁或碳钢，重载时或圆周速度大于 30m/s 时应用铸钢或锻钢。由于凸缘联轴器属于刚性联轴器，对所连两轴间的相对位移缺乏补偿能力，故对两轴对中性的要求很高，当两轴有相对位移存在时，就会在机件内引起附加载荷，使工作情况恶化，这是它的主要缺点。但由于其构造简单、成本低、可传递较大转矩，故当转速低、无冲击、轴的刚性大、对中性较好时亦常采用。

（2）挠性联轴器

① 十字滑块联轴器

如图 13-5 所示，十字滑块联轴器由两个在端面上开有凹槽的半联轴器 1、3 和一个两面带有凸牙的中间盘 2 所组成。因凸牙可在凹槽中滑动，故可补偿安装及运转时两轴间的相对位移。两半联轴器用键分别与两轴连接。

因为半联轴器与中间盘组成移动副，不能发生相对转动，故主动轴与从动轴的角速度应相等。但在两轴间有相对位移的情况下工作时，中间盘就会产生很大的离心力，从而增大动载荷及磨损。转速常限制在 300r/min 内。常用材料为 45 钢和 ZG310-570。

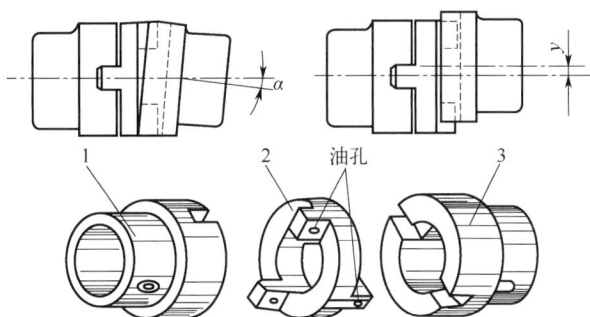

图 13-5 十字滑块联轴器

1、3—半联轴器；2—中间盘

② 十字轴式万向联轴器

如图 13-6（a）所示，它由两个叉形接头 1、3，一个中间连接件 2 和轴销 4（包括销套及铆钉）、5 所组成；轴销 4 与 5 互相垂直配置并分别把两个叉形接头与中间连接件 2 连接起来。这样，就构成了一个可动的连接。这种联轴器可以允许两轴间有较大的夹角（夹角 α 最大可达 35～45℃），而且在机器运转时，夹角发生改变仍可正常传动；但当夹角 α 过大时，传动效率会显著降低。

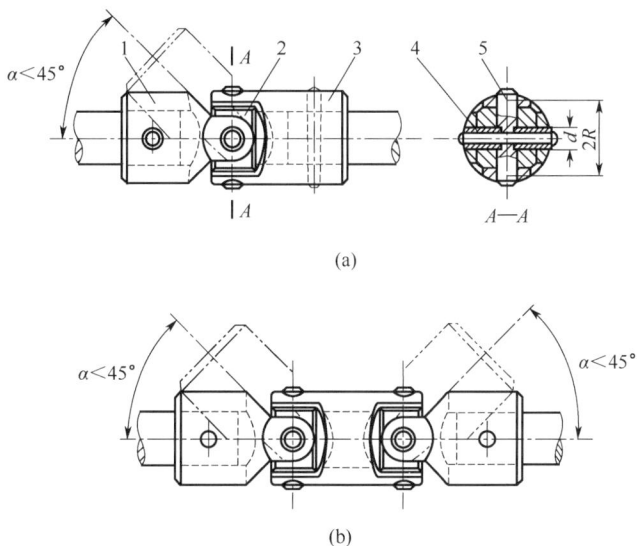

(a)

(b)

图 13-6 十字轴式万向联轴器

1,3—叉形接头；2—中间连接件；4,5—轴销；

当主动轴角速度 ω_1 为常数时，从动轴的角速度 ω_3 并不是常数，而是在一定范围内（$\omega_1\cos\alpha \leqslant \omega_3 \leqslant \omega_1/\cos\alpha$）变化，因而在传动中将产生附加动载荷。为了改善这种情况，常将十字轴式万向联轴器成对使用，如图 13-6（b）所示。但应注意，安装时必须保证 O_1 轴、O_3 轴与中间轴之间的夹角相等，并且中间轴的两端的叉形接头应在同一平面内，如图 13-7 所示。只有这种双万向联轴器才可以得到 $\omega_1=\omega_3$。

万向联轴器多用合金钢制造，以获得较高的耐磨性及较小的尺寸。万向联轴器结构紧凑，维护方便，广泛应用于汽车、多头钻床等机器的传动系统中。小型十字轴式万向联轴器已标准化，设计时可按标准选用。

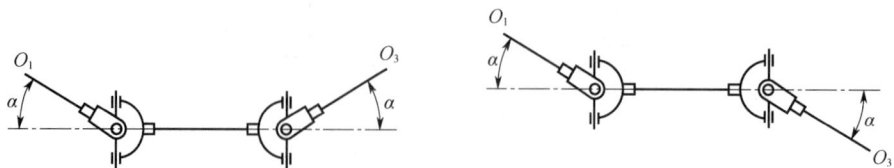

图 13-7 双万向联轴器

③ 齿轮联轴器

齿轮联轴器由两个具有外齿的半联轴器 1 和两个具有内齿的外壳 2 构成，如图 13-8 所示。两外壳用螺栓连为一体，两半联轴器分别用键和两轴连接，靠内、外齿相啮合来传递转矩。内、外齿的齿廓为渐开线，啮合角一般为 20°，齿数通常为 30～80。两半联轴器间具有较大的轴向间隙，内、外齿啮合时具有较大的顶隙和侧隙。外齿为鼓形，其齿顶为球面，球面中心在轴线上，故齿轮联轴器具有较强的补偿综合偏移的能力。

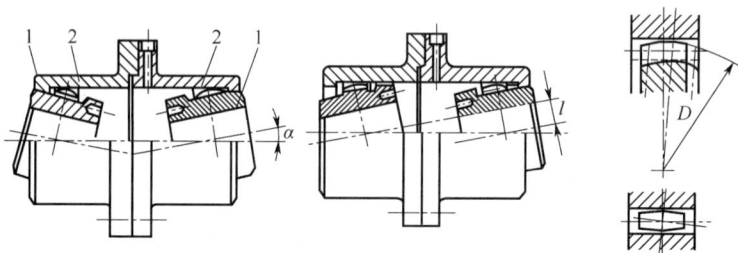

图 13-8 齿轮联轴器

1—半联轴器；2—外壳

齿轮联轴器材料一般选用 45 钢或 ZG310-570，其适用的范围广，能传递很大的转矩，并允许有较大的偏移量，安装精度要求不高，但质量较大，成本较高，在重型机械中广泛应用。

④ 弹性套柱销联轴器

弹性套柱销联轴器（图 13-9）的构造与凸缘联轴器相似，只是用套有弹性套的柱销代替了连接螺栓。传递转矩时弹性套将发生变形，故可缓冲减振。弹性套的材料常用耐油橡胶，并做成截面形状，如图 13-9 中网纹部分所示，以提高其弹性。

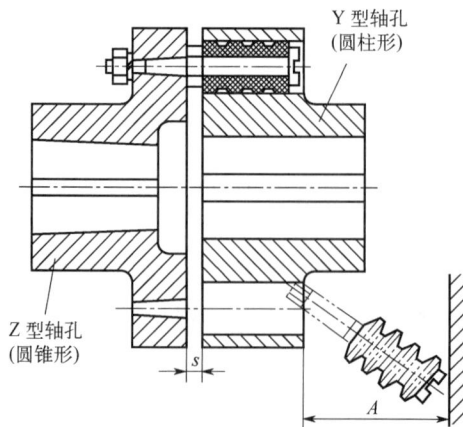

图 13-9 弹性套柱销联轴器

半联轴器的材料常用 HT200，有时也采用 35 钢或 ZG270-500；柱销材料多用 35 钢。弹性套柱销联轴器制造容易，装拆方便，成本较低，但弹性套易磨损，寿命较短。它适用于连接载荷平稳、需正反转或起动频繁的传递中小转矩的轴。

⑤ 弹性柱销联轴器

弹性柱销联轴器的结构如图 13-10 所示，工作时转矩是通过主动轴上的键、半联轴器、柱销、另一半联轴器及键而传到从动轴上去的。为了防止柱销脱落，在半联轴器的外侧，用螺钉固定了挡板。

弹性柱销联轴器与弹性套柱销联轴器很相似，但传递转矩的能力很大，结构更为简单，安装、制造方便，耐久性好，也有一定的缓冲和吸振能力，允许被连接两轴有一定的轴向位移

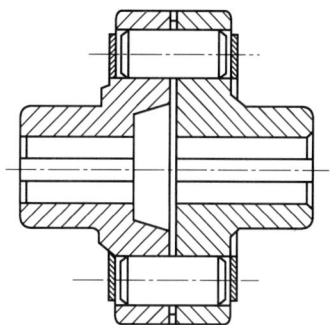

图 13-10　弹性柱销联轴器

以及少量的径向位移和角位移，适用于轴向窜动较大、正反转变化较多和起动频繁的场合，由于尼龙柱销对温度较敏感，故使用温度限制在-20～70℃的范围内。

13.1.2　联轴器的选择

大多数联轴器均已标准化或规格化（见有关手册），设计时主要从手册中选用。步骤如下。

（1）选择联轴器的类型

选择联轴器的类型主要是根据传递载荷的大小、轴转速的高低、被连接两部件的安装精度等来选择一种合用的联轴器类型。在具体选择时可考虑以下几点。

① 所需传递的转矩大小和性质以及对缓冲减振功能的要求。例如，对大功率的重载传动，可选用齿式联轴器。

② 联轴器的工作转速高低和引起的离心力大小。对于高速传动轴，应选用平衡精度高的联轴器。

③ 两轴相对位移的大小和方向。当安装调整后，难以保持两轴严格精确对中，或工作过程中两轴将产生较大的附加相对位移时，应选用挠性联轴器。例如，当径向位移较大时，可选滑块联轴器；角位移较大或相交两轴的连接可选用万向联轴器等。

④ 联轴器的可靠性和工作环境。通常由金属元件制成的不需润滑的联轴器比较可靠；需要润滑的联轴器，其性能易受润滑完善程度的影响，且可能污染环境，含有橡胶等非金属元件的联轴器对温度、腐蚀性介质及强光等比较敏感，而且容易老化。

⑤ 联轴器的制造、安装、维护和成本。在满足使用性能的前提下，应选用装拆方便，维护简单，成本低的联轴器。例如，刚性联轴器，其不但结构简单，而且装拆方便，可用于低速、刚性大的传动轴。一般的非金属弹性元件联轴器（如弹性套柱销联轴器、弹性柱销联轴器），由于具有良好的综合性能，广泛适用于一般的中小功率传动。

（2）计算联轴器的转矩

由于机器起动时的动载荷和运转中可能出现的过载现象，所以应当按轴上的最大转矩作为计算转矩 T_{ca}。计算转矩按下式计算：

$$T_{ca}=K_A T \qquad\qquad (13\text{-}1)$$

式中　T——公称转矩，N·m；

　　　K_A——工作情况系数，与原动机、工作机有关，见表 13-1。

处于重要机器中的联轴器对其个别关键零件应进行必要的验算校核时要用计算转矩。

表 13-1　工作情况系数 K_A

原动机	工作机械	K_A
电动机	带式输送机、鼓风机、连续运转的金属切削机床	1.25～1.5
	链式运输机、刮板运输机、螺旋运输机、离心泵、木工机械	1.5～2.0
	往复运动的金属切削机床	1.5～2.0
	往复式泵、往复式压缩机、球磨机、破碎机、冲剪机	2.0～3.0
	起重机、升降机、轧钢机	3.0～4.0
涡轮机	发电机、离心泵、鼓风机	1.2～1.5
往复式发动机	发电机	1.5～2.0
	离心泵	3～4
	往复式工作机	4～5

（3）确定联轴器的型号

根据计算转矩 T_{ca} 及所选的联轴器类型，按照式（13-2）的条件，由联轴器标准中选定联轴器型号。

$$T_{ca}\leq[T] \qquad\qquad (13\text{-}2)$$

式中　$[T]$——联轴器的许用转矩，N·m。

（4）校核最大转速

被联轴器的转速 n 不应该超过所选联轴器允许的最高转速 n_{max}，即：

$$n\leq n_{max}$$

（5）确定联轴器的孔径范围

多数情况下，每一型号联轴器适用的轴的直径均有一个范围。标准中或者给出轴直径的最大值或最小值，或者给出轴直径的尺寸系列，被连接两轴许用的直径应当在此范围之内。一般情况下，被连接两轴的直径是不同的，两个轴端的形状也可能是不同的，如主动轴轴端为圆柱形，所连接的从动轴轴端为圆锥形。

13.2　离合器

13.2.1　离合器的分类

离合器在机器运转中可将传动系统随时分离或接合。其基本要求是：接合平稳，分离迅速而彻底；调节和修理方便；外廓尺寸小；质量小；耐磨性好和有足够的散热能力；操纵方便省力。

离合器的类型很多，按实现两轴结合和分离的过程可分为操纵离合器、自动离合器，按离合的工作原理可分为嵌合式离合器、摩擦式离合器。

嵌合式离合器通过主、从动元件上牙型之间的嵌合力来传递回转运动和动力，工作比较可靠，传递的转矩较大，但结合时有冲击，运转中结合困难。

摩擦式离合器通过主、从动元件间的摩擦力来传递回转运动和动力，运动中结合方便，有过载保护性能。但传递转矩较小，适用于高速、低转矩的工作场合。

13.2.2　常用离合器的结构和特点

（1）牙嵌式离合器

牙嵌式离合器由两个端面上有牙的半离合器 1、2 组成，如图 13-11 所示。半离合器 1 用平键固定在主动轴上；半离合器 2 用导向键（或花键）与从动轴连接，并可由操纵机构带动滑环 5 使其做轴向移动，以实现离合器的分离与接合。在半离合器 1 上固定一个对中环 4，它与从动轴为间隙配合，以使两轴对中，且保证从动轴自由移动和转动。

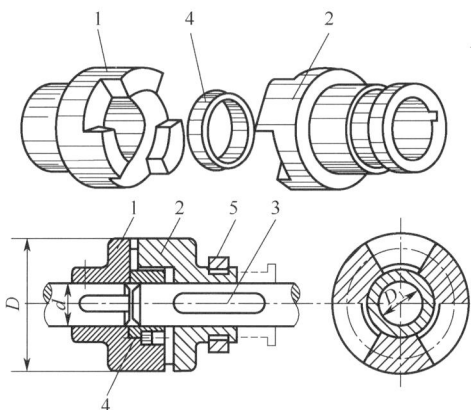

图 13-11　牙嵌式离合器

1,2—半离合器；3—导向键；4—对中环；5—滑环

牙嵌式离合器是靠牙的相互嵌合来传递转矩的。离合器常用的牙形如图 13-12 所示。三角形牙［图 13-12（a）］用于传递小转矩的低速离合器；矩形牙［图 13-12（b）］无轴向分力，但不便于接合与分离，磨损后无法补偿，故使用较少；梯形牙［图 13-12（c）］的强度高，能传递较大的转矩，能自动补偿牙的磨损与间隙，从而减少冲击，故应用较广；锯齿形牙［图 13-12（d）］强度高，只能传递单向转矩，反转时由于有较大的轴向分力，会迫使离合器自动分离。

（2）圆盘摩擦离合器

圆盘摩擦离合器是在主动摩擦盘转动时，由主、从动盘的接触间产生的摩擦力矩来传递转矩的，有单盘摩擦离合器和多盘摩擦离合器两种。

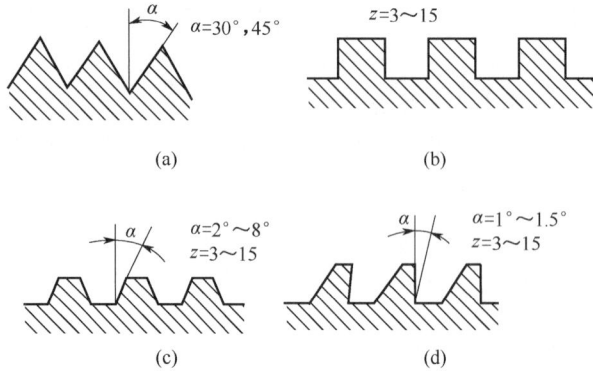
图 13-12　牙嵌离合器常用的牙形

如图 13-13 所示为单盘摩擦离合器。将摩擦盘 1、2 分别安装在主动轴 1 和从动轴 2 上，操纵环 3 可以使摩擦盘 2 沿轴 5 移动。接合时以力 F 将摩擦盘 2 压在摩擦盘 1 上，主动轴上的转矩即由两盘接触面间产生的摩擦力矩传到从动轴上。设摩擦力的合力作用在平均半径 R 的圆周上，则可传递的最大转矩 T_{max} 为：

$$T_{max} = FfR \tag{13-3}$$

式中　f——摩擦系数，见表 13-2。

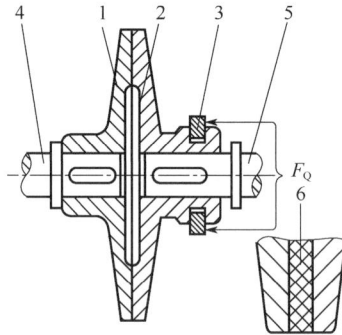
图 13-13　单盘摩擦离合器

1、2—摩擦盘；3—操纵环；4—主动轴；5—从动轴；6—摩擦片

表 13-2　常用摩擦片材料的摩擦系数 f

摩擦片材料	f	
	有润滑剂	无润滑剂
铸铁-铸铁或钢	0.05～0.06	0.15～0.20
淬火钢-淬火钢	0.05～0.06	0.18
青铜-钢或铸铁	0.08	0.17～0.18
压制石棉-铸铁或钢	0.12	0.3～0.5

如图 13-14 所示为多盘摩擦离合器，主动轴 1 与外壳 2 相连接，从动轴 3 与内套筒 4 相连接；外壳 2 内装有一组外摩擦盘 5，它的外缘凸齿插入外壳 2 的纵向凹槽内，因而随外壳 2 一起回转，它的内孔不与任何零件接触。内套筒 4 上装有另一组内摩擦盘 6，它的外缘不与任何零件接触，而内孔凸齿与内套筒 4 上的纵向凹槽相连接，因而带动内套筒 4 一起

回转。两组形状不同的摩擦盘相间叠合，压杆 8 经压板 9 将摩擦盘压紧，离合器处于结合状态。若将滑环 7 向右移动，压杆 8 逆时针方向摆动，压板 9 松开，离合器即分离。螺母 10 可调节摩擦盘之间的压力。多盘摩擦离合器因增加了摩擦盘的数量，因此提高了传递转矩的能力，但结构复杂。

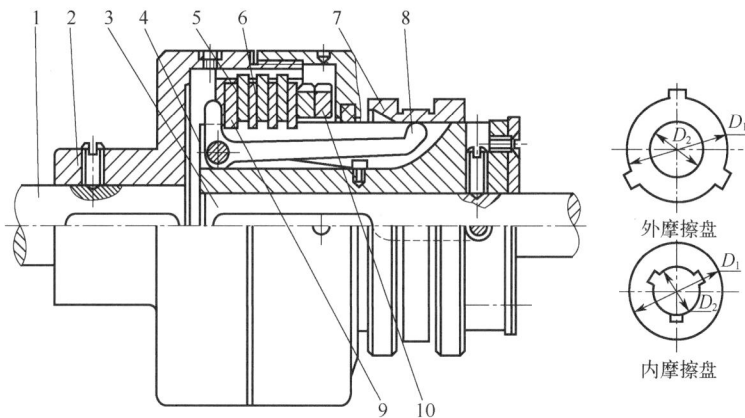

图 13-14　多盘摩擦离合器

1—主动轴；2—外壳；3—从动轴；4—内套筒；5—外摩擦盘；6—内摩擦盘；7—滑环；8—压杆；9—压板；10—螺母

与牙嵌式离合器相比，圆盘摩擦离合器有下列优点：

① 不论在何种速度时，两轴都可以接合或分离；

② 接合过程平稳，冲击、振动较小；

③ 从动轴的加速时间和所传递的最大转矩可以调节；

④ 过载时可发生打滑，以保护重要零件不致损坏。

缺点是：圆盘摩擦离合器尺寸较大，结构较为复杂，在接合、分离过程中要产生滑动摩擦，故发热量较大，磨损也较大，为了散热和减轻磨损，可以把摩擦离合器浸入油中工作。

（3）滚柱式超越离合器

超越离合器又称为定向离合器，是一种自动离合器。目前广泛应用的是滚柱式超越离合器，如图 13-15 所示，由星轮 1、外壳 2、滚柱 3 和弹簧 4 组成。滚柱的数目一般为 3~8 个，被弹簧压向楔形槽的狭窄部分，与外壳和星轮接触。当星轮 1 主动并沿顺时针方向转动时，滚柱 3 在摩擦力的作用下被楔紧在槽内，星轮 1 借助摩擦力带动外壳 2 同步转动，离合器处于结合状态；当星轮 1 逆时针转动时，滚柱 3 则被带到楔形槽较宽部分，星轮 1 无法带动外壳 2 一起同时转动，离合器处于分离状态。当外壳 2 主动并沿逆时针方向转动时，滚柱 3 被楔紧，外壳 2 将带动星轮 1 同步转动，离合器处于结合状态；当外壳 2 顺时针转动时，离合器又处于分离状态。

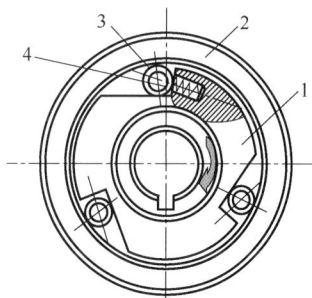

图 13-15　滚柱式超越离合器

1—星轮；2—外壳；3—滚柱；4—弹簧

滚柱式超越离合器尺寸小，结合和分离平稳、无噪声，可以在高速运转中接合，故它广泛应用于金属切削机床、汽车、摩托车和各种起重设备的传动装置中。

13.3　企业应用案例——起重机

车间用起重机是工业生产中不可或缺的一种机械设备，如图 13-16 所示，主要用于物料搬运。已知电动机功率 $P=10\text{kW}$，转速 $n=960\text{r/min}$，电动机轴直径 $d=42\text{mm}$，试选择电动机与起重机之间的联轴器（只要求与电动机轴连接的半联轴器满足直径要求）。

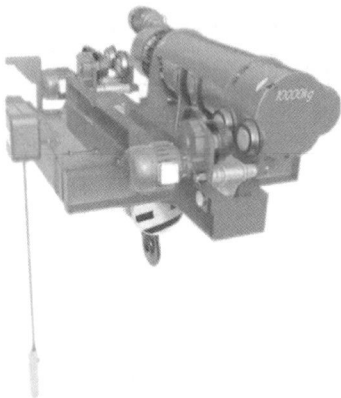

图 13-16　起重机

1）类型选择

为了缓和冲击与减轻振动，选用弹性套柱销联轴器。

2）载荷计算

公称转矩　　　　　$T = 9550\dfrac{P}{n} = 9550 \times \dfrac{10}{960} = 99.48$（N·m）

由表 13-1 查得 $K_A = 2.3$，故由式（13-1）得计算转矩为：

$$T_{ca} = K_A T = 2.3 \times 99.48 = 228.80 \text{（N·m）}$$

3）型号选择

由机械设计手册查得 TL6 型弹性套柱销联轴器的许用转矩为 250N·m，许用最大转速为 3800r/min，轴径为 32～42mm 之间。以上数据均符合要求，故可以选用。

思考题与习题

13-1　齿轮联轴器为什么能够补偿两轴间轴线的综合偏移量？

13-2　联轴器和离合器的工作原理有何相同点和不同点？

13-3　凸缘联轴器的对中方法有哪些？

13-4　离合器的类型很多，按实现两轴结合和分离的过程可分为哪几种？

13-5　需传递很大的转矩，并有较大的偏移量，安装精度要求不高的场合应该选用哪种联轴器？

13-6　选用联轴器时，计算转矩与许用转矩的关系如何？

13-7　牙嵌式离合器中哪种牙形应用最广？

参考文献

[1] 成大先. 机械设计手册[M]. 6 版. 北京：化学工业出版社，2016.

[2] 濮良贵，陈国定，吴立言. 机械设计[M]. 10 版. 北京：高等教育出版社，2019.

[3] 吴洁，宗振奇. 机械原理[M]. 北京：冶金工业出版社，2010.

[4] 杨可桢，程光蕴. 机械设计基础[M]. 6 版. 北京：高等教育出版社，2013.

[5] 孙桓，陈作模. 机械原理[M]. 8 版. 北京：高等教育出版社，2013.

[6] 吴宗泽，冼建生. 机械零件设计手册[M]. 2 版. 北京：机械工业出版社，2013.

[7] 陆宁. 机械设计基础考研指导书[M]. 北京：机械工业出版社，2014.

[8] 王喆，刘美华. 机械设计基础[M]. 6 版. 北京：机械工业出版社，2019.

[9] 陈晓南，杨培林. 机械设计手册[M]. 4 版. 北京：科学出版社，2024.

[10] 金鑫，岳勇. 机械设计基础[M]. 北京：机械工业出版社，2023.

[11] 柴鹏飞，万丽雯. 机械设计基础[M]. 4 版. 北京：机械工业出版社，2023.

[12] 朱龙英. 机械设计基础[M]. 3 版. 北京：机械工业出版社，2017.

[13] 胡家秀. 机械设计基础[M]. 5 版. 北京：机械工业出版社，2024.

[14] 陈国定. 机械设计基础[M]. 北京：机械工业出版社，2005.

[15] 孙建东，李春书. 机械设计基础[M]. 北京：清华大学出版社，2007.

[16] 申永胜. 机械原理辅导与习题[M]. 2 版. 北京：清华大学出版社，2006.

[17] 张洪丽，刘爱华，王建胜. 现代机械设计基础[M]. 2 版. 北京：科学出版社，2018.

普通高等教育机械类
应用型人才培养系列教材

机械设计基础

JIXIE SHEJI JICHU

本书配有课件、答案、知识拓展等资源，辅助读者学习！

1. 微信扫描二维码
2. 关注"易读书坊"公众号
3. 获取所需资源

本书二维码

CHEMICAL INDUSTRY PRESS

I597071

刮开涂层
扫码认证

网络增值服务码

首次获取资源时，
需刮开网络增值服务码涂层，
扫码认证。

化工教育
小程序

精品教材展示
教学资源下载

化工教育
www.cipedu.com.cn

专业的教学支持与服务平台

教材展示·服务咨询·资源下载
在线题库·在线课程·数字教材

销售分类建议：机械类
ISBN 978-7-122-47722-4

9 787122 477224 >

定价: 56.00元